高等学校土木建筑专业应用型本科系列规划教材

房地产估价

（第2版）

主　编　汤　鸿　郭贯成
副主编　张　斌
参　编　（以拼音为序）
　　　　　樊　群　凌明毅
　　　　　沈　芳　张　会

东南大学出版社
·南京·

内 容 提 要

本书是在我国多年来开展房地产估价实务以及适应全国有关高校土建类相关专业教学用书需要的基础上,为适应21世纪新的课程体系的要求编写而成的。全书共分为12章:第1～3章为基本理论部分,主要介绍了房地产估价的基本知识与基本概念,第4～9章为基本方法部分,分别介绍了房地产估价的一些基本方法。第10～12章为实务部分,着重介绍了房地产估价报告、国内外房地产估价制度以及房地产估价信息系统。

本教材内容丰富,具有很强的实践应用性,通过本教材的学习,可提高学生房地产估价的理论水平和实务能力。本教材适合作为高等院校土建类相关专业教材,亦可作为房地产估价业内人士的参考材料。

图书在版编目(CIP)数据

房地产估价 / 汤鸿,郭贯成主编. — 2版. — 南京:东南大学出版社,2017.8(2023.7重印)

ISBN 978-7-5641-7273-2

Ⅰ.①房… Ⅱ.①汤… ②郭… Ⅲ.①房地产价格—估价—高等学校—教材 Ⅳ.①F293.352

中国版本图书馆 CIP 数据核字(2017)第 167461 号

房地产估价(第 2 版)

出版发行:东南大学出版社
社　　址:南京市四牌楼2号　邮编210096
出 版 人:江建中
责任编辑:史建农　戴坚敏
网　　址:http://www.seupress.com
电子邮箱:press@seupress.com
经　　销:全国各地新华书店
印　　刷:常州市武进第三印刷有限公司
开　　本:787 mm×1 092 mm　1/16
印　　张:21
字　　数:539 千字
版　　次:2017 年 8 月第 2 版
印　　次:2023 年 7 月第 4 次印刷
书　　号:ISBN 978-7-5641-7273-2
印　　数:5 501～6 500 册
定　　价:56.00 元

本社图书若有印装质量问题,请直接与营销部联系。电话(传真):025-83791830

高等学校土木建筑专业应用型本科系列
规划教材编审委员会

名誉主任 吕志涛(院士)
主　任 蓝宗建
副主任 （以拼音为序）
　　　　　陈　蓓　　陈　斌　　方达宪　　汤　鸿
　　　　　夏军武　　肖　鹏　　宗　兰　　张三柱
秘书长 戴坚敏
委　员 （以拼音为序）
　　　　　程　晔　　戴望炎　　董良峰　　董　祥
　　　　　郭贯成　　胡伍生　　黄春霞　　贾仁甫
　　　　　金　江　　李　果　　李宗琪　　刘殿华
　　　　　刘　桐　　刘子彤　　龙帮云　　王丽艳
　　　　　王照宇　　徐德良　　于习法　　余丽武
　　　　　喻　骁　　张靖静　　张伟郁　　张友志
　　　　　章丛俊　　赵冰华　　赵才其　　赵　玲
　　　　　赵庆华　　周桂云　　周　佶

总前言

国家颁布的《国家中长期教育改革和发展规划纲要(2010—2020年)》指出,要"适应国家和区域经济社会发展需要,不断优化高等教育结构,重点扩大应用型、复合型、技能型人才培养规模";"学生适应社会和就业创业能力不强,创新型、实用型、复合型人才紧缺"。为了更好地适应我国高等教育的改革和发展,满足高等学校对应用型人才的培养模式、培养目标、教学内容和课程体系等的要求,东南大学出版社携手国内部分高等院校组建土木建筑专业应用型本科系列规划教材编审委员会。大家认为,目前适用于应用型人才培养的优秀教材还较少,大部分国家级教材对于培养应用型人才的院校来说起点偏高、难度偏大、内容偏多,且结合工程实践的内容往往偏少。因此,组织一批学术水平较高、实践能力较强、培养应用型人才的教学经验丰富的教师,编写出一套适用于应用型人才培养的教材是十分必要的,这将有力地促进应用型本科教学质量的提高。

经编审委员会商讨,对教材的编写达成如下共识:

一、**体例要新颖活泼**。学习和借鉴优秀教材特别是国外精品教材的写作思路、写作方法以及章节安排,摒弃传统工科教材知识点设置按部就班、理论讲解枯燥乏味的弊端,以清新活泼的风格抓住学生的兴趣点,让教材为学生所用,使学生对教材不会产生畏难情绪。

二、**人文知识与科技知识渗透**。在教材编写中参考一些人文历史和科技知识,进行一些浅显易懂的类比,使教材更具可读性,改变工科教材艰深古板的面貌。

三、**以学生为本**。在教材编写过程中,"注重学思结合,注重知行统一,注重因材施教",充分考虑大学生人才就业市场的发展变化,努力站在学生的角度思考问题,考虑学生对教材的感受,考虑学生的学习动力,力求做到教材贴合学生实际,受教师和学生欢迎。同时,考虑到学生考取相关资格证书的需要,教材中还结合各类职业资格考试编写了相关习题。

四、理论讲解要简明扼要，文例突出应用。在编写过程中，紧扣"应用"两字创特色，紧紧围绕着应用型人才培养的主题，避免一些高深的理论及公式的推导，大力提倡白话文教材，文字表述清晰明了、一目了然，便于学生理解、接受，能激起学生的学习兴趣，提高学习效率。

五、突出先进性、现实性、实用性、可操作性。对于知识更新较快的学科，力求将最新最前沿的知识写进教材，并且对未来发展趋势用阅读材料的方式介绍给学生。同时，努力将教学改革最新成果体现在教材中，以学生就业所需的专业知识和操作技能为着眼点，在适度的基础知识与理论体系覆盖下，着重讲解应用型人才培养所需的知识点和关键点，突出实用性和可操作性。

六、强化案例式教学。在编写过程中，有机融入最新的实例资料以及操作性较强的案例素材，并对这些素材资料进行有效的案例分析，提高教材的可读性和实用性，为教师案例教学提供便利。

七、重视实践环节。编写中力求优化知识结构，丰富社会实践，强化能力培养，着力提高学生的学习能力、实践能力、创新能力，注重实践操作的训练，通过实际训练加深对理论知识的理解。在实用性和技巧性强的章节中，设计相关的实践操作案例和练习题。

在教材编写过程中，由于编写者的水平和知识局限，难免存在缺陷与不足，恳请各位读者给予批评斧正，以便教材编审委员会重新审定，再版时进一步提升教材的质量。本套教材以"应用型"定位为出发点，适用于高等院校土木建筑、工程管理等相关专业，高校独立学院、民办院校以及成人教育和网络教育均可使用，也可作为相关专业人士的参考资料。

高等学校土木建筑专业应用型
本科系列规划教材编审委员会

前　言

随着我国房地产业的蓬勃发展,房地产估价也得到了长足发展。进入 21 世纪以来,房地产业已然成为我国国民经济支柱性产业,得到了政府、社会的高度重视,无论对改善我国城镇广大居民住房条件、拓展城市空间、改变城镇面貌,还是对启动内需、促进经济增长,都起到了积极的作用。与此同时,我国房地产估价行业快速发展,估价业务数量持续增长,估价法律法规不断完善,估价标准体系逐步健全,估价技术方法日趋成熟,估价专业队伍日益壮大,估价执业行为更加规范,估价服务质量明显提高,估价行业的社会影响显著提升,基本形成了公平竞争、开放有序、监管有力的房地产估价市场。房地产估价在维护房地产市场秩序、保护房地产权利人和利害关系人的合法权益、防范金融风险、增进社会和谐等方面,发挥着独特的积极作用。

近年来,房地产业得到了迅猛的发展,并且带动了上游和下游 50 多个行业的发展,房地产业在提升国家经济增长方面起到了重要作用。但同时也面临着以下两种形势:一是房地产开发过程中拖欠民工工资、暴力征地拆迁等现象仍时有发生;二是房地产价格过高产生了不少民生问题,房价收入比已经远远超过国际通行标准,房地产的资产泡沫日益呈现。在这样的背景下,如何认识、调控和引导房地产业健康发展便成为一个很值得关注的问题。国家为了遏制房地产价格过快上涨的趋势,出台物业税已是大势所趋,而要征收房地产相关的税收,必须要通过房地产的估价来计算征税的基数,由此必然引发对房地产估价的大量需求。然而,由于我国房地产估价行业还处于较为年轻的阶段,房地产估价行业人才仍远远不能适应形势发展的需要。因此,尽快培养出更多更好的优秀的房地产估价人才乃当务之急。

本书摒弃了很多教材传统的编写套路——重理论轻应用,围绕着房地产估价最新的技术标准,侧重于估价实践和应用,以提高读者的实践操作能力为目标,可作为土建类相关专业的本科生教材,亦可作为房地产估价专业人士的业务参考书。

全书由汤鸿、郭贯成主编,张斌副主编,汤鸿、郭贯成对书稿拟订提纲并统筹安排。参加本书编写的人员为:汤鸿、凌明毅(第3、4、5章),郭贯成(第1、10、12章和附录),张斌(第2、7章),张会、樊群(第6、8章),沈芳(第9、11章)。

本书参阅了大量国内外有关教材、著作等资料,在此对各位原著作者致以诚挚的感谢!限于编者的水平,书中难免存在一些缺点和错误,恳请广大读者批评指正。

本教材根据教材内容制作了完整的课程PPT,更好地供使用者参考。

编　者

2017年6月

目 录

1 绪论 ··· 1
   1.1 房地产估价的对象 ·· 1
   1.2 房地产估价的概念 ·· 16
   1.3 房地产估价的要素 ·· 21
   1.4 房地产估价的现实需要 ·· 26

2 房地产价格 ·· 34
   2.1 房地产价格的概念 ·· 34
   2.2 房地产价格的形成 ·· 36
   2.3 房地产价格的特征 ·· 39
   2.4 房地产价格的类型 ·· 42
   2.5 房地产价格影响因素分析 ·· 51

3 房地产估价的原则与程序 ··· 63
   3.1 房地产估价原则 ··· 63
   3.2 房地产估价程序 ··· 69

4 市场比较法 ·· 80
   4.1 市场比较法的基本原理 ·· 80
   4.2 市场比较法的操作步骤 ·· 83
   4.3 市场比较法应用举例 ·· 98

5 成本法 ··· 112
   5.1 成本法的基本原理 ·· 112
   5.2 成本法的评估步骤 ·· 119
   5.3 成本法案例分析 ··· 133

6 收益法 ··· 147
   6.1 收益法的基本原理 ·· 147
   6.2 收益法的计算公式 ·· 148
   6.3 收益法的操作步骤 ·· 151
   6.4 收益法案例分析 ··· 160

7 假设开发法 ·· 164
   7.1 假设开发法的基本原理 ·· 164
   7.2 假设开发法的基本公式 ·· 168
   7.3 假设开发法的两种计算方法 ····································· 171
   7.4 假设开发法估价的操作步骤 ····································· 173

  7.5 假设开发法的应用 181

8 长期趋势法 188
  8.1 长期趋势法的概念 188
  8.2 长期趋势法的理论依据 188
  8.3 长期趋势法的适用条件 188
  8.4 长期趋势法的主要方法 189

9 地价评估 196
  9.1 地租地价理论 196
  9.2 路线价法 200
  9.3 基准地价评估 206
  9.4 基准地价修正法 214
  9.5 补地价评估 216
  9.6 高层建筑地价分摊 216

10 房地产估价报告 220
  10.1 房地产估价报告概述 220
  10.2 房地产估价报告常见错误分析 232
  10.3 房地产估价报告改错举例 235

11 房地产估价信息系统 238
  11.1 信息系统概述 238
  11.2 房地产估价信息系统 243
  11.3 房地产估价信息系统的开发与应用 254

12 房地产估价制度 267
  12.1 中国房地产估价制度 267
  12.2 国外房地产估价制度 269
  12.3 国际评估准则 276

附 录 278
  附录1 房地产估价规范 278
  附录2 房地产估价报告规范格式 292
  附录3 城市房屋拆迁估价指导意见 294
  附录4 房地产抵押估价指导意见 297
  附录5 国有资产评估管理办法 300
  附录6 房屋完损等级评定标准 304
  附录7 建筑面积计算规则 311
  附录8 房地产估价理论与方法试卷 315

参考文献 323

1 绪论

1.1 房地产估价的对象

房地产估价对象是指一个房地产估价项目中需要评估其客观合理价格或价值的具体房地产。估价对象是丰富多彩、复杂多样的。从实物角度来看，估价对象主要有土地、房屋、构筑物、在建工程、以房地产为主的整体资产、整体资产中的房地产等等。但是，由于房地产的位置是固定的，其实体是不能移动的，在市场中交易的实际上是房地产的产权或权益。所以，准确地说，房地产估价对象是指土地、建筑物及其他土地定着物的产权或权益。

1.1.1 房地产的概念

房地产是指土地、建筑物及其他土地定着物，是实物、权益、区位三者的结合体。要理解房地产的概念，一方面要弄清楚什么是土地、建筑物和其他地上定着物，另一方面还要弄清楚什么是房地产的实物、权益和区位。

1) 土地、建筑物和其他土地定着物的含义

(1) 土地的含义

有关土地，有许多不同的认识和定义，最典型的是下列三种：①土地是指田地、地面，即一般人通常最直观的认识；②土地是指"地球上陆地的表层，包括水域在内，是由地貌、土壤、岩石、水文、气候、植被等要素组成的自然综合体。"③土地是指自然物、自然力或自然资源。马克思(Karl Marx,1818—1883)认为："经济学上所说的土地是指未经人的帮助而自然存在的一切劳动对象。"英国著名经济学家马歇尔(Alfred Marshall,1842—1924)认为："土地是指大自然为了帮助人类，在陆地、海上、空气、光和热各方面所赠与的物质和力量。"公认的土地经济学之父、地产学术研究的鼻祖伊利(Richard Theodore Ely,1854—1943)认为："经济学家所使用的土地这个词，指的是自然的各种力量，或自然资源。它的意义不仅是指土地的表面，因为它还包括地面上下的东西"，"经济学上的土地是侧重于大自然所赋予的东西"。

人们对土地的不同认识和定义，主要不是因为他们之间的认识程度的深浅，而是因为其生产、生活等活动的不同需要，或者研究目的和学科的不同。农民可以把土地仅视为耕作的田地，一般城市居民可以把土地看成是栖息、娱乐的场地，地学工作者可以把土地当作自然综合体，经济学家可以用土地去概括一切区别于劳动和资本的自然资源。

对于房地产估价来说，土地不是平面的，而是一个三维立体空间，具体是指地球的陆地表面及其上下一定范围内的空间。一宗土地的空间范围如图 1-1 所示，可分为以下 3 层：

① 地球表面，简称地表。

② 地球表面以上一定范围内的空间，简称地上空间。

③ 地球表面以下一定范围内的空间，简称地下空间。

一宗土地的地表范围是指该宗土地在地表上的"边界"所围合的区域。这个"边界"是以权属界线组成的封闭曲线。土地在实物上为连绵无垠之物，本无范围可言，但在实际生活中人为地在地表上进行"划野分疆"，使土地形成了一块一块，或一宗一宗，也使土地有了界址、四至、面积和形状。例如，政府出让土地使用权的地块，其范围通常是根据标有界址点坐标的建设用地红线图，由城市规划管理部门或者土地管理部门，在地块各转点钉桩、埋设混凝土界桩或界石，并放线来确认，形状为封闭多边形，面积大小依照水平投影面积计算。

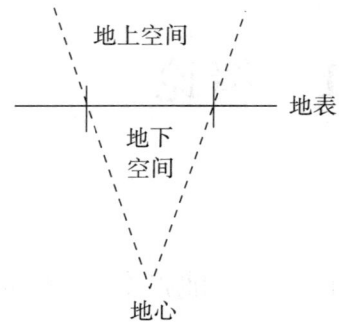

图 1-1 土地的空间范围

一宗土地的地上空间范围，从理论上讲，是指从该宗土地的地表边界向上延伸到无限天空的空间；地下空间范围，从理论上讲，是指从该宗土地的地表边界呈锥形向下延伸到地心的空间。例如，《牛津法律大辞典》写道："一般而言，土地所有权的效力及于土地的上空和地表下面直至地球中心的底土。"但是，在现代的法律规定中，土地所有权的上下空间范围已不再是"上穷天空，下尽地心"，而是"除法律有限制外，于其行使有利益的范围内"，"如他人的干涉无碍其所有权之行使，不得予以排除"。通常，地上空间的高度以飞机的飞行高度为限，地下空间的深度以人类的能力所及为限。例如，现代立法都规定，飞行器飞越土地所有权人的土地上空不构成非法侵入。另外，地下资源、埋藏物等可以出售、出租或者以法律规定等方式而属于地表所有权人以外的其他人。

（2）建筑物的含义

建筑物是一种地上定着物，有广义和狭义两种含义。广义的建筑物既包括房屋，也包括构筑物。狭义的建筑物主要是指房屋，不包括构筑物。在房地产估价中一般将建筑物作广义理解，将建筑物定义为人工建造的供人们进行生产、生活等活动的房屋或场所，包括房屋和构筑物两大类。其中，房屋是指有基础、墙、顶、门、窗，起着遮风避雨、保温隔热、抵御野兽或他人侵袭等作用，供人们居住、工作、学习、娱乐、储藏物品或进行其他活动的建筑物，一般是由建筑材料、建筑构配件和设备（如给排水、卫生、燃气、照明、空调、电梯、通信、防灾等设备）等组成的空间场所。构筑物是指人们一般不直接在里面进行生产和生活活动的建筑物，如烟囱、水塔、水井、道路、桥梁、隧道、水坝等。

值得指出的是，由于特殊的需要或者约定俗成，目前不同的领域对建筑物、房屋的范围有不同的界定，特别是与房地产估价密切相关的建筑领域和会计领域。其中，建筑领域多将建筑物与构筑物并列，建筑物不包括构筑物。会计领域多将房屋与建筑物并列，建筑物不包括房屋。《中华人民共和国城市房地产管理法》把房屋定义为包括建筑物及构筑物。因此，本书中除涉及有关法律、法规等规定时应依照其特定的含义理解外，对建筑物、房屋、构筑物三者含义的界定是：三者都是人工建筑而成的物，其中建筑物的范围最大，包括房屋和构筑物。房屋和构筑物是同一层次的，它们之间的区别主要有以下两点：①人们是否直接在里面进行生产或生活活动。人们通常直接在里面进行生产或生活活动的，一般为房屋；人们通常不直接在里面进行生产或生活活动的，一般为构筑物。②是否有门、窗、顶盖。有门、窗、顶盖的，一般为房屋；没有门、窗、顶盖的，一般为构筑物。当然，有时对于亭子、宝塔、栈桥之类的建筑物，称其为房屋似乎不妥，称其为构筑物也不妥，一般只好直呼其为建筑物。

(3) 其他土地定着物的含义

其他土地定着物是建筑物以外的土地定着物,也称为其他土地附着物、附属物,是指附属于或结合于土地或建筑物,从而构成土地或建筑物的一部分,应随着土地或建筑物的转移而一同转移的物。

其他土地定着物与土地、建筑物在物理上不可分离,或者虽然可以在物理上分离,但是这种分离是不经济的,或者分离后会破坏土地、建筑物的完整性、使用价值或功能,或者会使土地、建筑物的价值受到明显损害。例如,为了提高土地或建筑物的使用价值或功能,埋设在地下的管线、设施,建造在地上的围墙、假山、水池,种植在地上的树木、花草等。仅仅是放进土地或者建筑物中,置于土地或者建筑物的表面,或者与土地、建筑物毗连者,则不属于其他地上定着物。例如摆放在房屋内的家具、电器,挂在墙上的画,在地上临时搭建的帐篷、戏台等,不属于其他土地定着物。在实际房地产估价中,估价对象的范围如果不包含属于房地产范畴的其他土地定着物的,应逐一列举说明,未作说明的,应理解为在估价对象的范围内;如果包含房地产以外财产的,也应逐一列举说明,未作说明的,应理解为不在估价对象的范围内。

在现实中,其他土地定着物往往被视为土地或建筑物的构成或附属部分,因此,本书通常把房地产简化为包括土地和建筑物两大部分。

2) 实物、权益和区位的含义

(1) 房地产实物的含义

房地产的实物是指房地产中看得见、摸得着的部分。例如,建筑物的外观、结构、设备、装饰装修,土地的形状、地势、地质、基础设施条件(如道路、给排水、电力、燃气、热力、电信、有线电视等设施的完备程度)、平整程度。

房地产实物可进一步分为有形的实体、该实体的质量、该实体组合完成的功能等方面。以一幢房屋为例,有形的实体,就该房屋的建筑结构而言,是指它是砖木结构的,还是砖混结构或钢筋混凝土结构的;实体的质量,假如该房屋为砖木结构,则实体的质量是指它是采用什么质量的砖和木材建造的,或者其施工质量如何;组合完成的功能,假如该房屋为砖木结构并采用相同质量的砖和木材以及在相同的施工质量的情况下,则组合完成的功能是指它的空间布局如何,例如住宅的户型(套型)如何。

(2) 房地产权益的含义

房地产的权益是指房地产中无形的、不可触摸的部分,是基于房地产实物而衍生出来的权利(Rights)、利益(Interests)和收益(Benefits)。房地产权益以房地产权利为基础,包括:①房地产的各种权利,例如所有权、土地使用权、地役权、抵押权、租赁权等。②受到其他房地产权利限制的房地产权利。同一宗房地产上可以同时存在着多种房地产权利,例如设立了抵押权、租赁权的房屋所有权或土地使用权。③受到房地产权利以外的各种因素限制的房地产权利,例如城市规划对房地产用途、建筑容积率的限制,房地产被人民法院查封而使其处分受到限制。④房地产的额外利益或收益,例如屋顶或外墙面可出售或出租给广告公司做广告获得收入。

目前,我国房地产权利的种类主要有所有权、土地使用权、地役权、抵押权和租赁权。房地产所有权是指房地产所有权人对自己的房地产,依法享有占有、使用、收益和处分的权利。房地产所有权可分为单独所有、共有及建筑物区分所有权。单独所有是指房地产由一个单位、个人享有所有权。共有是指房地产由两个以上单位、个人共同享有所有权。共有又分为按份共有和共同共有。按份共有人对共有的房地产按照其份额享有所有权;共同共有人对共有的房地产共同享有所有权。建筑物区分所有权是指业主对建筑物内的住宅、经营性用房等专有部分享有所有权,对专有部分以外的共有部分,享有共有和共同管理的权利。建筑物区分所有权可以说是一种复合性的权利,由专有部分的所有权(该部分通常为独有,但也可能为共有,这种共有是该专有部分的共有人之间的共有)、专有部分以外的共有部分的持份权(该部分为建筑物各专有部分的所有权人之间按份共有)和因共同关系所产生的成员权构成。例如,商品住宅中,入户门以内属于单独所有;楼梯间属于共同所有;该住宅的土地使用权可以按建筑面积持份,并享有持份权,室外部分的公共设施,因共同关系构成成员权。

土地使用权是指土地使用权人依法对国有土地或者集体土地享有占有、使用、收益和部分处分的权利。土地使用权又分为:①建设用地使用权——建设用地使用权人依法对国家所有的土地享有占有、使用和收益的权利,有权利用该土地建造建筑物、构筑物及其附属设施。建设用地使用权又可分为出让土地使用权、划拨土地使用权、临时用地土地使用权。②宅基地使用权——宅基地使用权人依法对集体所有的土地享有占有和使用的权利,有权依法利用该土地建造住宅及其附属设施。③土地承包经营权——土地承包经营权人依法对其承包经营的耕地、林地、草地等享有占有、使用和收益的权利,有权从事种植业、林业、畜牧业等农业生产。

建设用地使用权实质上是利用空间的权利,可称为空间利用权或空间权。《中华人民共和国物权法》第 136 条规定:"建设用地使用权可以在土地的地表、地上或者地下分别设立。"因此,一宗土地的空间,可以分割为很多个三维立体"空间块",分别成为独立的"物",可以分别出让、转让等。例如,国家在出让建设用地使用权时可以将受让人对空间享有的权利通过出让土地的四至、建筑物的高度和深度加以确定,而确定范围之外的空间仍然属于国家,国家可以将其用于公共用途或者另行出让。比如同一块土地地下 10m 至地上 80m 的建设用地使用权出让给甲公司建造写字楼,地下 20m 至地下 40m 的建设用地使用权出让给乙公司建造商场。更常见、更典型的是"没有分摊的土地面积"的建设用地使用权,例如某个地面为公共绿地或者公园的地下商场,某个建造在公共道路、公共汽车停车场或者火车站上的商场、写字楼等。与此相似,取得一定空间范围的建设用地使用权人,也可能将其空间中的部分空间分割出来,转让、租赁给他人或者以此作价入股等,从而使该被分割出来的部分空间具有了独立的经济价值。例如,建设用地使用权人在符合城市规划等要求的情况下,可能将其屋顶(也称为楼顶、屋盖)出售给他人加盖房屋,或者作为合作条件与出资加盖房屋的一方分享加盖完成后的房屋,将屋顶或外墙面出售或者出租给广告公司做广告,允许他人在自己使用的土地之下建造地下停车场,等等。

地役权是指房地产所有权人或土地使用权人按照合同约定,利用他人的房地产,以提高自己的房地产的效益的权利。上述他人的房地产为供役地,自己的房地产为需役地。最典型的地役权是在他人的土地上通行的权利,这种地役权有时被称为通行权。

抵押权是指债务人或者第三人不转移房地产的占有,将该房地产作为债权的担保,债务人不履行到期债务或者发生当事人约定的实现抵押权的情形,债权人有权依照法律的规定以该房地产折价或者以拍卖、变卖该房地产所得的价款优先受偿。

房地产租赁权是指以支付租金的方式从房屋所有权人或土地使用权人那里获得的占有和使用房地产的权利。例如,房屋承租人与出租人签订了一个租赁期限为 10 年的房屋租赁合同,从而就取得了该房屋 10 年期限的租赁权。

上述权利中,租赁权属于债权,其余属于物权。债权是债权人要求债务人作为或者不作为的权利,不能要求与其债权债务关系无关的人作为或者不作为。物权是指权利人对特定的物享有直接支配和排他的权利。在特定的房地产上,既有物权又有债权的,优先保护物权;有两个以上物权的，优先保护先设立的物权，但法律另有规定的除外。在物权中，所有权属于自物权，其余属于他物权。自物权是对自己的物依法享有的权利。他物权是在他人的物上依法享有的权利，是对所有权的限制。在他物权中，土地使用权、地役权属于用益物权，抵押权属于担保物权。用益物权是在他人的物上依法享有占有、使用和收益的权利。担保物权是就他人的担保物依法享有优先受偿的权利。

在不同类型的资产中，实物和权益对价值的影响是不同的：①一般的有形资产主要是实物的价值，即主要是实物的好坏决定着价值的高低，如珠宝玉石、机器设备、家具等。②一般的无形资产主要是权益的价值。如著作权（版权）、专利权、专有技术、商标专用权、特许权、商誉、有价证券（股票、债券）等，通常不具有实物形态，有的虽然依附在某种实物上，但该实物本身的好坏对其价值影响不大，甚至可以忽略不计。③房地产的实物和权益在价值决定中都很重要。例如一幢房屋，其价值既受建筑结构、设备、装饰装修、完损程度等实物状况的影响，又受产权是否完整等权益状况的影响。比如该房屋是合法建筑还是违法、违章建筑，或者其产权是完全产权还是部分产权，价值就有很大的差异。因此，两宗实物状况相同的房地产，如果权益状况不同，价值就可能有很大的不同；反之，两宗权益状况相同的房地产，如果实物状况不同，价值也可能有很大的不同。

（3）房地产区位的含义

区位原本是房地产的外在因素，因为房地产不可移动而内在化了，成了房地产的重要组成部分。房地产的区位（location）是指一宗房地产与其他房地产或者事物在空间方位和距离上的关系，包括位置、交通、环境景观、外部配套设施等方面。

一宗房地产的位置是指该宗房地产所在的地方，包括坐落——坐落的具体地点（如门牌号等），方位——在所在地（如城市、十字路口等）中的方位，距离——与重要场所（如市中心、汽车站、火车站、机场、港口、码头、政府机关、同行业、工作地、居住地等）的距离，朝向——建筑物的正门或房间的窗户等正对着的方向，楼层——当为整幢建筑物中的某层、某套时所处的楼层。

一宗房地产的交通是指进出该宗房地产的方便程度——通达性，具体分为从其他地方到达该宗房地产的可及性和从该宗房地产去往其他地方的便捷性。为了更好地衡量和描述一宗房地产的交通，一般用"可及性"表达由"外"到"内"——"进来"的方便程度，用"便捷性"表达由"内"到"外"——"出去"的方便程度。某些房地产由于受单行道、道路隔离带、立交桥、人行天桥、交通出入口方位等的影响，其由外到内的方便程度与由内到外的方便程度是不同的。

一宗房地产的环境景观是指该宗房地产周围的自然环境、人文环境和景观。其中，人文环境包括该宗房地产所在地区的声誉、居民特征（如职业、素质）、治安状况（如犯罪率）、相邻房地产的利用状况（如用途）等。

一宗房地产的外部配套设施是指该宗房地产外部的基础设施和公共服务设施。基础设施一般是指道路、给排水（给水、雨水、污水、中水、电力、燃气、热力、电信、有线电视等设施。公共服务设施也称为公共设施、公共配套设施，一般是指教育（如幼儿园、中小学）、医疗卫生（如医院）、文化体育（如文化活动中心）、社区服务（如居委会）、市政公用等非营业性设施。

虽然任何资产在某一时点都有一个具体的位置。但是，由于房地产不可移动，其位置固定不变，而其他资产可以移动，其位置能够随时改变。因此，区位对价值的决定作用几乎是房地产所独有的（不排除相同的商品在不同的购物环境中的售价不同）。"location, location and location"是西方房地产投资的名言，即"第一是区位，第二是区位，第三还是区位"。当然，区位并不能代表房地产的一切，但它强调了区位对房地产的极端重要性——你能够改变房地产，除了区位以外的任何东西,但一般不能改变房地产的区位,这就是区位为何如此重要的原因。两宗实物和权益状况相同的房地产,如果它们的位置、交通、环境景观、外部配套设施等区位状况不同,价值可能有很大的不同。

3) 房地产的其他名称

(1) 不动产

在法律中,通常将财产或物分为不动产和动产两大类,例如《中华人民共和国物权法》第2条规定:"本法所称物,包括不动产和动产。"法国民法典第516条规定:"一切财产,或为动产,或为不动产。"对动产与不动产的划分,通常是依据其自然性质是否可以自由移动为标准的。一般来说,凡是自行能够移动或者用外力能够推动,且其性质和价值不改变的财产,像牲畜、家禽和家具、器物之类,属于动产;反之,像土地、房屋等不可移动的财产,属于不动产。关于不动产的定义及其范围,《中华人民共和国担保法》第92条的规定是:"本法所称不动产是指土地以及房屋、林木等地上定着物。"中国台湾地区民法第66条的规定是:"称不动产者,谓土地及其定着物。不动产之出产物,尚未分离者,为该不动产之部分。"日本民法典第86条的规定是:"土地及其定着物为不动产"。意大利民法典第812条的规定是:"土地、泉水、河流、树木、房屋和其他建筑物,即使是临时附着于土地的建筑物以及在一般情况下那些或是自然或是人为地与土地结为一体的物品是不动产。固定河岸或者河床之上并且为永久使用而建造的磨坊、浴场以及其他漂浮在水面上的建筑视为不动产。"

(2) 物业

中国香港地区通常使用"物业"这个词,把房地产估价称为物业估值或物业估价。香港所讲的物业实质上是房地产,仅叫法不同。香港的"物业"一词是从英国的 property 一词翻译过来的。在英国,property 也是指房地产。此外,值得指出的是,香港通常还把房地产称为地产,其地产、物业、楼宇、房地产等用语经常混用。中国内地现在也大量使用"物业"这个词,最典型的是"物业管理",并把其中的"物业"定义为"房屋及配套的设施设备和相关场地"。

(3) real estate 和 real property

在英语中,房地产的名称为 real estate 和 real property,但两者的含义不完全相同。英语中的 land(土地)、real estate 和 real property 是三个相互联系、含义越来越宽的术语:①land 是指地球的表面及下达地心、上达无限天空的空间,包括永久定着在地球表面之中、之上、之下的自然物,如树和水。强调自然属性。②real estate 是指 land 加上永久定着在其中、其上、其下的人工改良物,如构筑物和房屋。强调自然属性和人工物混合属性。③real property 是指 real estate 加上与其有关的各种权益,包括权利、利益和收益。land,real estate,real property 三者的关系可简要概括为:

Land=土地自身;

Real estate=土地+土地上的人工物;

Real property=土地+土地上的人工物+权益;

real estate 和 real property 虽然有上述严格区分,但在一般情况下经常是相互通用、不加以区分的,大多使用 real estate 一词。

4) 房地产的基本存在形态

房地产虽然包括土地和建筑物两大部分,但并不意味着只有土地与建筑物合在一起时才被称为房地产,单纯的土地或者单纯的建筑物都属于房地产,是房地产的一种存在形态。归纳起来,房地产有土地、建筑物、房地三种基本存在形态。

(1) 土地形态

土地形态的最简单情况是一块没有建筑物的空地。即使土地上有建筑物，有时根据需要或者按照有关规定，应将土地单独看待，只评估其中的土地价值。例如，为征收土地税费或者确定转让、出租、抵押划拨土地使用权的房地产，按规定应当补交的土地使用权出让金数额。此时，就需要单独评估土地的价值。对于有建筑物的土地，在具体估价中如果单独看待土地，有两种做法：一是无视建筑物的存在，即将其设想为无建筑物的空地；二是考虑建筑物存在对土地价值的影响。

(2) 建筑物形态

建筑物虽然必须建造在土地上，在实物形态上与土地连为一体，但有时根据需要或者按照有关规定，应把它单独看待，只评估其中的建筑物价值。例如，在房地产投保火灾险时评估其保险价值，灾害发生后评估其损失，为会计上计算建筑物折旧服务的估价等，通常只单独评估建筑物的价值。在具体估价中如何单独看待建筑物，有两种做法：一是无视土地的存在，即将其设想为"空中楼阁"；二是考虑土地存在对建筑物价值的影响。

上述土地与建筑物合在一起时，需要单独或者分别评估其中的土地价值或建筑物价值，在评估土地价值时不考虑建筑物的影响，或者在评估建筑物价值时不考虑土地的影响，纯粹将土地视为空地或者将建筑物视为"空中楼阁"的估价，称为"独立估价"；如果在评估土地价值时考虑建筑物的影响，或者在评估建筑物价值时考虑土地的影响的估价，则称为"部分估价"。至于在估价时是否考虑以及如何考虑建筑物对土地价值的影响，或者土地对建筑物价值的影响，将在本书第 3 章估价原则中论述。

(3) 房地形态

房地形态即实物形态上土地与建筑物合在一起，并在估价时也把它们作为一个整体来看待。

目前，社会上对房地产的用词尚不规范，同一用词可能含义不同，不同的用词可能含义相同，从而很容易引起误解。为明了起见，本书主要使用"房地产"、"土地"、"建筑物"和"房地"这几个关键词，它们的含义分别如下：

① 房地产：可指土地，也可指建筑物，还可指土地与建筑物的综合体，即它可能是土地，也可能是建筑物，还可能是土地与建筑物的综合体。

② 土地：仅指土地部分，如说土地价值时，此价值不包含该土地上的建筑物的价值。

③ 建筑物：仅指建筑物部分，如说建筑物价值时，此价值不包含该建筑物占用范围内的土地的价值。

④ 房地：专指土地与建筑物的综合体，如说房地价值时，此价值既包含建筑物的价值，也包含该建筑物占用范围内的土地的价值；或者说，此价值既包含土地的价值，也包含该土地上的建筑物的价值。

还需要说明的是，人们通常使用"地上建筑物"这一概念，其含义一般是指土地范围内的所有建筑物，既包括建筑物的地上部分，也包括建筑物的地下部分。但有时根据需要，将建筑物真正的地上部分与地下部分分开。因此，要注意根据上下文的内容判定其具体所指，在实际估价中同样要注意这个问题。

5) 房地产含义的总结

对上述有关房地产含义的内容可以归纳如下：房地产有不动产、物业等不同的名称。房地产包括土地、建筑物和其他地上定着物三个部分，同时又是实物、权益和区位的"三位一体"；对房地产的实物还可以从有形的实体、该实体的质量以及该实体组合完成的功能三个方面进行认识。房地产有土地、建筑物、房地三种基本存在形态。土地是一个包含地表、地上空间和地下空间的三维立体空间;建筑物包括房屋和构筑物,它们又可分为结构、设备和装饰装修三个部分。

1.1.2 房地产的特性

房地产与其他经济物品,包括房地产市场与其他经济物品市场,房地产价格与其他经济物品价格,有许多不同之处。这些不同之处是由房地产的特性决定的。因此,从事房地产估价还应对房地产的特性有正确、全面、深入的认识。

房地产包括土地、建筑物和其他土地定着物,其中,土地是大自然的产物,人工生产不出来,并且是永存的;建筑物和其他地上定着物为人工所建造,它固定在土地上。因此,房地产的特性主要取决于土地的特性,是以土地的特性为基础的。从房地产估价和把握房地产价值的角度来看,房地产的特性主要有:不可移动、独一无二、寿命长久、供给有限、价值量大、流动性差、用途多样、相互影响、易受限制和保值增值十个特性。

1) 不可移动性

不可移动性又称为位置固定性、不动性、非移动性,是房地产最重要的一个特性,也是房地产区别于其他财产的主要特征。对于股票、债券、黄金、古玩以及其他有形或无形的财产来说,如果持有人所在地没有交易市场,那么他可以很容易地将其拿到其他有此类交易市场的地方去进行交易。然而,房地产就截然不同了,它不仅受到地区经济的束缚,还受到其周围环境的影响。

土地上的土壤、砂石等虽然可以移动、搬走,但是作为立体空间、完整意义上的土地,其空间位置是固定的,不能移动。建筑物由于"扎根"在土地之中,其空间位置通常也是固定的,不能移动。当然,为了城市道路建设和保护古建筑等,有时也需要对建筑物进行整体迁移。建筑物被整体迁移的情况极为少见,被迁移的建筑物数量相对于现存建筑物的数量也是微不足道的,而且这种整体迁移的耗费很大,往往是不得已而为之,且多为很短距离的移动。建筑物被拆除的情况倒是比较常见,但建筑物被拆除后就不是建筑物了,或是被还原成建筑材料,或是变成了废物。

由于不可移动,每宗房地产的日照、环境景观、与其他地方(如市中心)的距离、对外交通、外部配套设施等均处于相对稳定的状态,从而形成了每宗房地产独有的自然地理位置和社会经济位置,使得不同房地产之间有区位优劣之分。同时值得指出的是,房地产的不可移动主要是其自然地理位置固定不变,房地产的社会经济位置在经过一段时间之后可能会发生变化。这是因为环境景观状况、对外交通、外部配套设施等均可以影响房地产的社会经济位置,而这些通常随着城市建设与发展等而发生变化。

房地产的不可移动性,决定了任何一宗房地产只能就地开发、利用或消费,并要受制于其所在的空间环境(当地的制度、政策、社会经济发展状况及邻里关系等),而不像其他商品,原料地、生产地、销售地和消费地可以不在同一个地方,可以在不同地区之间调剂余缺,从产地或者供给过剩、价格较低的地区,运送到供给相对短缺或需求相对旺盛、价格较高的地区。因此,我们无法把房地产价格较低地区的房地产搬到房地产价格较高的地区去,从而房地产市场不是一个全国性市场,更不是一个全球性市场,而是一个地区性市场(城市房地产一般可视为一个城市是一个市场),其供求状况、价格水平及价格走势等都是地区性的,在不同地区之间可能不同,甚至是反向的。

2) 独一无二性

独一无二性又称异质性、个别性、独特性。房地产的不可移动性派生出了其独一无二的特性,房地产不像工厂生产出来的产品那样整齐划一,每宗房地产都有自己的独特之处,可以说没有两宗完全相同的房地产。即使两处的建筑物一模一样,但由于坐落的位置、朝向、地势、周围环境、景观等的不同,这两宗房地产实质上也是不同的。

房地产的独一无二性,使得不同房地产之间不能实现完全替代,难以出现相同房地产的大量供给,从而房地产市场不能实现完全竞争,房地产价格千差万别,并容易受交易者的个别因素的影响。此外,房地产交易难以采取样品交易的方式(即使是新建的商品房有样板房、样板间、位置图、平面图等),而应到实地观察、体验,房地产估价也应对估价对象进行实地查看。

值得指出的是,房地产尽管有独一无二的特性,但是一些房地产之间仍然有一定程度的替代性,从而彼此存在一定程度的竞争,在价格上也有一定程度的牵制。房地产估价的替代原则及估价方法之一的市场法正是基于此。

3) 寿命长久性

房地产的寿命长久性又称耐久性,对于土地而言,称为不可毁灭性、永续性。尽管土地可能塌陷、被洪水淹没或者荒漠化等,但它在地球表面所标明的场所,作为空间是永存的。实际上,人们对土地只要给予适当的保护,土地的生产力或利用价值一般不会丧失,能够一次又一次地被反复利用。因此,可以说土地具有不可毁灭性(也称为永续性)。而其他物品,都会在使用中磨损,经过一定期限或者较长久的使用之后,最终会报废,丧失使用价值。建筑物的寿命一般也很长久(可达数十年甚至上百年),可以长期使用,其使用寿命主要受其经济寿命的制约。也就是当使用和维护建筑物所能带来的利益低于其所需支付的成本时,建筑物不再具有保留价值。另一方面,如果能更有效地利用土地或者能更好地实现土地的经济价值,则也有拆除建筑物的必要。

房地产由于寿命长久的特征,可以给其占用者带来持续不断的利益。但需要指出的是,从具体占用者的角度来看,土地在某些情况下是有寿命的,特别是通过出让方式取得的建设用地使用权是有使用期限的。目前,建设用地使用权出让的最高年限,居住用地为 70 年,工业用地为 50 年,教育、科技、文化、卫生、体育用地为 50 年,商业、旅游、娱乐用地为 40 年,综合或者其他用地为 50 年。以出让方式取得建设用地使用权的,转让房地产后,受让人的使用期限不得超过原出让合同约定的使用期限减去原土地使用者已经使用期限后的剩余期限。建设用地使用权期间届满的,除了住宅建设用地使用权自动续期之外,非住宅建设用地使用权人未申请续期,或者虽然申请续期但未获批准的,建设用地使用权由国家无偿收回。对此规定的认识在房地产估价上具有重要的意义。例如,坐落位置很好、建筑物状况也很好的房地产,可能由于土地使用期限较短而价值较低。另外,对于耕地来说,如果采用某种会破坏土壤肥力的方式耕作,或不注意环境保护,土地也有"毁灭"的可能。

4) 数量有限性

数量有限性又称供给的相对有限性。土地是大自然的产物,人工生产不出来,地表面积基本上是固定不变的。因此,土地总量不仅有限,而且面积不能增加。土地的这一特性被称为面积不增性。但是对于狭义的土地(可用的陆地)来说,如果地价高到一定的程度,可以吸引人们移山填海或者将荒漠改造为良田,从而"创造"出可用的土地来。中国香港、澳门地区和日本、新加坡等国家,都有填海造地的大量实例。即使如此,这种"造地"的数量相对于现存土地的数量来说是微不足道的。由于土地供给有限,在土地上,特别是好位置的土地上,可建造的建筑物数量也是有限的。

房地产的数量有限性,使得房地产具有独占性。一定位置、特别是好位置的房地产被人占用之后,占用者可以获得生产或生活的场所,享受特定的光、热、空气、雨水和风景(如海水、阳光、沙滩),或可以支配相关的自然资源和生产力。在市场经济中,除了占用者之外,他人除非支付相当的代价,否则无法享有。

进一步来看,房地产数量有限性的本质不在于土地的总量有限和面积不能增加。目前,相对于人类的需要来说,土地总量还是较丰富的,关键在于房地产的不可移动特性造成的房地产供给不能集中于一处(这是房地产供给与一般物品供给的最主要区别)。要增加房地产供给,一是向更远的平面方向发展,将未投入使用的土地转化、开发为人类使用的房地产;二是向更高的空间方向发展,例如增加建筑高度、建筑密度和容积率。但这些又要受到交通等基础设施条件(包括容量)、环境、城市规划、建筑技术、资金等的制约。

5) 价值高大性

与一般物品相比,房地产不仅单位价值高,而且总体价值大。从单位价值高方面来看,每平方米土地或每平方米建筑面积房屋的价格,少则数百元,多则数千元甚至数万元,繁华商业地段经常有"寸土寸金"之说。从总体价值大来看,房地产不可以按照平方米之类的小单位零星消费,必须有一定的规模(面积),因此,可供利用的一块土地或者一套住房的价值,比一件家具或者一台电视机的价值要大得多,一般在十万元以上。对于普通居民来说,其一生的积蓄甚至都难以买得起一套普通商品住宅,更不用说数百万元的一幢别墅,上千万元甚至上亿元的一座商场了。

6) 难以变现性

房地产难以变现性也称为变现能力弱、流动性差。变现能力是指在没有过多损失的条件下,将非现金资产转换为现金的速度。凡是能够随时、迅速转换为现金且没有损失或者损失较小的,称为变现能力强;反之,称为变现能力弱。

房地产由于具有价值高大性、不可移动性和独一无二性等特征,加上交易手续较复杂、交易税费较多等原因,使得同一宗房地产的买卖不会频繁发生,一旦需要买卖,通常需要经过一个合理的较长时间才能完成。例如,需要数月甚至一两年才能找到合适的买者,讨价还价的时间一般也较长。因此,房地产与存款、股票、债券、黄金等相比,流动性较差。当房地产权利人急需而不得不将房地产快速转换为现金时,只有以相当幅度的降价为代价才能实现;有时即使作了相当幅度的降价,可能在短期内也找不到合适的买者(注意:这里讲的是相当幅度的降价,没有讲无限制的降价。从理论上讲,没有卖不出去的商品,只有卖不出去的价格。只要价格低到一定程度,总会有人购买)。当然,有时可以采取房地产抵押或典当的办法来解决变卖房地产过程中遇到的难以变现的问题。

不同类型的房地产在不同的房地产市场状况下变现能力是有所不同的。影响某宗房地产变现能力的因素主要有:①该宗房地产的通用性。所谓通用性,通俗地说就是是否常见、是否普遍使用。一般来说,通用性越差,如用途越专业化的房地产,使用者的范围越窄,越不容易找到买者,变现能力越弱。例如,厂房比住宅的变现能力弱;厂房中,特殊厂房比标准厂房的变现能力弱。②该宗房地产的独立使用性。所谓独立使用性,通俗地讲就是能否单独地使用而不受限制。例如,某个单位大院内或工厂区内的一幢房屋的独立使用性就不好,如果大门封闭,就难以出入。一般来说,独立使用性越差的房地产,越妨碍房地产的使用,变现能力越弱。③该宗房地产的价值大小。一般来说,价值越大的房地产,所需的资金越多,越不容易找到买者,变现能力越弱。例如,大型商场比小店铺的变现能力弱。④该宗房地产的可分割转让性。所谓可分割转让性,是指在物理上、经济上是否可以分离开来使用。例如,保龄球馆的一个球道,高尔夫球场的一个球洞,工厂的一个车间,一般在物理上是不可分割转让的。由于价值大的房地产变现能力弱,所以容易分割转让的房地产,变现能力相对较强;反之,变现能力就较弱。⑤该宗房地产的开发程度。一般来说,开发程度越低的房地产,不确定性因素越多,变现能力越弱。例如,生地、毛地比熟地的变现能力弱,在建工程比现房的变现能力弱。⑥该宗房地产的区位。一般来说,所处区位越偏僻、越不成熟区域的房地产,变现能力越弱。例如,郊区的房地产比市区的房地产变现能力弱,商圈外的商业用房比商圈内的商业用房变现能力弱。⑦该类房地产的市场状况。房地产市场越不景气,出售房地产越困难,变现能力越弱。例如,房地产市场萧条时期比房地产市场繁荣时期的房地产变现能力弱。

7) 用途多样性

用途多样性指的是房地产用途的竞争、转换及并存的可能性,主要是空地所具有的特性,也包括建筑物用途的转换。土地上一旦建造了建筑物,用途即被限定,通常难以改变,因为可能受到原有建筑结构等的限制而不能改变,或者改变的费用很高而在经济上不可行。当然,也有随着交通条件、周围环境等的变化,将原厂房改造为办公楼、超级市场或者拆除重新利用的大量实例。

一般而言,土地可以有多种不同的用途,如可用于林业、农业、工业、居住、办公、商业等。如果愿意的话,即使是城市商业中心的土地,也可以用来种植农作物,而且该农作物可能与在农地上一样生长得很好。在不同用途中还可以选择不同的利用方式,例如居住用途有普通住宅、高档公寓和别墅,有老年公寓、青年公寓和学生公寓,既可以建平房也可以建多层楼房或者高层建筑。

由于房地产具有用途多样的特征,使得同一宗房地产的利用在不同用途以及利用方式之间出现了竞争和优选的问题。在市场经济中,房地产拥有者趋向于将房地产用于预期可以获得最高收益的用途和利用方式,即预期效益最大化。因此,房地产估价中有"最高最佳使用原则"。从经济角度来看,土地利用选择的先后顺序一般是:商业、办公、居住、工业、耕地、牧场、放牧地、森林、不毛荒地。需要注意的是,现实中房地产的用途并不是可以随意决定的,房地产的利用要受到土地规划、用途管制、城市规划等的限定,具体用途的选择需要符合这些规定,亦即房地产估价中的"合法原则"。

8) 相互影响性

房地产的价值不仅与其本身的状况有直接关系,还受到周围环境及邻近房地产利用状况的影响。例如,在一幢住宅附近建造一座有污染的化工厂,可导致该住宅的价值下降;而如果在该住宅旁边兴建一个花园,则可使其价值上升。修筑一条道路或者建造一个大型购物中心,对其周边房地产的价值也有很大的影响。正是由于房地产具有相互影响的特性,产生了"相邻关系",因此法律规定"不动产的相邻权利人应当按照有利生产、方便生活、团结互助、公平合理的原则,正确处理相邻关系"。

相互影响性与经济学里所讲的"外部性"息息相关。外部性也称为外部效应、外部影响,是指某个经济行为主体的行为对其他经济行为主体福利产生影响但并不承担后果的活动。如果影响是不利的,称为负外部性;如果影响是有利的,称为正外部性。正外部性可能使房地产价值有所提高。例如，在一个住宅小区旁边新修建了一条通往市中心的地下铁路，并且在该小区附近设置了一个地铁站点，那么该小区的价值会得到提升。相反，负外部性可能使房地产价值有所下降。例如，在一个住宅小区旁边新修建了一条地上铁路，并且在该小区附近没有设置铁路站点，夜间也有火车通过，那么该小区的价值由于受到火车噪音的影响而会有所下降。

9）易受限制性

房地产由于具有不可移动、相互影响的特性，并且是各种生产、生活活动都不可缺少的基础要素，关系民生及社会、经济稳定，所以世界上几乎所有的国家和地区对房地产的利用、交易等都有一些限制，甚至是严格管制的，即使在那些标榜"私有财产神圣不可侵犯"的私有制国家和地区也不例外。

政府对房地产的限制一般是通过下列四种权力来实现的：

（1）警察权(Police Power)。政府为了增进公众安全、健康、道德和一般福利，可以直接对房地产的利用做出限制。例如，通过城市规划规定建筑高度、建筑密度、容积率、绿地率，限制在居住区内建设某些工业或商业设施等。

（2）征收权(Eminent Domain)。政府为了公共利益的需要，例如修公路、建学校等，可以强制取得公民和法人的房地产，哪怕是违反了被征收公民和法人的意愿，但要对被征收公民和法人给予合理的(Just, Fair)补偿。

（3）征税权(Taxation)。政府为了增加财政收入等，可以对房地产征税或提高房地产税收，只要这些税收是公平的。

（4）充公权(Escheat)。政府在房地产业主死亡或消失而无继承人或亲属的情况下，可以无偿收回房地产。

房地产易受限制的特性还表现在：由于房地产不可移动、不易隐藏、流动性差，所以难以逃避未来制度、政策等变化的影响。这一点既说明了房地产投资的风险性，也说明了政府制定长远房地产政策的重要性。一般来说，在社会动乱、战争年代，房地产价格低落，而动产特别是食品的价格暴涨；在社会安定、经济发展时期，房地产价格往往有上升的趋势，而动产的价格趋于平稳或者低落（不考虑通货膨胀因素）。

10）保值增值性

随着社会经济的发展和时间的推移，房地产价格会呈现出一般商品所没有的特征，房地产特别是土地的价格不但不会降低，反而会不断上涨。一般来说，豆腐、牛奶之类易腐烂变质的物品，经过一段时间之后，其价值会完全丧失；计算机、电视机之类高科技产品，随着新技术、新工艺的不断出现，生产效率提高，生产成本降低，更好的产品面世，其价值会大幅度降低。但是，房地产由于寿命长久、数量有限，其价值通常可以得到保持或增加。引起房地产升值的原因主要有以下五个方面：①房地产拥有者自己对房地产进行投资改良，例如更新或添加设施、设备，重新进行装饰装修，改进物业管理等；②外部经济，例如政府进行道路、地铁等交通建设，修建广场、公园、公共绿地，调整城市发展方向，改变城市格局等；③需求增加导致稀缺性增加，例如经济发展和人口增长带动房地产需求增加；④通货膨胀，即商品和服务的货币价格总水平的持续上涨现象，或者简单地说，是物价的持续普遍上涨；⑤房地产使用管制改变，例如将农用地转为建设用地，将原工业用途改变为居住用途或商业用途，增加容积率。其中，房地产拥有者自己对房地产进行投资改良所引起的房地产价格上升，不是房地产的自然增值；通货膨胀所引起的房地产价格上升，不是真正的房地产增值，而是房地产保值；外部经济、需求增加导致稀缺性增加、房地产使用管制改变所引起的房地产价格上升，是真正的房地产自然增值。

房地产的保值增值性是从房地产价格变化的总体趋势来讲的,是波浪式上升的,不排除房地产价格随着社会经济发展的波动而波动,房地产本身的功能变得落后或者环境景观恶化导致的房地产贬值,甚至过度投机、房地产泡沫破灭后出现的房地产价格大幅度下落。在某些情况下,房地产价格出现长时期的连续下降也是可能的。例如,日本在1955年至1991年的几十年间地价持续上涨,但1991年以后随着"泡沫经济"的破灭,地价一路下滑。此外,在中国现行的土地制度下,土地出让价格是有期限的土地使用权价格,对于一宗使用期限较长的土地来说,在其使用期限的前若干年,价格可能随着需求增加而呈现上升趋势。但由于总有一天土地剩余使用期限会降为零,所以具体一宗有土地使用期限的房地产价格从长远看是趋于下降的;但如果预计可以续期且续期的补地价很少或者完成了续期,则该房地产的价格又会趋于上升。

1.1.3 房地产的分类

在房地产估价中,可以根据不同的需要,按照不同的标准,从不同的角度对房地产进行分类。对于房地产估价有意义的房地产分类主要包括以下六种:①按照房地产用途的分类;②按照房地产开发程度的分类;③按照房地产是否产生收益的分类;④按照房地产经营使用方式的分类;⑤按照房地产实物形态的分类;⑥按照房地产权益状况的分类。搞清楚了这些分类,也就了解了估价对象的种类。

1) 按照房地产用途的分类

按照房地产的用途,可以把房地产分为居住房地产和非居住房地产两大类,非居住房地产又可以分为商业房地产、工业房地产、农业房地产和特殊用途房地产等。具体分为下列10类:

(1) 居住房地产。是指供家庭或个人居住使用的房地产,可分为住宅和集体宿舍两类。住宅是指供家庭居住使用的房地产,可分为普通住宅、高档公寓和别墅。集体宿舍可分为单身职工宿舍、学生宿舍等。

(2) 商业房地产。是指供出售商品使用的房地产,包括商业店铺、百货商场、购物中心、超级市场、批发市场等。

(3) 办公房地产。是指供处理各种事务性工作使用的房地产,即办公楼,可分为商务办公楼(俗称写字楼)和行政办公楼两类。

(4) 旅馆房地产。是指供旅客住宿使用的房地产,包括宾馆、饭店、酒店、度假村、旅店、招待所等。

(5) 餐饮房地产。是指供顾客用餐使用的房地产,包括酒楼、美食城、餐馆、快餐店等。

(6) 娱乐房地产。是指供人们健身、消遣使用的房地产,包括体育场馆、保龄球馆、高尔夫球场、滑雪场、健身馆、游乐场、娱乐城、康乐中心、俱乐部、夜总会、影剧院等。

(7) 工业房地产。是指供工业生产使用或直接为工业生产服务的房地产,包括厂房、仓库等。工业房地产按照用途,又可分为主要生产厂房、辅助生产厂房、动力用厂房、储存用房屋、运输用房屋、办公用房、其他(如水泵房、污水处理站等)。

(8) 农业房地产。是指供农业生产使用或直接为农业生产服务的房地产,包括农地、农场、林场、牧场、果园、种子库、拖拉机站、饲养牲畜用房、农业水利设施等。

(9) 特殊用途房地产。包括车站、机场、码头、医院、学校、部队营房、博物馆、教堂、寺庙、墓地等。

(10) 综合房地产。是指具有上述两种以上(含两种)用途的房地产。

2) 按照房地产开发程度的分类

房地产按照开发程度,主要分为下列五类:

(1) 生地。是指不具有城市基础设施的土地,例如荒地、农地。

(2) 毛地。是指具有一定的城市基础设施,但尚未完成房屋拆迁补偿安置的土地。

(3) 熟地。是指具有较完善的城市基础设施且场地平整,能直接在其上建造建筑物的土地。熟地按照基础设施完备程度,又可以分为"三通一平"、"五通一平"、"七通一平"等的土地。"三通一平",一般是指路通、水通、电通和场地平整;"五通一平",一般是指具有了道路、给水、排水、供电、通信等基础设施条件以及场地平整;"七通一平",一般是指具有了道路、给水、排水、供电、通信、燃气、热力等基础设施条件以及场地平整。

(4) 在建工程。是指建筑物已开始建造但尚未建成、不具备使用条件的房地产。该房地产不一定正在开发建设之中,也可能停工了多年,因此在建工程包括停缓建工程。另外,有些在建工程通常又被称为"房地产开发项目"。在实际估价中,判定是否为在建工程,以是否完成工程竣工验收为标志。未完成工程竣工验收的,即为在建工程。完成工程竣工验收的,应当有工程竣工验收报告。在建工程可以按照工程进度,如形象进度、投资进度(投资完成额)、工作量进度(完成工程量)、工期进度等进行分类。例如,按照形象进度可以把在建工程分为地下室某层、正负零、结构某层、结构封顶、完成外装修等等。

(5) 现房。是指已建造完成、可直接使用的建筑物及其占用范围内的土地。现房按照新旧程度,又可以分为新房和旧房。其中,新建的商品房按照装饰装修状况,又可以分为毛坯房、粗装修房和精装修房。

3) 按照房地产是否产生收益的分类

按照房地产是否产生收益,可以把房地产分为收益性房地产和非收益性房地产两大类。收益性房地产是指能直接产生租赁收益或其他经济收益的房地产,包括住宅(特别是其中的公寓)、写字楼、旅馆、商店、餐馆、游乐场、影剧院、停车场、汽车加油站、标准厂房(用于出租的)、仓库(用于出租的)、农地等。非收益性房地产是指不能直接产生经济收益的房地产,例如政府办公楼、教堂、寺庙、部队营房等。

在实际估价中,判定一宗房地产是收益性房地产还是非收益性房地产,不是看该房地产目前是否正在直接产生经济收益,而是看该种类型的房地产在本质上是否具有直接产生经济收益的能力。例如,某套公寓或某幢写字楼目前尚未租出而空置着,没有直接产生经济收益,但仍然属于收益性房地产。因为同类的公寓和写字楼大量存在着出租现象,在直接产生经济收益,该尚未租出的公寓和写字楼的收益可以通过"市场法"来求取。

通常来说,收益性房地产可以采用收益法估价,非收益性房地产则难以采用收益法估价。

4) 按照房地产经营使用方式的分类

房地产的经营使用方式主要有销售、出租、营业和自用四种。按照房地产的经营使用方式,可以把房地产分为销售的房地产、出租的房地产、营业的房地产和自用的房地产。

有的房地产既可以销售,也可以出租或营业,如商店、餐馆。有的房地产可以出租或销售,也可以自用,如公寓、写字楼。有的房地产主要是营业,如旅馆、影剧院。有的房地产主要是自用,如行政办公楼、学校、特殊厂房。

这种分类对于选用估价方法是很有用的。例如,可销售的房地产可以采用市场法估价;出租或营业的房地产可以采用收益法估价;仅适用于自用的房地产主要采用成本法估价。

5) 按照房地产实物形态的分类

房地产按照实物形态,可以分为下列九类:

(1) 土地。又可以分为无建筑物的土地和有建筑物的土地。无建筑物的土地通常称为空地。有建筑物的土地又可以分为建筑物已建造完成的土地和建筑物尚未建造完成的土地。

(2) 建筑物。又可以分为已建造完成的建筑物和尚未建造完成的建筑物,还可以分为新建筑物和旧建筑物。

(3) 土地与建筑物的综合体。又可以分为土地与已建造完成的建筑物的综合体和土地与尚未建造完成的建筑物的综合体。最典型的一种土地与已建造完成的建筑物的综合体是现房。土地与尚未建造完成的建筑物的综合体通常被称为在建工程。

(4) 未来状况下的房地产。其中最典型的一种是期房。期房是指目前尚未建造完成,而以将来建造完成后的建筑物及其占用范围内的土地为标的的房地产。

(5) 已经灭失的房地产。例如,已经被拆除的房地产,已经被火灾损毁的房地产。

(6) 房地产的局部。例如,不是整幢房屋,而是其中的某层、某套或某个部分。

(7) 现在状况下的房地产与过去状况下的房地产的差异部分。例如,建筑物的装修装饰部分,受损后的房地产与受损前完好状况的房地产的差异部分。

(8) 以房地产为主的整体资产或者包含其他资产的房地产。例如,正在运营、使用的旅馆、餐馆、商场、汽车加油站、高尔夫球场、影剧院、游乐场、码头等。在这种情况下,通常不能把它视为一些单项资产的简单集合来估价,即不能将它所包含的资产逐项进行估价后加总作为其评估价值,而应将它作为一个持续经营的有机组织,根据其具有的收益能力来估价,除非是评估它的清算价值。

(9) 整体资产中的房地产。例如,一个企业中的土地或房屋。

需要指出的是,上述房地产虽然是从实物角度来划分的,但评估其价值仍然包括实物、权益和区位三个方面。

6) 按照房地产权益状况的分类

按照房地产的权益状况,可以把房地产分为下列20类:

(1) "干净"的房屋所有权和出让土地使用权的房地产。

(2) "干净"的房屋所有权和划拨土地使用权的房地产。

(3) "干净"的房屋所有权和集体土地的房地产。

(4) 共有的房地产。

(5) 有限产权或部分产权的房地产。

(6) 有租约限制的房地产,即已出租的房地产,也称为带租约的房地产。

(7) 设立了地役权的房地产,即该房地产为他人提供了有限的使用权,如允许他人通行。

(8) 设立了抵押权的房地产,即已抵押的房地产。

(9) 有拖欠建设工程价款的房地产。

(10) 已依法公告列入拆迁或征收、征用范围的房地产。

(11) 临时用地或临时建筑的房地产。

(12) 开发建设手续不全的房地产。

(13) 产权不明或者权属有争议的房地产。

(14) 被依法查封、采取财产保全措施或者以其他形式限制的房地产。

(15) 违法占地或者违法、违章建筑的房地产。

(16) 房地产的租赁权,即承租人权益。
(17) 房地产的抵押权。
(18) 地役权。
(19) 房地产的空间利用权。
(20) 房地产中的无形资产。

1.2 房地产估价的概念

1.2.1 房地产估价的含义

房地产估价的通俗含义是估计房地产的价格或价值,是任何人都可以做的,不论他(她)估计得对与错,也不论其结果是否令人信服。通常把这种意义上的房地产估价,称为非专业房地产估价。例如,你看上了某处房子或某块土地,想知道它值多少钱,或者判断卖者的要价是否合理,或者自己出价多少合适,你可以自己估计,也可以问问亲朋好友的意见。但是,要想获得科学、准确、有说服力的估价结果,就有赖于专业房地产估价。

专业房地产估价活动的核心内容,是根据特定目的,对特定房地产在特定时间的特定价值进行分析、测算和判断并提供相关专业意见。为了保障这种分析、测算和判断的科学、准确、客观、公正,不仅要求从事房地产估价活动的个人和单位应当是具有房地产估价资格的房地产估价师和具有房地产估价资质的房地产估价机构,而且要求房地产估价师和房地产估价机构遵守公认的原则,按照严谨的程序,运用科学的方法去分析、测算和判断房地产的价值。在房地产估价行业内,通常还把这里所讲的特定目的称为估价目的,特定房地产称为估价对象,特定时间称为估价时点,公认的原则称为估价原则,严谨的程序称为估价程序,科学的方法称为估价方法。因此,专业房地产估价的完整定义是:房地产估价师和房地产估价机构接受他人委托,根据估价目的,遵守公认的估价原则,按照严谨的估价程序,依据有关法律法规和标准,在合理的假设下,运用科学的估价方法,对特定的估价对象在估价时点的特定价值进行分析、测算和判断并提供相关专业意见的活动。如无特殊说明,本教材的房地产估价指的是专业房地产估价。

1.2.2 房地产估价的本质

为了更好地理解和把握房地产估价的含义,做好房地产估价工作,还应对房地产估价的本质有所认识。归纳起来,房地产估价的本质有下列 5 个方面。

1) 房地产估价是评估房地产的价值而不是价格

中国在 20 世纪 80 年代恢复房地产估价活动时,为了避免与传统政治经济学中的价值内涵——"劳动价值"相混淆而引起一些不必要的争论或者误解,特别是当时人们对于土地这种非人类劳动的产物,否认它有价值或者对它是否有价值存在着很大的争议,从而采用了"价格评估"的称谓,而未采用"价值评估"的称谓。现在,为了表述上更加科学、准确,也为了与国际上通行的估价理论、理念相一致,便于对外交流与沟通,则强调房地产估价是评估房地产的价值(value)而不是价格(price)。

在估价理论上,价值为物的真实所值、价格的波动"中心",是相对稳定的;价格是价值的外在表现,是实际发生的、已完成的、能够观察到的事实,因人而异,时高时低。现实中由于个人偏好、定价决策、无知等原因,时常会出现"低值高价"或者"高值低价"等价格背离价值的情况。

需要指出的是,价值和价格的内涵虽然在理论上有上述严格区别,但由于习惯等方面的原因,有时并不对它们作严格意义上的区分,是交换使用的。

2) 房地产估价是模拟市场定价而不是替代市场定价

房地产估价从表面上看似乎是房地产估价师在给房地产定价,即房地产估价师认为房地产值多少钱它就是多少钱。在现实中,由于房地产具有不可移动、独一无二、价值高大等特性,不仅不存在大量相同的房地产交易,而且参与同一宗房地产交易者的数量通常很少,在许多情况下甚至只有一两个买者,从而房地产的成交价格容易受交易者的动机、偏好等个别情况的影响。但从本质上讲,房地产价值是客观存在、不以个别人的主观意志为转移的,是由市场力量决定的,即是由众多的市场参与者的价值判断,而非个别人的价值判断所形成的。因此,房地产估价不是房地产估价师的主观随意定价,而是房地产估价师模拟大多数市场参与者的思维和行为,在充分认识房地产市场形成房地产价格的机制和过程,以及深入调查了解房地产市场行情的基础上,通过科学的分析、测算和判断活动,把客观存在的房地产价值揭示出来。换句话说,房地产估价是基于房地产价值本来就存在,房地产估价师只是运用自己掌握的估价理论知识、积累的估价实践经验去"发现"它,而不是去"发明"或"创造",更不是把自己主观想象的某个"数值"强加给估价对象。

房地产估价不同于房地产定价还在于:房地产估价是提出关于估价对象客观合理价值的专业意见,为有关当事人的决策提供参考依据。而定价往往是有关当事人自己的行为,即诸如要价、出价或成交价等应由有关当事人自己决定。有关当事人出于某种目的或需要,可以使其要价、出价或成交价等低于或高于客观合理的价值。例如,政府拥有的一宗土地,正常市场价格为 800 元/m²,但是根据国家产业政策(需要政府扶持或者调控的产业),为了扶持或鼓励某些产业的发展,可以 600 元/m² 的优惠价供给;或者为了限制某些产业的发展,可对这些产业实行高地价政策。至于私人之间的让利交易就更不用说了。

需要特别指出的是,估价师在模拟市场定价时,不能以自己的偏好来判断,而必须考虑估价对象的潜在目标客户群是如何思考和分析的,即要模拟估价对象潜在目标客户群的思维进行估价。

3) 房地产估价是提供价值意见而不是作价格保证

房地产估价是房地产估价师以"房地产价格专家"的身份发表自己对估价对象价值的见解、看法或观点,即估价结果是一种专业意见,而不应被视为房地产估价师或房地产估价机构对估价对象在市场上可实现价格的保证。

虽然估价是提供价值意见而不是作价格保证,但并不意味着估价师和估价机构可以不负任何责任。估价专业意见的作用按其性质可以分为两类:一类是咨询性或参考性的;另一类是鉴证性或证据性的。为委托人自用而提供的估价(估价报告是供委托人自己使用),通常属于咨询、参考性的;为委托人向第三方证明或者说服第三方而提供的估价(估价报告是给委托人以外的特定第三方、特别是给众多的不特定的第三方使用),通常属于鉴证、证据性的。在这两类起着不同作用的估价中,估价师和估价机构都要承担一定的法律责任。其中,起鉴证、证据性作用的估价承担的法律责任,一般要大于起咨询、参考性作用的估价承担的法律责任。

目前,已有一些法律、法规规定了估价的法律责任,例如,《中华人民共和国刑法》(2006年6月29日修正文本)第198条、第229条;《中华人民共和国公司法》(2005年10月27日中华人民共和国主席令第42号公布)第208条;《中华人民共和国证券法》(2005年10月27日中华人民共和国主席令第43号公布)第173条。

4）房地产估价会有误差但应将误差控制在合理的范围内

房地产估价是建立在房地产估价师对估价对象及其所在的房地产市场运行规律的认识,以及相关制度政策、经济、社会等因素对估价对象价值影响的判断基础上的。从理论上讲,合格的（或者说具有专业胜任能力的）房地产估价师会对估价对象及其所在的房地产市场运行规律有全面、正确的认识,并可以准确判断相关制度、政策、经济、社会等因素对估价对象价值的影响。因此从理论上讲,不同的房地产估价师对同一估价对象在同一估价目的、同一估价时点的评估价值应相同,而且对于为交易提供价值参考依据的估价,评估价值的正确与否可以由事后的实际成交价格来验证。但在实际中,常常会出现不同的房地产估价师对同一估价对象,在同一估价目的、同一估价时点的评估价值不相同,也与实际成交价格有差异。这就产生了估价准确性的问题。

实际上,估价总是处于信息不完全和不确定性下做出的,并且不同的房地产估价师拥有的估价对象价值的信息一般也不可能完全相同。因此,即使都是合格的房地产估价师也难以得出完全相同的估价结果,只会得出近似的估价结果,而且评估价值都会有一定的误差,即

$$评估价值 = 真实价值 + 误差$$

在英国和其他英联邦国家,估价准确性的问题经常出现在估价委托人起诉估价师的法庭诉讼中。在专家证人（公认的具有较高专业能力的估价师）的引导下,法官使用了"误差范围"（Margin of Error）的指标。其概念是评估价值与估价对象的"真实价值"（True Value）偏差的可接受范围。如果评估价值超出了误差范围,即可认为估价师有"专业疏忽"（Professional Negligence）。很多时候,法官使用的误差范围是10%,有时误差范围放宽到15%。对于难度很大的估价业务,误差范围放宽到20%。目前,英国估价行业对判断估价准确性的意见,是考察估价师的估价过程而不是估价结果。例如,估价师是否遵守了行业标准,是否明确地告知委托人估价过程和估价结果的性质和有限性。我们知道,估价结果受限于估价师现有的知识水平和范围,以及数据的完整性和估价业务的时间要求。合格的估价师应当对其估价结果的有限性有清楚的认识,采用多个假设来处理现有的知识水平和范围以及数据的完整性方面的有限性,并将这些假设对估价结果的影响明确地告知委托人。事实上,不同的估价师采用不同的假设,是造成很多情况下对同一估价对象在同一估价目的、同一估价时点的评估价值不相同的重要原因。

需要指出的是,一般之所以不直接使用实际成交价格来判断估价结果的准确性,还因为估价结果是假定在正常交易情况下所形成的价格,而实际成交时的交易情况并不一定正常,实际成交价格不一定是正常市场价格。

为了防止不同的估价师对同一估价对象在同一估价目的、同一估价时点的评估价值出现较大偏差,促使评估价值更加客观合理,相关估价国际组织、区域组织以及许多国家和地区的估价行业组织或者政府部门,制定了指导估价师从事估价业务的技术规范和职业道德规范的估价标准、规则、指南等。例如,国际估价标准委员会（International Valuation Standards Committee,简称IVSC）制定并努力推广《国际估价标准》（International Valuation Standards,IVS）;欧洲估价师协会联合会（The European Group of Valuers' Associations,简称TEGo-

VA)制定了《欧洲估价标准》(European Valuation Standards,EVS);美国估价促进会估价标准委员会(The Appraisal Standards Board of The Appraisal Foundation)制定了《专业估价操作统一标准》(Uniform Standards of Professional Appraisal Practice,USPAP);英国的皇家特许测量师学会(Royal Institution of Chartered Surveyors,简称 RICS)制定了《评估和估价标准》(RICS Appraisal and Valuation Standards);日本制定了《不动产鉴定评价基准》;中国台湾地区"内政部"制定了《不动产估价技术规则》;中国香港测量师学会制定了《物业估值准则》(The HKIS Valuation Standards on Properties);中国内地制定了国家标准《房地产估价规范》,并发布了《城市房屋拆迁估价指导意见》、《房地产抵押估价指导意见》等。

5) 房地产估价既是一门科学又是一门艺术

正确的房地产价值分析、测算和判断必须依靠科学的估价理论和方法,但又不能完全拘泥于这些估价理论和方法,还必须依靠房地产估价师的实践经验。因为房地产市场是地区性市场,各地的市场行情和价格影响因素可能各不相同,而且影响房地产价格的因素众多,其中许多因素对房地产价格的影响不易准确把握和量化,所以房地产价值不是简单地套用某些数学公式或数学模型就能够计算出来的,数学公式或数学模型中的一些参数、系数有时也需要依靠房地产估价师的经验判断。此外,不同的估价方法是从某一个角度或某一个方面建立起来的,或多或少有一些局限性,在估价实务中要求房地产估价师采用两种以上估价方法进行估价,就是出于对不同估价方法局限性的调整及综合平衡的考虑。针对不同的估价对象,如何选用合适的估价方法,以及如何对不同估价方法计算出的结果进行取舍、调整,最终得出估价结果,这个过程是房地产估价师对行业规律的把握、对估价理论的掌握及其实务操作能力的综合体现。最终的估价结果是否客观合理,也依赖于房地产估价师综合判断艺术水平的高低。因此,可以说房地产估价不仅是一门科学,也是一门艺术。

虽然房地产估价也是一门艺术,但我们仍应努力把握房地产价格影响因素,科学地量化它们对房地产价格的影响,从而不断地增加房地产估价的科学成分,减少其"艺术"成分,提高估价的客观性。

1.2.3 房地产估价的必要性

1) 专业估价存在的基本前提

一种职业乃至一个行业的生存与发展,必须建立在社会对其内在需求的基础上,仅靠行政命令等外在的强制要求是难以维持长久的。因此,如果社会大众无法认识或了解一种职业、一个行业存在的理由,以及这种职业、这个行业对社会福利和社会进步所带来的贡献,那么这种职业、这个行业就难以在现代竞争激烈的社会存在下去,更不用说随着社会发展而不断发展了。

虽然任何资产在交易中都需要衡量和确定价格,但并不一定都需要专业估价。对于价值量较小或者价格依照通常方法容易确定的资产,通常就不需要专业估价。例如,2004 年 11 月 25 日发布的《最高人民法院关于人民法院民事执行中拍卖、变卖财产的规定》(法释〔2004〕16 号)第 4 条规定:"对拟拍卖的财产,人民法院应当委托具有相应资质的评估机构进行价格评估。对于财产价值较低或者价格依照通常方法容易确定的,可以不进行评估。"可见,一种资产只有同时具有"独一无二"和"价值量大"两个特性,才真正需要专业估价。其原因在于:①一种资产如果不具有独一无二的特性,相同的很多,价格普遍存在、人人皆知,或者常人依照通常方法(例如通过简单比较)便可得知,就不需要专业估价。例如,旧市场上的旧彩电、冰箱等物品。②一种资产虽然具有独一无二的特性,但如果价值量不够大,聘请专业人员估价的花费与资产本身的价值相比较高,甚至超过资产本身的价值,聘请专业人员估价显得不经济,则也不需要专业估价。

2) 房地产需要专业估价

真正需要专业估价的主要是房地产、古董和艺术品、矿产、企业整体资产以及某些机器设备、无形资产等。具体就房地产来说,由于房地产具有不可移动、独一无二和价值量大的特性,房地产市场是不完全市场。在经济学上,"完全市场"必须同时具备以下 8 个条件:①同质商品,买者不在乎从谁的手里购买;②买者和卖者的人数众多;③买者和卖者都有进出市场的自由;④买者和卖者都掌握当前价格的完全信息,并能预测未来的价格;⑤就成交总额而言,每个买者和卖者的购销额是无关紧要的;⑥买者和卖者无串通共谋行为;⑦消费者要求总效用最大化,销售者要求总利润最大化;⑧商品可转让且可发生空间位置的移动。一个市场如果不符合上述八条中的任何一条,就是不完全市场。纯粹的完全市场在现实中几乎不存在。证券交易所和小麦市场通常被看作近似于完全市场。房地产作为商品,其品质各不相同和复杂的特性不符合第①条和第④条。另外,尽管房地产的所有权或使用权可以转让,但房地产实物无法移动,不符合第⑧条。因此,房地产市场通常被视为典型的不完全市场。

由于房地产市场是不完全市场,并且市场信息不对称,不会自动地形成常人容易识别的适当价格,有许多阻碍房地产价格合理形成的因素,在其判断中要求有专门知识和经验,所以需要房地产估价师提供市场信息,进行"替代"市场的估价。房地产估价有助于将房地产价格导向正常化,促进房地产公平交易,建立合理的房地产市场秩序。

值得指出的是,在需要专业估价的不同类型的资产中,由于各自的特性不同,把握影响其价值的质量因素、功能因素、产权状况、占有使用情况、市场状况等所需的专业知识和经验差异很大,它们的价值评估一般不是同一个估价人员甚至同一家估价机构所能胜任的。

3) 房地产估价是估价行业的主流

房地产估价不仅必要,而且是估价行业的主流。这是由下列三个方面决定的:

(1) 需要专业估价的资产必须同时具有"独一无二"和"价值量大"两个特性。房地产显然同时具有这两个特性,许多其他资产不同时具有这两个特性,因此许多资产并不需要专业估价。

(2) 房地产"量大面广",其他资产的数量相对较少。房地产数量庞大,社会保有量和每年新增量都比较大。在一个国家或地区的全部财富中,房地产的比重最大,一般占 50%～70%,即其他各类财富之和也不及房地产一项。

(3) 房地产需要估价的情形较多,其他资产需要估价的情形相对较少。房地产以外的其他资产主要是在买卖的情况下需要估价,而房地产除了发生买卖交易行为外,还普遍发生租赁、抵押、征收、征用、课税等行为。因此,不仅房地产买卖需要提供估价服务,而且房地产租赁、抵押、征收、征用、分割、损害赔偿、税收、保险等活动也需要估价提供相关服务。

此外,由于房地产估价师不仅要懂得房地产价值及其评估,而且要具备有关房地产价格及其影响因素的专业知识和经验,了解房地产市场状况。所以,房地产估价师还是"房地产价格专家"、"房地产市场分析专家"、"房地产投资顾问",人们通常还会要求房地产估价师承担房地产市场调研、房地产投资项目可行性研究、房地产开发项目策划、房地产资产管理等业务。这就使得房地产估价行业具有更大、更广的发展空间。

1.3 房地产估价的要素

1.3.1 估价当事人

估价当事人是指与估价活动有直接关系的单位和个人,包括估价人员、估价机构和估价委托人。其中,估价人员和估价机构是估价服务的提供者,是估价主体;估价委托人是估价服务的直接需求者,是估价服务的直接对象。

1) 房地产估价人员

房地产估价人员简称估价人员,是指通过房地产估价人员职业资格考试或者资格认定、资格互认,取得相应资格并注册、从事房地产估价活动的专业人员。

目前,我国房地产估价人员职业资格有房地产估价师执业资格和房地产估价员从业资格两种。因此,房地产估价人员有房地产估价师和房地产估价员两类。其中,房地产估价师(Real Estate Appraiser,Real Estate Valuator)简称估价师,是指通过全国房地产估价师执业资格考试或者资格认定、资格互认,取得中华人民共和国房地产估价师执业资格,并按照《注册房地产估价师管理办法》注册,取得中华人民共和国房地产估价师注册证书,从事房地产估价活动的专业人员。

一名合格的房地产估价师应当具有房地产估价方面的扎实的理论知识、丰富的实践经验和良好的职业道德。具有扎实的理论知识和丰富的实践经验,是对其估价专业能力的要求;具有良好的职业道德,是对其估价行为规范的要求。仅有理论知识而缺乏实践经验,难以得出符合实际的估价结果;仅有实践经验而缺乏理论知识,会只知其然而不知其所以然,难以对价值做出科学深入的分析和解释,更难以举一反三、触类旁通地解决现实中不断出现的新的估价问题。理论知识和实践经验即使兼备,但是如果没有良好的职业道德,也难以做出客观公正的估价。

根据相关规定,房地产估价师应当受聘于一个房地产估价机构,在同一时间只能在一个房地产估价机构从事房地产估价业务;房地产估价师不得以个人名义承揽房地产估价业务,应当由所在地房地产估价机构接受委托并统一收费。

2) 房地产估价机构

房地产估价机构简称估价机构,是指依法设立并取得房地产估价机构资质,从事房地产估价活动的专业服务机构。目前中国规定,房地产估价机构应当由自然人出资,以有限责任公司或者合伙企业形式设立;法定代表人或者执行合伙事务的合伙人是注册后从事房地产估价工作三年以上的专职注册房地产估价师;资质等级由低到高分为暂定期内的三级资质、三级资质、二级资质、一级资质;依法从事房地产估价活动不受行政区域、行业限制;不同资质等级房地产估价机构的业务范围按照估价目的划分,应当在其资质等级许可的业务范围内从事估价活动;房地产估价报告应由房地产估价机构出具。

3) 估价委托人

估价委托人简称委托人,俗称客户,是指直接向估价机构提出估价需求,与估价机构订立估价委托合同的单位或个人。委托人有义务向估价机构如实提供其悉知的估价所必要的情况和资料。例如估价对象的权属证明、财务会计信息,并对所提供的情况和资料的真实性、合法性和完整性负责;有义务协助估价人员搜集估价所必要的情况和资料及对估价对象进行的实地查看等工作;不得干预估价人员和估价机构的估价行为和估价结果。

要注意估价委托人、估价对象权利人、估价利害关系人、估价报告使用者之间的异同。估价对象权利人是指估价对象的所有权人、使用权人、抵押权人等权利人。估价利害关系人是指估价结果的客观合理与否会直接影响其利益的单位和个人。估价对象权利人一般是估价利害关系人,估价对象的潜在投资者、受让人往往也是估价利害关系人。估价报告使用者可能是估价对象权利人、债权人、投资者、受让人、政府及其有关部门和社会公众等。委托人不一定是估价对象权利人或估价报告使用者。委托人委托估价、获取估价报告的目的可能是供自己使用,此时委托人同时也是估价报告使用者。委托人委托估价、获取估价报告的目的可能是提供给特定的第三方使用,例如房地产抵押估价中借款人委托的,估价报告使用者是贷款人(如商业银行);委托人委托估价、获取估价报告的目的还可能是提供给不特定的第三方使用,例如受上市公司委托出具的某些估价报告是提供给社会公众使用。委托人和估价报告使用者通常是估价利害关系人,但也有例外。例如,在为人民法院拍卖、变卖被查封的房地产的估价中,人民法院既是委托人也是估价报告使用者,但不是估价利害关系人。

1.3.2 估价对象

估价对象(Subject Property)即估价客体,也称为被估价房地产(Property Being Appraised)、估价标的,当估价对象仅为房地产权益时,例如租赁权时,可称为被估价权益,是指一个房地产估价项目中需要评估其价值的具体房地产或房地产权益。尽管房地产的基本存在形态在理论上只有土地、建筑物、土地与建筑物的综合体(简称"房地",具体可表述为"建筑物及其占用范围内的土地"或者"土地及其上的建筑物")三种,但现实中的估价对象是丰富多彩、复杂多样的。概括起来,房地产估价对象有土地、房屋、构筑物、在建工程、以房地产为主的整体资产、整体资产中的房地产等等。估价对象的更具体种类,可见第1.1.3节"房地产的分类"。

1.3.3 估价目的

估价目的(Appraisal Purpose)是指一个房地产估价项目中估价结果的期望用途,或者通俗地说,是委托人要拿未来完成的估价报告做什么用,是为了满足何种涉及房地产的经济活动或者民事行为、行政行为的需要。例如,是为房地产买卖或租赁活动确定相关价格或租金提供参考依据,还是为商业银行等债权人确定房地产抵押价值提供参考依据,或者是为拆迁人与被拆迁人之间确定被拆迁房屋的货币补偿金额、为税务机关核定某种房地产税收的计税依据、为保险公司衡量投保房屋的保险价值、为政府掌握划拨土地使用权进入市场应当补交的土地使用权出让金等费用提供参考依据。

委托人不会无缘无故花钱委托估价机构估价,而是为了某种需要才委托估价机构估价。因此,任何房地产估价项目都有估价目的,并且对估价的不同需要决定着估价目的的不同。按房地产估价的需要及相应的估价目的可以划分为:土地使用权出让(又可分为招标出让、拍卖出让、挂牌出让、协议出让)、房地产转让(又可分为买卖,互换,赠与,以房地产出资、作价入股、抵债等)、租赁、抵押、征收、征用(又可分为土地征收、土地征用、城市房屋拆迁)、分割、损害赔偿、税收、保险、争议调处、司法鉴定,以房地产出资设立企业(包括公司,下同)、企业对外投资、合资、合作、合并、分立、改制、资产重组、产权转让、租赁、清算,房地产估价争议中的房地产估价复核或鉴定等等。在实际估价中,还可以根据具体情况对上述某些估价目的进行细分或者作进一步的说明。例如,房地产买卖中普通拍卖的保留价(底价)评估;城市房屋拆迁补偿估价还可分为货币补偿估价和房屋产权调换补偿估价。

不同的估价目的将影响估价结果,因为估价目的不同,估价对象的范围、估价时点、评估的价值类型、估价依据、估价应考虑的因素可能不同,甚至估价方法也可能不同。例如,许多房地产在买卖、抵押之前已出租,买卖、抵押时带有租赁期未届满的租赁合同(也称为租约),购买者、抵押权人应尊重并履行这些租赁合同的各项条款,即所谓"买卖不破租赁",这叫做有租约限制的房地产或带租约的房地产、已出租的房地产。如果为房地产买卖、抵押目的对这类房地产进行估价,就应考虑租约租金与市场租金差异的影响,特别是对于那些租约租金与市场租金差异较大和租赁期限较长的房地产;如果为城市房屋拆迁补偿目的而估价,则不考虑房屋租赁的影响,应视为无租约限制的房地产来估价。在价值构成的各要素,例如成本、费用、利润、税金等的取舍上,也应服从于估价目的。此外,估价目的还限制了估价报告的用途。针对某种估价目的得出的估价结果,不能盲目地套用于与其不相符的用途。因此,在估价中房地产估价师应始终谨记估价目的。

1.3.4 价值类型

价值类型(types of value)有两种含义:一是指房地产价值的种类;二是指一个房地产估价项目中,由估价目的决定的需要评估的具体某种类型的价值,即特定价值。总的来说,房地产估价是评估房地产的价值。但针对一个具体的房地产估价项目,由于价值有许多含义,所以不应笼统地说是评估房地产的价值,而必须搞清楚,并在估价报告中说明是评估哪种类型的价值。同一估价对象可能有不同类型的价值,即同一估价对象的价值并不是唯一的。但同一估价对象的具体一种类型的价值是其在相应的估价目的特定条件下所形成的正常值,理论上它是唯一的,并能够使各方当事人或社会普遍信服和接受。例如,同一宗房地产,在买卖的情况下,虽然实际的成交价格有高有低,但是客观上有其正常的买卖价格;在征收、征用的情况下,虽然实际的补偿金可能有多有少,但是客观上也有其合理的补偿金;在抵押的情况下,虽然不同的人对抵押价值高低有不同的见解,但是客观上也有其正常的抵押价值。而正常的买卖价格、合理的补偿金、正常的抵押价值,彼此之间又可能是不完全相同的。

价值类型首先可以分为市场价值和非市场价值(或称为市场价值以外的价值)两大类。市场价值(Market Value,MV),过去称为公开市场价值(Open Market Value,OMV),是多数估价需要评估的价值,其确切的定义是指房地产在满足下列条件下进行交易最可能的价格:①交易双方是自愿的进行交易的——卖者不是被迫的将房地产卖给特定的买者,买者不是被迫的从特定的卖者那里购买房地产;②交易双方是出于利己动机进行交易的——交易双方进行交易的目的是追求各自利益最大化;③交易双方是精明、谨慎行事的,并且了解交易对象、知晓市场行情——交易双方都是理性的,掌握充分的信息,卖方不是盲目地出售,买方不是盲目地购买;④交易双方有较充裕的时间进行交易——卖方不是急于出售,买方不是急于购买,交易对象在市场上进行了合理时间的展示;⑤不存在买者因特殊兴趣而给予附加出价——例如,房地产开发商可能对相邻的一宗狭长地块比别人更感兴趣,因为有了这块土地,他就能更充分地进行整体开发。凡不符合上述市场价值形成条件之一的价值,均为非市场价值。因此,非市场价值不是一种价值,而是对市场价值以外的各种价值的一个概括性称呼。本质上的非市场价值主要有以下四种:①不符合"交易双方有较充裕的时间进行交易"的快速变现价值;②存在在不确定性因素的情况下遵守谨慎原则评估出的谨慎价值;③不符合继续使用条件下的清算价值;④从某个特定投资者的角度来衡量的投资价值。

1.3.5　估价时点

估价时点(Valuation Date,Appraisal Date,Date of Value)是指一个房地产估价项目中由估价目的决定的需要评估的价值所对应的具体时间。由于同一宗房地产在不同的时间会有不同的价值,所以估价通常只是评估估价对象在某个特定时间的价值,这个特定时间就是估价时点,一般用公历年、月、日表示。

特别需要强调的是,估价时点不是可以随意确定的,应根据估价目的来确定,并且估价时点确定应当在先,价值估算应当在后,而不是先有了"评估价值"之后,再将它说成是某个时间上的价值。有关估价时点的确定等内容,见本书第3.1.4节"估价时点原则"。

1.3.6　估价依据

估价依据是指一个房地产估价项目中估价所依据的相关法律、法规、政策和标准(如国家标准、行业标准、地方标准,以及指导意见等),委托人提供的有关情况和资料,房地产估价机构和房地产估价师掌握和搜集的有关情况和资料。

为了使估价依据可靠,房地产估价师应要求委托人如实提供其悉知的估价所必要的估价对象的权属证明、界址、面积等情况和资料,并要求委托人声明其提供的情况和资料是真实、合法的,没有隐匿或虚报的情况;房地产估价师还应当对委托人提供的有关情况和材料进行必要的核查。

1.3.7　估价假设

估价假设是指一个房地产估价项目中房地产估价师对于那些估价所必要、但不能肯定、而又必须予以明确的前提条件做出的假定。在估价中要防止出现以下三种情况:一是滥用估价假设;二是不明确估价假设;三是无针对性地列举一些与本估价项目无关的估价假设。在防止滥用估价假设方面,严禁估价师为了迎合委托人的高估或者低估要求,有意编造估价假设。对于确定性因素,一般不得进行假设;对于不确定性因素,估价师应当勤勉尽责,予以必要的专业关注,针对估价项目的具体情况,合理且有依据地做出假定。

1.3.8　估价原则

估价原则(Appraisal Principle)是指在房地产估价的反复实践和理论探索中,在认识房地产价格形成和变动客观规律的基础上,总结、提炼出的一些简明扼要的进行房地产估价所应依据的法则或标准。房地产估价原则主要有：合法原则、最高最佳使用原则、替代原则、估价时点原则、公平原则、供求原则和预期原则。估价原则可以使不同的房地产估价师对于房地产估价的基本前提具有认识上的一致性，对于同一估价对象在同一估价目的、同一估价时点的评估价值趋于相同或近似。有关房地产估价原则的详细内容见本书第3章。

1.3.9 估价程序

估价程序（Appraisal Process）是指完成一个房地产估价项目所需要做的各项工作按照它们之间的内在联系排列出的先后次序。房地产估价的基本程序是：
(1) 获取估价业务。
(2) 受理估价委托及明确估价基本事项。
(3) 拟定估价作业方案。
(4) 搜集估价所需资料。
(5) 实地查勘估价对象。
(6) 选定估价方法进行测算。
(7) 确定估价结果。
(8) 撰写估价报告。
(9) 审核估价报告。
(10) 出具估价报告。
(11) 估价资料归档。

透过房地产估价程序，可以看到一个房地产估价项目运作的全过程，可以了解到一个房地产估价项目中各项具体工作之间的相互关系。履行必要的估价程序，是规范估价行为、避免估价疏漏、保障估价质量、提高估价效率的重要方面。有关房地产估价程序的详细内容见本书第3章。

1.3.10 估价方法

房地产估价应当采用科学的估价方法（Appraisal Approach）进行严谨的测算，不能单纯依靠经验进行主观判断。一宗房地产的价值通常可以从以下三个途径来求取：①近期市场上类似房地产是以什么价格进行交易的——基于明智的买者肯出的价钱不会高于其他买者最近购买类似房地产的价格，即基于类似房地产的成交价格来衡量其价值。所谓类似房地产（Similar Property），是指与估价对象处在同一供求范围内，并在用途、规模、建筑结构、档次、权利性质等方面与估价对象相同或者相似的房地产。所谓同一供求范围，也称为同一供求圈、同一市场，是指与估价对象之间具有一定的替代关系，价格会相互影响的房地产区域范围。②如果重新开发建设一宗类似房地产需要多少费用——基于明智的买者肯出的价钱不会高于重新开发建设类似房地产所必要的代价，即基于房地产的重新开发建设成本来衡量其价值。③如果将该宗房地产出租或营业预计可以获得多少收益——基于明智的买者肯出的价钱不会高于该宗房地产的未来收益的现值之和，即基于该宗房地产的未来收益来衡量其价值。由此在房地产估价上产生了三大基本方法，即市场法、成本法、收益法。此外，还有基本估价方法衍生的一些其他估价方法，如假设开发法、长期趋势法、路线价法、基准地价修正法等。

关于基本估价方法，值得指出的是，美国体系为成本法（Cost Approach）、市场比较法（Market Comparison Approach，Sales Comparison Approach）、收益法（Income Approach）三种；英国体系为比较法（Comparison Method，Comparative Method）、投资法（Investment Method）、剩余法（Residual Method）、利润法（Profits Method）、承包商法（Contractors Method）五种。英国的比较法与美国的市场比较法相同，英国又把投资法和利润法归为收益法（Income Approach，两者的区别主要在于估价对象不同，投资法用于出租的房地产估价，利润法用于营业的房地产估价），剩余法和承包商法归为成本法（Cost Based Approach）。因此，英国的估价方法与美国的估价方法本质上是相同的。

本书将在后面的章节中分别介绍市场法、成本法、收益法、假设开发法、长期趋势法、路线价法、基准地价修正法及其运用。每种估价方法都有其适用的估价对象和估价应具备的条件，有时可以同时运用，以相互验证，有时是相互补充的，但不应相互替代。房地产估价师应当熟知、理解各种估价方法及其综合运用，正确运用估价方法进行估价。在评估一宗房地产的价值时，一般要求同时采用两种以上（含两种）估价方法，并且在理论上可以同时采用多种估价方法进行估价的，应当同时采用多种估价方法进行估价，不得随意排除可以采用的估价方法。如果确实由于客观条件上的原因不能采用的，必须在估价报告中充分说明不采用的理由。

1.3.11 估价结果

估价结果是指房地产估价师通过估价活动得出的估价对象价值的专业结论。由于估价结果对委托人十分重要，委托人通常会对估价结果有特别的期望。但由于估价工作的客观公正性质，估价师和估价机构不能在估价结果上让"客户满意"；不宜在完成估价之前与委托人或者任何其他与该估价业务有利害关系的人讨论估价结果，因为这有可能影响估价独立、客观、公正地进行；更不能在未估价之前就征求委托人对估价结果的意见，不得以迎合委托人的高估或者低估要求来争取估价业务。

同时也应注意到，尽管要求估价结果是客观合理的，但实际上的估价结果可能带有估价师的主观因素，受估价师业务水平和职业道德的影响，并且所要求的客观合理的估价结果和实际的估价结果又都可能与估价对象在市场上真正交易的成交价格不同。因为成交价格可能受到交易者的个别情况的影响，或者由于成交日期与估价时点不同，房地产市场状况或估价对象状况发生了变化。

1.4 房地产估价的现实需要

1.4.1 国有建设用地使用权出让的需要

国有建设用地使用权出让是指国家将国有建设用地使用权在一定年限内出让给土地使用者，由土地使用者向国家支付土地使用权出让金的行为。目前，国有建设用地使用权出让的方式主要有招标、拍卖、挂牌和协议等方式。其中，招标出让土地使用权是指市、县人民政府土地行政主管部门（简称出让人）发布招标公告，邀请特定或者不特定的自然人、法人或者其他组织参加土地使用权投标,根据投标结果确定土地使用者的行为。拍卖出让土地使用权是指出让人发布拍卖公告,由竞买人在指定的时间、地点进行公开竞价,根据出价结果确定土地使用者的行为。挂牌出让土地使用权是指出让人发布挂牌公告,按公告规定的期限将拟出让宗地的交易条件在指定的土地交易场所挂牌公布,接受竞买人的报价申请并更新挂牌价格,根据挂牌期限截止时的出价结果确定土地使用者的行为。协议出让土地使用权是指出让人与特定的土地使用者通过协商方式有偿出让土地使用权的行为。在招标出让土地使用权中,出让人需要确定土地使用权招标底价,投标人需要确定其报价。在拍卖出让土地使用权中,出让人需要确定土地使用权拍卖底价(保留价),竞买人需要确定其最高应价。在挂牌出让土地使用权中,出让人需要确定土地使用权挂牌底价,竞买人需要确定其最高报价。在协议出让土地使用权中,出让人需要确定土地使用权协议出让最低价,土地使用者需要确定其最高出价。

此外,对列入招标、拍卖、挂牌出让计划内的具体地块有使用意向、提出用地预申请的单位和个人,需要承诺愿意支付的土地价格;出让人需要认定其承诺的土地价格是否可以接受。因此,无论是哪种出让方式,都需要对出让的土地使用权进行估价,为出让人确定招标、拍卖、挂牌底价、协议出让最低价,为投标人、竞买人、土地使用者确定报价、应价或出价等,提供参考依据。

1.4.2 房地产转让和租赁的需要

房地产转让包括房屋所有权转让和土地使用权转让,是指房地产权利人通过买卖、互换、赠与或者其他合法方式将其房地产转移给他人的行为。其他合法方式包括以房地产出资、作价入股、偿还债务(抵债)等。例如,一方提供土地使用权,另一方或者多方提供资金,合资、合作开发经营房地产,而使房地产权属发生变更的;借款到期,借款人无力偿还,只好以其房地产抵偿或者被人民法院强制拍卖、变卖等。房地产租赁是指房屋所有权人或土地使用权人作为出租人将其房地产出租给承租人使用,由承租人向出租人支付租金的行为。

房地产具有独一无二的特征,找不到两宗完全相同的房地产,每宗房地产的价值通常都不同,又由于一般的单位或个人不是专门从事房地产交易的,甚至一生中只有一两次房地产交易体验,对影响房地产价格的质量、功能、产权、市场行情等难以了解和做出相关判断。因此,在房地产转让、租赁过程中,通常需要房地产估价为确定房地产转让价格、租金等提供参考依据。例如房地产买卖,对于买者来说,需要通过房地产估价了解拟购买的房地产的市场价值,以确定合理的出价,避免出价过高而遭受损失,出价过低而得不到,或者判断卖者的要价可否接受;对于卖者来说,需要通过房地产估价了解拟出售的房地产的市场价值,以确定合理的要价,避免定价过低而遭受损失,定价过高而难以卖出,或者判断买者的出价可否接受。再如房地产互换,由于所互换的房地产刚好等值的很少,互换双方往往需要通过房地产估价了解所互换的房地产的市场价值,然后根据它们之间的差价在货币上"多退少补"。在一方提供土地使用权,另一方提供资金,然后依照出资额分配建成的房屋的情况下,所提供的土地使用权的价值究竟是多少,需要房地产估价提供参考依据。

在房地产租赁的情况下,不仅需要评估租金(租赁价格),而且当出租人需要收回租赁期未到期的房地产时,应当给予承租人多少补偿,承租人将租赁权转让时可以拿到多少权利金(租赁权价格)等等,也需要房地产估价提供参考依据。

1.4.3 房地产抵押的需要

房地产抵押是指债务人或者第三人不转移房地产的占有,将该房地产作为债权的担保,当债务人不履行到期债务,或者发生当事人约定的实现抵押权的情形时,债权人有权依照法律的规定,以该房地产折价或者以拍卖、变卖该房地产所得的价款优先受偿。上述债务人或者第三人为抵押人;债权人为抵押权人;提供担保的房地产为抵押房地产。

由于房地产具有不可移动、寿命长久、价值量大、保值增值的特性,是一种良好的用于提供担保的财产。因此,债权人在借贷等民事活动中,为保障其债权的实现,一般会要求债务人或者第三人将其有权处分的,法律、行政法规规定可以抵押的房地产抵押给债权人,并且要求贷款金额低于抵押房地产的价值。特别是商业银行出于业务发展及同行间竞争的考虑,不能随意压低房地产的抵押价值,即如果为了顾虑安全而少放款,将会失去赚取利息的机会;但如果为了谋求更多的利息而多放款,将承受损失的风险,两全其美的办法是要确定合理的抵押价值。为了确定合理的抵押价值,商业银行一般会委托或要求债务人委托商业银行信任的房地产估价机构进行评估,为其确定房地产抵押贷款额度提供价值参考依据。

为房地产抵押目的,而对房地产估价,归纳起来主要有以下七种:①初次抵押估价,即将未抵押的房地产抵押的,对该房地产的抵押价值进行的评估。②再次抵押估价,即将已抵押的房地产再次抵押的,对该房地产的抵押价值进行的评估。《中华人民共和国担保法》第35条规定:"财产抵押后,该财产的价值大于所担保债权的余额部分,可以再次抵押,但不得超出其余额部分。"③增加抵押贷款估价,即抵押人以同一抵押房地产向同一抵押权人再次抵押贷款的,对该房地产的抵押价值进行的评估。④抵押期间估价,即对抵押房地产价值进行监测,及时掌握其变化情况,定期或者根据需要对抵押房地产价值进行的评估。包括向抵押权人提示:抵押人的行为足以使抵押房地产价值减少的,要求抵押人停止其行为;抵押房地产价值减少的,要求抵押人恢复抵押房地产的价值,或者提供与减少的价值相应的担保;抵押人不恢复抵押房地产的价值也不提供担保的,要求债务人提前清偿债务。⑤转抵押估价,即将已抵押的房地产及其所担保债权转让给买受人的,对该房地产的抵押价值进行的评估。⑥续贷抵押估价,即抵押贷款到期后继续以该房地产抵押贷款的,对该房地产的抵押价值进行的评估。⑦处置抵押房地产估价,即债务人不履行到期债务或者发生当事人约定的实现抵押权的情形,需要将抵押房地产折价或者拍卖、变卖的,为折价或者拍卖、变卖提供相关价值参考依据,对该房地产的市场价值等进行的评估。

在实际中,还可以按照贷款前期、贷款期间和贷款处置三个阶段来划分为金融机构提供的房地产抵押估价及相关服务。在贷款前期,除了可提供房地产抵押价值评估,通常还提供房地产贷款项目评价、抵押成数(抵押率)测算等服务。在贷款期间,可提供抵押房地产及其价值动态评估,及时化解信贷风险,提高抵押房地产质量,保障金融机构债权安全。在贷款处置阶段,除了可提供处置抵押房地产价值评估,通常还提供资产处置方案、处置方式分析咨询等服务。

1.4.4 房地产征收和征用的需要

房地产特别是土地,是各种生产、生活等活动都不可缺少的基础要素,又不可移动,有时为了公共利益的需要,不得不征收集体所有的土地和单位、个人的房屋及其他房地产;因抢险、救灾等紧急需要,不得不征用单位、个人的房地产。征收与征用的主要区别是:征收的实质是强制收买——主要是所有权的改变,不存在返还的问题;征用的实质是强制使用——只是使用权的改变,被征用的房地产使用后,应当返还被征用人,即是一种强制的临时使用房地产的行为。

尽管征收、征用是为了公共利益的需要或者因抢险、救灾等紧急需要,但都不能是无偿的,必须依法给予补偿。《中华人民共和国宪法》(2004年3月14日修正文本)第10条规定:"国家为了公共利益的需要,可以依照法律规定对土地实行征收或者征用并给予补偿。"第13条规定:"国家为了公共利益的需要,可以依照法律规定对公民的私有财产实行征收或者征用并给予补偿。"《中华人民共和国物权法》第42条规定:"征收集体所有的土地,应当依法足额支付土地补偿费、安置补助费、地上附着物和青苗的补偿费等费用,安排被征地农民的社会保障费用,保障被征地农民的生活,维护被征地农民的合法权益。征收单位、个人的房屋及其他不动产,应当依法给予拆迁补偿,维护被征收人的合法权益;征收个人住宅的,还应当保障被征收人的居住条件。"第44条规定:"单位、个人的不动产或者动产被征用或者征用后毁损、灭失的,应当给予补偿。"《中华人民共和国土地管理法》(2004年8月28日修正文本)第2条规定:"国家为了公共利益的需要,可以依法对土地实行征收或者征用并给予补偿。"《中华人民共和国城市房地产管理法》第19条规定:"国家对土地使用者依法取得的土地使用权,在出让合同约定的使用年限届满前不收回;在特殊情况下,根据社会公共利益的需要,可以依照法律程序提前收回,并根据土地使用者,使用土地的实际年限和开发土地的实际情况给予相应的补偿。"《城市房屋拆迁管理条例》(2001年6月13日中华人民共和国国务院令第305号发布)第4条规定:"拆迁人应当依照本条例的规定,对被拆迁人给予补偿、安置。"

征用房地产不仅应当给予使用上的补偿(补偿金相当于租金),如果被征用的房地产受到损失的,还应当按照实际损失给予补偿。例如,毁损的,补偿金应相当于毁损前后的价值之差;灭失的,补偿金应相当于被征用房地产的价值。而确定上述征收、征用的补偿金等,就需要房地产估价提供相关参考依据。

例如,《城市房屋拆迁管理条例》规定拆迁补偿的方式可以实行货币补偿,也可以实行房屋产权调换。其中,第24条规定实行货币补偿的,"货币补偿的金额,根据被拆迁房屋的区位、用途、建筑面积等因素,以房地产市场评估价格确定";第25条规定"实行房屋产权调换的,拆迁人与被拆迁人应当依照本条例第二十四条的规定,计算被拆迁房屋的补偿金额和所调换房屋的价格,结算产权调换的差价"。具体来说,实行货币补偿方式的,要对被拆迁房屋的房地产市场价值进行评估,为确定货币补偿的金额提供依据;实行房屋产权调换补偿方式的,被拆迁房屋没有区分征收和征用两种不同的情形,统称为"征用",结算房屋产权调换的差价,即:产权调换的差价=所调换房屋的房地产市场价值-被拆迁房屋的房地产市场价值。

1.4.5 房地产分割的需要

共有财产分割、遗产分割等通常涉及房地产分割。房地产分割一般不宜采取实物分割的方法,因为许多情况下房地产在实物形态上难以分割,如果进行实物分割就会损害房地产的效用,所以通常是采取折价等方法处理。例如,夫妻离婚,原共同所有的一套住房不宜采取实物分割由双方各得一半,多数情况下是由其中的一方获得该套住房,该方再按照该套住房市场价值的一半向对方支付现金或现金等价物。

有时即使可以采取实物分割的方法,但由于房地产是不均质的,以"应平均分割"为例,土地通常是在价值平均分配的基础上进行面积不等的划分;如果按照面积进行平均分割,则分割后的各部分价值不均等,通常还需要进行现金或现金等价物的"多退少补"。房屋一般既难以按照面积进行平均分割,也难以在价值平均分配的基础上进行面积不等的划分,通常是先按照自然间进行实物分割,再根据各部分之间的价值差异进行现金或现金等价物的"多退少补"。这些都需要房地产估价提供价值参考依据。

1.4.6 房地产损害赔偿的需要

《中华人民共和国宪法》第12条规定:"社会主义的公共财产神圣不可侵犯。国家保护社会主义的公共财产。禁止任何组织或者个人用任何手段侵占或者破坏国家的和集体的财产。"第13条规定:"公民的合法的私有财产不受侵犯。国家依照法律规定保护公民的私有财产权和继承权。"《中华人民共和国民法通则》(1986年4月12日中华人民共和国主席令第37号公布)第117条规定:"侵占国家的、集体的财产或者他人财产的,应当返还财产,不能返还财产的,应当折价赔偿。损坏国家的、集体的财产或者他人财产的,应当恢复原状或者折价赔偿,受害人因此遭受其他重大损失的,侵害人应当赔偿损失。"

房地产损害赔偿的类型多种多样,例如,由工程质量缺陷造成的房地产价值损失,如预售的商品房在交付使用后发现存在工程质量问题(如墙体开裂、室内空气质量不符合国家标准),对购房人造成损失;因规划变更、设计变更,对房地产权利人造成损失;在自己的土地上建造建筑物妨碍了相邻建筑物的通风、采光和日照等,造成相邻房地产价值损失;施工挖基础不慎使邻近建筑物倾斜,造成邻近房地产价值损失;因未能履约(如未按合同约定如期供货、供款等)使他人工程停缓建,对他人造成损失;使他人房地产受到污染,造成他人房地产价值损失;因对房地产权利行使不当限制,例如错误查封,对房地产权利人造成损失;异议登记不当,对房地产权利人造成损失;非法批准征收、使用土地,对当事人造成损失,如《中华人民共和国土地管理法》第78条规定:"非法批准征收、使用土地,对当事人造成损失的,依法应当承担赔偿责任。"上述各种类型的房地产损害赔偿,均需要房地产估价为确定赔偿金额提供参考依据。

1.4.7 房地产税收的需要

房地产自古以来就是一个良好的税源,有关房地产的税种很多,如房产税、地产税、土地增值税、契税,土地与房屋合征房地产税,房地产与其他财产合征财产税、遗产税、赠与税等等。在现代市场经济下,这些税种的计税依据通常是房地产的价值或者以房地产的价值为基础。为了课税公平和防止偷漏税,税务机关需要掌握真实可靠的房地产价值,需要科学公正的计税价值(一种房地产评估价值)来说服纳税人。如果纳税人认为计税价值不合理的,也可以委托房地产估价机构进行评估,以说服税务机关调整计税价值。例如,我国目前的契税是在土地、房屋权属转移的时候,向其承受者征收的一种税收。契税的计税依据主要有:①国有土地使用权出让、土地使用权出售、房屋买卖,为成交价格。成交价格明显低于市场价格并且无正当理由的,由征收机关参照市场价格核定。②土地使用权赠与、房屋赠与,由征收机关参照土地使用权出售、房屋买卖的市场价格核定。③土地使用权交换、房屋交换,为所交换的土地使用权、房屋的价格的差额。所交换土地使用权、房屋的价格的差额明显不合理并且无正当理由的,由征收机关参照市场价格核定。因此,在上述由征收机关参照市场价格核定的情况下,通常需要房地产估价为征收机关核定计税依据提供参考依据。再如,目前的土地增值税,是对转让房地产的增值额征收的一种税收。增值额为纳税人转让房地产所取得的收入减除规定扣除项目金额后的余额。纳税人可能隐瞒、虚报房地产成交价格,不据实提供扣除项目金额,转让房地产的成交价格明显低于同类房地产的市场交易价格。为此,《中华人民共和国土地增值税暂行条例》(1993年12月13日中华人民共和国国务院令第138号发布)第9条规定:"纳税人有下列情形之一的,按照房地产评估价格计算征收:(一)隐瞒、虚报房地产成交价格的;(二)提供扣除项目金额不实的;(三)转让房地产的成交价格低于房地产评估价格,又无正当理由的。"可见,在征收土地增值税的许多方面都需要房地产估价提供有关参考依据。

1.4.8 房地产保险的需要

房地产是一种重要的财产,其中的建筑物难免会因发生自然灾害或意外事故,例如火灾、爆炸、雷击、暴风、暴雨、泥石流、地面突然塌陷、岩崩、突发性滑坡或空中运行物体坠落等而遭受损毁或灭失,从而需要保险。房地产保险对房地产估价的需要,一是在投保时需要评估保险价值,为确定保险金额提供参考依据;二是在保险事故发生后需要评估所遭受的损失或者建筑物重置价格、重建价格等,为确定赔偿金额提供参考依据。

1.4.9 房地产争议调处和司法鉴定的需要

现实中经常发生有关当事人对房地产拍卖、变卖、抵债、征收、征用、损害赔偿等中有关房地产价格、补偿金、赔偿金或者为它们提供参考依据的估价报告或估价结果有异议。例如,在人民法院拍卖、变卖被查封的房地产或者将被查封的房地产抵债过程中,被执行人通常对拍卖价格、变卖价格、抵债价格有异议,特别是对为人民法院确定拍卖保留价、变卖价格、抵债价格提供参考依据的估价报告或估价结果有异议,从而要求对估价报告或估价结果进行复核或鉴定。在城市房屋拆迁补偿估价中,通常也出现某一方、特别是被拆迁人对估价报告或估价结果有异议而要求对估价报告或估价结果进行复核或鉴定。

此外,对于各种涉及房地产的违纪、违法、违规和犯罪行为,衡量违纪、违法、违规和犯罪的情节轻重,通常不仅考虑房地产的实物量(面积),而且考虑房地产的价值量。

以上这些均需要权威、公正的房地产估价,为争议各方当事人和解或者有关单位调解、仲裁机构仲裁、行政机关处理、纪律检查部门查处、检察机关立案、人民法院判决,以及司法机关和公民、组织进行诉讼等提供相关参考依据。

1.4.10 企业有关经济行为的需要

以房地产出资设立企业以及企业对外投资、合资、合作、合并、分立、改制、资产重组、产权转让、租赁、清算等经济行为,往往需要对相关房地产或者企业整体资产进行估价。

(1)以房地产出资设立企业。《中华人民共和国合伙企业法》(2006年8月27日中华人民共和国主席令第55号公布)第16条规定:"合伙人可以用货币、实物、知识产权、土地使用权或者其他财产权利出资,也可以用劳务出资。合伙人以实物、知识产权、土地使用权或者其他财产权利出资,需要评估作价的,可以由全体合伙人协商确定,也可以由全体合伙人委托法定评估机构评估。"《中华人民共和国公司法》第27条规定："股东可以用货币出资，也可以用实物、知识产权、土地使用权等可以用货币估价并可以依法转让的非货币财产作价出资；但是，法律、行政法规规定不得作为出资的财产除外。对作为出资的非货币财产应当评估作价，核实财产，不得高估或者低估作价。法律、行政法规对评估作价有规定的，从其规定。"

（2）企业对外投资。是指企业以货币、实物、无形资产或者购买股票、债券等有价证券方式向其他单位投资的行为。其中，企业以房地产或者房地产为主的非货币财产对外投资的，通常需要房地产估价提供服务。

（3）企业合资。是指两个以上的企业共同出资成立另外公司并分享股权，以进行某些新产品、新技术或新事业的开发。其中，企业以房地产或者房地产为主的非货币财产出资的，通常需要房地产估价提供服务。

（4）企业合作。是指不同企业之间通过协议或其他联合方式，共同开发产品或市场，共享利益，以获取整体优势的经营方式。例如，一方提供土地、房屋，另一方或多方提供资金、设备，开展有关合资、合作，然后各方按照一定比例分配相关的利益。在这种情况下，需要评估所提供的土地、房屋的价值，以便与所提供的资金、设备的价值进行比较，从而为确定各方的利益分配比例提供参考依据。

（5）企业合并。是指两个以上企业合并为一个企业的行为，分为吸收合并和新设合并。吸收合并是指两个以上企业合并时，其中的一个企业吸收了其他企业而存续，被吸收的企业解散；新设合并是指两个以上企业合并设立一个新的企业，合并各方解散。在现实中，一个企业吸收其他企业的动机之一，是看中了被吸收企业的场地和房屋，以取得企业发展所需的场所。在这种情况下，根据具体情况，需要评估被吸收企业的价值或者其场地和房屋的价值。

（6）企业分立。是指一个企业依法分为两个以上企业的行为。企业分立的，其财产需要作相应的分割，从而需要估价，为财产分割提供参考依据。

（7）企业改制。是指国有企事业单位整体或者部分改建为有限责任公司、股份有限公司或者股份合作制等形式。

（8）企业资产重组。是指根据业务重组的需要，对同一企业内部或者不同企业之间现存的各类资产进行重新组合。资产重组的模式包括资产剥离模式（减资、资产置换、资产出售）、兼并收购模式、合并（联合）重组模式和托管模式。

（9）企业产权转让。是指企业产权持有者将所持有的企业产权有偿转移给他人（法人、自然人或者其他组织）的行为。在企业产权转让中，转让方需要估价为其确定企业产权转让价格提供参考依据，受让方需要估价为其确定出价或报价提供参考依据。

（10）企业租赁。是指企业的所有者在一定期限内，以收取租金的形式，将企业整体资产或者部分资产的经营使用权转让给其他经营使用者的行为。

（11）企业清算。是指企业违反法律、法规被依法关闭，出资人决定解散，被依法宣告破产，公司章程规定的营业期限届满或公司章程规定的其他解散事由出现等情况下的企业财产清理、处理等。

此外，企业运营中的房地产，根据会计、有关监管等的需要而对其公允价值或市场价值进行评估。例如，为财务报告或相关会计事项进行的估价。

1.4.11 房地产管理的需要

我国经济体制改革由高度集权的计划经济转变为市场经济,相应地对于各类资产的管理从过去单纯的实物管理转到重视价值管理,实行实物管理与价值管理相结合。在这种情况下,房地产管理不仅需要搞清楚土地和房屋的数量、质量,更需要搞清楚土地和房屋的价值量及其增值或贬值情况。这就需要房地产估价。有关法律、法规和政策提出了许多房地产管理要求,搞好这些房地产管理工作,需要房地产估价提供相关参考依据。

1.4.12 其他方面的需要

现实中对房地产估价的需要,除了上面列举的,还有许多。例如:
(1) 建设用地使用权期届满需要的估价服务。
(2) 房地产开发经营过程中需要的估价服务。
(3) 会计计量需要的估价服务。
(4) 为出国需要提供财产价值证明的估价。
(5) 为房地产证券化服务的估价。

复习思考题

1. 何谓房地产?
2. 房地产实物、权益和区位的含义分别是什么?
3. 房地产有哪些存在形态?
4. 在实物形态上,土地与建筑物合成一体时,是否可以单独评估其中的土地价值?
5. 房地产有哪些不同的称呼?
6. 如何理解土地的概念?
7. 从房地产估价角度来看,对一宗土地的认识主要包括哪些方面?
8. 从房地产估价角度来看,对建筑物的认识主要包括哪些方面?
9. 房地产的特性有哪些?
10. 房地产有哪些类型?
11. 何谓房地产估价?对房地产估价概念如何进行理解?
12. 房地产估价有何必要性?
13. 房地产估价中有哪些当事人?
14. 何谓估价目的?目前主要有哪几种估价目的?
15. 搞清楚估价目的有何重要意义?
16. 房地产估价的方法主要有哪些?
17. 何谓估价时点?
18. 目前对房地产估价的需要主要有哪几个方面?

2 房地产价格

房地产是一种特殊商品,房地产价格是我国价格体系中备受国民关注的价格变量,是房地产经济运行和资源配置中最重要的调节机制,在整个市场价格体系中具有十分重要的地位和作用。

房地产估价的核心是价值考虑。前已述及,房地产估价就是为了特定的目的,对特定的房地产或房地产权益在特定时点的价值进行测算和判定。因此,房地产估价的最终产品是房地产价格,而作为提交给委托估价方的最终产品和成果,房地产价格应该是一个数值或者是一个区间值,它通过价格的高低反映了房地产的优劣。经评估测算出委估房地产的估价额后,应将估价成果写成估价报告书。估价报告书是记述估价成果的文件,它把估价过程中有关的数据、办法、要点及最后的结果以正式的书面形式反映出来。

房地产价格水平及其变动,从经济学上来讲,是由房地产的供给和需求这两种力量共同作用的结果。一切因素对房地产价格的影响,要么是通过影响房地产的供给,要么是通过房地产的需求,要么是通过同时影响房地产的供给和需求来实现的,因此,要想知道某些因素(如房地产调控政策)是如何影响房地产价格,应首先考虑它是如何影响房地产供给和需求的。认识房地产的供给、需求及其与房地产价格之间的关系,对于房地产估价来说是十分重要的。

2.1 房地产价格的概念

2.1.1 价值与价格的概念

房地产估价中,价格和价值是两个最基本的概念,对价格和价值含义的准确把握是进行房地产估价的基础。

1) 价值(Value)

按照马克思政治经济学的观点,"价值"就是凝结在商品中无差别的人类劳动,是由生产该商品的社会必要劳动时间所决定的。商品交换是以价值量为基础,遵守"等量社会必要劳动相交换"的原则。

价值分为使用价值(给予商品购买者的价值)和交换价值(给予商品提供者的价值)。使用价值是指商品的自然属性,所谓自然属性就是指物品的有用性或效用,即物品能够满足人们某种需要的属性,使用价值具有不可比较性;交换价值是一种使用价值同另一种使用价值相交换的量的比例或关系。

价值通常通过货币来衡量,称为价格。价格随供求关系变化而围绕价值上下波动。

2) 价格(Price)

价格是一种从属于价值并由价值决定的货币价值形式,它表示在一定的交易条件下,某一特定的买者同意支付,同时某一特定的卖者同意接受的金额,是特定的买者或卖者在特定的条件下,对于商品或服务的相应价值的一种表示。价格代表该商品在交换中能够交换得到其他商品的多少。

3) 价值和价格之间的关系及区别

价值的变动是价格变动的内在的、支配性的因素,是价格形成的基础。价值是物的真实所值,是内在的,是相对客观和相对稳定的,是价格的波动"中心";价格是价值的外在表现,围绕着价值上下波动,是实际发生、已经完成并且可以观察到的事实,它因人而异,时高时低。现实中由于定价决策、个人偏好或者交易者之间的特殊关系和信息不对称等原因,时常会出现"低值高价"或者"高值低价"等价格背离价值的情况。

由于商品的价格既是由商品本身的价值决定的,也是由货币本身的价值决定的,因而商品价格的变动不一定反映商品价值的变动。例如,在商品价值不变时,货币价值的变动就会引起商品价格的变动;同样,商品价值的变动也并不一定就会引起商品价格的变动。例如,在商品价值和货币价值按同一方向发生相同比例变动时,商品价值的变动并不引起商品价格的变动。因此,商品的价格虽然是表现价值的,但是,仍然存在着商品价格和商品价值不一致的情况。

2.1.2 房地产价格的概念

房地产价格是一个复杂的经济范畴。根据劳动价值理论和价格理论,房地产价格是指建筑物连同其占用土地的价格,是房地产价值的货币表现。由此可见,房地产价格中既包括建筑物(构筑物)价格,同时也包含相应的土地价格,房与地是不可分割的统一体,房地产价格是这个统一体的价格。

(1) 建筑物价格

房屋建筑物是人类劳动的产品,具有价值,这与一般商品价值的形成是相同的。

(2) 土地价格

我国土地价格的含义不同于一般土地私有制国家,是以土地使用权出让、转让为前提,一次性支付的多年地租的现值总和,是土地所有权在经济上的实现形式。它是一定期限的使用权价格,而不是无限年期的所有权价格,与土地所有权价格相比,不仅量不同,而且有质的差别。

土地是一种特殊商品,其价格具有双源性:

一方面,土地不同于一般的劳动产品,土地是自然界的产物,不是人类劳动的产物,因此根据"劳动价值理论",土地是没有价值的。但土地有价,那价格来源于什么呢? 土地价格是人们要利用土地的使用价值而付出的购买价格,是土地供给与需求作用的结果,是由于土地所有权和市场经济制度的存在使得土地作为一种稀缺资源被商品化继而成为可以买卖的对象,继而形成土地价格,也就是说"土地价格来源于垄断",是地租的资本化。所谓地租,就是土地使用者为使用土地而向土地所有权人支付的费用,反映了土地的自然资源价值。从这个角度看,土地的价格并不是劳动价值的货币表现。

另一方面,为了使土地符合人类经济性的利用,人们在开发利用土地过程中,对自然土地进行了改造,投入了大量的物化劳动和活劳动,这些投入的劳动凝结而成的价值与一般商品一样也具有同等性质的劳动价值(可将这部分价值称为土地资本价值),它的价值量是由投入的劳动量来衡量的,因此土地资本价值在地价构成中的比重随投入劳动的增加而增加。从这个角度看,土地价格又是劳动价值的货币表现。

所以,房地产价值是房屋建筑物价值和土地自然资源价值、土地资本价值及土地中投入劳动所形成的价值的统一,房地产价格就是这种特殊价值的货币表现。

房地产价格通常用货币来表示,有时也可以用实物、无形资产或者其他经济利益来表示。

2.1.3 房地产估价本质上是评估房地产的价值而不是价格

在经济领域,价值与价格的概念不同,有其特定的含义。从价格和价值的含义中我们可以看到,虽然价格与价值均与市场的供求状况有关,但价格是表示在一定的交易条件下某一特定的买者同意支付,同时某一特定的卖者同意接受的金额,是一个已完成的交易事实,而且与交易的特定条件如购买方的财力、购买动机或买卖双方的特殊利益有关。而房地产评估是在房地产未真正进入市场之前,由估价人员模拟市场、分析判断待评估房地产的正常市场价格。根据《房地产估价规范》的规定,估价的结果应该是正常市场情况下的客观合理价格,不考虑交易时存在的特殊情况。另外,估价人员提供的是一种供交易双方参考的咨询意见,这个意见对双方并没有强制执行力,最终结果还取决于双方谈判或博弈。因此,房地产估价本质上是评估房地产的价值而不是价格。

需要说明的是,价值和价格的内涵虽然有所区别和不同,但由于习惯方面的原因,人们并不对它们作严格意义上的区分,一般情况下也是交换使用的。

2.2 房地产价格的形成

2.2.1 房地产价格形成的基本原理

在市场经济条件下,商品的价格都是由市场形成的。所谓市场形成价格,就是由市场经济客观存在的规律产生并调节价格。这里所说的客观规律主要包括价值规律、供求规律和竞争规律。其中,商品的价值是价格的基础,价格则是价值的货币表现,而供求关系的变动和竞争的展开又影响价格围绕价值上下波动。商品的市场价格正是由这三大规律交互作用所形成的。

1)价值规律

价值规律是商品生产和商品交换的基本经济规律,其内容主要包括:

(1)商品的价值量是由生产这种商品的社会必要劳动时间决定的。

(2)商品交换要以价值量为基础,实行等价交换。

要遵循等价交换的原因主要包括以下两点:

① 在商品交换中,商品的生产者总想提高价格,而消费者又想降低价格,所以在长期的市场交换中,必然形成等价交换的趋势。

② 在商品交换中,如果一方总占便宜,另一方总吃亏,那么这样的商品交换是不能持续下去的。

同一般商品类似,房地产的内在价值仍然是房地产价格形成的基础。例如,房地产开发企业在制定商品房销售价格时,首先考虑的是实际发生的各种生产成本,同时考虑必须获取的一定利润,开发商愿意接受的最低价格不能低于他为开发建设该房地产已花费的代价,如果低于该代价他就要亏本。因此,商品房的价值构成(即生产成本加开发利润)就成为房地产价格形成的基础,这就是"生产费用价值论"——商品的价格是依据其生产所必需的费用决定的。生产费用价值论也是房地产估价方法之一的"成本法"的理论依据。

2) 供求规律

一般情况下,影响价格变动的最主要因素是商品的供求关系,商品的价格受供求关系影响围绕价值而上下波动:当市场价格高于价值时,市场的供应会增加,市场形成供大于求,供求机制会抑制商品价格,使之下降;当市场价格低于价值时,市场的供应会减少,市场形成供不应求,供求机制会提升商品价格,使其上升;当市场供给和需求趋向平衡时,则形成均衡价格。这就是商品市场的供求原理。

房地产市场上也同样存在着供求原理,房地产价格与其需求正相关,与其供给负相关,商品房价格随供求关系变化而上下波动:供给一定,需求增加则价格上升,需求减少则价格下降;需求一定,供给增加则价格下降,供给减少则价格上升。所不同的是,由于房地产特有的不可移动性、个别性和相对稀缺性,使得房地产供给的弹性很小,因此,房地产的均衡价格主要是由需求方面影响和决定的。

3) 竞争规律

竞争规律是指商品经济中各个不同的利益主体,为了获得最佳的经济效益,互相争取有利的投资场所和销售条件的客观必然性。它和价值规律一样,都是商品经济固有的规律。一般情况下,在供给方之间和需求方之间都存在着竞争:供给方之间的竞争会使商品价格下降,需求方之间的竞争会使价格上升,最终供给方与需求方之间的竞争,在供求平衡的情况下会趋向均衡价格。

房地产是不动产,由于土地所有权和经营权的垄断以及房地产的区域性和个别性,使得供给方之间的竞争不充分,带有某种垄断性竞争的特点。这种不充分的竞争,常常使某个区域、某个时段的商品房价格不能随供求关系的变化而得到及时调整,也使地区之间商品房价格造成较大的差异。房地产市场上的竞争主要是发生在需求者之间。需求者之间的竞争使房地产价格不断提高,尤其是对替代性较小的稀缺性房地产,需求者之间的竞争更为激烈,价格提高得更为明显。

此外,预期原理对房地产价格的形成也具有非常重要的作用。决定一宗房地产价格的,不仅是当前该房地产的现状和所处房地产市场的现状,也取决于人们对该房地产在其经济寿命期内效用、供求关系的预期,这就是房地产价格形成的预期原理。例如,当政府有关部门宣布将在某地兴建大型基础设施或公共设施如地铁、公园等,因为人们对这些大型基础设施或公共设施周围的房地产的预期效用看好,增值潜力巨大,使得这些房地产的市场需求量增加,从而引起价格迅速上升,这就是预期原理的作用。

2.2.2 房地产价格的形成条件

房地产价格是由房地产的效用、稀缺性和有效需求三者综合产生的。在现实中,不同房地产的价格之所以有高低,同一宗房地产的价格之所以有变动,归结起来也是由这三者的程度不同及其变化所引起的。因此,房地产要有价格与其他任何物品要有价格一样,需要具备三个条件:效用、稀缺性和有效需求。

(1) 效用

效用也称为"有用性",经济学上称为"使用价值",是指产品能满足人们的某种需要或要求的能力。所有的房地产都必须为所有权人或使用人带来效用,例如住宅房地产满足人们居住需要,商业房地产满足人们经营需要,工业房地产满足人们生产需要。房地产如果没有用,人们就不会产生占有房地产的要求或欲望,更谈不上花钱去购买或租赁房地产,从而房地产也就不会有价格。

房地产价格是房地产产权价值的货币表现,房地产产权是由一束权利共同组成的,俗称"权利束"。对房地产权利的限制或扩张会减少或增加收益,影响房地产的效用,从而影响房地产价值,使之下降或上升,如规划限制、交通管制和其他一些对权利的限制都会影响房地产的价值。同时,效用对房地产价值的影响也依赖于房地产的某些物理特征,如房地产的结构、建筑设计、建筑质量、内部装潢等都会对房地产的价值产生显著影响。

(2) 稀缺性

稀缺性是某物品相对于需求的当前或预期的供给。一般情况下,如果需求一定,商品的稀缺性会使其价格提升,这就是俗称的"物以稀为贵"。

一种物品仅具备效用还不能使其有价格。有些物品像空气、阳光,无论它多么有用、多么重要,因为没有它们人类就无法生存,但只要是相对富余的,就不会有价格。因此,只有稀缺性与效用相结合,包括房地产在内的物品才具有价格。

(3) 有效需求

有效需求包括两个方面:需要和有效购买力。需要是买者对用以满足人们需要的物品的一种渴望。有效购买力是指个人或群体参与市场,以现金或现金等价物获得商品或服务的一种能力,也称支付能力。因此,有效需求是指对物品有支付能力支持的需要——不但愿意购买,而且有能力购买。只有需要而无支付能力(即想买但没钱),或者虽然有支付能力但不需要(即有钱但不想买),都不会使购买行为发生,从而不能使价格成为现实。

分清需要与有效需求是非常重要的。需要不等于有效需求,需要只是一种要求或欲望,有支付能力支持的需要才是有效需求。例如,一套150万元的住房,甲家庭需要,可是买不起;乙家庭买得起,但是不需要;丙家庭既需要,也买得起。在这种情况下,只有丙家庭对这套住房是有效需求。

房地产价格的形成是其效用、稀缺性及有效需求三者相互作用的结果。

一方面,房地产的需求是因效用而产生,并受稀缺性的影响。需求受需要以及激发这种需要的力量的影响。一般情况下,人们的需要是没有止境的,但会受到购买力的制约。因此,如果没有支付能力,也就无法形成有效的房地产需求。

另一方面,房地产的供给也受其效用的影响,并受稀缺性的限制。人们对房地产的需要程度直接影响房地产的紧缺程度,如果人们对于某一种房地产的需要量很高,由于房地产的供给存在滞后效应,因此这类房地产的供给就会短缺,出现供不应求。通常情况下,购买力不足会缓解供给紧张,如果购买力旺盛,房地产的供给就会出现不足,并产生一种市场驱动使其供给增加。

2.3　房地产价格的特征

前已述及,房地产包括了土地、建筑物和其他土地定着物,因此房地产价格中必然包括了土地的价格和建筑物的价格。房地产的价格与一般物品价格相比,既有相同点,也有不同点。由于在房地产价格构成中,造成不同区位之间房地产价格差异最主要的因素不是建筑物的价格,而是土地价格。因此,本节先介绍房地产价格与一般物品价格的相同点,然后介绍地价与一般物品价格的不同点,在此基础上介绍房地产价格的特征。

1) 房地产价格与一般物品价格的相同点

房地产同其他商品一样,具有价值和使用价值。房地产价格与一般物品的价格的共同之处表现为:

(1) 都是价格,通常用货币来表示。

(2) 都有波动。房地产价格是由供应和需求两个方面决定的,受供求等因素的影响,这一点前已述及。

(3) 都是按质论价,优质高价,劣质低价。随着房地产市场的发展,房地产的品质越来越高。以住宅为例,不管是建筑布局、施工质量、户型设计、外立面设计,还是社区规划、园林景观建造与分布、社区配套和物业管理等,都得到了显著提升。品质的不断提高势必导致生产成本增高,根据价值规律,房地产价格也势必会相应上升。例如,A住宅小区定位于高档小区,与一般住宅小区相比,采用高品质绿色环保建材,增设有超大型下沉式景观泳池、音乐喷泉广场,并设有地源热泵系统实现小区集中供热制冷、自平衡式新风系统保持室内空气新鲜、太阳能集中供热系统实现24小时供应热水、太阳能光伏发电系统提供小区公共照明等,那么成本的因素就会使得该小区的价格比其他普通住宅小区的价格更高。

2) 地价与一般物品价格的不同点

(1) 市场结构不同

一般商品具有较强的可替代性,有比较完善的市场,因此形成的价格比较客观;而土地具有不可移动性,因此土地市场是不完全的市场,形成的土地价格受主观因素影响较大。

(2) 地价具有明显的地区性和个别性

由于土地位置的固定性,在不同的地区之间,地价很难形成统一的市场价格,具有明显的地区性特征,例如中心城市与小城市之间的地价差异就很大。另外,在同一地区内,土地的位置差别决定了土地难以标准化,个别性明显,因此相同地区的不同地块价格差别也很大,例如城市郊区的地价与城市中央商务区的地价差别很大。

(3) 价格基础不同

一般物品都是人类劳动产品,价格中含有生产成本因素,价格来源于其价值;而土地不同于一般的劳动产品,它是自然界的产物,不是人类劳动的产物,因此土地是没有价值的。土地价格不是其价值的货币表现,其价格也不由生产成本决定。事实上,土地价格来源于垄断,是地租的资本化。

(4) 表示方式不同

一般商品以价格(售价)表示;而土地除以价格表示外,还可以用租金表示,即地产有租赁市场存在。土地价格与租金的关系,类似于本金与利息的关系,只要确定了报酬率(类似于利率),两者就能相互推导出来。

(5) 价格形成时间不同

一般物品由于可以标准化,存在比较完整的市场,易于比较,且价值量不是很大,因此价格形成的时间通常较短且比较容易;土地由于具有独一无二性,个别差异性大,缺乏完整的市场,不易于比较,而且价值量大,其交易一般需要经过长期考虑后才能达成,因此地价形成的时间通常较长且相对比较困难。

(6) 折旧现象不同

随着使用年限的增加,一般商品的使用价值会逐渐减损,因此一般商品有折旧现象,其价值随使用年限的增加而降低;而土地由于具有永续利用性,是非消耗性资源,只要在使用过程中维持了土地的功能,它就不会随着人们的使用而消失,同时,土地的稀缺性使得供需矛盾日益突出,因此土地不仅没有折旧现象,而且还有增值现象。

需要注意的是,在我国,国有土地的出让是有期限的,土地的剩余使用年限会随着时间的流逝而越来越短,最终会被国家无偿收回(住宅用地到期之后自动续期)。因此,土地使用权人必须在土地使用年限内将包括购地资本在内的所有投入收回。在这种情况下,对土地使用者而言,实际已使用年限越长,应摊销的初始土地使用权价格就越多,可继续使用和获取收益的年限(即剩余使用年限)就越短,预期土地收益就会减少。因此,地价会随已使用年限的增加而降低。不过,这类价值减损通常不称为折旧,而是称为"摊销"。

(7) 供求变化不同

地价与一般物品的价格虽然都受供求变化的影响,但因土地的数量难以增减且不可移动,所以土地的自然供给是完全无弹性的,不会随着地价的变化而增减。土地的经济供给虽然有弹性,但弹性系数很小。因此,地价多受需求的影响,土地市场上的竞争主要是发生在需求者之间,需求者之间的竞争使得土地价格不断提高。

(8) 地价呈明显上升趋势,地价上升的速度高于一般商品价格的上升速度

由于土地具有稀缺性,其自然供给没有弹性,经济供给的弹性也很小,同时,由于社会经济的发展和人口的不断增加,对土地的需求总是持续增加的,因而地价呈不断上涨之势。

3) 房地产价格的特征

在分析了房地产价格与一般物品价格的相同点以及地价与一般物品价格的不同点之后,我们发现房地产与其他商品相比有其特殊性,其价值与价格的构成有不同于其他商品的特点,表现出房地产价格的独特之处。

(1) 房地产价格受区位的影响很大

由于房地产具有不可移动性,它在哪里施工建设就得在哪里消费使用,所以房地产价格受其区位的影响很大。"房地产第一是区位,第二是区位,第三还是区位",虽然现实中影响房地产价格的因素并不只是区位,但是这句话说明了区位对房地产而言是极其重要的。需要注意的是,这里所指的"区位"不仅仅是指某房地产所处的具体坐落和自然地理位置,而且是指包括了商服繁华程度、交通条件、基础设施、自然环境、人文环境等在内的综合环境,即经济地理位置。

(2) 房地产价格中包含土地价格

在城市房地产如商品住宅、商铺等的交易价格中,均隐含着土地价格。也正因为如此,在办理产权证时不仅要办理房屋所有权证,还要办理国有土地使用权证。在同一个城市内,建筑

结构、建筑标准、建筑形式、建筑年代、建筑材料、装修设备、使用性质等完全相同的房屋,仅仅由于地理位置的不同,其价格往往差别很大。例如,地处市区繁华地段的房地产价格要比郊区不繁华地段的房地产价格高出许多,这种价格差异就是由于土地价格的差异造成的。

(3) 房地产价格构成的复杂性

从房地产开发来看,其价格是由开发成本加利润组成的,由近十个大项、几十个小项构成,非常复杂。一般而言,目前的开发成本包括土地开发成本和房屋建设成本,包括土地征收费用、拆迁补偿安置费用、勘察设计费、建筑安装费、公共配套费、基础设施配套费、销售费用、税金等。由此可见,房地产价格的构成比其他商品价格的构成项目多而且复杂。

(4) 房地产价格实质上是房地产权益的价格

房地产产权属于财产权中的物权,是指产权人依照国家法律对其所有的房地产享有直接管理支配并享受其利益以及排除他人干涉的权利,包括房地产所有权、使用权和他项权利。房地产产权是一个"权利束",是一个复数概念,是由诸如所有权、使用权、租赁权、抵押权等"枝条"共同组成的一束权利,每一种权利都对应不同的权利范围。其中,房地产所有权是最完全、最充分的物权。

房地产价格实质上是房地产权益的价格,主要包括以下两个方面的含义:

一方面,由于房地产效用的多样性,对于同一宗房地产,不同的人所需要的使用价值并不一定相同,相应所需要的权利也就不一定相同,因而他们可以分享同一房地产的不同权利,这就使得同一宗房地产可以有多种不同产权类型的价格同时并存。例如,A 通过向银行贷款以按揭的方式购买了一套住宅,再将这套住宅出租给了 B。在这种情况下,A 享有这套住宅的所有权;银行是抵押权人,享有这套住宅的抵押权,在债务人 A 不履行到期债务时,可以以该套住宅折价或者以拍卖、变卖该套住宅所得的价款优先受偿;B 作为承租方,享有这套住宅的承租权和实际使用权。

另一方面,房地产是实物、权益、区位三者的综合体。房地产由于不可移动,在交易中实际发生转移的不是其实物,而是其权益。实物状况相同的房地产,权益状况可能千差万别,权益状况的不同会直接影响到房地产价格。如某建筑物为钢混结构,质量好,成新度高,但属于违章建筑;另一建筑物,实物状况稍差,但产权合法、清晰、完整,因此它的价格可能比前者要高。

所以从这两层意义上讲,房地产价格是房地产权益的价格。

(5) 房地产价格表现形式的多样性

一般商品的交易方式主要是买卖,价格形式比较单一,主要体现为售价。而房地产由于价值量大,交易方式多种多样,房地产的价格既可表现为交换代价的售价,也可表现为使用和收益代价的租金,有些类型的房地产如商铺、写字楼等,租赁甚至占主要地位,所以房地产同时存在着买卖和租赁两种交易方式,存在买卖和租赁两个市场。除买卖和租赁外,房地产市场中还存在抵押、典当、保险、课税、作价出资和入股等其他交易方式,在这些不同的交易方式中,房地产价格也有不同的表现方式,如抵押价、典当价、保险价、课税价等。

(6) 房地产价值的个别性

房地产价值的个别性主要是由房地产物质实体的个别性以及房地产的不可移动性两方面因素所造成的。

房地产具有的独一无二特性使得房地产不像工厂制造出的产品那样整齐划一,每宗房地产都有自己的独特之处,房地产实际的价值和使用价值是各不相同的,没有两宗完全相同的房地产。例如,即使在一个按同一建筑设计方案所建筑的住宅小区,其中每一幢楼都有不同的具体位置,因而在出入方便程度、景观条件、受噪音影响程度等方面都互不相同,房价也必然有所差别;再如,同一幢楼中还有不同楼层、不同朝向、位置的区别,房价也会有差别。正是由于每一套住宅都有自身独特的内在价值,因而表现出不同的市场价格。正因为如此,在商品房销售过程中实行的是"一房一价"。

另一方面,由于房地产的不可移动性,使得房地产市场具有很强的地域性,房地产之间不能实现完全替代和竞争,容易受交易者个别行为的影响,使得房地产实际成交价格呈现出千差万别,因而房地产价格也具有个别性。

(7) 房地产价格总水平具有上升趋势

一般商品的价格随供求关系的变动而上下浮动,总趋势是随着劳动生产率的提高以及使用过程中的消耗磨损,其价值(或价格)逐渐减少。而一个城市或地区的房地产价格总水平虽然受供求关系影响也会出现周期性上下起伏,但从一个较长时期看却呈现出上升趋势,也就是说房地产具有保值性与增值性。

房地产的保值增值主要是因为:

① 随着社会与经济的发展、人口的增长,对房地产的需求日益增加;而土地的稀缺性和供应量的有限性,导致了房地产的供应不能同步上升,因此需求拉动房地产价格的上升。

② 随着人类投入土地中资本的不断积累和生产力水平的不断提高,土地的经济效用日益增大,附着在土地上的劳动积累使得土地不断增值,地价的上涨必然引起房地产不断升值。

2.4 房地产价格的类型

房地产价格种类比较多,表现形式多样,可以根据不同分类标准划分成不同的类型系列。不同的房地产价值和价格,所起的作用不尽相同,评估时采用的依据和考虑的因素也不尽相同。在房地产估价中,估价反映的是某一特定时点的价值,代表的是房地产相对于买卖双方的货币价值,采用何种定义需要根据估价对象和期望用途(估价目的)来确定。

2.4.1 使用价值、交换价值

在经济学里,广义的价值有使用价值和交换价值之分。

(1) 使用价值

使用价值的概念建立在商品生产力的基础上,是某一特定房地产相对于某一特殊用途的价值,即房地产的效用(有用性)。

(2) 交换价值

交换价值指的是当一种产品在进行交换时,能换取到其他产品的价值,是一种使用价值同另一种使用价值相交换的量的比例或关系。

商品的使用价值与交换价值的区别如下:

(1) 使用价值是商品的自然属性,反映的是人与自然的关系;交换价值是商品的社会属性,反映的是商品生产者之间的社会关系。

(2) 使用价值是永恒的范畴;交换价值是商品经济的范畴。

(3) 使用价值的存在不以价值的存在为前提。

(4) 商品生产者生产商品是为了获取交换价值,不是为了获得使用价值;商品消费者是为了获取使用价值。

就使用价值与交换价值而言,房地产估价所评估的一般是房地产的交换价值。但当由于企业兼并、债务担保等事宜需要对包括房地产在内的资产进行评估时,常常需要评估房地产的使用价值。有时需要评估由某个企业正在使用的工业房地产的价值,这时也是评估使用价值。在评估使用价值时,应关注房地产对其所从属的企业的作用和贡献,而不是考虑该房地产的最高最佳使用或其销售后所能实现的价值,例如,钢结构标准厂房的高度一般为7~9m,一个高度为14m的钢结构车间,对于A公司来说具有相当大的使用价值,但对于B公司来说可能仅具有一个名义上的市场价值。另外,使用价值也会依据房地产的管理水平和外部条件的改变而改变,如改造前、改造后的厂房具有不同的使用价值。

2.4.2 市场价值、非市场价值(投资价值、在用价值、谨慎价值、快速变现价值、清算价值)

价值类型是指人们对房地产估价结果价值属性的定义及其表达方式。不同的价值类型反映出房地产估价结果的不同价值属性,同一房地产的不同价值类型所反映出的评估价值不仅在性质上是不同的,而且在数量上往往也存在着较大差异。评估标准选择是否得当,直接关系到评估的成败。因此,价值类型必须与估价目的和估价对象相匹配。

房地产的价值类型按其价值内涵可以分为两大类,即市场价值和非市场价值。其中,非市场价值不是个体概念,而是一个集合概念,是指不满足市场价值定义的一系列价值类型的集合,主要包括投资价值、在用价值、谨慎价值、快速变现价值和清算价值。

1) 市场价值

市场价值是指一宗房地产在经过适当的市场营销推广后,在估价时点由一个自愿的卖方出售给一个自愿的买方的正常公平交易中所形成的金额。在交易过程中,买卖双方掌握充分的信息,各自精明、谨慎行事,不受任何胁迫。

市场价值又称公开市场价值,即在公开市场上最可能形成的价格。这里所谓的公开市场,是指在该市场上交易双方进行交易的目的在于最大限度地追求经济利益,并掌握必要的市场信息,有较充裕的时间进行交易,对交易对象具有必要的专业知识,交易条件公开且不具有排他性。

同一房地产具有使用价值和市场价值。当评估有限市场的特殊房地产,如学校、博物馆、公共建筑时,因这类房地产不常进行交易或租赁,市场相对较小,相关市场数据的可获得性较差,所以常常很难确定是评估市场价值合适还是评估使用价值合适。

2) 投资价值

投资价值是指从某个特定的投资者的角度来衡量的某一房地产的价值,代表了某个特定的投资者基于个人特定的投资目标、期望和要求,对该房地产所评估出的价值。

投资价值是一个投资者按照其需要或愿意为一项投资支付的价格,而市场价值是指该房地产对于一个典型的投资者(市场上抽象的一般投资者,他代表了市场上大多数人的观点)的价值。因此投资价值与市场价值的区别主要在于:市场价值是客观的、群体的、非个人的价值,而投资价值是建立在主观的、个人的因素基础上的价值。

在某一时点,市场价值是唯一的,而投资价值因投资者的不同而不同。例如,在土地拍卖过程中,对于同一地块,竞买人的叫价不一样,不同的叫价就是相应竞买人的投资价值。

3) 在用价值

在用价值是指在现状使用下的价值。现状使用包括目前的用途、规模、档次等,它可能是最高最佳使用,也可能不是最高最佳使用。《国际评估准则》对在用价值的定义是:"在用价值是指某一特定资产对其所属企业的价值。此价值类型并不考虑资产的最佳最有效使用和资产出售时可能实现的货币价值。在用价值是某一项资产对于特定使用者特定用途的一种价值,因而也是与市场无关的一种价值。"

在用价值一般低于市场价值,但如果现状使用是最高最佳使用的,则在用价值等于市场价值。

4) 谨慎价值

在评估房地产抵押价值时,应当遵循谨慎原则。谨慎原则要求在存在不确定因素的情况下作出估价相关判断时应当保持必要的谨慎,充分估计抵押房地产在抵押权实现时可能受到的限制、未来可能发生的风险和损失,不高估假定未设立法定优先受偿权下的价值,不低估房地产估价师知悉的法定优先受偿款。《房地产抵押估价指导意见》针对不同的估价方法,提出了遵循谨慎原则的下列要求:

(1) 在运用市场法估价时,不应选取成交价格明显高于市场价格的交易实例作为可比实例,并应对可比实例进行必要的实地查看。

(2) 在运用收益法估价时,不应高估收入或者低估运营费用,选取的报酬率或者资本化率不应偏低。

(3) 在运用成本法估价时,不应高估土地取得成本、开发成本、有关费税和利润,不应低估折旧。

(4) 在运用假设开发法估价时,不应高估未来开发完成后的价值,不应低估后续开发建设的必要支出及应得利润。

因此,谨慎价值是指在存在不确定性因素的情况下遵守谨慎原则评估出的价格。实际估价中,存在不确定性因素时,谨慎价值通常低于市场价值。

5) 快速变现价值

快速变现价值是指不符合市场价值形成条件中的"交易双方有较充裕的时间进行交易"下最可能的价格,快速变现价值通常低于市场价值。

6) 清算价值

清算价值是指企业停止经营或破产后,要求在一定期限内以变现的方式处理其资产,以清偿债务和分配剩余权益条件下所采用的资产价值,也就是在非正常市场条件下资产处置的价格。企业停业的原因多种多样,可能是破产或是歇业,也可能是合作期满,但无论是什么原因停业,其核心问题都是清偿债务,而且通常情况下要以现金形式偿还,这就决定了清算价格的基本特点是快速变现。由于这种清算既有来自法律和合同的强制约束力,又有快速变现的时间压力,同时还受到买主人数的限制,因而清算价格一般大大低于现行市价。

【例 2-1】 某市土地储备中心以拍卖方式出让一宗住宅用地,甲、乙两家房地产开发公司拟参加竞买,甲公司委托丙房地产估价机构进行应价评估,最高应价评估结果为 12 000 万元。乙公司委托丁房地产估价机构评估出的最高应价为 15 000 万元。若该两家房地产估价机构的评估结果均是合理的,请分析两者差异的主要原因。

【答】 若该两家房地产估价机构的评估结果均是合理的,造成两者差异的主要原因是:

(1) 本次评估的价值为投资价值(拍卖应价)。

(2) 投资价值是从某个特定投资者的角度来衡量的价值;投资价值是建立在主观的、个人因素基础上的价值。在某一时点,市场价值是唯一的,而投资价值会因投资者的不同而不同。

(3) 同一房地产之所以对不同的投资者有不同的投资价值,是因为不同的投资者可能在开发建设成本或经营费用成本方面的优势不同、纳税状况不同、对未来的信心不同等。所有这些因素都会影响投资者对该房地产未来收益能力的估计,从而影响投资者对该房地产价值的估计。

2.4.3 实际成交价格、评估价格、市场价格

根据价格产生方式的不同,房地产价格可以分为实际成交价格、评估价格和市场价格。

1) 实际成交价格

实际成交价格是指房地产交易双方实际达成交易的价格,反映的是一个交易事实。

实际成交价格是真实发生的价格,但可能是正常的,也可能是不正常的。因此,成交价格可以分为正常成交价格和非正常成交价格。正常成交价格是指交易双方在公开市场、信息通畅、平等自愿、诚实无欺、没有利害关系下进行交易形成的价格,是合理的;反之,则为非正常成交价格,可能偏高,也可能偏低。

2) 评估价格

评估价格是估价人员对房地产价值进行测算和判定的结果。评估价格是一个主观价格,它不是事实,它没有真实发生交易,而且它受估价人员的知识、经验、职业道德等情况影响,但正常情况下它应该能比较客观地反映房地产市场。从理论上讲,一个良好的评估价格应该与市场价格及正常成交价格差别不大。

评估价格可以根据所采用的估价方法的不同而有不同的称呼,如通常将采用市场法求得的结果称为比准价格,将成本法求得的结果称为积算价格,将收益法求得的结果称为收益价格,将假设开发法求得的结果称为剩余价格。

3) 市场价格

市场价格也称为正常市场价格,是指某种房地产在市场上的一般、平均水平价格,是该类房地产大量成交价格的抽象结果。

一般来说,实际成交价格围绕着市场价格上下波动。

2.4.4 土地价格、建筑物价格和房地产价格

房地产价格所对应的物质实体可以有三种形态:土地、单独的建筑物、"连房带地"的房地产整体。所以,按物质实体类型的不同,房地产价格可分为土地价格、建筑物价格和房地合一的房地产价格。

1) 土地价格

土地价格简称地价。如果是一块无建筑物的空地,此价格即指该块土地的价格;如果是一块有建筑物的土地,此价格是指该宗房地产中土地部分的价格(不含地上建筑物)。土地价格是房地产价格中一个最重要的构成部分,而且越是发达的城市,越是繁华地段,土地价格在房

地产价格中占的比例也越高。

根据土地的开发程度,土地可分为生地、毛地、熟地三类,土地价格相应地又有生地价格、毛地价格、熟地价格。

生地是指不具有城市基础设施的土地,如荒地、农地。

毛地是指具有一定城市基础设施,但尚未完成房屋拆迁补偿安置的土地,如市区已列入拆迁范围但尚未开始拆迁的地块。

熟地是指具有较完善的城市基础设施且土地平整,能直接在其上进行房屋建设的土地,如市区已经完成拆迁并达到土地平整的空地。

净地的概念与熟地相类似,但不完全等同。净地和熟地都是指已经完成拆除平整、不存在需要拆除的建筑物、构筑物等设施的土地。但熟地着重从开发程度来看,强调的是该地块已经完成拆迁并达到平整;而净地更强调的是从产权和法律关系上看,强调地块的产权干净清楚,无产权纠纷,法律关系简单。

2) 建筑物价格

建筑物的价格是指单纯地上建筑物(不含相应土地)的建造价格,可以按照工程造价估算的方法来求取。

3) 房地产价格

房地产价格是指建筑物连同其占用的土地的价格,即通常意义上的房地合一的价格。如某住宅小区的销售价格为 10 000 元/m²,这个价格指的就是连房带地的房地产价格,价格中既包含了建筑物价格,也包含了土地价格。

2.4.5 总价、单价和楼面地价

1) 房地产总价

房地产总价是关于一宗房地产或一个单位房地产的总体价格。因为面积大小不等,所以房地产总价不能表明房地产的价格水平。

2) 房地产单位价格

房地产单位价格是单位土地面积或单位房屋建筑面积的价格,一般可以反映房地产价格水平的高低。

3) 楼面地价

楼面地价是一种特殊的土地单价,是指每平方米建筑面积所分摊到的土地价格,等于土地总价与总建筑面积之比,它是衡量土地成本的重要指标。

$$楼面地价 = \frac{土地总价}{总建筑面积}$$

楼面地价与地面地价相比,能真实地反映房地产销售单价中所包含的土地成本价格,具有直观、理解容易、操作简便、易于应用等特点。

因容积率等于总建筑面积除以土地总面积,所以建筑物楼面地价也等于地面单价与容积率的比值。

$$楼面地价 = \frac{地面地价(土地单价)}{容积率}$$

【例 2-2】 某企业花费 200 万元以出让方式购得一宗地,土地面积为 1 000 m²,根据规划,

拟在宗地内建设两幢建筑物,一幢为2层,一幢为4层,两幢建筑物的每层建筑面积相等,均为$250m^2$,则该宗地的规划容积率宗地内所有建筑物的平均楼面地价分别为多少?

【解】 容积率 $=\dfrac{总建筑面积}{土地面积}=\dfrac{(2\times250)+(4\times250)}{1\,000}=1.5$

楼面地价 $==\dfrac{土地总价}{总建筑面积}=\dfrac{200}{(2\times250)+(4\times250)}=1\,333.33(元/m^2)$

【例2-3】 某地块建筑密度为50%,地块内有一房地产,共5层,各层建筑面积均相等,其楼面地价为$1\,000$元/m^2,则该地块的土地单价为多少?

【解】 建筑密度即建筑覆盖率,指项目用地范围内所有基底面积之和与规划建设用地面积之比,即建筑密度=基底面积÷土地面积。已知该房地产共5层,且各层建筑面积均相等,地块的建筑密度为50%,故该地块的容积率为$5\times50\%=2.5$,所以

土地单价=楼面地价×容积率=$1\,000\times2.5=2\,500(元/m^2)$

2.4.6 市场调节价、政府指导价和政府定价

市场调节价、政府指导价和政府定价,是一组与政府对价格管制或干预的程度有关的价格。

1) 市场调节价

市场调节价是经营者自主制定,通过市场竞争形成的价格。市场调节价的定价主体是经营者,形成途径是通过市场竞争。

2) 政府指导价

政府指导价是由政府价格主管部门或者其他有关部门按照定价权限和范围,规定基准价及其浮动幅度,指导经营者制定的价格。这是一种具有双重定价主体的价格形式:政府通过制定基准价和浮动幅度达到控制价格水平的目的;经营者可以在政府规定的基准价和浮动幅度内灵活地制定、调整价格。政府指导价既体现了国家行政定价强制性的一面,又体现了经营者定价相对灵活性的一面。

按现行价格管理办法,政府指导价大体分为以下几种类型:

(1) 由国家规定基准价和上下浮动幅度。

(2) 实行最高限价。由国家规定商品买卖的最高价格,允许企业向下浮动。

(3) 实行最低保护价。由国家规定商品买卖的最低价格,允许企业或购销双方向上浮动。

(4) 按差价率管理的价格。由国家规定经营差率(进销差率、批零差率),允许企业在进价的基础上按规定的差率制定和调整具体价格。通常适用于商品流通环节某些商品的价格管理。

(5) 按利润率管理的价格。由国家规定企业生产、经营某产品的最高利润率水平,允许企业在规定的利润水平以内自主制定和调整具体价格。如经济适用房的利润率规定为不超过开发成本的3%。

3) 政府定价

政府定价是由政府价格主管部门或者其他有关部门按照定价权限和范围制定的价格。政府定价具有强制性,属于行政定价性质。凡实行政府定价的商品价格和服务价格,不经价格主管部门批准,任何单位和个人都无权变动。

就住房而言,按照国家发改委、建设部《关于城镇廉租住房租金管理办法》规定,对廉租住房租金实行政府定价,其标准原则上由房屋的维修费和管理费两项因素构成,并与城镇低保收入家庭的经济承受能力相适应。保障性住房(包括限价商品房、定向安置房和经济适用房)适用政府指导价,利润率要严格控制在3%以内。高档住宅、商铺、写字楼等适用市场调节价。

2.4.7 基准地价、标定地价、房屋重置价

根据《中华人民共和国城市房地产管理法》第32条规定:"基准地价、标定地价和各类房屋的重置价格应当定期确定并公布。"该法第33条规定:"房地产价格评估,应当遵循公正、公平、公开的原则,按照国家规定的技术标准和评估程序,以基准地价、标定地价和各类房屋的重置价格为基础,参照当地的市场价格进行评估。"由此可见,基准地价、标定地价和房屋重置价格都是评估价值。

1) 基准地价

基准地价是指在城镇规划区范围内,对现状利用条件下不同级别或不同均质地域的土地,按照商业、住宅、工业等用途,分别评估确定的某一估价基准日下法定最高出让年期土地使用权的区域平均价格。

基准地价由政府组织评估或委托专业机构评估,评估结果经政府认可后向社会公布。

2) 标定地价

标定地价是指具体宗地在正常土地市场和正常经营管理条件下某一期日的土地使用权价格。反映具体宗地在一般市场条件下正常地价水平,作为政府对地价和地产市场进行具体管理的依据。

基准地价和标定地价是政府为管理地价和地产市场而组织或委托评估的,对地价体系中的其他地价具有一定的导向和控制作用,因而是我国地价体系的核心。基准地价属于区域(区片)平均地价的一种,而标定地价是对于具体宗地而言,故属于宗地地价类型。

3) 房屋重置价

这里所说的房屋重置价是指建筑物的重置价格,不含土地价格。

房屋重置价是指以估价时点的建筑材料、建筑技术与工艺等,重新建造与旧有房屋具有同等效用的新房屋的成本价格,一般是由房屋勘察设计费、房屋建筑安装工程费、附属公共配套设施费、公共基础设施费、管理费用、销售费用等构成。房屋的重置价一般由当地的物价部门和房产管理部门定期公布。

2.4.8 买卖价格、租赁价格、抵押价值、保险价值、课税价值、征收价值

按经济行为类型,可以将房地产价值分为买卖价格、租赁价格、抵押价值、保险价值、课税价值、征收价值。

1) 买卖价格

买卖价格也称售价,是房地产权利人通过买卖方式将房地产转移给他人时所形成的交易价格。

2) 租赁价格

租赁价格通常称为租金,是房地产权利人作为出租人将其房地产出租给承租人使用,由承

租人支付的货币额。单纯的土地出租所形成的租金称为地租,连房带地一起出租所形成的租金称为房租。

3) 抵押价值

抵押价值是指为确定房地产抵押贷款额度而评估的抵押物(即房地产)的价值。根据《房地产抵押估价指导意见》,抵押价值为抵押房地产在估价时点的市场价值,等于假定未设立法定优先受偿权利下的市场价值减去房地产估价师知悉的法定优先受偿款。法定优先受偿款是指假定在估价时点实现抵押权时,法律规定优先于本次抵押贷款受偿的款额,包括发包人拖欠承包人的建筑工程价款,已抵押担保的债权数额,以及其他法定优先受偿款。

抵押贷款中还有一个抵押率的概念。抵押率是抵押权人的权益价格(即抵押贷款本金利息之和)与抵押物市场价值之比。

$$抵押率 = \frac{抵押贷款本息之和}{抵押物的市场价值}$$

抵押率的高低反映银行对抵押贷款风险所持的态度。抵押率低,说明银行对抵押贷款采取比较审慎的态度,反之则说明银行对此采取了较为宽松的态度。

银行在确定抵押率时,一般会考虑以下因素:

(1) 贷款风险。贷款人对贷款风险的估计与抵押率成反比:风险越大,抵押率通常越低;风险越小,抵押率越高。

(2) 借款人信誉。一般情况下,对那些资产实力匮乏、结构不当、信誉较差的借款人,抵押率会比较低;反之,抵押率则可高些。

(3) 抵押物的品种。由于抵押物品种不同,它们的占管风险和处分风险也不同。按照风险补偿原则,抵押那些占管风险和处分风险都比较大的抵押物,抵押率应当低一些;反之,则可定得高一些。

(4) 贷款期限。贷款期限越长,抵押期也越长,在抵押期内承受的风险也越大,因此,抵押率应当低一些;而抵押期较短,风险较小,抵押率可高些。

4) 保险价值

保险价值是将房地产投保时,为确定其保险金额而评估的价值。评估保险价值时,估价对象的范围应视所投保的险种而定。例如投保火灾险时,因土地不会因火灾损毁,故估价对象中不应包含土地,仅需包括地上建筑物。

5) 课税价值

课税价值是为课税的需要,由估价人员评估的作为计税依据的价值。例如,二手房买卖时,买受人需要缴纳契税,正常情况下,计税依据是买卖双方申报的成交价格。根据《中华人民共和国契税暂行条例》,当申报的成交价格明显低于市场价格并且无正当理由的,由征收机关参照市场价格核定,此时就需要评估该房地产的正常市场价格,并以此为基数进行征税。

6) 征收价值

征收价值是政府强制取得房地产时(如城市房屋拆迁、农村土地征收等)应给予的补偿金额。

【例 2-4】 某经营者花费 100 万元购置一块建筑场地,然后再花费 500 万元修建一幢办公楼。

(1)该经营者以全部房地产作为抵押物向银行进行抵押贷款,银行委托估价公司对抵押物进行估价,评估值为 700 万元,银行综合考虑借款人资信状况和经营业绩后,实际放贷 490 万元。此处,抵押价值是700万元,抵押率为70%。

(2)该经营者对其房产进行火灾险投保,保险公司为确定保险金额,评估该房产为450万元,并以此作为保费的收取依据。此处,450万元为保险价值。

(3)该经营者以每年48万元的租金标准,租给另一公司使用。此处,48万元为租赁价格。

(4)办理产权证时,税务机关估价650万元,以此为基数乘以税率缴纳契税。此处,650万元为课税价值。

(5)该经营者将该房地产以800万元价格转让。此处,800万元为买卖价格。

(6)政府根据城市规划对该地块进行拆迁改造,经评估补偿该经营者530万元。此处,530万元为征收价值。

2.4.9 期房价格、现房价格

1)期房及期房价格

一般把在建、尚未竣工、不能交付使用的房屋称为期房。期房对应的价格为期房价格。开发商出售期房称为预售。

2)现房及现房价格

现房是指已完成房屋全部建筑工程、配套工程,使房屋具备正常使用功能,通过建筑工程质量验收、规划竣工验收、环卫环保验收、消防验收,具备交付条件的商品房。现房对应的价格为现房价格。开发商出售现房称为现售。

相对于期房,现房已经完工,可以最大限度地减少商品房建设过程中的不确定因素,可以对楼盘的形态、小区配套建设、周边环境、房屋的户型设计、面积、装修、质量等进行细致的了解和真实感受,而期房由于尚未竣工,存在一定的风险,如房屋的品质与合同约定的不符、周边环境或配套与宣传不一致等,所以在价格方面期房一般要比现房更便宜。

2.4.10 起价、标价、成交价和均价

起价、标价、成交价和均价是在商品房销售中出现的一组价格。

起价也叫起售价,是指某楼盘中销售价格中的最低价格。这个价格通常是最差的楼层、朝向、户型的商品房价格,甚至这种价格的商品房不存在,仅是为了起广告作用,以较低的起价来引起消费者的注意,如房产广告中常出现的×××元/m^2起售。显然,起价不能反映所销售商品房的真实价格水平。

标价又称报价,是商品房出售者在其"价目表"上标注的不同楼层、朝向、户型的商品房出售价格,即卖方的要价。根据商品房价格管理相关规定,开发商必须在销售现场采用一房一价的方法公开标示价格,将可售房源按室号逐一明码标价,标明包括地址或楼盘室号、暂测的或实测的房屋建筑面积及其中套内建筑面积、公用分摊建筑面积、单价、计价单位、总价以及可否议价、有效时段等。

成交价是商品房买卖双方的最终实际交易价格,也是商品房买卖合同中载明的价格。成交价一般是在报价的基础上通过买卖双方协商而成。

均价,顾名思义是指平均价格,具体有标价的平均价格和实际成交价的平均价格。其中,实际成交价均价是指所销售商品房的平均价格,是将实现的总销售额除以总的销售面积,得出

每平方米的均价。

$$成交价的均价 = \frac{房屋总销售额}{房屋总销售面积}$$

对于某一个具体楼盘而言,因为实行的是一房一价,所以,楼盘的均价更能反映该楼盘的品质和竞争力。而对于一个城市而言,由于受到供应结构和统计范围的影响,偶然性比较强,均价的范围越大,参考意义就越小。

2.5 房地产价格影响因素分析

影响房地产价格的因素多而复杂,既有全局性的宏观因素,也有个别性的微观因素,还有介于宏观与微观之间的中观因素。按照《房地产估价规范》和《城镇土地估价规程》的要求,按照因素与房地产的关系及影响范围,可以将影响房地产价格的因素分为一般因素、区域因素和个别因素三个层次。

2.5.1 一般因素

一般因素是指影响房地产价格的一般、普遍、共同的因素,这些因素对较大范围内的所有房地产价格产生全局性的影响,是对房地产的总体价格水平产生影响,是决定房地产价格的基础。

一般因素主要包括供需因素、行政因素、经济因素、社会因素、人口因素和国际因素等。

1) 供需因素

供给与需求是影响房地产价格的直接因素,也是形成房地产价格的两个最终因素。供给一定,需求增加,则价格上涨,需求减少则价格下跌;需求一定,供给增加,则价格下跌,供给减少,则价格上涨。

按照地域范围和房屋的用途,房地产的供求状况可分为四种类型:①房地产总的供求状况,如全国各种用途房地产总的供求状况;②某地区房地产的供求状况,如上海市、南京市各用途房地产状况的供求状况;③某类房地产的供求状况,如住宅用途、商业写字楼用途房地产的供求状况;④某地区某类房地产的供求状况,如南京市住宅房地产供求状况。由于房地产的不可移动性以及用途变更的困难性,决定了某一房地产的价格高低主要是该地区该类房地产的供求状况。

2) 行政因素

行政是行政主体对国家事务和社会事务以决策、组织、管理和调控等特定手段发生作用的活动,是指国务院及其所属各部门对法律所作的解释。行政因素主要是指国家影响房地产价格的制度、政策、法律法规、行政行为等方面的因素,主要有土地制度、住房制度、城市发展战略、房地产价格政策、税收政策和行政隶属变更等。

(1) 土地制度

土地制度包括土地所有制和土地使用制等,它直接制约着土地价格的存在、上涨或下跌,直接影响着地价水平。科学合理的土地制度和政策,可以制约土地利用者或投资者的积极性,带动土地价格适度涨落。由于我国目前实行垄断的土地交易制度,为土地价格的持续走高提供了条件。

(2) 住房制度

1998年前我国实行的是福利分房制度,没有房地产市场,住宅不是商品,也没有价格。1998年后,福利分房制度被市场经济模式的商品房所取代,国家规定单位不再买房分配给职工,个人成为购房主体,由此才产生了商品房,产生了商品房价格。

(3) 城市发展战略

不同城市、不同地区的规划目标均有所不同。然而,城市发展战略、城市总体规划、土地利用总体规划不但决定了一个城市的性质、发展方向和发展规模,还决定了城市用地结构、土地利用类型、土地利用强度等,从而影响房地产的价格。城市规划在很大程度上左右着土地的利用类型和利用强度,这些对房地产价格都有很大的影响,特别是城市规划中的规定用途、容积率、绿地率、建筑高度、建筑密度等指标。

(4) 房地产价格政策

从总体上看,房地产价格政策可分为两类:一类是高价格政策,即房地产价格通过市场形成,政府不干预,如别墅、商铺等;另一类是低价格政策,如经济适用房、廉租房等具有社会保障性质的房地产。具体操作上,政府可通过控制土地供应量、提高土地出让价格以及房地产开发经营的税费、调整产业政策等措施,促使房地产价格提高;也可通过制定最高限价、增加经济适用房的供给、建立并完善房地产交易管理制度(如房地产销售价格备案制度,并规定已备案商品房在一定时间内不得涨价)等措施来抑制房地产价格。

(5) 税收政策

有关房地产的不同税种、税率及其征收环节,对房地产价格的影响是不同的。可将有关房地产的税收分为房地产开发环节的、房地产交易环节的和房地产保有环节的税收。

增加房地产开发环节的税收,会增加房地产开发建设成本,从而会推动房地产价格上升;反之,则会使房地产价格下降。

在房地产交易环节,增加买方的税收,如提高契税税率,会抑制房地产需求,从而会使房地产价格下降;而增加卖方的税收,如收取土地增值税、所得税、营业税,会使房地产价格上升。

对保有房地产课税,增加了房地产的保有成本,从而会导致房地产价格下降;反之,降低甚至取消对保有房地产课税,会导致房地产价格上升。

考察税收政策对房地产价格的影响,必须注意课税的转嫁问题。如果某种对房地产的税收可以通过某种途径部分或全部转嫁出去,那么它对房地产价格的影响就很小,甚至不起作用。

(6) 行政隶属变更

行政隶属变更通常可分为以下两类:一类是级别升格;另一类是级别降低。

如果将某个非建制镇升格为建制镇,将某个建制镇升格为市,或将某个城市升格为地级市、省辖市、直辖市,无疑会促进该地区的房地产价格上涨。同样,将原属于某一较落后地区的地方划归另一较发达地区管辖,也会促进这一地区的房地产价格上涨。

反之,如果行政级别降低,则会使该地区房地产价格下降。例如,在某县的乡镇合并过程中,原来平级的两个乡镇,其中一个被另外一个合并,级别由独立的一个镇变为另外一个镇其中的一个社区,则被合并的乡镇因政府机关的迁移、人口的减少以及商业氛围的减弱,房地产价格会大幅下降。

由于行政是由国家行政机关通过行政权力对相关事务进行管理,所以与经济和社会因素不同,行政因素对房地产价格影响作用的速度比较直接。如果说经济、社会因素的作用是渐变式的,那么行政和政治因素的作用可以说是突变式的。例如,加强宏观调控,紧缩固定资产投资规模,收紧银根政策,会使房地产需求减少,房地产价格会在较短的时间内下跌。

3) 经济因素

经济因素主要包括经济发展状况、居民收入和消费水平、物价变动、利率水平。这些因素会影响房地产市场的总体供求,特别是影响需求。通常来讲,一个地区的经济发展水平越高、经济增长越快、财政收入越多,房地产市场需求就越大,房地产价格总体水平也越高;反之,房地产价格总体水平越低。

(1) 经济发展

房地产业的发展在很大程度上受整体经济环境的影响。经济增长,意味着国民收入的提高。当收入增加时,投资的欲望受到刺激,社会置业能力得到增强,使得社会对厂房、办公室、商场、住宅和各种文娱设施等房地产的需求增加,从而引起房地产价格上涨。

(2) 居民收入

居民收入的增加显示人们的生活水平将随之提高,从而促使对房地产的需求增多,导致房地产价格上涨。

按居民收入可以将居民分为三个层次:高收入群体、中等收入群体和低收入群体。这三个群体收入的增加对房地产价格的影响是不一样的,同样是收入增加,中等收入群体的收入增加对房地产价格的影响最大。

高收入群体因其日常生活及住房需求早已解决,故高收入者的收入增加对房地产价格的影响不大。不过,如果他们利用剩余的收入从事房地产投资或投机(例如购买房地产用于出租或将持有房地产当作保值增值的手段),则会引起房地产价格上涨。

低收入群体,因其收入的增加首先会用于衣食等基本生活的改善,故对房地产价格的影响也不大。

居民收入中真正对房地产价格影响较大的是中等收入群体收入的增加,因其衣食等基本生活已有了较好的基础,所增加的收入会用于提高居住水平,会增加对居住房地产的需求,从而会促使居住房地产价格上涨。

(3) 物价

反映一般物价变动的主要指标有居民消费价格指数(CPI)和生产资料价格指数(PPI)。

房地产价格与一般物价的互动关系比较复杂。一方面,物价的整体波动表明货币购买力的变动,即币值发生变动,此时物价变动,房地产价格也随之变动。从物价对资产价格的影响来看,物价上涨对资产价格上涨有一定的推动作用,因为物价上涨会导致社会主体为了避免持有的货币购买力下降,将资金更多地配置到资产市场上,从而进一步推动资产价格的上涨,尤其是在房地产市场。另一方面,房价主要是由土地成本、建筑成本与劳动成本所构成,不论一般物价总体水平是否变动,其中某些原材料物价的变动也可能会引起房地产价格的变动,特别是诸如建筑材料价格(尤其是水泥、钢材、木材的价格)、建筑构配件价格、设备价格、建筑人工费等房地产价格主要构成要素的价格上涨,会增加房地产开发建设成本,从而可能推动房地产价格上涨。

(4) 利率

利率升降对房地产价格有很大的影响,可以从供应和需求两个方面来分析。

从房地产供应的角度来看，由于房地产业投资较大，开发商往往需要向银行贷款来进行开发，利率升降会增加或降低房地产开发的投资利息，从而使房地产价格上升或下降。

从房地产需求的角度来看，由于购买房地产（特别是商品住宅）普遍采取贷款方式付款，所以利率升降会减少或增加房地产需求，从而使房地产价格下降或上升。综合来看，房地产价格与利率负相关：利率上升，房地产价格会下降；利率下降，房地产价格会上升。

4）社会因素

影响房地产价格的社会因素有社会安定状况、房地产投机和城市化进程三个主要方面。

（1）社会安定状况

这里所指的安定不仅包括政治安定、社会安定、人心安定，还包括财产安全、经济安全、国家安全。只有具备了这些安定因素，社会具有良好的秩序，人民群众才能安居乐业，社会才能达到和谐。只有政治安定、社会和谐，人们置业投资才有政治保障，才会推动房地产价格上升。如果社会动荡，治安差，经常发生刑事犯罪案件，意味着人们的生命财产缺乏保障，将会造成该地区房地产价格下降。

（2）房地产投机

房地产的投资与投机没有明显的界限。一般认为，投机是以获取高额利润为目的，因市场异动而异动，是一种缺乏理性的、短期的资本狩猎行为；而投资行为则是人们合理支配自有资金，为实现个人资本保值增值而进行的一项长期理财活动。例如，某人希望获取租金收益而投资于房地产，当房价上涨到一定程度时，也可通过转让该房地产来获取增值收益。

由于房地产投机不是为了使用，而是为了再出售（或再购买）而暂时购买（或出售）房地产，利用房地产价格的涨落变化，频繁购进卖出，以期从价差中获利，因此，房地产投机会加剧房地产市场波动。

（3）城市化

城市化也称为城镇化、都市化，是由以农业为主的传统乡村社会向以工业和服务业为主的现代城市社会逐渐转变的历史过程，包括人口职业的转变、产业结构的转变、土地及地域空间的变化，具体表现为农村人口逐渐转化为城镇人口、农村生活方式逐渐转化为城市生活方式、农村经济逐渐转化为城市化大生产方式。随着城市化，人口向城市地区集中，造成城市房地产需求不断增加，因此将带动城市房地产价格上涨。

5）人口因素

作为房地产的最终消费者，人口的数量、分布、年龄和家庭结构及其增长情况都会直接或间接地影响着房地产的供需和价格。人口因素一般包括人口数量、人口素质、家庭规模等因素。

（1）人口数量

人是房地产的最终享用者，所以人口增加或集中时，对房地产的需求增大，相应地房地产价格就会上涨。反之，人口减少时，房地产需求就降低，房地产价格也随之下跌。反映人口数量的相对指标是人口密度，人口密度对房地产价格的影响是一分为二的：一方面，人口密度提高有可能刺激商业、服务业等产业的发展，提高房地产价格；另一方面，人口密度过高造成生活环境恶化，有可能降低房地产价格。

（2）人口素质

人们的文化教育水平、生活质量和文明程度，可以引起房地产价格的变化。如果一个地区中居民的素质低、构成复杂、社会秩序欠佳，对该地区房地产的需求就会降低，该地区的房地产

（3）家庭规模

家庭规模的大小直接影响居住的单位数与面积数。随着家庭小型化,家庭平均人口数下降,家庭数量增多,所需要的住房总量将增加,进而导致房地产价格上涨。

6）国际因素

国际因素主要指国际经济状况、军事冲突、政治对立、国际竞争等。随着我国加入WTO、世界经济一体化的发展,国际因素对我国房地产整体价格的影响也逐渐明显。例如,以投资增值为目的的大量的短期国际资本流入房地产市场,短期内带来商品房需求量的急剧增加,带来投机活动的高涨,促使房地产泡沫的产生。

2.5.2 区域因素

关于区域的概念,不同的学科有不同的定义,如"一个区域是指一个连续的地段,其内部具有一定程度的共性,却又缺少明确的界线","区域是地球表面的一个部分,它以一种或多种标志区别于邻近部分","区域是一个空间概念,是指地球表面某一特定范围"。我们认为,区域是一个空间概念,其根本特征是区域内部各房地产具有一致性和相似性,并以这种一致性或相似性区别于其他区域,也称为均质区域,如南京新街口商圈、某住宅小区、某工业园区,都可以称为区域。

区域因素是指房地产所在地区的自然条件与社会、经济条件,这些条件相互结合所产生的地区特性,对地区内的房地产价格水平有决定性的影响。

区域因素主要包括区域位置、区域繁华程度、区域交通条件、区域基础设施、区域公共设施、区域规划限制等。

1）区域位置

区域位置是指一宗房地产与其他房地产或事物在空间方位和距离上的关系,一般是用它与城市某些重要场所(如市中心、城市地标)的距离以及可及性和便捷性来表示,最简单的是用距离来衡量区位的好坏。距离可以分为空间直线距离、交通距离和交通时间。由于路况、交通拥挤、交通管制以及时间对于人们越来越宝贵等原因,现在人们越来越重视交通时间而不是空间直线距离。

2）区域繁华程度

主要有距离商业中心距离、商务设施的种类规模与集聚程度、经营类别、客流的数量和质量等。商业服务业的规模等级越高,土地利用的集聚效益就越高。

3）区域交通条件

主要有区域的交通类型、对外联系方式及方便程度、整体性交通结构、道路状况及等级、公共交通状况及路网密度等。

4）区域基础设施条件

基础设施条件是指道路、排污水系统、供电、供水、供气、电话、通讯等设施的完备程度。

5）区域公共设施

区域公共设施是指与居住人口规模相对应、为服务居民配建的各类设施,如幼儿园、学校、公园、医院、居委会、派出所等。区域公共设施的等级、结构、保证率、齐备程度及距离等因素会对房地产价格产生影响。

6）区域环境质量

区域环境质量指与人类生存有关的各种物质环境,包括化学、物理、生物等因素,如大气环境、声觉环境、水文环境等。环境因素对人群健康的影响有正反两方面。如果环境幽雅、空气清新、水源洁净,就会使人轻松愉快,得到舒适和满足,这对人的心理和生理的健康无疑是有益的。当环境中存在着有害因素时,就可能对人体健康造成危害。由于环境污染的长期性、广泛性、多样性,对健康的损害较大,所以它对房地产,尤其是住宅房地产价格的影响较大。

7）区域城市规划限制

主要有城市分区规划、区域土地利用性质、用地结构、用地限制条件等。例如,某城市在城市规划修编过程中,决定将原开发区从单一的工业生产区转变为以发展高新技术产业、外向型经济为主体、生活设施配套齐全的多功能综合性现代化新城区,成为城市的有机组成部分。在城市分区规划中,规划定位是将该地区建设成综合功能协调、基本设施配套、商业服务兴旺、文化氛围浓郁、人居环境优美、地域特色鲜明的现代化生态型新城区。毫无疑问,该规划方案的通过和公布,会大大促进该地区房地产价格的上扬。

需要注意的是,不同用途的房地产其影响因素是不同的,如工业房地产的主要影响因素是交通条件、地质条件等,而商业房地产的主要影响因素是区域繁华程度、人流量以及临街宽度等,住宅房地产的主要影响因素是区域环境和区域公共设施。另外,同一因素对不同用途的房地产其影响的方向和程度也是不一样的,如同样是繁华程度,对商业房地产来说是正面影响,且影响程度很大,而对于住宅房地产来说,其影响程度就不是很大,且不一定都是正面影响。

2.5.3 个别因素

个别因素是指房地产本身的条件和特征。个别因素是决定同一均质地域内房地产差异性的重要因素,是同一区域内房地产价格差异的重要原因。

个别因素主要包括实物和权益两方面内容。

1）实物

房地产的实物是指房地产中看得见、摸得着的部分。

（1）对土地而言,实物因素包括:名称、坐落、宗地临街状况、四至、面积、土地平整程度、形状、地势、地质状况、基础设施完备程度、利用现状、权属状况等。

（2）对建筑物而言,实物因素包括:名称、坐落、面积、层数、建筑结构、设施设备、装修、朝向、平面布置、工程质量、建成年月、维护、保养、使用情况、地基的稳定性、权属状况等。

2）权益

房地产的权益是指房地产中无形的、不可触摸的部分,是指受法律保护的权力和利益。房地产的权益是以房地产权利为基础的,房地产权利中最重要的是土地的权利。因此,本书重点对土地的权利进行介绍。

（1）房地产权利

房地产权利包括房地产所有权和房地产他物权。其中,房地产所有权是指房地产所有权人对自己的房地产依照法律规定,享有占有、使用、收益和处分的权利。

按权利主体的不同,房地产所有权可以分为独有、共有和建筑物区分所有权。

独有,是由一个自然人或者法人所有,如某套住宅登记在张三一人名下,那么该套住宅属张三独有。

共有,是指某项财产由两个或两个以上的权利主体共同享有所有权,包括公民之间的共有、法人之间的共有以及公民和法人之间的共有,常见的是公民之间的共有。如某套住宅登记在夫妻两人名下,或者一人办有房屋所有权证,另一人办有共有权证,那该套住宅属夫妻两人共有。共有可分为按份共有和共同共有:按份共有是指各共有人按确定的份额对共有财产分享权利和分担义务的共有,例如股份有限公司;共同共有是指共有人对全部共有财产不分份额地享有权利和承担义务的共有,例如家庭共同共有、夫妻共同共有。

随着现代社会大量高层或多层楼房的出现,在同一栋建筑物上同时存在共有权和多个所有权的情形,这种独有加共有的模式,就形成了建筑物区分所有权。所谓建筑物区分所有权,是指根据使用功能,将一栋建筑物于结构上区分为由各个所有人独自使用的专用部分和由多个所有人共同使用的共用部分,每一个所有人享有对其专有部分的专有权与对共用部分的共有权的结合。《物权法》规定,业主的建筑物区分所有权,包括了三个方面的基本内容:一是对专有部分的所有权。即业主对建筑物内属于自己所有的住宅、经营性用房等专有部分可以直接占有、使用,实现居住或者经营的目的;二是对建筑区划内的共有部分享有共有权,即每个业主对专有部分以外的走廊、楼梯、过道、电梯、外墙面、水箱、水电气管线等共有部分,对小区内道路、绿地、公用设施、物业管理用房以及其他公共场所等共有部分享有占有、使用、收益、处分的权利;三是对共有部分享有共同管理的权利,即有权对共用部位与公共设备设施的使用、收益、维护等事项通过参加和组织业主大会进行管理。业主的建筑物区分所有权所包含的三个方面的内容是一个不可分离的整体,在这三个方面的权利中,专有部分的所有权占主导地位,是业主对共有部分享有共有权以及对共有部分享有共同管理权的基础。如果业主转让建筑物内的住宅、经营性用房,其对共有部分享有共有和共同管理的权利则也一并转让。

(2) 土地权利

① 土地权利基本理论

土地产权,简称地权,也称土地的权利,是土地法律制度的核心内容,属不动产物权范畴。土地产权是以土地的所有权为基础、以合法占有权为标志、以登记造册为要件的一项独立的财产权,它不以实际占有为准,而是以是否合法登记为准。土地的产权体现于权利人按照法律的规定可以直接支配土地的权利。所谓支配,就是直接对土地实施取得利益的各种行为。权利人对土地的直接支配,体现为土地权利的四项基本权能:占有、使用、收益和处分。权能是指权利人行使权利的各种可能性。

占有指对土地事实上的管领,也即实际控制的权能。它总是表现为一种持续的状态。如房地产开发企业在开发过程中对土地的实际占用等。

使用指按照土地的性能和用途利用土地,从而实现利益的权能。如房地产开发企业在依法取得的土地上开发建设商品房。

收益指获取土地利用带来的经济收入。可以通过以下两种方式实现:一是利用土地的自然属性获得收益,如在耕地上种植农作物直接收获粮食;二是依一定法律关系的存在而获得收益,如把土地出租而收取租金等。

处分指权利人依法对土地进行处置,从而决定土地命运的权能。包括事实上的处分与法律上的处分。事实上的处分指对土地进行实质上的变形、改造等物理上的事实行为,如对土地进行平整等。法律上的处分指使土地权利发生变动的法律行为,如房地产开发企业将开发建设完成的商品房出售给购房者,导致土地使用权的转让等。处分权能在这里更多的是指法律上的处分。

② 我国土地的权利体系

土地权属是指土地的所有权、使用权和他项权利的归属，具体来讲，就是指土地所有权、使用权和他项权利。在我国，根据相关法律，我们可以拥有房屋所有权，而对国有土地，我们只享有土地使用权，而不可拥有土地所有权。因此，相对于房屋而言，土地的权利类型更丰富，更多样化。

A. 所有权体系

《土地管理法》第 2 条第 1 款规定："中华人民共和国实行土地的社会主义公有制，即全民所有制和劳动群众集体所有制。"根据这一规定，我国的土地所有制有两种基本形式：一种是全民所有制土地，即国家所有土地；另一种是劳动群众集体所有制土地，即农民集体所有土地。

a. 国家土地所有权。

国家土地所有权是指国家作为土地所有权的权利主体依法对国家所有的土地享有的占有、使用、收益和处分的权利。国家土地所有权是我国土地所有权制度的重要内容，是确定社会主义全民所有制经济占主导地位的经济制度的基础。

国家土地所有权的取得方式上带有国家的强制性。国有土地都是国家作为主体国家，以其对外的独立自主权和对内的最高权，用强制的方式取得的，这些方式包括国有化、没收、征用等。在土地所有权的确认方面，国家土地所有权直接以法律的形式确认，不进行国有土地所有权登记。我国境内的一切未被确认为集体所有的土地均属于国家所有。

国家土地所有权的权利主体是唯一的，即国家。国家是人民利益的代表，国家所有即为全民所有，国家作为土地所有权的唯一权利主体。国家土地所有权由国务院代表国家行使。国务院可通过制定行政法规或者发布行政命令授权地方人民政府或其职能部门行使国家土地所有权。被授权的县级以上地方人民政府及其职能部门以本机关的名义行使国家土地所有权，但须依法经有审批权的人民政府审批，也就是说，我国采用的是"单一代表、分级行使"的制度。

国家土地所有权客体广泛。根据《土地管理法》第 8 条和《土地管理法实施条例》第 2 条规定，下列土地属于全民所有土地，即国家所有土地：

城市市区的土地；

依法属于国家所有的荒地、山岭、滩涂、林地和森林、草原、水域所覆盖的土地；

依法属于国家所有的名胜古迹、自然保护区的土地；

国家依法没收、征用的土地；

国有公路、铁路、学校或其他公用事业占用的土地；

其他一切不属于集体所有的土地。

农村集体经济组织全部成员转为城镇居民的，原属于其成员集体所有的土地；

因国家组织移民、自然灾害等原因，农民成建制地迁移后不再使用的原属于迁移农民集体所有的土地。

国有土地使用权的出让、租赁、划拨经有批准权的人民政府批准后，由市、县人民政府土地管理部门作为国有土地所有者代表实施；国家直接以国有土地使用权对企业进行投资的，由国务院或者地方人民政府土地管理部门委托的国有企业或者政府机构代表国家土地所有者行使投资者权益。

b. 集体土地所有权

农民集体所有的土地依法属于村农民集体所有的，由村集体经济组织或者村民委员会作为所有者代表经营、管理。在一个村范围内存在两个以上农村集体经济组织，且农民集体所有的土地已经分别属于该两个以上组织的农民集体所有的,由村内各该农村集体经济组织或者村民小组作为所有者代表经营、管理。在一个村范围内不存在两个以上农村集体经济组织的,经村民会议三分之二以上成员或者三分之二以上村民代表同意,可以设立以村民小组为单位的集体经济组织,将村农民集体所有的土地划分确定为各该集体经济组织或者相应的村民小组所有,由各该集体经济组织或村民小组作为所有者经营、管理;村民会议三分之二以上成员或者三分之二以上村民代表不同意的,该土地仍归本村农民集体所有。农民集体所有的土地,已经属于乡(镇)农民集体所有的,由乡(镇)农村集体经济组织或者乡(镇)人民政府作为所有者代表经营、管理。

我国宪法和《土地管理法》规定:"城市市区的土地属于国家所有。农村和城市郊区的土地,除由法律规定属于国家所有的以外,属于农民集体所有;宅基地和自留地、自留山,属于农民集体所有。"正确理解法律的这一规定应注意,如果土地所有权有争议,不能依法证明争议土地属于农民集体所有的,依据《确定土地所有权和使用权的若干规定》第18条,除有证据证明归集体所有的土地以外,其他土地一律推定为国家所有。

B. 土地使用权体系

使用是指对财产按照其性能和用途加以利用,以满足人们的需要的活动。使用权是权利主体对财产按其性能和用途加以利用的权利。土地使用权是我国整个土地利用权体系的核心。

目前我国土地使用权法律体系由两个方面构成,即国有土地使用权体系和集体土地使用权体系。国有土地使用权因取得的方式不同分为出让国有土地使用权、划拨国有土地使用权、租赁土地使用权;集体土地使用权分为农地使用权、宅基地使用权、乡镇企业用地使用权、乡村公益用地使用权。限于篇幅,本书只介绍国有土地使用权体系中的出让国有土地使用权、划拨国有土地使用权和租赁土地使用权。

a. 出让国有土地使用权

出让国有土地使用权是土地使用者以向国有土地所有者代表支付出让金为对价而原始取得的有期限限制的国有土地使用权。

根据《城市房地产管理法》第七条,出让国有土地使用权具有四个特征:第一,国有土地使用权以出让方式取得;第二,出让国有土地使用权直接依法律的规定原始取得;第三,出让国有土地使用权的取得性质为有偿和有期限,即以支付出让金为取得土地使用权的对价,土地使用权的行使有一定的期限限制;第四,出让国有土地使用权在存续期间内其权能近似于所有权。

出让国有土地使用权主体为一般主体,境内外法人、非法人组织和自然人都可以依法取得出让国有土地使用权。

b. 划拨国有土地使用权

划拨国有土地使用权是土地使用者经县级以上人民政府依法批准,无偿取得的或者缴纳补偿、安置等费用后取得的没有使用期限限制的国有土地使用权。

根据《土地管理法》的有关规定,国家建设用地的建设单位可以持国务院主管部门或者县级以上人民政府按照国家基本建设程序批准的设定任务书或其他文件,向县级以上人民政府申请划拨土地使用权。主要包括:国家机关用地和军事用地;城市基础设施用地和公益事业用地;国家重点扶持的能源、交通、水利等项目用地;法律、行政法规规定的其他符合条件的用地。

划拨的特点是:

第一,仅限于取得国有土地使用权,集体所有的土地不能通过这种方式取得。

第二，取得土地使用权不必交纳土地使用费，是无偿取得的。但如果用地者申请取得划拨国有土地使用权需征用集体土地或占用其他用地者正在使用的国有土地的，申请用地者应向集体土地所有者或原国有土地使用者支付土地补偿安置费或拆迁补偿安置费。申请用地者取得划拨国有土地使用权的土地为国有荒山、荒地的，经依法批准后，可无偿取得。

第三，土地使用权没有期限规定，但并不是可以无限期使用，国家可以依法收回。

第四，未经批准，划拨土地使用权一般不能转让，只有在土地使用者为公司、企业、其他经济组织和个人，且补交了土地出让金或者以转让、出租、抵押所获收益抵交土地使用权出让金的，才可以转让土地使用权。

c. 租赁土地使用权

租赁土地使用权是土地使用者以按期向国有土地所有者支付租金为对价而原始取得的一定期限的国有土地使用权。

需要注意的是，租赁土地使用权与土地使用权出租（或租赁）是两个不同的概念。前者是以国家所有者为出租人，属于土地使用权的原始取得，而后者是以出让国有土地使用权人为出租人，属于土地使用权部分权能的转移取得。从交易实务的角度讲，租赁土地使用权发生在一级土地市场，土地使用权租赁发生在二级土地市场。在土地登记实务中，租赁土地使用权应作为土地使用权登记，土地使用权租赁应作为土地他项权利登记。

租赁土地使用权作为国有土地使用权的一种，其主体为一般主体。

土地他项权利是在土地所有权和土地使用权以外依法律、合同或者其他合法行为设定的土地权利。它有如下特征：

- 是在他人土地上享有的权利；
- 可以满足他人对土地利用的需求；
- 他项权利的主体是土地所有人、使用人以外的人；
- 它的存在对土地所有人或土地使用人有一些限制，如应满足别人的通行权；
- 它是生产、生活中客观存在的一种权利。

《土地登记规则》第2条第2款规定，土地他项权利包括抵押权、承租权以及法律、行政法规规定需要登记的其他土地权利。这里所说的"其他土地权利"，从我国目前的情况看，主要有地役权、空中权和地下权、土地借用权、耕作权等。

地役权，是指为自己使用土地的需要，而使用他人土地的权利。我国现行法律没有地役权的概念，但是《民法通则》规定的相邻权中，实际存在着地役权，如通行权、排水权等。

地上权，是指在他人的土地上建筑、种植的权利。如建造厂房、住宅，种树、种竹。

空中权，是指在他人土地上空建造设施的权利，如架桥、高架线等。

地下权，是指在他人土地下埋设管线、电缆、建设地下设施的权利，如地铁、隧道、人防工程等。

土地承租权，是指出租人将土地提供给承租人使用，土地承租人按合同支付租金并对土地占有、使用的权利。

土地借用权，是指无偿占有、使用他人土地的权利，如历史形成的土地借用权。

耕作权，是指在他人土地上进行种植并获取收获的权利。如单位征而不用的土地，应当退给农民继续耕种。农民耕种期间，不得在该土地上兴建永久性建筑物或者种植多年生作物，在国家建设需要时无偿退还。退还时土地上有青苗的，建设单位要付给青苗补偿费。

土地抵押权，所谓抵押就是指土地使用人依照法律规定，不转移抵押土地的占有，向债权人提供一定的土地作为清偿债务的担保所产生的担保。当债务人不履行债务时,债权人有权依法将土地折价或者以变卖方式从所得的价款中优先受偿。接收抵押的人是抵押权人,提供土地抵押的人,是抵押人。抵押双方当事人签订土地使用权抵押合同。抵押合同不得违背国家法律、法规和土地使用权出让合同的有关规定。土地使用权抵押双方凭抵押合同、公证书、认证等文件向土地管理部门办理抵押登记。抵押合同终止后,抵押权人应在规定的时间内向土地管理部门办理抵押登记的注销手续。

我国土地所有权属于国家,土地本身不能成为抵押权的标的。但设立土地使用权抵押,有利于土地开发。土地使用权抵押的目的是通过抵押获得贷款,并利用贷款开发土地。土地使用权抵押制度可以使金融业渗透到房地产业之中,保障了房地产业发展过程中的资金需求,同时也促进了金融业的发展。

土地使用权的抵押是一种不动产权利的抵押,它有以下特点:

第一,用于抵押的土地使用权必须是通过有偿出让或转让方式取得的合法土地使用权,并且是已办理土地登记手续的土地使用权。

第二,土地使用权抵押权设定本身并不发生土地使用权转移,即土地使用权抵押后,土地使用者可继续对土地进行占有、收益,只有在债务不能履行时,抵押权人才能依照法定程序处分土地使用权,此时土地使用权才发生转移。

第三,土地使用权抵押时,其地上建筑物及其他附着物随之抵押。地上建筑物及其他附着物抵押时,其使用范围内的土地使用权也随之抵押。也就是说,土地使用权与地上建筑物及其他附着物必须同时抵押。

第四,土地使用权抵押不得违背土地使用权出让合同的规定。

第五,土地使用权人将土地抵押后,并不丧失转让权,但在转让土地使用权时,应告知抵押权人。

在土地的权益因素中,除土地的权利类型外,最主要的是该地块的城市规划以及土地的剩余使用年限。作为个别因素考虑的城市规划,主要是指控制性详细规划。控制性详细规划通过给定一些指标,限制了该宗土地的利用方式和利用强度,如宗地的用途、容积率、建筑物限高、建筑密度等。

【例2-5】 张某看中一处房地产,该房地产位于城市边缘,紧靠一条新兴商业街。虽然是城市边缘,属于城市四级地段,但该地产的建筑物为三层,总建筑面积为$700m^2$,张某拟购入后将一楼用于开设商铺,二、三楼用于居住。原业主开出的售价总价为140万元,张某为摸清该售价的合理性,找估价师估价咨询。请问估价师接受委托后,在估价前需要了解估价对象的哪些情况?

【答】 估价师在估价前需要了解估价对象的情况有:

(1)土地权属状况。
(2)房屋产权状况。
(3)该房地产是否符合规划要求。
(4)土地使用基本状况。
(5)建筑物基本状况。

【例2-6】 某商品住宅小区内临小区外道路的部分绿地因扩展城市道路而被占用,该商品住宅小区居民向房地产估价师咨询房地产价值变动情况。

1. 若房地产估价师认为该住宅小区房地产整体价值发生减损,其主要原因是 （ ）

A. 道路扩宽后，交通发生变化　　　　　B. 绿地率发生变化
C. 公共配套设施发生变化　　　　　　　D. 土地形状发生变化

2. 若房地产估价师认为该住宅小区房地产整体价值增值，其主要原因是　　（　　）

A. 噪声和污染程度发生变化　　　　　　B. 土地形状发生变化
C. 人口密度发生变化　　　　　　　　　D. 出行便捷程度发生变化

3. 房地产估价师认为测算房地产价值变化额度的正确思路是　　　　　　（　　）

A. 由于住宅小区用地条件发生变化，按住宅用地采用基准地价修正法计算价值变化额度
B. 以减少的绿地的建设成本费用作为价值变化额度
C. 用市场法分别测算出城市道路扩展前后房地产的价值，相减得出房地产价值变化额度
D. 用路线法测算临街距离引起的房屋价值变化得出房地产价值变化额外负担额度

答案：1. B　2. D　3. C

复习思考题

1. 房地产估价是评估房地产的价格还是价值？为什么？
2. 房地产价格的形成有哪些条件？
3. 地价与一般物品价格有什么不同？
4. 房地产价格具有哪些特征？
5. 分三个层次，阐述影响房地产价格的因素主要有哪些？
6. 某住宅小区内的一条道路两侧建有商住楼（底层为商业用房，以上各层为住宅），在该道路上建一高架路。

(1) 以上道路状况变化对位于该道路两侧商业用房价格的影响结果为　　（　　）

A. 市场价格上升　　　　　　　　　　　B. 市场价格下降
C. 市场价格不变　　　　　　　　　　　D. 市场价格变化不确定

(2) 以上道路状况变化对于该道路两侧住宅用房价格的影响结果为　　（　　）

A. 市场价格上升　　　　　　　　　　　B. 市场价格下降
C. 市场价格不变　　　　　　　　　　　D. 市场价格变化不确定

7. 现假设你准备在某地购二手房，有一位朋友介绍位于某小区内的一套 $128.65m^2$ 的住房，房主报价为 83.97 万元。你认为影响房地产价格的因素主要有哪些？如果你有意购买，还必须进一步了解那套住房的哪些资料？

3 房地产估价的原则与程序

3.1 房地产估价原则

人们在房地产估价的反复实践和理论探索中,逐渐认识了房地产价格形成和运动的客观规律,在此基础上总结出了一些简明扼要的、在估价活动中应当遵循的法则或标准。这些法则或标准就是房地产估价原则。

房地产估价原则是使不同的估价人员对估价的基本前提具有认识上的一致性,对同一估价对象在同一估价目的、同一估价时点下的估价结果具有近似性。房地产估价人员必须正确地理解房地产估价原则,以此作为估价时的指南。

对房地产估价总的要求是独立、客观、公正,这应作为房地产估价的最高原则。同时,在具体房地产估价中应当遵循的原则主要有七项:①合法原则;②最高最佳使用原则;③替代原则;④估价时点原则;⑤公平原则;⑥供求原则;⑦预期原则。

3.1.1 合法原则

合法原则要求房地产估价应以估价对象的合法权益为前提进行。房地产估价之所以要遵循合法原则,是因为两宗实物状况相同的房地产,如果权益不同,价值可能有很大的不同。但是在估价过程中,估价对象的权益不是委托人或估价人员可以随意假定的,必须有合法的依据。合法权益包括合法产权、合法使用、合法处分等方面。遵循合法原则,具体来说应当做到以下几点:

1) 合法产权

应以房地产权属证书和有关证件为依据。当前,我国由县级以上地方人民政府土地行政主管部门与房屋行政管理部门分别负责房产管理和土地管理工作的登记发证。因此,现行的土地权属证书有《国有土地使用证》、《集体土地所有证》、《集体土地使用证》和《土地他项权利证明书》四种,房屋权属证书有《房屋所有权证》、《房屋共有权证》和《房屋他项权证》三种。在合法产权方面具体来说包括:农民集体所有的土地不能当作国家所有的土地来估价,行政划拨的土地不能当作有偿出让的土地来估价,临时用地不能当作长久用地来估价,违法占地不能当作合法占地来估价,临时建筑不能当作永久建筑来估价,违法建筑不能当作合法建筑来估价,产权有争议的房地产不能当作产权无争议的房地产来估价,手续不完备的房地产不能当作手续完备的房地产来估价,部分产权的房地产不能当作完全产权的房地产来估价,共有的房地产不能当作独有的房地产来估价,等等。

2) 合法使用

应以城市规划、土地用途管制等为依据。例如,如果城市规划规定了某宗土地的用途、建筑高度、容积率、建筑密度等，那么，对该宗土地进行估价就必须以其使用符合这些规定为前提。通常所说的"规划即地价"，在一定程度上反映了这一要求。

3）合法处分

应以法律、行政法规或合同（如土地使用权出让合同）等允许的处分方式为依据。处分方式包括买卖、租赁、抵押、典当、抵债、赠与等。以抵押为例：①法律、行政法规规定不得抵押的房地产，就不能作为以抵押为估价目的的估价对象，或者说这类房地产没有抵押价值。②《中华人民共和国城市房地产管理法》第五十条规定："设定房地产抵押权的土地使用权是以划拨方式取得的，依法拍卖该房地产后，应当从拍卖所得的价款中缴纳相当于应缴纳的土地使用权出让金的款额后，抵押权人方可优先受偿。"因此，在评估土地使用权是以划拨方式取得的房地产的抵押价值时，不应包含土地使用权出让金。③《中华人民共和国担保法》第三十五条规定："财产抵押后，该财产的价值大于所担保债权的余额部分，可以再次抵押，但不得超出其余额部分。"所以，再次抵押的房地产，该房地产的价值扣除已担保债权后的余额部分才是其抵押价值。

4）其他方面

相关政策方面的考虑，如评估出的价格必须符合国家的价格政策。例如，评估政府定价或政府指导价的房地产，应遵循政府定价或政府指导价。如房改房出售的价格，要符合政府有关该价格测算的要求；新建的经济适用住房的价格，要符合国家规定的价格构成和对利润率的限定；农地征用和城市房屋拆迁补偿估价，要符合政府有关农地征用和城市房屋拆迁补偿的法律、行政法规。

3.1.2 最高最佳使用原则

最高最佳使用原则要求房地产估价在合法的前提下，应以估价对象的最高最佳使用为前提进行。最高最佳使用是指法律上许可、技术上可能、经济上可行，经过充分合理的论证，能使估价对象的价值达到最大的一种最可能的使用。可见，最高最佳使用必须符合四个标准：①法律上许可；②技术上可能；③经济上可行；④价值最大化。而且这些标准通常有先后次序。另外，最高最佳使用不是无条件的最高最佳使用，而是在法律（包括法律、行政法规、城市规划、土地使用权出让合同等）许可范围内的最高最佳使用，这也是合法原则的要求。

房地产估价之所以要遵循最高最佳使用原则，这是因为在现实房地产经济活动中，每个房地产拥有者都试图充分发挥其房地产的潜力，采用最高最佳的使用方式，以取得最大的经济利益。这一估价原则也是房地产利用竞争与优选的结果。所以，在估价中不仅要遵循合法原则，而且要遵循最高最佳使用原则。最高最佳使用具体包括三个方面：①最佳用途；②最佳规模；③最佳集约度。

1）最高最佳使用的筛选过程

寻找最高最佳使用的方法，是先尽可能地设想出各种潜在的使用方式，然后从下列四个方面依序筛选：

（1）法律上的许可性。对于每一种潜在的使用方式，首先检查其是否为法律所允许。如果是法律不允许的，应被淘汰。

（2）技术上的可能性。对于法律所允许的每一种使用方式，要检查它在技术上是否能够实现，包括建筑材料性能、施工技术手段等能否满足要求。如果是技术上达不到的，应被淘汰。

(3) 经济上的可行性。对于法律上允许、技术上可能的每一种使用方式,还要进行经济可行性检验。经济可行性检验的一般做法是:针对每一种使用方式,首先估计其未来的收入和支出流量,然后将此未来的收入和支出流量用现值表示,再将这两者进行比较。只有收入现值大于支出现值的使用方式才具有经济可行性,否则应被淘汰。

(4) 价值是否最大。在所有具有经济可行性的使用方式中,能使估价对象的价值达到最大的使用方式,才是最高最佳的使用方式。

2) 最高最佳使用的经济学原理

有三个经济学原理有助于把握最高最佳使用,即收益递增递减原理、均衡原理与适合原理。

(1) 收益递增递减原理

收益递增递减原理可以帮助我们确定最佳集约度和最佳规模。它揭示的是两种投入产出关系:一种是在一种投入量变动而其他投入量固定的情况下的投入产出关系;另一种是在所有的投入量都变动的情况下的投入产出关系。

收益递增递减原理揭示的第一种投入产出关系叫做收益递减规律(又称为边际收益递减原理),可以表述如下:假定仅有一种投入量是可变的,其他的投入量保持不变,则随着该种可变投入量的增加,在开始时,产出量的增加有可能是递增的;但当这种可变投入量继续增加达到某一点以后,产出量的增加会越来越小,即会出现递减现象。收益递减规律对于一宗土地来说,表现在对该宗土地的使用强度(如建筑层数、建筑高度、容积率、建筑规模)超过一定限度后,收益开始下降。

收益递增递减原理揭示的第二种投入产出关系叫做规模的收益(又称为规模报酬规律),可以表述如下:假定以相同的比例来增加所有的投入量(即规模的变化),则产出量的变化有三种可能:一是产出量的增加比例等于投入量的增加比例,这种情况称为规模的收益不变;二是产出量的增加比例大于投入量的增加比例,这种情况称为规模的收益递增;三是产出量的增加比例小于投入量的增加比例,这种情况称为规模的收益递减。在扩大规模时,一般是先经过一个规模的收益递增阶段,然后经过一个规模的收益不变阶段,再经过一个规模的收益递减阶段。

(2) 均衡原理

均衡原理是以房地产内部各构成要素的组合是否均衡,来判定是否为最高最佳使用。它也可以帮助确定最佳集约度和最佳规模。以建筑物与土地的组合来讲,建筑物与土地比较,如果过大或过小,或者档次过高或过低,则建筑物与土地的组合不是均衡状态,该房地产的效用便不能得到有效发挥,从而会降低该房地产的价值。例如,某宗土地上有建筑物,但该建筑物不是在最高最佳使用状态,如已过时、破旧、现状容积率低,会对该宗土地的有效利用构成妨碍,在对该宗土地进行估价时就需要作减价修正。这种情况在现实中经常遇到,如在旧城区有一块空地,另有一块有建筑物的土地,这两块土地的位置相当,而有建筑物的土地上的建筑物已破旧,此时对于购买者来说,空地的价值要高于有建筑物的土地价值。因为购买者购得该有建筑物的土地后,还需花代价拆除建筑物,从而该建筑物的存在,不仅增加不了土地的价值,还降低了土地的价值。另一种相反的情况是,建筑物的设计、施工和设备都非常先进、良好,但坐落的土地位置较差,不能使该建筑物的效用得到充分发挥,虽然该类建筑物的重置价格较高,但该建筑物的价值却低于此重置价格。

(3) 适合原理

适合原理是以房地产与其外部环境是否协调,来判定是否为最高最佳使用。它可以帮助我们确定最佳用途。适合原理加上均衡原理以及收益递增递减原理,即当房地产与外部环境为最协调,同时内部构成要素为最适当的组合时,便为最高最佳使用。

3) 最高最佳使用的注意事项

最高最佳使用原则要求评估价值应是在合法使用方式下,各种可能的使用方式中,能够获得最大收益的使用方式的估价结果。例如,某宗房地产,城市规划规定既可用作商业用途,也可用作居住用途,如果用作商业用途能够取得最大收益,则估价应以商业用途为前提;反之,应以居住用途或者商业与居住混合用途为前提。但当估价对象已做了某种使用,则在估价时应根据最高最佳使用原则对估价前提做下列之一的判断和选择,并应在估价报告中予以说明:

(1) 保持现状前提。认为保持现状、继续使用最为有利时,应以保持现状、继续使用为前提进行估价。现有建筑物应予保留的条件是:现状房地产的价值大于新建房地产的价值减去拆除现有建筑物的费用及建造新建筑物的费用之后的余额。

(2) 装修改造前提。认为装修改造但不转换用途再予以使用最为有利时,应以装修改造但不转换用途再予以使用为前提进行估价。对现有建筑物应进行装修改造的条件是:预计装修改造后房地产价值的增加额大于装修改造费用。

(3) 转换用途前提。认为转换用途再予以使用最为有利时,应以转换用途后再予以使用为前提进行估价。转换用途的条件是预计转换用途所带来的房地产价值的增加额大于转换用途所需的费用。

(4) 重新利用前提。认为拆除现有建筑物再予以利用最为有利时,应以拆除现有建筑物后再予以利用为前提进行估价。

(5) 上述情形的某种组合。最常见的是第三种转换用途与第二种装修改造的组合。

3.1.3 替代原则

替代原则要求房地产估价结果不得明显偏离类似房地产在同等条件下的正常价格。类似房地产是指与估价对象处在同一供求范围内,并在用途、规模、档次、建筑结构等方面与估价对象相同或相近的房地产。同一供求范围是指与估价对象具有替代关系,价格会相互影响的房地产所处的区域范围。

根据经济学原理,在同一市场上,相同的商品,具有相同的价值。房地产价格也符合这一规律,只是由于房地产的独一无二性,使得完全相同的房地产几乎没有,但在同一市场上具有相近效用的房地产,其价格应是相近的。在现实房地产交易中,任何理性的买者和卖者,都会将其拟买或拟卖的房地产与类似房地产进行比较,任何买者不会接受比市场上的正常价格过高的价格成交,任何卖者不会接受比市场上的正常价格过低的价格成交,最终是与类似房地产的价格相互牵制,相互接近。

替代原则对于具体的房地产估价,要注意以下两点:

(1) 如果附近有若干相近效用的房地产存在着价格,则可以依据替代原则,由这些相近效用的房地产的价格推算出估价对象的价格。在通常情况下,由于估价人员很难找到各种条件完全相同、可供直接比较的房地产的价格作依据,因此估价过程中,实际上是寻找一些与估价对象具有一定替代性的房地产作为参照物来进行的,然后根据各种条件的差别对价格作适当的调整修正。

(2) 不能孤立地思考估价对象的价格,要考虑相近效用的房地产的价格牵制。特别是作为同一个估价机构,在同一个城市、同一估价目的、同一时期,对不同位置、档次的房地产的估价结果应有一个合理的价格差,尤其是好的房地产的价格不能低于差的房地产的价格。

3.1.4 估价时点原则

估价时点原则要求房地产估价结果应是估价对象在估价时点时的客观合理价格或价值。影响房地产价格的因素是不断变化的,房地产市场是不断变化的,房地产价格自然也是不断变化的。在不同的时间,同一宗房地产往往会有不同的价格(实际上,房地产本身也是随着时间而变化的,如建筑物变得陈旧过时)。因此,房地产价格具有很强的时间性,每一个价格都对应着一个时间。如果没有了对应的时间,价格也就失去了意义。但是,估价不是求取估价对象在所有时间上的价格,这既不必要,也不大可能。估价通常仅是求取估价对象在某个特定时间上的价格,而且这个特定时间不是估价人员可以随意假定的,必须依据估价目的来确定,这个特定时间就是估价时点。

确立估价时点原则的意义在于估价时点是评估房地产价格的时间点。例如,运用比较法评估房地产的价格时,如果选用的可比实例的成交日期与估价时点不同(通常都是这种情况),就需要把可比实例的成交价格调整到估价时点上,如此,可比实例的成交价格才能作为估价对象的价格。

在实际估价中,通常将"估价作业期"(估价的起止年、月、日,即正式接受估价委托的年、月、日至完成估价报告的年、月、日)或估价人员实地查勘估价对象期间的某个日期定为估价时点,但估价时点并非总是在此期间,也可因特殊需要将过去或未来的某个日期定为估价时点。因此,在估价中要特别注意估价目的、估价时点、估价对象状况和房地产市场状况之间的内在联系。

(1) 估价时点为过去的情形,多出现在房地产纠纷案件中,特别是对估价结果有争议而引发的复核估价。例如,原产权人对被强制拍卖的房地产拍卖底价评估结果有异议,此时衡量该估价结果是否合理,要回到原估价时点,相应地,估价对象的产权性质、用地性质、建筑物状况以及房地产市场状况等,也都要以原估价时点状况为准。否则的话,就无法检验该估价结果是否合理。而且任何其他估价项目的估价结果在事后来看也都可能是错误的,事实上可能并没有错误,只是过去的估价结果不适合现在的情况,因为估价对象状况和房地产市场状况可能发生了变化。

(2) 估价时点为现在,估价对象为历史状况下的情形,多出现于房地产损害赔偿案件中。例如,建筑物被火灾烧毁后,确定其损失程度和损失价值,要根据其过去的状况(现在已不存在)和损毁后的状况的对比来评估。

(3) 估价时点为现在,估价对象为现时状况下的情形,是估价中最常见、最大量的,包括在建工程估价。

(4) 估价时点为现在,估价对象为未来状况下的情形,如评估房地产的预售或预购价格。

(5) 估价时点为未来,估价对象为未来状况下的情形,多出现于房地产市场预测、为房地产投资分析提供价值依据的情况中,特别是预估房地产在未来建成后的价值。在假设开发法中,预计估价对象开发完成后的价值就属于这种情况。

3.1.5 公平原则

公平原则要求房地产估价应站在中立第三者的立场上,求出一个对各方当事人来说都是公平合理的价格。如果评估出的价格不够公平合理,则必然会损害当事人中某一方的利益,也会有损于房地产估价人员、估价机构以至整个估价行业的社会声誉和权威性。例如,为房地产买卖目的进行的估价,如果评估价格比客观合理的价格高,则出卖人得利,购买人受损;为房地产抵押目的进行的估价,如果评估价格比客观合理的价格高,则抵押人得利,抵押权人受损;为房地产课税目的进行的估价,如果评估价格比客观合理的价格低,则政府受损,这对其他纳税人来说也有失公平。

为求出一个公平合理的价格,估价人员首先应本着下列假设进行估价:各方当事人均是理性的、精明的,即买者不肯多花一分钱购买,卖者不肯少得一分钱出售。其次,估价人员应以各方当事人的位置或心态,又称"换位思考",来考量价格:在交易中,各方当事人的心态是不同的,例如买者的心态是出价不能高于预期使用该房地产所能带来的收益或重新购建价格;卖者的心态是不愿意以低于他对该房地产已投入的成本出售。然后,估价人员再以专家的身份精细地权衡价格:首先想象评估价格的高低不是与自己无关,即如果将自己分别设想为各方当事人的位置,评估价格的高低会对自己有何影响,例如作为买者会怎样,作为卖者又会怎样,在此基础上自然就权衡出一个对各方当事人来说均为公平合理的价格。此外,估价人员还必须公正清廉,决不能受任何私心杂念的影响:如果与估价对象有利害关系或是当事人的亲属,应当回避;必须了解房地产供求状况和影响房地产价格的因素,同时还要不断地提高估价技能、丰富估价经验和遵循严谨的估价程序。

3.1.6 供求原则

供求原则是指进行房地产估价,必须充分考虑当地同类房地产的市场供求实际情况和可能导致供求关系变化的诸多因素而推断其价格。

房地产商品价格的形成,与其他一般商品价格的形成一样,取决于市场公平的供求竞争关系。当供给小于需求,则市场呈现供不应求的局面,价格将上升;当供给大于需求,市场呈现供过于求的局面,价格将下降。但是,房地产商品的价格形成又与其他一般商品有所不同,由于房地产商品具有特殊性,无法形成完全竞争的自由市场,也无法遵循一般商品的供求均衡法则。房地产商品价格的形成遵循其特有的供求原则,其特殊性主要体现在下面几点:

(1) 房地产商品的市场供给与需求都局限于某地区,且我国实行由政府垄断土地一级市场,市场竞争不容易在供给方展开,而主要是在需求方展开,即房地产无法实现完全竞争的统一市场,而只能是价格垄断性较强的地区性市场。

(2) 作为市场交易客体的房地产具有较大的差异性,这主要体现在地理位置、建筑风格、装修水平等方面。由于商品不同质,使其相互替代性较差,从而不容易形成同类产品无差别的完全竞争市场。

(3) 一个完全竞争的市场,要求有完备的市场信息,要求生产者和消费者均对市场现状和可能出现的变化有足够的知识,并且可以自由、迅速地进出某一行业,以免遭受欺骗和损失。而房地产市场却由于商品的固定性,无法形成大规模的集市交易,而使市场供求双方不容易具有完备的市场信息。

一般情况下,市场供求竞争对于替代性较小的房地产的价格影响较大,对替代性较强的房地产的价格则可能因需求转移而产生较小的影响。前者如繁华地段的商业店铺,后者如一般居民住宅。房地产估价人员无论是进行市场分析,还是进行价格预测,都必须充分认识到房地产市场的这一特点,关注当地同类房地产市场的供给与需求状况。

3.1.7 预期原则

预期原则是房地产现时价值由该房地产在未来能给所有人带来的预期效用和收益所决定的,也就是说,预期收益的多少是房地产价格的决定因素,对于价格的评估,重要的并不是过去,而是未来。过去收益的多少只为推测未来的收益变化趋向提供依据,而不是决定因素。对房地产估价要以对将来收益的预测为基础,受预期收益形成因素的变动所左右。因此,房地产估价者必须能熟练地分析影响房地产未来收益或效用的国家、地区、当地和邻近区域的变化趋势。同时,也需要把握市场主体对某类房地产或某宗土地的预期,它们的预期是影响供求变化、价格波动的重要因素。这就要求估价者既要了解过去的收益情况,又要对房地产市场供求现状、发展趋势、政治经济形势及政策规定对市场的影响进行细致分析和预测,才可能准确推算房地产价格。当然,应排除脱离现实的使用或因投机及违法行为所获取收益的预测。

对于房地产估价中的地区分析、交易实例价格的检查、纯收益及还原利率的确定,预期原则显得极为重要。假设开发法和收益还原法中土地收益的确定,都是预期原则的具体运用。

3.2 房地产估价程序

房地产估价程序是指开展房地产估价的基本步骤和环节,是完成房地产估价的作业流程。房地产估价是一项比较复杂的工作,工作过程存在一定的主观性,且估价结果涉及各方的切身利益。因此,要做好房地产估价工作,除了要求估价人员具有坚实的业务基础,熟悉房地产估价的理论、方法及有关法规政策,并切实遵守"公正、公开、公平"的估价原则与职业道德规范外,还需遵循规范化的房地产估价程序,以确保估价工作的效率和估价结果的客观性。

一般而言,评估一宗房地产主要包括如下11个基本步骤:①获取估价业务;②受理估价委托及明确估价基本事项;③拟定估价作业方案;④收集估价所需资料;⑤实地查勘估价对象;⑥选定估价方法进行测算;⑦确定估价结果;⑧撰写估价报告;⑨审核估价报告;⑩出具估价报告及收取评估费用;⑪估价资料归档。

3.2.1 获取估价业务

从事房地产估价,首先要有房地产估价业务。如果不能正确获取房地产估价业务,即使有良好的估价专业人员和估价机构,也无从谈及房地产估价。归纳起来,房地产估价业务来源主要有下列三类:

1) 被动接受

即坐等估价需求者找上门来获取估价服务。委托估价方可以是企事业单位、政府有关部门，也可以是个人。委托估价方可以是待估房地产的所有者或使用者，也可以不是。

2) 主动争取

即估价人员走出门去力争为他人提供估价服务。在估价业务市场化后，这是估价业务的最主要来源。随着经济的发展和房地产业的成长，房地产估价的业务范围将会更广。当房地产中介服务机构发展到一定规模时，房地产估价的竞争将会更激烈。如何在激烈的市场竞争中占据尽可能多的份额，这是摆在众多估价机构面前的一个新课题，主动出门争取任务是一条很好的途径。但需要注意的是，估价人员不能为了争取业务而迎合客户的不合理要求。

3) 自有自估

即对自己拥有或拟取得的房地产，自己提出估价要求，并自己进行估价。这是对有估价能力者而言，但这种估价不属于专业估价行为，其估价结果或估价报告对外也不具有法律效力，仅供自己掌握，以做到心中有数。

3.2.2 受理估价委托及明确估价基本事项

1) 明确估价基本事项

在实际进行房地产评估过程中，会涉及许多方面的问题，需要处理的事项也较多。有些事项直接关系到估价作业的全过程，对估价额也有较大的影响，这些事项被称为估价的基本事项，必须预先明确。一般来说，估价的基本事项包括估价目的、估价对象、估价时点及估价前提等几个方面。

(1) 明确估价目的

明确估价目的有助于更好地明确估价对象，因为依据有关法律法规，某些房地产不能用于某些估价目的，或者某些估价目的限制了可以作为估价对象的范围和内容。例如，《中华人民共和国担保法》和《城市房地产抵押管理办法》规定了不得抵押的房地产。因此，属于规定不得抵押的房地产，就不能作为以抵押为估价目的的估价对象。

房地产估价按估价目的进行分类，主要类别包括土地使用权出让价格评估、房地产转让价格评估、房地产租赁价格评估、房地产抵押价值评估、房地产保险估价、房地产课税估价、征地和房屋拆迁补偿估价、房地产分割与合并估价、房地产纠纷估价、房地产拍卖底价评估、企业各种经济活动中涉及的房地产估价以及其他目的的房地产估价。

(2) 明确估价对象

明确估价对象包括明确估价对象的实物、权益和区位状况。

① 要弄清楚委托人要求估价的房地产具体是什么，范围多大。例如，它是土地，还是建筑物，还是土地与建筑物的合成体，还是其中的某一部分，如果是正在经营中的宾馆，是否还包含其中配备的家具设备等房地产以外的财产等。

② 估价人员应掌握依据的有关法律、行政法规。有些房地产不能用于某些估价目的，或有些估价目的限制了可以作为估价对象的范围和内容。因此，估价对象及其范围和内容，既不能简单地根据委托人的要求确定，也不能根据估价人员的主观愿望确定，而应根据估价目的，依据法律、行政法规并征求委托人意见后综合确定。

③ 估价人员应要求委托人提供其能提供的反映该估价对象基本状况的资料，如坐落、面

积、四至、用途、产权状况(拥有的是所有权还是使用权,如果是使用权,使用年限多长,已使用了多少年,还剩余多少年)等。

（3）明确估价时点

明确估价时点是明确所要评估的价值是在哪个具体日期的价值。如果这一点不明确,将难以估价,因为同一宗房地产在不同的时点价值会有所不同。但在这个方面,委托人往往也不懂得要提出估价时点,这就需要估价人员提出问题,让委托人回答认可。

多数估价是对当前的价值进行评估,一般以实地查勘之日为估价时点,但在某些情况下也需要对过去或未来某个时点的价值进行评估。估价时点究竟是现在,还是过去或未来,是由估价目的决定的。所以,估价时点也不是委托人或估价人员可以随意假定的,而应根据估价目的来确定。另外,估价时点应采用公历表示,一般要精确到日。从理论上讲,估价时点的详细程度与估价的难易程度有关,估价时点越具体,要求的估价精度越高,估价也就越困难。

（4）明确估价前提

由于特殊情况的需要,以及评估对象与其他事物之间所存在的关系,在评估上还要明确评估的前提条件,主要包括以下四种:

① 独立估价。独立估价发生在估价对象为土地与建筑物合二为一的房地产上,根据某种需要或特定条件,有时单独就该房地产的土地部分进行评估,并且不考虑建筑物的存在,这种情形称为独立估价。简单地说,就是将土地当成空地,视为无建筑物存在的情形下进行评估。在地上建筑物预定拆迁的条件下,往往进行建筑物拆迁的独立估价。

② 部分估价。部分估价是指估价对象的房地产是由土地及建筑物构成的综合体,在该土地与建筑物为一整体的既定条件下,仅就其中的土地或建筑物进行价格评估。它与独立估价的区别是,独立估价不考虑地上建筑物的存在对地价的影响,而部分估价则考虑地上建筑物的存在对地价的实际影响,或土地对建筑物价格的实际影响。由房地产价格的均衡法则、适合法则等可以判定,土地或建筑物的部分估价额将受到既定状态的影响而发生变化。

③ 合并估价或分割估价。以房地产的合并或分割为前提所进行的估价,称为合并或分割估价。例如,以购买邻地并与自有土地合并使用为前提,对邻地进行买卖价格评估即为合并估价;又如,为使土地的一部分分割出售成为可能,而评估其剩余部分的价格,即为分割估价。无论是合并估价还是分割估价,其估价结果都将与正常评估存在一定差异,其评估出的价格称为"限定价格",即在市场受限定的条件下所形成的价格,该价格仅对特定的交易主体具有经济合理性。

④ 变更估价。变更估价是以改变房地产的利用状态为前提所进行的评估,也可称为变更利用状态估价,它主要包括三种情形:第一,以房地产改变原来的用途为前提所进行的估价,如将学生宿舍改造为宾馆,将政府机关办公楼改造成供出租的写字楼等;第二,以房地产重新进行装修改造为前提所进行的估价;第三,以拆除建筑物为前提对土地进行的估价。

2) 签订书面估价委托合同

房地产估价委托合同的内容一般包括:①委托人、估价机构(包括名称或者姓名和住所);②估价目的;③估价对象;④估价时点;⑤委托人的协助义务(如委托人应向估价机构如实提供估价所必需的资料及对所提供资料的真实性、合法性的承诺,协助估价机构进行实地查勘等);⑥估价服务费用及其支付方式;⑦出具估价报告的日期;⑧违约责任;⑨解决争议的方法;⑩估价机构和委托人认为需要约定的其他事项。房地产估价合同内容如下:

房地产估价合同

签订合同双方：
委托估价方：_____（以下简称甲方）
受理估价方：××房地产估价有限公司（以下简称乙方）
甲乙双方经充分协商，兹就房地产估价事宜订立本合同，内容如下：

一、甲方因_____的需要，委托乙方对下列房地产进行估价：____
_____。

二、乙方应根据甲方估价需要，保证对上列房地产予以客观、公正的估价，最后出具该委估房地产的估价报告书，于_____年____月____日前交付甲方。

三、甲方应于_____年____月____日前将委估房地产的产权、经营状况、税务或建造费用等估价所必需的材料提交给乙方，或配合乙方向有关部门查阅、抄录委估房地产估价所必要的资料。

甲方应提交给乙方的资料具体如下：_____
_____。

四、乙方在估价期间需要到现场勘察，甲方须陪同并应提供方便和配合。

五、乙方对甲方委估房地产的文件资料应妥善保管并尽保密之责，非经甲方同意不得擅自公开或泄露给他人。

六、甲方应付给乙方的估价费依甲乙双方认同的下列收费标准支付：
_____自本合同签订之日起_____日内，甲方先预付给乙方_____元，余款待乙方将估价报告书交付甲方时付清。

七、乙方如无特殊原因和正当理由，不得迟于本合同规定的时间交付估价报告书。甲方如不按本合同规定的时间向乙方交付前述有关文件、图纸、凭证等资料，乙方可按耽误时间顺延估价报告书的交付时间。

八、任何一方都不得擅自终止合同，甲方如果中途中断委托估价请求，须经乙方同意，如乙方工作已经过半，甲方应付给乙方全部费用。

九、其他：_____。

十、本合同自甲乙双方正式签订之日起生效，其中任何一方未经对方同意不得随意更改。如有未尽事宜，需经双方协商解决。

十一、本合同一式两份，甲乙双方各执一份。

本合同于_____年____月____日正式签订。

甲方：_____
法定代表人：_____
地址：_____
邮编：_____
电话：_____
　　　　　　签章：
　　　　　　日期：

乙方：_____
法定代表人：_____
地址：_____

邮编：_____
电话：_____
　　　　　　签章：
　　　　　　日期：

3.2.3　拟定估价作业方案

拟定估价作业方案是为了使估价工作有条不紊、按时、高效地完成，方案一经确定，一般要按方案逐段进行估价工作。特别是在规模较大的房地产估价项目中，制订方案对估价作业的成败与质量有着极为重要的作用。一般来说，拟定估价作业方案应包括以下几方面：

1）确定拟采用的估价技术路线，初步选择适用于估价对象的估价方法

估价技术路线是评估出估价对象价值所遵循的根本途径，是指导整个估价过程的技术思路。不同的估价方法所需资料不完全相同，初步选择估价方法的目的，是为了使后面进入搜集资料和实地查勘时有的放矢，避免不必要的无效劳动。初选估价方法对有估价经验的估价员来说一般是比较容易的，因为每一种方法都有其适用对象，哪种类型的房地产适宜采用的估价方法大致也是清楚的。

2）确定估价投入人员

根据估价目的、估价对象、估价时点、估价报告出具日期便可预知估价项目的大小、难易和缓急，从而可以确定投入多少人力参加估价。由于某些人擅长于某类房地产的估价，或擅长于采用某种方法估价，或擅长于评估某种价格，在初选出了拟采用的估价方法的条件下，还可确定由哪些人员参加估价更合适。所以，确定投入人员的原则是要充分发挥估价人员的各自专长和优势。

3）确定数据收集范围

根据估价目的和初选的估价方法，要列出该项估价所需要的数据资料，并确定收集数据的范围，使数据收集工作有具体的要求和方向。

4）估价作业步骤和时间进度安排

主要是对往后要做的各项工作做出具体安排，包括对作业内容、作业人员、时间进度、所需经费等的安排，以便控制进度及协调合作。通常最好附以流程图、进度表等，特别是对于那些大型、复杂的估价项目。

3.2.4　收集估价所需资料

1）房地产价格的一般影响因素资料

房地产价格的一般影响因素，基本上属于宏观的社会因素，它们并不直接决定某宗房地产的价格，但它们对整体房地产市场的价格走势具有决定性意义，对某类房地产的价格变化有时能产生特别大的影响，所有这些，最终也都会体现在个别房地产上。因此，必须广泛收集并深入分析这方面的有关资料。

从总体来看，一般影响因素对房地产价格的作用是错综复杂的，分析它们对估价对象价格究竟产生何种影响更是一个难度很大、非常复杂的问题。一般来说，没有固定的数学公式可套用，主要依靠估价人员长期积累的丰富经验进行综合分析判定。尤其是在房地产市场起伏较

大、变化莫测时,对于这些因素的分析更要依赖于经验,有时甚至体现为估价师的眼力。但是,当房地产市场走势比较稳定,价格变动比较平稳时,这些一般影响因素对房地产价格的综合作用还是能够体现出规律性的,房地产价格将出现平稳的变动趋势,这时可运用统计规律和预测方法来确定房地产价格的平均增减量、平均增长速度或价格变化模型。对这些数据加以具体分析,即可确定一般因素对评估对象价格变化的作用影响。

在分析过程中,应善于根据具体情况确定对评估对象或某类物业的价格变化有较大影响的关键因素,从而既可简化分析的难度,又可提高分析的精确性。

2) 区域市场资料

由于房地产市场的区域性,区域市场的资料对评估对象价格的影响更大。区域市场资料主要包括一般影响因素在区域市场上的体现,包括该地区的经济、社会、城市建设(基础设施与公益设施的建设)、城市规划的发展变化,也包括该地区的市场特征及交易情况等。

3) 实例资料

主要包括市场交易实例资料、开发建造实例资料和房地产营运收益实例资料(如出租房地产的有关资料)。在评估过程中,无论是否直接运用这些资料,都应尽量收集,以供参考。对于搜集到的实例资料,应整理成表格形式,以便于利用。

4) 估价对象的情况

该资料的收集是在实地勘察时完成的,一般是按固定的表格填写。

5) 各类资料的来源渠道

各类资料的来源渠道主要是:①委托人提供;②实地查勘获得;③询问有关知情人士;④查阅估价机构自己的资料库;⑤到政府有关部门查阅;⑥查阅有关报刊或登陆有关网站等。

3.2.5 实地查勘估价对象

实地查勘是估价人员亲自去估价对象现场,对委托人先前介绍或提供的估价对象的有关情况,以及事先收集的估价对象的坐落、面积、四至、用途、产权等资料进行调查核实,同时亲身感受估价对象的位置、周围环境、景观的优劣,查看估价对象的外观、内部状况(如建筑结构、设备、装修、维修养护等),拍摄反映估价对象外观、内部状况及其周围环境、景观或临路状况的影像资料,并收集补充估价所需的其他资料,了解当地房地产市场行情和市场特性等。

在实地查勘时,一般需要委托人中熟悉情况的人员和被查勘房地产的业主陪同,估价人员要认真听取陪同人员的介绍,详细询问在估价中所需弄清楚的问题,并将有关情况和数据认真记录下来,形成"实地查勘记录"。完成实地查勘后,实地查勘的估价人员、委托人中陪同实地查勘的人员和被查勘房地产的业主,应在"实地查勘记录"上签字认可,并注明实地查勘日期。

实地勘察的主要内容有:

1) 对土地的查勘

评估人员对土地的查勘主要是了解地块的坐落位置、土地使用类别、面积、地形、地貌以及地上和地下建筑物的情况,地块与周边地块的搭界情况等。

2) 对房屋的查勘

对房屋查勘的主要内容有:

(1)鉴定委估房屋的地址、坐落和房屋评估范围。房屋位置的正确性是房屋估价的前提,必须认真核对清楚。对同幢异产的房屋和同一地点内有多幢房屋的情况,要认真核实房屋的评估范围。正确区分产权的独有部分、共有部分或他人所有部分,以免出现误估而发生产权纠纷。

(2)确认房屋的结构、装修、设备和面积。房屋契证上一般都有关于房屋的结构、面积的记载,但在实际中由于种种情况,如产权登记时的疏忽或房屋所有者自行改建装修等,都会使房屋的结构、面积与契证记载的情况有差异。因此,实地勘察时,应对房屋的结构和面积等情况进一步核查,防止因契证与实地不符而出现的估价失误。房屋的装修、设备、层高和朝向是房屋估价的基本内容,它的主要项目是墙体、屋顶、天花板、地面、门窗、隔间、层高、卫生设备和暖气设备等。

(3)确定房屋的建造年份。确定房屋的建造年份是房屋评估不可缺少的组成部分,是评定房屋折旧情况的主要依据,必须予以查明。

(4)评定房屋成新。房屋成新是影响房屋价格的重要因素。估价人员根据房屋的新旧程度评定标准,采取一听、二看、三查、四问、五测的工作方法鉴定成新。一听,是听取住房或使用者对房屋使用状况和破损情况的反映;二看,是根据听到的反映,结合所要评定的结构、装修、设备部分,查看房屋的下部、墙体、屋面的变形和不均匀沉降,以及梁、柱变形等情况,做出直观上的判断;三查,是对房屋承重结构部位、构件本身的刚度、强度进行测量检查,看其是否有潜在的危险;四问,是就查出的问题询问使用者,了解其有关情况;五测,是在条件具备时,用仪器测量房屋的结构变化情况,主要有地基沉降、墙体倾斜、屋架变形、裂缝等。从实际出发测定房屋成新程度,对解决建造年代不明或年代久远但仍有很大使用价值房屋的估价问题具有重要意义。

3) 勘丈绘图

勘丈绘图是指在房屋全面查勘丈量的基础上,将房屋的形状、位置、层次、结构、内部设施、墙体归属以及附属搭建等,按照一定比例如实反映到房屋平面图上,同时估价人员应认真地逐项填写"房地产勘察评定表",作为估价的依据。

4) 拍照、录像

现场查勘中对重要的评估项目要进行拍照或录像。拍照或录像能直观地反映评估对象的特征,尤其是文字叙述未能达到对标的物理想的描述目的时,通过拍照或录像可以弥补其不足。拍照、录像对那些即将拆迁、有可能发生纠纷房屋的估价很有必要。

5) 对环境条件的确认

环境条件也是影响房地产价格的重要因素,而环境条件往往不是契书等文字材料标明的,另外环境条件的变动性很大,所以估价人员要亲临现场,逐步确认对委估房地产价格有影响的各因素的状态,通过实地调查,取得对委估房地产周边环境的客观认识。环境条件包括商业服务、市政设施、文化教育、交通通讯、卫生状况、生态环境、娱乐设施、人文自然景观等。

3.2.6 选定估价方法进行测算

估价方法的采用,取决于估价对象的房地产类型、估价方法的适用条件及所收集资料的数量和质量。在前面已根据估价对象初步选择了估价方法,在此再根据收集到的资料情况正式确定所采用的估价方法。关于所收集资料的数量和质量,值得指出的是,有的是真正缺乏所需要的资料,有的可能是估价人员没有尽力去收集。影响估价方法的采用不包括后一种情况。估价方法选定后就要进行具体的测算。如何运用各种估价方法测算估价对象的价值,后面各章会具体介绍。

3.2.7 确定估价结果

用不同估价方法测算出的结果可能有所不同,这是很自然的。估价人员首先应比较、分析这些测算结果之间的差异。当这些测算结果之间有较大差异时,应寻找导致较大差异的原因,并消除不合理的差异。

寻找导致较大差异的原因,可以按照下列从低级错误到高级错误的顺序进行检查:①测算过程是否有误;②基础数据是否准确;③参数选取是否合理;④公式选用是否恰当;⑤所选用的估价方法是否切合估价对象和估价目的;⑥是否符合估价原则。特别需要强调的是,估价中的每一个数字都应有来源依据。

在采用算术平均法、加权平均法、中位数法以及众数法等数学方法求出一个综合结果的基础上,估价人员还应考虑一些不可量化的价格影响因素(由于影响房地产价格的因素众多,估价人员不能拘泥于用某些计算公式得出的结果,还需要依靠自己的专业经验及对房地产市场行情的理解来把握评估价值),同时可听取有关人士的意见,对该结果进行适当的调整,或取整,或认定该结果,作为最终的估价结果。当有调整时,应在估价报告中明确而充分地阐述调整的理由。

3.2.8 撰写估价报告

1) 估价报告的概念

估价人员在确定了最终的估价结果之后,应当撰写估价报告。估价报告可视为估价机构提供给委托人的"产品",它是在完成估价后给委托人的正式答复,是关于估价对象的客观合理价格或价值的研究报告,也是全面、公正、客观、准确地记述估价过程、反映估价成果的文件。

估价报告质量的高低,除了取决于估价结果的准确性、估价方法选用的正确性、参数选取的合理性,还取决于估价报告的文字表述水平、文本格式及印刷质量。前者可以说是估价报告的内在质量,后者可以说是估价报告的外在质量,两者不可偏废。

2) 估价报告的形式

估价报告的形式分为书面报告和口头报告(如专家证词)。书面报告按照其格式,又可分为叙述式报告和表格式报告。对于成片或成批多宗房地产的同时估价且单宗房地产的价值较低时,估价报告可以采用表格的形式,如旧城区居民房屋拆迁估价或成批房地产处置估价。居民预购商品住宅的抵押估价报告,也可以采用表格的形式。

叙述式报告能使估价人员有机会充分论证和解释其分析、意见和结论,使估价结果更具有说服力。叙述式报告是估价人员履行对委托人责任的最佳方式。所以,叙述式报告是最普遍、最完整的估价报告形式。

无论是书面报告和口头报告,还是叙述式报告和表格式报告,都只是表现形式的不同,对它们的基本要求是相同的。下面主要以叙述式报告来说明估价报告的有关要求和内容。

3) 对估价报告的总要求

估价报告应全面、公正、客观、准确地记述估价过程和结论。具体来说应做到下列几点:

(1) 全面性。估价报告应完整地反映估价所涉及的事实、推理过程和结论,正文内容和附件资料应齐全、配套,使估价报告使用者能够合理理解估价结果。

(2) 公正性和客观性。估价报告应站在中立的立场上对影响估价对象价值的因素进行客观的介绍、分析和评论,做出的结论应有充分的依据。

(3) 准确性。估价报告的用语应力求清楚、准确,避免使用模棱两可或易生误解的文字,对未经查实的事项不得轻率写入,对难以确定的事项应予以说明,并描述其对估价结果可能产生的影响。

(4) 概括性。估价报告应使用简洁的文字对估价中所涉及的内容进行高度概括,对获得的大量资料应在科学鉴别与分析的基础上进行筛选,选择典型、有代表性、能反映事情本质特征的资料来说明情况和表达观点。

(5) 估价报告的纸张、封面设计、排版、装订应有较好的质量,尽量做到图文并茂。

4) 估价报告的组成和内容

一份完整的估价报告通常由八个部分组成:①封面;②目录;③致委托人函;④估价师声明;⑤估价的假设和限制条件;⑥估价结果报告;⑦估价技术报告;⑧附件。

(1) 封面。封面的内容一般包括下列几项:①标题。这是指估价报告的名称,如"房地产估价报告"。②估价项目名称。说明该估价项目的全称。通常是采用估价对象的名称。③委托人。说明该估价项目的委托人的名称或者姓名。其中,委托人为单位的,为单位全称;委托人为个人的,为其姓名。④估价机构。说明受理该估价项目的估价机构的全称。⑤估价作业期。说明该估价项目估价的起止年、月、日,即决定受理估价委托的年、月、日至出具估价报告的年、月、日。⑥估价报告编号。说明该估价报告在估价机构内的编号,以便于归档和今后的统计、查找等。

(2) 目录。目录中通常按前后次序列出估价报告的各个组成部分的名称、副标题及其对应的页码,以使委托人或估价报告使用者对估价报告的框架和内容有一个总体了解,并容易找到其感兴趣的内容。

(3) 致委托人函。致委托人函是正式地将估价报告呈送给委托人的信件,在不遗漏必要事项的基础上应尽量简洁。其内容一般包括下列几项:①致函对象。这是指委托人的名称或者姓名。②致函正文。说明估价目的、估价对象、估价时点、估价结果、估价报告应用有效期(是指使用估价报告不得超过的时间界限,从估价报告出具日期起计算。估价报告应用有效期最长不宜超过一年,可以是半年或三个月。估价报告应用有效期的表达形式为:自本估价报告出具之日起多长时间内有效,或者自本估价报告出具之日起至未来某个年、月、日止。估价报告应用有效期不同于估价责任期。如果估价报告在其有效期内得到使用,则估价责任期应是无限期的;如果估价报告超过了其有效期还未得到使用,则估价责任期就是估价报告有效期)。另外,通常说明随此函附交一份或多份估价报告。③致函落款。为估价机构的全称,加盖估价机构公章,并由法定代表人或负责该估价项目的估价师签名、盖章。④致函日期。这是指致函时的年、月、日,也即正式出具估价报告的日期——估价报告出具日期。

(4) 估价师声明。在估价报告中应包含一份由所有参加该估价项目的估价师签字、盖章的声明。该声明告知委托人和估价报告使用者,估价师是以客观公正的方式进行估价的,同时它对签字的估价师也是一种警示。估价师声明通常包括下列内容:

我保证,在我的知识和能力的最佳范围内:①估价报告中对事实的陈述,是真实、完整和准确的。②估价报告中的分析、意见和结论,是我公正的专业分析、意见和结论,但要受估价报告中已说明的假设和限制条件的限制和影响。③我与估价报告中的估价对象没有任何(或有已载明的)利益关系;对与该估价对象相关的各方当事人没有任何(或有已载明的)偏见,也没有任何(或有已载明的)个人利害关系。④我是依照中华人民共和国国家标准《房地产估价规范》的规定进行分析,形成意见和结论,撰写本估价报告。⑤我已对(或没有对)估价报告中的估价对象进行了实地查勘(如果不止一人签署该估价报告,应清楚地列出对估价对象进行了实地查勘的估价人员的姓名和没有对估价对象进行实地查勘的估价人员的姓名)。⑥我在该估价项目中没有得到他人的重要专业帮助(如果有例外,应说明提供了重要专业帮助者的姓名、专业背景及其所提供的重要专业帮助的内容)。⑦其他需要声明的事项。

(5)估价的假设和限制条件。估价的假设和限制条件是说明估价的假设前提,未经调查确认或无法调查确认的资料数据,在估价中未考虑的因素和一些特殊处理及其可能的影响,估价报告使用的限制条件等。例如,说明没有进行面积测量,或者说明有关估价对象的资料来源被认为是可靠的。在估价报告中陈述估价的假设和限制条件,一方面是规避风险、保护估价机构和估价人员,另一方面是告知、保护委托人和估价报告使用者。

(6)估价结果报告。估价结果报告应简明扼要地说明下列内容:①委托人(包括名称或者姓名、地址、电话等);②估价机构(包括名称或者姓名、地址、电话等);③估价人员(列出所有参加该估价项目的估价人员的姓名及其执业资格、从业执业或专业技术职务等,以及在该估价项目中的角色,并由本人签名、盖章);④估价目的;⑤估价时点;⑥估价对象;⑦评估价值定义(说明估价所采用的价值标准或价值内涵,如公开市场价值);⑧估价依据(说明估价所依据的法律、法规、政策和标准、规范,委托人提供的有关资料,估价机构和估价人员掌握和收集的有关资料);⑨估价原则;⑩估价方法;⑪估价结果;⑫估价作业期;⑬估价报告应用有效期;⑭其他说明。

(7)估价技术报告。估价技术报告一般包括下列内容:①详细介绍估价对象的区位、实物和权益状况;②详细分析影响估价对象价值的各种因素;③详细说明估价的思路和采用的方法及其理由;④详细说明估价的测算过程、参数选取等;⑤详细说明估价结果及其确定的理由。

(8)附件。把可能会打断叙述部分的一些重要资料放入附件中。附件通常包括估价对象的位置图、四至和周围环境、景观的图片,土地形状图,建筑平面图,建筑物外观和内部状况的图片,估价对象的权属证明,估价中引用的其他专用文件资料,估价机构和估价人员的资格证明、专业经历和业绩等。

5)估价报告文本的外形尺寸

估价报告文本的外形尺寸应当统一,如统一采用国际标准 A4 型(长×宽为 297mm×210mm)。

3.2.9 审核估价报告

为保证估价报告的质量,估价机构应当建立估价报告内部审核制度,由资深估价人员按照合格估价报告的要求,对撰写出的估价报告进行全面审核,并确认估价结果的合理性。

对估价报告进行审核,类似于对生产出的产品在出厂前进行的质量检验,是防范估价风险的最后一道防线。对于经审核认为不合格的估价报告,要进行修改或者重新撰写。只有经审核合格的估价报告,才能够出具给委托人。

在估价报告审核中,要做好审核记录。完成审核后,审核人员应在审核记录上签名,并注明审核日期。

3.2.10 出具估价报告及收取评估费用

估价报告经审核合格后,由负责该估价项目的专职注册房地产估价师签名、盖章,以估价机构的名义出具,并由负责该估价项目的估价人员及时交付给委托人。估价人员在交付估价报告时,可就估价报告中的某些问题作口头说明或解释,至此完成了对委托人的估价服务。估价结构应将估价报告副本存档备查,并可向委托方收取估价服务费。

根据有关规定,房地产价格评估费,按照房地产价格总额差额定率累进收取,累进计费率为5‰。100万元以上,累进计费率5‰;101万元以上至1 000万元,累进计费率2.5‰;1 001万元以上至2 000万元,累进计费率1.5‰;2 001万元以上至5 000万元,累进计费率0.8‰;5 001万元以上至8 000万元,累进计费率0.4‰;8 001万元以上至1亿元,累进计费率0.2‰;1亿元以上,累进计费率0.1‰。

3.2.11 估价资料归档

估价报告向委托人出具后,估价人员和估价机构应及时对涉及该估价项目的一切必要的文字、图表、声像等不同形式的资料进行整理,并将它们分类保存起来,即归档。

估价资料归档的目的是建立资料库和备案,以方便今后的估价及管理工作。估价资料归档有助于估价机构和估价人员不断提高估价水平,也有助于解决日后可能发生的估价纠纷,还有助于行政主管部门和行业组织对估价机构进行资质审查和考核。

应归档的估价资料包括:①估价机构与委托人签订的估价委托合同;②估价机构向委托人出具的估价报告(包括附件);③实地查勘记录;④估价项目来源和接洽情况记录;⑤估价过程中的不同意见和估价报告定稿之前的重大调整或修改意见记录;⑥估价报告审核记录;⑦估价人员和估价机构认为有必要保存的其他估价资料。

估价人员不应将上述估价资料据为己有或者拒不归档。估价机构应建立估价资料管理制度,保证估价资料妥善保管、有序存放、方便查阅,严防毁损、散失和泄密。估价资料的保管期限从估价报告出具之日起计算,一般应在15年以上。保管期限届满而估价服务的行为尚未了结的估价资料,应当保管到估价服务的行为了结为止。例如,15年前出具的为某笔房地产抵押贷款服务的估价报告等估价资料,如果该笔房地产抵押贷款期限为20年,则估价资料应当保管20年以上。

复习思考题

1. 什么是合法原则、最高最佳使用原则、估价时点原则、替代原则和公平原则?
2. 遵循合法原则应包括哪几个方面?
3. 什么是房地产估价程序?
4. 一个房地产估价项目的估价活动的全过程和工作步骤是什么?
5. 估价业务来源主要有哪几类?
6. 明确估价基本事项包括哪些内容?
7. 估价作业方案的内容有哪些?
8. 收集估价所需资料应包括哪些内容?

4 市场比较法

市场比较法,是常用的一种最基本评估方法。市场比较法的关键是调查市场,下工夫收集资料,积累素材。评估结果的客观检验标准是市场。市场比较法的核心是比较修正。修正切忌主观、片面。有条件用市场比较法时,要首先选择市场比较法。

在房地产估价的发展历程中,已经形成了许多种估价方法,而市场比较法是其中最重要、最常用的方法之一,已发展成为一种较为成熟的方法。由于市场比较法具有很强的说服能力和适用范围很广的特点,因此在房地产市场比较发达的国家和地区,如英国、日本、美国还有我国的香港地区、台湾地区等地,这一估价方法的应用已经很普遍,而且在房地产估价实务中往往被估价人员首先选用。目前,随着我国房地产业的日益发展,房地产一级市场和房地产二级市场初具规模,房地产交易日趋增多,房地产市场日趋规范和完善。市场比较法在我国逐步成为房地产估价工作采用的最主要方法已成为必然。

但市场比较法有许多理论问题需要研究,例如,从比较实例求待估房地产价格,是比较修正,但不同的评估者将得出不同的结果,如何规范、完善,这是在理论与实践上需要进一步讨论的问题。

4.1 市场比较法的基本原理

4.1.1 市场比较法的概念

市场比较法(Market Comparison Approach,Sales Comparison Approach)又称市价比较法、交易实例比较法、买卖实例比较法、市场资料比较法、交易案例比较法、现行市价法,是将估价对象与估价时点近期有过交易的类似房地产进行比较,对这些类似房地产的已知价格作适当的修正,以此估算估价对象的客观合理价格或价值的方法,采用比较法求得的房地产价格又称比准价格。

市场比较法的关键是选择类似房地产(Similar Property)。类似房地产是指与估价对象处于同一供求圈内,并在用途、规模、档次、建筑结构等方面与估价对象相同或相近的房地产。

同一供求圈(Comparable Search Area)是指与估价对象具有替代关系,价格互相影响的适当范围,包括邻近地区和类似地区。邻近地区是指待估房地产所隶属的地区,它一般以某一特定的用地类型为主要用地类型,且该类型在该地区内的空间分布是连续的,如商业区、住宅区、工业区;类似地区是指与待估房地产所隶属的地区具有相同或相似的土地利用类型和市场供需状况,但在空间上不连续的区域,如同为城市一级地的商业用地。

4.1.2 市场比较法的理论依据

市场比较法的理论依据是经济学中的替代原理。市场经济中,经济主体的行为普遍追求效用最大化即以最小的费用(代价)取得最大的利润(或效用)。当同一市场上出现两种或两种以上效用相同或效用可相互替代而价格不等的商品时,购买者将会选择价格较低的商品;而当价格相同,效用不等时,购买者又将选择效用较大的商品。这种选择行为的结果,是在效用均等的物品之间产生相同的价格。

替代原理作用于房地产市场,表现为效用相同、条件相近的房地产价格总是相互牵引,趋于一致,即:任何买者不会接受比市场上正常价格较高的成交价格,任何卖者也不会接受比市场正常价格较低的成交价格。因此,我们在评估某一房地产的价格时,可以用类似房地产的已知交易价格,比较求得估价对象房地产的未知价格。当然,由于房地产市场的不完全性,房地产商品的个别性,交易实例房地产与待估房地产(Subject Property)之间总是存在一定的差异,这些差异将会导致待估房地产与交易实例房地产之间的价格差异。另外,由于交易双方个人爱好、知识水平、交易时情况的不同,对市场上广泛认同的价格效用比也不一定把握准确,个别的交易也会偏离市场的正常交易。因此,采用比较法进行房地产估价时,必须将待估房地产与比较案例进行认真分析,比较两者的差异性,并定量估测由此而产生的价格差异,进而求得待估房地产的市场价格。

市场比较法以替代原理为主要理论依据,其基本原理如图4-1所示。

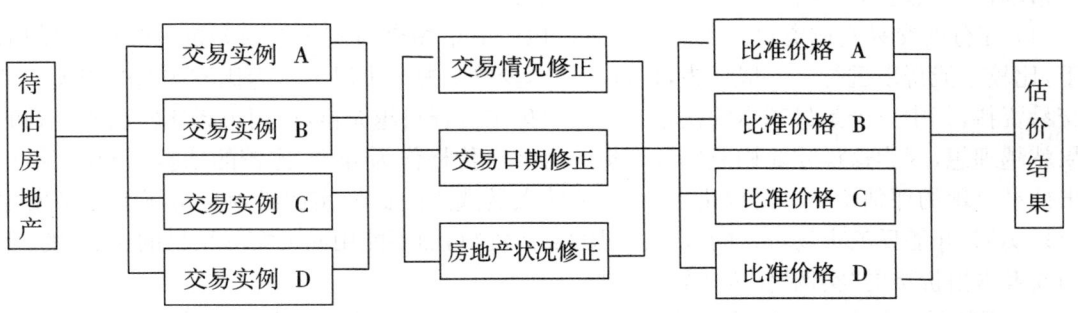

图 4-1 市场比较法原理示意图

市场比较法以替代原则为理论基础,因此具有现实性和富有说服力。同时,只要有类似的房地产买卖实例可以适用,不仅可以评估房地产价格,还可以利用相应的租赁实例测算土地的租金,这就是租赁实例比较法。当然,市场比较法要求土地市场发育较好,可以获得足够的比较实例,因此,它更适宜于市场发育较好地区经常性交易的房地产价格的评估。

4.1.3 市场比较法的适用对象与条件

1) 市场比较法的特点

(1) 市场比较法具有现实性,有较强的说服力。市场比较法利用近期发生的与待估土地具有替代性的交易案例作为比较标准,修正推算待估房地产具有替代性的价格,能够反映近期市场的行情,也使测算的价格具有较强的现实性,容易被接受。

(2) 市场比较法以替代关系为途径。市场比较法是通过已发生的交易案例的价格,利用其与待估房地产之间的替代关系,比较求取待估房地产的价格,所以也称为比准价格。

(3) 市场比较法以价格求价格。采用市场比较法评估房地产价格,是以市场交易案例为基础,通过对交易案例价格的修正求取评估对象价格,虽然反映市场规律,但如果在不正常的市场条件下,如市场低迷或市场过度炒作、出现泡沫经济等,会使得估价结果偏离房地产的本身特征,无法与收益价格相协调。

(4) 市场比较法需要估价人员具有较高素质。应用比较法需要进行市场情况、交易日期、区域因素及个别因素等一系列项目的比较修正,这就要求房地产估价人员具备多方面的知识与丰富的经验,否则难以得到客观准确的结果。

(5) 市场比较法需要正确选择比较实例。市场比较法是以替代原则为基础,正确选择比较实例和合理修正交易价格是保证评估结果准确性的关键。因此,评估人员要全面准确地调查市场资料,合理选择比较实例,并将比较实例与评估对象进行全面细致的比较,确定适当的修正系数,以保证评估结果的准确性。

2) 市场比较法的适用对象

市场比较法适用的对象是具有交易性的房地产,如房地产开发用地、普通商品住宅、高档公寓、别墅、写字楼、商场、标准工业厂房等。不适用情形有两种:一是对那些很少发生交易的房地产,如特殊工业厂房、学校、古建筑、教堂、寺庙、纪念馆等,难以采用市场比较法估价。二是在房地产市场发育不够或者房地产交易较少发生的地区,难以采用市场比较法估价。

3) 市场比较法的适用条件

市场比较法适用的条件主要有以下几个方面:

(1) 充分的交易实例资料。在充分掌握房地产的市场交易实例作为分析、比较依据的前提下,比较才能得以进行。一般认为,估价人员至少要掌握十个以上作为比较实例的相关的市场交易资料,其中三个是最基本的比较实例。收集实例资料越充裕,应用市场比较法所得到的结果就越理想,因为这样才能构成比较理想的房地产价格作为分析、比较的依据,否则就不易得出公平合理的评估价格。需要指出的是,评估人员选用的比较实例必须是市场上已经发生的交易实例,并能反映市场正常的真实情况的实例资料,而不能用尚无实际结果的、推断的、臆想的或者虚报价格的"实例"作为比较的依据。

(2) 资料具有相关性。估价中所选用的可比实例必须与估价对象房地产有较大的相关性。相关性是指比较实例中的房地产与估价对象房地产之间各种价格因素是相似的,相关程度愈大,比较及评估效果就愈理想。在房地产价格诸因素中,至关重要的是地域因素、规划容积率因素、建筑结构因素以及使用功能因素等。例如,估价对象房地产为都市住宅区,而比较实例为工业区或农业用地,那么两者之间就不具有相关性,不相关的实例资料不能用来作为比较的依据。估价对象房地产与可比实例房地产之间的相关程度究竟如何,估价人员要用可靠的资料加以证明。相关性愈大,替代性也愈大。

(3) 市场供求关系基本一致。供求情况相差过大的两者不宜进行比较,比较实例与估价对象房地产在当地市场供求关系上应保持基本一致。如果实例房地产在当地、当时的市场情况下是滞销的,而估价对象房地产是紧俏的,那么用此实例来作为评估时的依据,其所得评估价格结果就会严重失实。所以买卖或租赁实例房地产与估价对象房地产在供求关系上的基本一致性,即需求具有相同的态势和供给具有同等的竞争力是市场比较法运用的必要条件。

（4）明确显示具备的条件。在运用市场比较法估价时,估价人员必须将估价对象房地产与比较实例房地产的价格因素一一列出,逐项分析比较,衡量其相关程度,并找出它们之间的差异。如果比较实例没有载明该项房地产所具备的各项基本条件,那么它将失去作为比较实例的意义。所以,比较实例与待估房地产均应能明确显示各自具备的条件。

（5）资料必须详实可靠。比较实例资料及其来源必须详实可靠,若资料失实必将影响估价结果的合理性。估价师要力求了解每一笔交易背后的动机,因为买卖双方在交易时的动机有可能导致交易结果偏离正常的市场轨迹。尤其对有利害关系人之间的交易案例必须加以确认并小心处理。估价师必须验证信息,以确保资料的正确性,坚决排除那些不合理的市场交易资料,以确保房地产价格评估的正确性。

4.1.4 市场比较法的实质与难点

1）市场比较法的实质

市场比较法是最常用、最能反映房地产估价的价值标准的方法。其实质也就是房地产估价过程的实质,即通过大量已经成交的相同或类似房地产的成交价格来确定估价房地产在公开市场上最可能的成交价,即估价对象的公开市场价值。

2）市场比较法的难点

如果市场上能够找到与估价对象个别因素和区域因素完全一样、交易日期和估价时点也一样、交易情况也完全符合公开市场的要求的可比实例,那么比较法不存在任何难度。但是由于上述几个"一样"实际上是不可能达到的,所以要求进行交易修正,比较法的难点也正在于交易修正。

4.2 市场比较法的操作步骤

运用市场比较法对某宗房地产进行估价时,一般分为以下七个步骤进行:①广泛收集交易实例的资料;②从收集到的资料中选取适当的可比实例作为待估价房地产的参照物;③建立价格可比基础,即将可比实例的成交价格调整为具有比较基础的价格;④进行交易情况的修正;⑤进行交易日期的修正;⑥进行房地产状况的修正;⑦求取比准价格,即该宗房地产的最终估价额。

4.2.1 交易实例的收集

1）收集大量交易实例的必要性

运用市场比较法估价,首先需要拥有大量真实的交易实例(一些不能反映市场真实价格行情的报价、标价是无效的)。收集大量的房地产市场交易实例资料,是运用市场比较法评估房地产价格的基础和前提条件,只有拥有了大量真实、可靠的交易实例,才能把握正常的市场价格行情,才能评估出客观合理的价格。作为一个专业估价人员,收集交易实例不应等到采用市场比较法估价时才进行,而应注意在平时收集和积累,这样才能保证在采用市场比较法估价时有足够多的交易实例可供选用。

2) 收集交易实例的途径

收集交易实例的途径主要有：

（1）查阅政府有关部门的房地产交易登记等资料，如房地产产权转让时成交价格的资料、交易登记资料、近期政府出让土地使用权的地价资料，政府确定公布的基准地价、标定地价和房屋重置价格资料等。

（2）向房地产交易当事人、四邻、促使交易协议达成的经纪人、律师、财务人员、银行有关人员等了解其知晓的房地产成交价格资料和有关交易情况。

（3）与房地产出售者，如业主、房地产开发商、房地产经纪人等洽谈，获得其房地产的要价资料。

（4）查阅报刊、网络资源上有关房地产出售、出租的广告、信息等资料。

（5）参加房地产交易展示会，了解房地产价格行情，收集有关信息，索取有关资料。

（6）同行之间相互提供。估价机构或估价人员可以约定相互交换所收集的交易实例及经手的估价案例资料。

对于通过以上渠道收集来的资料，价格的种类是多种多样的，如地价税、土地税、土地征用、抵押等估价额，法院公证登记估价额，标售拍卖价格，房地产销售说明书的价格，广告刊登的价格等，都不是正常价格，即不是实际交易价格，价格中含有特殊因素。如果利用这些资料进行参考，须慎重分析其内容及其与市场价格相差的比率，判断它们与正常价格的区别。

3) 收集内容的完整性和真实性

收集内容完整、真实的交易实例，是提高估价精度的一个基本保证。在收集交易实例时应尽可能收集较多的内容，一般应包括：

（1）交易双方的基本情况和交易目的。交易双方的基本情况包括交易双方的名称、性质、法人代表、住址等基本情况以及交易双方有无利害关系等，以便进一步判断交易是否属正常交易。交易目的包括转让、抵押、入股等。

（2）交易实例房地产的状况。房地产状况包括权益状况、实物状况、环境状况等，如坐落位置、面积、用途、交通、土地容积率、建筑物剩余使用年限、周围环境、景观等。

（3）成交日期。以确定交易实例的可比性进行日期修正。

（4）成交价格。房地产价格有房地产总价格、房屋总价格、土地总价格及相应单价，同时还应注意价格类型，如土地拍卖价格、招标价格、协议价格；货种及货币单位等情况，如美元、港币、日元等。

（5）付款方式。付款方式包括一次性付款、分期付款、抵押贷款的方式及比例等。

（6）交易情况。如交易税费负担方式，有无隐价瞒价、急卖急买、人为哄抬、亲友间的交易等特殊交易情况。

为避免在收集交易实例时遗漏重要的内容并保证所收集内容的统一性和规范化，最好事先将房地产分为不同的类型，如分为居住、商业、办公、旅馆、餐饮、娱乐、工业、农业等，针对这些不同类型的房地产，将所要收集的内容制作成统一的表格。此表格可命名为"交易实例调查表"，如表 4-1 所示。

表 4-1 交易实例调查表

房地产类型：

名 称					
坐 落					
卖 方					
买 方					
成交价格		货币种类		成交日期	
付款方式					
房地产状况说明	区位状况说明	包括面积、形状、地形、结构、建成年份、总层数、所在层数、朝向等内容			
	权益状况说明	包括商品房、福利房、出让土地使用权年限、划拨土地使用权等内容			
	实物状况说明	包括商业繁华度、交通通达性、环境景观、城市规划、公共配套设施完备程度等内容			
交易情况说明					
坐落位置图			建筑平面图		

调查人员：　　　　　　　　　　　　调查日期：　　　年　　月　　日

交易实例及其内容的真实性、可靠性是提高估价结果精确度的一个基本保证。对于收集到的每一个交易实例、每项内容都应该进行查证、核实，以做到准确无误。

4）建立交易实例库

房地产估价机构和估价人员应当建立房地产交易实例库，将一手的、基础的市场资料及时、准确地收集和积累。建立交易实例库不仅是运用市场比较法估价的需要，还是从事房地产估价的一项基础性工作，也是形成房地产估价机构和估价人员的核心竞争力之一。建立交易实例库，有利于交易实例资料的保存和在需要时查找、调用，提高估价工作的效率。交易实例库的建立，可通过制作交易实例卡片分门别类存放，或将收集到的交易实例分门别类地存入计算机数据库中，这样有利于保存和在需要时查找、利用。

4.2.2 可比实例的选取

从交易实例库中选择符合一定条件的交易实例作为参照比较的交易实例，这些用于参照比较的交易实例，称为可比实例（Comparable Property）。可比实例选取得恰当与否，直接影响到市场比较法评估出的价格的准确性，因此应特别慎重。在实际选取可比实例时，具体从以下几个方面进行：

1）可比实例应与估价对象处在同一地区或同一供求范围内的类似地区

拿南京市来说，如果估价对象是坐落在新街口地区的一个商场，则选取的可比实例最好也在新街口地区；但如果在该地区内可供选择的交易实例不多，则应选择像湖南路、鼓楼这类邻近地区或同等级别的商业区中的交易实例。如果估价对象是在南京市内某个住宅小区的普通商品住宅,则选取的可比实例最好是在同一住宅小区内的交易实例;如果在同一住宅小区内没有合适的交易实例可供选取,则应选取位于南京市内类似地区、规模、档次的住宅小区内的交易实例。

2) 可比实例的用途应与估价对象的用途相同

这里的用途主要指大类用途,如果能做到小类用途也相同则更好。大类用途一般分为:居住、商业、办公、旅旅馆、工业、农业等。

3) 可比实例的建筑结构应与估价对象的建筑结构相同

这里的建筑结构主要是指大类建筑结构,一般分为钢结构、钢筋混凝土结构、砖混结构、砖木结构、简易结构。如果能在大类建筑结构下再细分出小类建筑结构则更好,如砖木结构进一步分为砖木一等、二等,等等。

4) 可比实例的权利性质应与估价对象的权利性质相同

当两者不相同时,一般不能作为可比实例。例如:国家所有的土地与农民集体所有的土地的权利性质不同;出让土地使用权与划拨土地使用权的权利性质不同;商品住宅与经济适用住房、房改所购住房的权利性质不同。因此,如果估价对象是出让土地使用权或出让土地使用权土地上的房地产,则应选取出让土地使用权或出让土地使用权土地上的房地产的交易实例,而不应选取划拨土地使用权或划拨土地使用权土地上的房地产的交易实例。

5) 可比实例的规模应与估价对象的规模相当

例如估价对象为一宗土地,则选取的可比实例的土地面积应与该宗土地的面积差不多大小,既不能过大也不能过小。选取的可比实例规模一般应在估价对象规模的 0.5~2 范围内,即:$0.5 \leqslant$ 可比实例规模/估价实例规模 $\leqslant 2$。

6) 可比实例的档次应与估价对象的档次相当

这主要是指在装饰装修、设备(如电梯,空调,智能化)、环境等方面的齐全、好坏程度应相当。

7) 可比实例的成交日期应与估价时点接近

这里的"接近"是相对而言的:如果房地产市场比较平稳,则较早之前发生的交易实例可能仍然有参考价值,也可以被选作可比实例;但如果房地产市场变化快,则此期限应缩短,可能只有近期发生的交易实例才有说服力。一般认为,交易实例的成交日期与估价时点相隔一年以上的不宜采用,因为难以对其进行交易日期修正。有时即使进行交易日期修正,也可能会出现较大的偏差。

8) 可比实例的交易类型应与估价目的吻合

交易类型主要有一般买卖、拍卖、租赁、土地使用权协议出让等。如果为一般买卖、拍卖、租赁、土地使用权协议出让等目的估价,则应选取相对应的交易类型的交易实例为可比实例。另外,为抵押、抵债、房屋拆迁目的的估价,应选取一般买卖的交易实例为可比实例。

9) 可比实例的成交价格应是正常成交价格或能够修正为正常成交价格

上述选取可比实例时,一般是指估价对象为土地的,应选取类似土地的交易实例;估价对象为建筑物的,应选取类似建筑物的交易实例;估价对象为房地的,应选取类似房地的交易实例。

选取可比实例还有所谓的"分配法",其内容如下:如果估价对象为单独的土地或单独的建筑物,但缺少相应的交易实例,而有土地与建筑物合成体的交易实例时,则可将此土地与建筑物合成体及其成交价格予以分解,提取出与估价对象同类型部分的房地产及其价格,再以此为可比实例。例如,估价对象为土地,但在其所在地区或同一供求范围内的类似地区中没有类似土地的单独交易实例,而有包含与该土地同类型土地的房地交易实例时,则可以从该房地成交价格中扣除建筑物价格,剩余部分为土地价格,此土地便可作为可比实例。然后再对该土地价格进行适当的修正和调整,即可以求得估价对象土地的价格。例如,需要评估某宗土地的价格,在附近有一幢房屋买卖,其成交总价为 200 万元,其中属于建筑物的价格为 120 万元(用其他方法求得),则其土地价格为 80 万元,再以此 80 万元的地价为基础,修正、调整出估价对象土地的价格。

选取的可比实例数量从理论上讲越多越好,但是,如果要求选取的数量过多,一来可能由于交易实例缺乏而难以做到,二来后续进行修正、调整的工作量大,所以,一般要求选取 3 个以上(含 3 个)、10 个以下(含 10 个)的可比实例即可。

现举例说明如何选取合适的比较实例。

【例 4-1】 有一幢砖混结构的住宅,建筑层数为七层,地区级别为 7 级,现空置。要求用市场比较法评估其出售价格,请从表 4-2 所给资料中选取合适的比较实例。

表 4-2　交易实例表

房屋性质	是否空置	估价时间、目的	地区级别	市场价格(元/m²)
A 钢混结构七层综合大楼	空置	近期/出售	7 级	1 700
B 砖混结构七层住宅	空置	三年前/出售	10 级	960
C 砖混结构七层住宅	空置	近期/出租	6 级	690
D 砖混结构七层住宅	空置	一年前/抵押	7 级	抵押价值 1 100
E 砖混结构七层住宅	空置	近期/出售	7 级	1 500

【解】 分析交易实例,确定可比实例。

实例 A,不适合作比较实例。因其为钢混结构综合大楼,房屋结构和使用性质与待估房地产不同。

实例 B,不适合作比较实例。因为其出售时间是在三年前,距今时间相差太长,并且其地区级为 1 级,与待估房地产的地区级相差太大。

实例 C,不适合作比较实例。因为其交易目的是出租而不是出售,在房地产的价格类型上与待估房地产不同。

实例 D,不适合作比较实例。因为其评估的目的是为了抵押而不是出售,抵押价值不能作为买卖价格来作评估的比较依据。

实例 E,适合作比较实例,其各种条件和房地产使用性质、结构类型、地区等级、估价时间、价格类型等均与待估房地产的条件基本相符,是较为理想的评估实例。

结论:通过分析比较各实例情况,最后选取实例 E 作为待估房地产的可比实例之一。

4.2.3　价格可比基础的建立

在对比较实例进行修正前,应先把各比较实例的成交价格调整为在比较实例之间,比较实例与待估房地产之间具有可比基础的价格。所谓具有可比基础是指单价的含义统一、面积的内涵统一、货币的单位统一。因为已选取的若干个可比实例之间及其与估价对象之间，可能在付款方式、成交单价、货币种类、货币单位、面积内涵和面积单位等方面存在不一致，无法进行直接的比较修正，因此，需要对它们进行统一换算处理，使其表述口径一致，以便进行比较修正，为后面进行交易情况、交易日期和房地产状况修正打下基础。

建立价格可比基础包括：①统一付款方式；②统一采用单价；③统一和货币单位；④统一面积内涵；⑤统一面积单位。

1) 统一付款方式

由于房地产的价值量大，房地产的成交价格往往采用分期付款的方式支付，因而出现了名义价格和实际价格的不同。而且付款期限的长短不同，付款数额在付款期限内的分布不同，实际价格也会有所不同。估价中为便于比较，价格通常以一次付清所需支付的金额为基准，所以，就需要将分期付款的可比实例成交价格折算为在其成交日期时一次付清的数额。具体方法是资金的时间价值中的折现计算。

【例 4-2】 一套建筑面积 90m²，每平方米建筑面积 3 000 元的住房，成交价为 27 万元。双方约定，从成交日期时起分期付清，首付 7 万元，余款一年内分两期付清，每隔半年支付 10 万元。假设年利率为 10%，则在其成交日期时一次付清的价格为：

$$7 + \frac{10}{(1+10\%)^{0.5}} + \frac{10}{(1+10\%)} = 25.625 (万元)$$

在进行价格换算时，应注意利率要和对应的周期相一致。

2) 统一采用单价

在统一采用单价方面，通常为单位面积上的价格。例如，建筑物通常为单位建筑面积、单位套内建筑面积或者单位使用面积上的价格；土地除了单位土地面积上的价格外，还可为楼面地价。在这些情况下，单位面积是一个比较单位。根据估价对象的具体情况，还可以有其他的比较单位，如仓库以单位体积为比较单位，停车场以每个车位为比较单位，旅馆以每个房间或床位为比较单位，电影院以每个座位为比较单位，医院以每个床位为比较单位，保龄球馆以每个球道为比较单位。

3) 统一货币种类和货币单位

在统一币种方面，不同币种的价格之间的换算，应采用该价格所对应的日期时的汇率。在通常情况下，是采用成交日期时的汇率。但如果先按原币种的价格进行交易日期修正，则对进行了交易日期修正后的价格，应采用估价时点时的汇率进行换算。汇率的取值，一般采用国家外汇管理部门公布的外汇牌价的卖出、买入的中间价。在统一货币单位方面，按照使用习惯，人民币、美元、港币等，通常都采用"元"。

4) 统一面积内涵

在现实房地产交易中，有按建筑面积计价，有按套内建筑面积计价，也有按使用面积计价的。它们之间的换算如下：

建筑面积下的价格＝套内建筑面积下的价格×套内建筑面积/建筑面积

建筑面积下的价格＝使用面积下的价格×使用面积/建筑面积

套内建筑面积下的价格＝使用面积下的价格×使用面积/套内使用面积

5) 统一面积单位

在面积单位方面，中国大陆通常采用平方米（土地的面积单位有时还采用公顷、亩），中国

香港地区和美国、英国等习惯采用平方英尺,中国台湾地区和日本、韩国一般采用坪。它们之间的换算如下:

平方米下的价格＝亩下的价格÷666.67

平方米下的价格＝公顷下的价格÷10 000

平方米下的价格＝平方英尺下的价格×10.764

平方米下的价格＝坪下的价格×0.303

【例 4-3】 收集有甲、乙两宗交易实例,甲交易实例的建筑面积为 100m², 成交总价 80 万元人民币,分三期付款,首期付 16 万元人民币,第二期于半年后付 32 万元人民币,余款 32 万元人民币于一年后付清。乙交易实例的使用面积为 1 500 平方英尺,成交总价 15 万美元,于成交时一次付清。如果选取此两宗交易实例为可比实例,则一般在进行有关的修正之前应先做如下处理:

(1) 统一付款方式。如果以在成交日期时一次付清为基准,假设当时人民币的年利率为 8%,则:

$$甲总价 = 16 + \frac{32}{(1+8\%)^{0.5}} + \frac{32}{(1+8\%)} = 76.422(万元人民币)$$

乙总价＝15(万美元)

(2) 统一采用单价

$$甲单价 = \frac{764\ 220}{100} = 7\ 642.2(元人民币/m^2 \cdot 建筑面积)$$

$$乙单价 = \frac{150\ 000}{1\ 500} = 100(美元/平方英尺 \cdot 使用面积)$$

(3) 统一币种和货币单位。如果以人民币元为基准,则需要将乙交易实例的美元换算为人民币元。假设乙交易实例成交当时的人民币与美元的市场汇价为 1 美元＝7.0 元人民币,则:

甲单价＝7 642.2(元人民币/m² · 建筑面积)

乙单价＝100×7.0＝700(元人民币/平方英尺 · 使用面积)

(4) 统一面积内涵。如果以建筑面积为基准,另通过调查得知该类房地产的建筑面积与使用面积的关系为 1m² 建筑面积＝0.75m² 使用面积。则:

甲单价＝7 642.2(元人民币/m² · 建筑面积)

乙单价＝700×0.75＝525(元人民币/平方英尺 · 建筑面积)

(5) 统一面积单位。如果以平方米为基准,由于 1m²＝10.764 平方英尺,则:

甲单价＝7 642.2(元人民币/m² · 建筑面积)

乙单价＝525×10.764＝5 651.1(元人民币/m² · 建筑面积)

4.2.4 交易情况修正

1) 交易情况修正的含义

可比实例的成交价格可能是正常的,也可能是不正常的。由于要求评估的估价对象的价格是客观合理的,所以,如果可比实例的成交价格是不正常的,则应将其调整为正常的,如此才能作为估价对象的价格。这种对可比实例成交价格进行的调整,称为交易情况修正。因此,经过交易情况修正后,就将可比实例的实际而可能是不正常的价格变成了正常价格。

2)造成成交价格偏差的因素

由于房地产具有不可移动、独一无二、价值量大等特性,以及房地产市场是不完全市场,房地产的成交价格往往容易受交易中的一些特殊因素的影响,从而使其偏离正常的市场价格。交易中的特殊因素较复杂,归纳起来主要有下列几个方面:

(1)有利害关系人之间的交易。例如父子之间、兄弟之间、亲友之间、母子公司之间、公司与其员工之间的房地产交易,成交价格通常低于其正常的市场价格。

(2)急于出售或急于购买的交易。例如欠债到期要还,无奈只有出售房地产偿还,此种情况下的成交价格往往偏低;相反,在急于购买情况下的成交价格往往偏高。

(3)交易双方或某一方对市场行情缺乏了解的交易。如果买方不了解市场行情,盲目购买,成交价格往往偏高;相反,如果卖方不了解市场行情,盲目出售,成交价格往往偏低。

(4)交易双方或某一方有特别动机或偏好的交易。例如,买方或卖方对其所买卖的房地产有特别的爱好、感情,特别是该房地产对买方有特殊的意义或价值,从而卖方惜售,或买方执意要购买,此种情况下的成交价格往往偏高。

(5)特殊交易方式的交易,如拍卖、招标、哄抬或抛售等。房地产正常成交价格的形成方式,应是买卖双方经过充分讨价还价的协议方式。拍卖、招标方式容易受现场气氛、情绪的影响而使成交价格失常。但中国目前土地使用权出让是例外,拍卖、招标方式形成的价格较能反映市场行情,协议方式形成的价格往往偏低。其原因是管理体制尚不完善,出让方是政府(实际运作是政府的某个部门及某些个人),受让方是与自身利益较密切的个人、企业等,从而以协议方式出让的结果往往是政府让利。如果出让方是理性的"经济人",就难以出现这种情况。

(6)交易税费非正常负担的交易。在房地产交易中往往需要缴纳一些税费,如营业税、土地增值税、契税、印花税、交易手续费、补交土地使用权出让金等。按照政府(税法及中央和地方政府)的有关规定,有的税费应由卖方缴纳,如营业税、土地增值税;有的税费应由买方缴纳,如契税、补交土地使用权出让金;有的税费则买卖双方都应缴纳或各负担一部分,如印花税、交易手续费。正常成交价格是指在买卖双方各自缴纳自己应缴纳的交易税费下的价格,即在此价格下,卖方缴纳卖方应缴纳的税费,买方缴纳买方应缴纳的税费。需要评估的客观合理价格,也是基于买卖双方各自缴纳自己应缴纳的交易税费。但在现实交易中,往往出现本应由卖方缴纳的税费,买卖双方协议由买方缴纳;或者本应由买方缴纳的税费,买卖双方协议由卖方缴纳。例如,土地增值税本应由卖方负担,却转嫁给了买方;契税、补交土地使用权出让金本应由买方负担,却转嫁给了卖方;交易手续费本应由买卖双方各负担一部分,却转嫁给了其中的某一方。在某些地区,房地产价格之外还有所谓"代收代付费用"。这些"代收代付费用"也可能存在类似的转嫁问题。

(7)相邻房地产的合并交易。房地产价格受其土地形状、土地面积、建筑规模的影响。形状不规则或面积、规模过小的房地产,价格通常较低。但这种房地产如果与相邻房地产合并后,效用通常会增加。因此,当相邻房地产的拥有者欲购买该房地产时,该房地产的拥有者通常会索要高价,而相邻房地产的拥有者往往也愿意出较高的价格购买。所以,相邻房地产合并交易的成交价格往往高于其单独存在、与其不相邻者交易时的正常市场价格。

(8)受债权债务关系影响的交易。例如,附带着抵押、典当或拖欠工程款等的交易。《中华人民共和国合同法》第286条规定:发包人未按照约定支付价款的,承包人可以催告发包人在合理期限内支付价款。发包人逾期不支付的,除按照建筑工程的性质不宜折价、拍卖的以外,承包人可以与发包人协议将该工程折价,也可以申请人民法院将该工程依法拍卖。建筑工程的价款就该工程折价或者拍卖的价款优先受偿。

(9) 特殊政策造成房地产价格的偏差。新加坡和我国香港施行"居者有其屋"的政策,对低收入者购置居室都实施优惠价格,而对高收入者则限定他们只能购买价格较高的高级住宅;我国城镇的经济适用房与限价房,国家限定了利润率和提供了种种优惠条件,也低于房地产市场上的正常价格。

3) 交易情况修正的方法

有上述特殊交易情况的交易实例不宜选为可比实例,但当可供选择的交易实例较少而不得不选用时,则应对其进行交易情况修正。交易情况修正需估价的人员有丰富的经验,对市场行情充分了解,具体程序为:

(1) 剔除非正常的交易案例。

(2) 测定各种特殊因素对正常价格的影响程度。测定方法可以利用已掌握的交易资料分析计算,确定修正系数。由于缺乏客观、统一的尺度,这种测算有时非常困难,因此在哪种情况下应当修正多少,只能由估价人员凭经验判断。作为估价人员平常就应收集征集交易实例,并加以分析,在积累了丰富经验的基础上,努力把握适当的修正系数。

(3) 交易情况修正。

交易情况修正的方法,主要有百分率法和差额法。采用百分率法进行交易情况修正的一般公式为:

$$可比实例成交价格 \times 交易情况修正系数 = 正常价格$$

采用差额法进行交易情况修正的一般公式为:

$$可比实例成交价格 \pm 交易情况修正数额 = 正常价格$$

在交易情况修正中之所以要以正常价格为基准,是因为只有这样,比较的基准才会只有一个,而不会出现多个。因为在市场比较法中要求选取多个可比实例来进行比较,如果以每个可比实例的实际成交价格为基准,就会出现多个比较基准。例如,以正常价格为基准,说可比实例成交价格比其正常价格高10%,即:

$$正常价格 \times (1+10\%) = 可比实例成交价格$$

如果正常价格=1 500元/m²,则:

$$可比实例成交价格 = 1\,500 \times (1+10\%) = 1\,650(元/m^2)$$

如果以可比实例成交价格为基准,说正常价格比可比实例成交价格低10%,即:

$$可比实例成交价格 \times (1-10\%) = 正常价格$$

假定可比实例成交价格=1 650元/m²,则:

$$正常价格 = 1\,650 \times (1-10\%) = 1\,485(元/m^2)$$

可见:1 485元/m²≠1 500元/m²。所以,"说可比实例成交价格比其正常价格高10%"与"说正常价格比可比实例成交价格低10%"是不等同的。为此,在交易情况修正中应采用可比实例成交价格比其正常价格是高还是低多少的说法。

交易情况修正需要测定交易中的一些特殊因素使其成交价格偏离正常价格的程度,但由于缺乏客观、统一的尺度,所以这种测定有时非常困难。因此,在哪种情况下应当修正多少,主要由估价人员凭其专业知识和丰富的经验加以判断。不过,估价人员平常就应收集整理交易实例,并加以分析,在积累了丰富经验的基础上,把握适当的修正系数也是不难的。

其中,对于交易税费非正常负担的修正,只要调查、了解清楚了交易税费非正常负担的情况,然后依此计算即可。具体是将成交价格调整为依照政府有关规定,无规定的依照当地习惯,交易双方负担各自应负担的税费下的价格。主要是把握下列两点:①正常成交价格－应由卖方负担的税费＝卖方实际得到的价格。②正常成交价格＋应由买方负担的税费＝买方实际付出的价格。

【例 4-4】 甲卖给乙一套住宅,50m²,10 万元成交,所有交易税费均由乙负担,其中契税交纳 2 000 元,交易手续费共 500 元(按规定双方各交纳一半),办证费 100 元(按规定由乙负担),评估费 500 元(乙委托,由乙负担)。问:甲乙双方正常成交价格是多少? 乙实际支付价格是多少?

【解】 正常成交价格＝卖方实际得到价格＋应由卖方负担的税费。在题中,卖方实际得到价格为 10 万元,应由卖方负担的税费为 250 元(500 元的一半),因此,正常成交价格＝100 250 元。乙方实际支付价格＝正常成交价格＋应由买方负担的税费。应由买方负担的税费＝2 000＋250＋100＋500＝2 850(元)。因此乙方实际支付价格＝100 250＋2 850＝103 100(元)。

4.2.5 交易日期修正

1) 交易日期修正的含义

可比实例的成交价格是其成交日期时的价格,是在其成交日期时的房地产市场状况下形成的。要求评估的估价对象的价格是估价时点时的价格,是应该在估价时点时的房地产市场状况下形成的。如果成交日期与估价时点不同(往往是不同的,而且通常成交日期早于估价时点),房地产市场状况可能发生了变化,如政府出台新的政策措施、利率发生变化、出现通货膨胀或通货紧缩等等,从而房地产价格就有可能不同。因此,应将可比实例在其成交日期时的价格调整为在估价时点时的价格,如此才能将其作为估价对象的价格。这种对可比实例成交价格进行的调整,称为交易日期修正。

交易日期修正实质上是房地产市场状况对房地产价格影响的调整。经过交易日期修正后,就将可比实例在其成交日期时的价格变成了在估价时点时的价格。

2) 交易日期修正的方法

在可比实例的成交日期至估价时点期间,随着时间的推移,房地产价格可能发生的变化有三种情况:①平稳;②上涨;③下跌。当房地产价格为平稳发展时,可不进行交易日期修正。而当房地产价格上涨或下跌时,则必须进行交易日期修正。

实际估价中常采用百分率法进行交易日期修正,一般公式为:

$$可比实例在成交日期时的价格 \times 交易日期修正系数 = 在估价时点时的价格$$

特别需要强调的是,交易日期修正系数应以成交日期时的价格为基础来确定。假设从成交日期到估价时点时,可比实例价格涨跌的百分率为 $\pm T\%$(从成交日期到估价时点时,当可比实例价格上涨时为 $+T\%$,下跌时为 $-T\%$),则:

$$可比实例在成交日期时的价格 \times (1 \pm T\%) = 在估价时点时的价格$$

或:

$$可比实例在成交日期时的价格 \times \frac{100 \pm T}{100} = 在估价时点时的价格$$

上式中,$(1 \pm T\%)$ 或 $\frac{100 \pm T}{100}$ 是交易日期修正系数。

交易日期修正的关键,是要把握估价对象这类房地产的价格自某个时期以来的涨落变化情况,具体是调查在过去不同时间的数宗类似房地产的价格,找出这类房地产价格随着时间变化而变动的规律,据此再对可比实例成交价格进行交易日期修正。在无类似房地产的价格变动率或指数的情况下,可根据当地房地产价格的变动情况和趋势做出判断,给予调整,一般有:利用房地产价格指数进行修正;利用房地产价格变动率进行修正;估价人员根据市场情况及自己的经验积累进行判断修正。

(1) 价格指数

有定基价格指数和环比价格指数。在价格指数编制中,需要选择某个时期作为基期。如果是以某个固定时期作为基期的,称为定基价格指数;如果是以上一时期作为基期的,称为环比价格指数。编制原理如表 4-3 所示。

表 4-3 价格指数的编制原理

时间	价格	定基价格指数	环比价格指数
1	P_1	$P_1/P_1=100$	P_1/P_0
2	P_2	P_2/P_1	P_2/P_1
3	P_3	P_3/P_1	P_3/P_2
⋮	⋮	⋮	⋮
n	P_n	P_n/P_1	P_n/P_{n-1}

采用定基价格指数进行交易日期修正的公式为:

可比实例在成交日期时的价格 × $\dfrac{\text{估价时点时的价格指数}}{\text{成交日期时的价格指数}}$ = 在估价时点时的价格

采用环比价格指数进行交易日期修正的公式为:

可比实例在成交日期时的价格 × 成交日期的下一时期的价格指数

× 再下一时期的价格指数 × ⋯ × 估价时点时的价格指数 = 在估价时点时的价格

(2) 房地产价格变动率

有逐期递增或递减的价格变动率和期内平均上升或下降的价格变动率两种,采用逐期递增或递减的价格变动率进行交易日期修正的公式为:

可比实例在成交日期的价格 × (1+价格变动率)^{期数} = 在估价时点时的价格

采用期内平均上升或下降的价格变动率进行交易日期修正的公式为:

可比实例在成交日期时的价格 × (1+价格变动×期数) = 在估价时点时的价格

在实际交易日期修正中,价格指数或变动率的选择非常关键,因为不是任何类型的房地产价格指数都可采用,适用的价格指数必须满足:①是可信赖的,至少经过评估人员解释后,能使评估各方的当事人感到该指数确实是比较合适的。②是与待估房地产相类似的房地产的价格指数,如待估房地产为普通住宅时,就应选用普通住宅的物价指数,而不能选用其他特殊类型房地产的价格指数。③是买卖实例房地产所在地区,或与该地区有相似的价格变动过程的类似地区的房地产的价格指数。原则上应使用买卖实例房地产所在地区的价格指数,只是在这些地区中不能求得这一指数时,才可采用与该地区有相似的价格变动过程的地区(如周围地区)的价格变动指数。

在实际的交易日期修正中,有下列几类价格指数或价格变动率可供选用:①一般物价指数或变动率;②建筑造价指数或变动率;③建筑材料价格指数或变动率;④建筑人工费指数或变动率;⑤房地产价格指数或变动率。房地产价格指数或变动率又可细分为:①全国房地产价格指数或变动率;②某地区房地产价格指数或变动率;③全国某类房地产价格指数或变动率;④某地区某类房地产价格指数或变动率。

至于具体应选用哪种价格指数或变动率进行交易日期修正,要看具体的估价对象和有关情况。如果引起房地产价格变动的是单纯的通货膨胀因素,则可以选用一般物价指数或变动率;如果是建筑造价、建筑材料或建筑人工费方面的因素,则可以选用相应的价格指数或变动率。从理论上讲,由于房地产价格指数或变动率能全面反映引起房地产价格变化的因素,因此,宜选用房地产价格指数或变动率。但严格来说,又不是任何类型的房地产价格指数或变动率都可以采用的,所以最适用的房地产价格指数或变动率,是可比实例所在地区的同类房地产的价格指数或变动率。

【例 4-5】 某宗房地产 2007 年 3 月的价格为 5 000 元/m²,现需将其调整到 2007 年 8 月。已知该宗房地产所在地区的同类房地产 2007 年 1 月至 8 月的价格指数分别为 99.5,96.3,101.2,103.5,108.4,112.5,115.5,110.5(均以上个月为 100),则该宗房地产 2007 年 8 月的价格为:

$$5\ 000 \times 103.5/100 \times 108.4/100 \times 112.5/100 \times 115.5/100 \times 110.5/100 = 8\ 054.5(元/m^2)$$

【例 4-6】 评估某宗房地产 2002 年 9 月末的价格,选取了下列可比实例:成交价格 3 000 元/m²,成交日期 2001 年 10 月末。另调查获知该类房地产价格 2001 年 6 月末至 2002 年 2 月末平均每月比上月上涨 1.5%,2002 年 2 月末至 2002 年 9 月末平均每月比上月上涨 2%。对该可比实例进行交易日期修正,修正到 2002 年 9 月末的价格为:

$$3\ 000 \times (1+1.5\%)^4 \times (1+2\%)^7 = 3\ 658(元/m^2)$$

【例 4-7】 某个可比实例房地产 2002 年 2 月 1 日的价格为 1 000 美元/m²,该类房地产以人民币为基准的价格变动,平均每月比上月上涨 0.2%。假设人民币与美元的市场汇率 2002 年 2 月 1 日为 1 美元=8.26 元人民币,2002 年 10 月 1 日为 1 美元=8.29 元人民币。对该可比实例进行交易日期修正,修正到 2002 年 10 月 1 日的价格为:

$$1\ 000 \times 8.26 \times (1+0.2\%)^8 = 8\ 393(元/m^2)$$

4.2.6 房地产状况修正

1) **房地产状况修正的含义**

如果可比实例房地产与估价对象房地产本身之间有差异,则还应对可比实例成交价格进行房地产状况修正,因为房地产价格还反映房地产本身的状况。进行房地产状况修正,是将可比实例在其房地产状况下的价格,修正为在估价对象房地产状况下的价格。因此,经过房地产状况修正后,就将可比实例在其房地产状况下的价格变成了在估价对象房地产状况下的价格。

2) **房地产状况修正的内容**

由于房地产状况可以分为区位、权益和实物三大方面,从而房地产状况修正可分为区位状况修正、权益状况修正和实物状况修正。在这三大方面的修正中,还可进一步细分为若干因素的修正。进行房地产状况修正,是市场比较法的一个难点和关键。

(1) 区位状况修正的内容。区位状况是对房地产价格有影响的房地产区位因素的状况。进行区位状况修正,是将可比实例房地产在其区位状况下的价格,修正为在估价对象房地产区位状况下的价格。区位状况比较、修正的内容主要包括繁华程度、交通便捷程度、环境、景观、公共服务设施完备程度(属于可比实例、估价对象以外的部分)、临路状况、朝向、楼层等影响房地产价格的因素。其中,环境包括自然环境、人工环境、社会环境等。对于住宅,公共服务设施主要指教育、医疗卫生、文化体育、商业服务、金融邮电等公共设施的完备程度。对于商业用房,楼层是极其重要的区位因素。

(2) 权益状况修正的内容。权益状况是对房地产价格有影响的房地产权益因素的状况。进行权益状况修正,是将可比实例房地产在其权益状况下的价格,修正为在估价对象房地产权益状况下的价格。权益状况比较、修正的内容主要包括土地使用年限、城市规划限制条件(如容积率)等影响房地产价格的因素。在实际估价中,遇到最多的是土地使用年限修正,其修正的具体方法参见本书"收益法"的有关内容。

(3) 实物状况修正的内容。实物状况是对房地产价格有影响的房地产实物因素的状况。进行实物状况修正,是将可比实例房地产在其实物状况下的价格,修正为在估价对象房地产实物状况下的价格。实物状况比较、修正的内容很多,对于土地来说,主要包括面积大小、形状、基础设施完备程度(属于可比实例、估价对象之内的部分)、土地平整程度、地势、地质水文状况等影响房地产价格的因素。对于建筑物来说,主要包括新旧程度、建筑规模、建筑结构、设备、装修、平面格局、工程质量等影响房地产价格的因素。

3) 房地产状况修正的思路和方法

房地产状况修正的思路是:首先列出对估价对象这类房地产的价格有影响的房地产状况各方面的因素,包括区位方面的、权益方面的和实物方面的;其次判定估价对象房地产和可比实例房地产在这些因素方面的状况;然后将可比实例房地产与估价对象房地产在这些因素方面的状况进行逐项比较,找出它们之间的差异所造成的价格差异程度;最后根据价格差异程度对可比实例价格进行修正。总的来说,如果可比实例房地产优于估价对象房地产,则应对可比实例价格做减价修正;反之,则应做增价修正。

房地产状况修正的方法有百分率法、差额法和回归分析法。采用百分率法进行房地产状况修正的一般公式为:

可比实例的价格×房地产状况修正系数=在估价对象房地产状况下的价格

特别需要强调的是,房地产状况修正系数应是以估价对象的房地产状况为基准来确定。假设可比实例在其房地产状况下的价格比在估价对象的房地产状况下的价格高低的百分率为±$R\%$(当可比实例在其房地产状况下的价格比在估价对象房地产状况下的价格高时为+$R\%$,低时为−$R\%$),则:

可比实例在其房地产状况下的价格×$\dfrac{1}{1\pm R\%}$=在估价对象房地产状况下的价格

或者 可比实例在其房地产状况下的价格×$\dfrac{100}{100\pm R}$=在估价对象房地产状况下的价格

式中:$\dfrac{1}{1\pm R\%}$或$\dfrac{100}{100\pm R}$——房地产状况修正系数。

采用差额法进行房地产状况修正的一般公式为:

可比实例的价格±房地产状况修正数额=在估价对象房地产状况下的价格

在百分率法中,房地产状况修正系数应以估价对象房地产状况为基准来确定。具体进行房地产状况修正的方法,有直接比较修正和间接比较修正两种。

(1) 直接比较修正。一般是采用评分的办法,以估价对象房地产状况为基准(通常定为100分),将可比实例房地产状况与它逐项进行比较、打分。如果可比实例房地产状况比估价对象房地产状况差,则打的分数就低于100;相反,打的分数就高于100。然后将所得的分数转化为修正价格的比率,参见表4-4。采用直接比较进行房地产状况修正的表达式为:

$$可比实例在其房地产状况下的价格 \times \frac{100}{(\quad)} = 在估价对象房地产状况下的价格$$

上式中括号内应填写的数字,为可比实例房地产状况相对于估价对象房地产状况的得分。

表4-4 房地产状况直接比较表

房地产状况	权重	估价对象	可比实例A	可比实例B	可比实例C
因素1	F_1	100			
因素2	F_2	100			
因素3	F_3	100			
⋮	⋮	⋮			
因素n	F_n	100			
综合	1	100			

(2)间接比较修正。间接比较修正与直接比较修正相似,所不同的是设想一个标准房地产状况,然后以此标准房地产状况为基准(通常定为100分),将估价对象及可比实例的房地产状况均与它逐项进行比较、打分。如果估价对象、可比实例的房地产状况比标准房地产状况差,则打的分数就低于100;相反,打的分数就高于100。再将所得的分数转化为修正价格的比率,参见表4-5。采用间接比较进行房地产状况修正的表达式为:

$$可比实例在其房地产状况下的价格 \times \frac{100}{(\quad)}_{标准化修正} \times \frac{(\quad)}{100}_{房地产状况修正} = 在估价对象房地产状况下的价格$$

上式位于分母的括号内应填写的数字为可比实例房地产状况相对于标准房地产状况的得分,第二个括号内应填写的数字为估价对象房地产状况相对于标准房地产状况的得分。

表4-5 房地产状况间接比较表

房地产状况	权重	标准状况	估价对象	可比实例A	可比实例B	可比实例C
因素1	F_1	100				
因素2	F_2	100				
因素3	F_3	100				
⋮	⋮	⋮				
因素n	F_n	100				
综合	1	100				

4)房地产状况修正应注意的问题

(1)可比实例的房地产状况,无论是区位状况、权益状况还是实物状况,都应是成交价格所对应或反映的房地产状况,而不是在估价时点或其他时候的状况。因为在估价时点或其他时候,可比实例房地产状况可能发生了变化,从而其成交价格就不能反映了。除了期房交易的成交价格之外,可比实例的房地产状况一般是可比实例房地产在其成交日期时的状况。

(2) 由于不同使用性质的房地产,影响其价格的区位和实物因素不同,即使某些因素相同,但其对价格的影响程度也不一定相同。因此,在进行区位状况和实物状况的比较、修正时,具体比较、修正的内容及权重应有所不同。例如,居住房地产讲求宁静、安全、舒适;商业房地产看重繁华程度、交通条件;工业房地产强调对外交通运输;农业房地产重视土壤、排水和灌溉条件等。

4.2.7 综合修正计算

综合修正计算,即根据前面的各项修正,求取比准价格。

1) 求取某个与可比实例对应的比准价格的方法

由前述内容可知,市场比较法估价需要进行交易情况、交易日期、房地产状况三大方面的修正和调整。经过了交易情况修正后,就将可比实例的实际而可能不是正常的价格变成了正常价格;经过了交易日期修正后,就将可比实例在其成交日期时的价格变成了在估价时点时的价格;经过了房地产状况修正后,就将可比实例在其房地产状况下的价格变成了在估价对象房地产状况下的价格。这样,经过了这三大方面的修正、调整后,就把可比实例房地产的实际成交价格,变成了可比实例房地产在估价时点时的客观合理价格。如果把这三大方面的修正、调整综合起来,计算公式如下:

(1) 修正、调整系数连乘形式

可比实例的比准价格
=可比实例成交价格×交易情况修正系数×交易日期修正系数×房地产状况修正系数

(2) 修正、调整系数累加形式

可比实例的比准价格
=可比实例成交价格×(1+交易情况修正系数+交易日期修正系数+房地产状况修正系数)

下面以连乘形式、采用百分率法来进一步说明市场比较法的综合修正与调整计算。由于房地产状况修正有直接比较修正和间接比较修正,因此,较具体化的综合修正与调整计算公式有直接比较修正与调整公式和间接比较修正与调整公式。

①直接比较修正与调整公式

$$估价对象价格 = 可比实例价格 \times \frac{100}{(交易情况修正)} \times \frac{(交易日期修正)}{100} \times \frac{100}{(房地产状况修正)}$$

$$= 可比实例价格 \times \frac{正常市场价格}{实际成交价格} \times \frac{价格时点价格}{成交日期价格} \times \frac{对象状况价格}{实例状况价格}$$

上式中,交易情况修正的分子为100,表示以正常价格为基准;交易日期修正的分母为100,表示以成交日期时的价格为基准;房地产状况修正的分子为100,表示以估价对象的房地产状况为基准。

②间接比较修正与调整公式

$$估价对象价格 = 可比实例价格 \times \frac{100}{(交易情况修正)} \times \frac{(交易日期修正)}{100} \times \frac{100}{(标准化修正)} \times \frac{(房地产状况修正)}{100}$$

$$= 可比实例价格 \times \frac{正常市场价格}{实际成交价格} \times \frac{估价时点价格}{成交日期价格} \times \frac{标准状况价格}{实例状况价格} \times \frac{对象状况价格}{标准状况价格}$$

上式中,标准化修正分子为100,表示以标准房地产的状况为基准,分母是可比实例房地产相对于标准房地产所得的分数;房地产状况修正的分母为100,表示以标准房地产的状况为基准,分子是估价对象房地产相对于标准房地产所得的分数。

2) 将多个可比实例对应的比准价格综合成一个最终比准价格的方法

每个可比实例的成交价格经过上述各项修正、调整之后,都会相应地得到一个比准价格。例如有五个可比实例,经过各项修正、调整之后会得到五个比准价格。但这些比准价格可能是不相同的,最后需要将它们综合成一个比准价格,以此作为市场比较法的测算结果。从理论上讲,综合的方法主要有三种:①平均数;②中位数;③众数。

(1) 平均数。有简单算术平均数和加权算术平均数。其中,简单算术平均数是把修正、调整出的各个价格直接相加,再除以这些价格的个数,所得的数即为综合出的一个价格。例如:可比实例A、B、C经比较修正后的估价时点价格分别为 1 080 元/m²、1 078 元/m² 和 1 110 元/m²,如果认为这三个价格具有同等重要性,则可求得一个综合结果,即:综合结果=(1 080 +1 078+1 110)/3=1 089(元/m²)。加权算术平均数是在把修正、调整出的各个价格综合成一个价格时,考虑到每个价格的重要程度不同,先赋予每个价格不同的权数,然后综合出一个价格。通常对于与估价对象房地产最类似的可比实例房地产所修正、调整出的价格,赋予最大的权数;反之,赋予最小的权数。例如,上例中,若认为可比实例C与估价对象房地产的情况最为接近,A次之,B最差,则相应赋予权数为 45%、35%、20%,则可求得一个综合结果,即:综合结果=(1 080×35%+1 078×20%+1 110×45%)/100%=1 093(元/m²)。

(2) 中位数。是把修正、调整出的各个价格按从低到高或从高到低的顺序排列,当项数为奇数时,位于正中间位置的那个价格为综合出的一个价格;当项数为偶数时,位于正中间位置的那两个价格的简单算术平均数为综合出的一个价格。例如,2 600,2 650,2 800,2 860,3 950 的中位数为 2 800;2 200,2 400,2 600,2 900 的中位数为(2 400+2 600)÷2=2 500。

(3) 众数。众数法与中位数一样,是一种位置平均数,是指将各总体单位按某一标志排序后整理成分布数列,如果其中有某一标志值出现的次数最多,即为众数值。在房地产估价中,则需要选择10个以上的可比实例,才可能用这个方法确定综合结果,目前采用较少。例如:2 200,2 600,2 300,2 600,2 300,2 600 这组数值的众数是 2 600。

此外,还可以采用其他方法将修正、调整出的多个价格综合成一个价格。例如,去掉一个最高价格和一个最低价格,将余下的进行简单算术平均。在实际估价中,最常用的是平均数,其次是中位数,很少采用众数。当数值较多时,可以采用中位数和众数。如果一组数值中含有异常的或极端的数值,采用平均数有可能得到非典型的甚至是误导的结果,这时采用中位数比较合适。

4.3 市场比较法应用举例

使用市场比较法,首先要找到与评估对象相类似的案例,而且要符合一定的要求,如用途相同、建筑结构相同、地区相邻或相近、价格类型相同、估价日期接近、交易情况正常或可修正为正常等,把它们按照一定的要求列表,逐项填写,这是使用市场比较法的基础。

其次,要进行可比交易实例修正。需要修正的情况主要有交易情况修正、交易日期修正、区域因素和个别因素的修正。这些修正要有客观依据并结合估价人员积累的经验进行。要求估价人员以严谨、科学、认真的态度来完成。

第三,在确认估价结果时,还可采用其他估价方法对比较法的评估结果进行必要的校正。如用其他方法得出的结果与比较法的结果比较接近,就说明采用的比较法是符合客观实际的,如果差距太大,就要查找原因。

最后,要注意细节问题,如计量单位的统一、评估依据的寻找等。

下面结合一些具体的实例,对市场比较法的评估过程进行进一步的熟悉。

1) 应用实例1

估价对象是一块空地,总面积为300m²。估该宗土地于2006年10月1日的买卖价格。估价过程如下:

(1) 选择估价方法

在估价对象所在地区和近邻地区,该类型土地存在较多的交易实例,所以采用市场比较法进行估价。

(2) 收集有关资料

① 收集估价对象资料(略)。

② 收集买卖实例资料

共调查收集了A、B、C、D、E五宗土地买卖实例,均可作为可比实例。实例A的面积为266m²,成交单价1 200元/m²,交易日期2006年4月1日;实例B的面积为354m²,成交单价1 020元/m²,交易日期2006年3月1日;实例C的面积为300m²,成交单价910元/m²,交易日期2005年6月1日;实例D的面积为257m²,成交单价950元/m²,交易日期2005年7月1日;实例E的面积为276m²,成交单价1 250元/m²,交易日期2006年3月1日。

(3) 确定修正系数

① 确定交易情况修正系数

实例A、E为正常买卖,无需进行交易情况修正;实例B、C、D均比正常买卖价格偏低,其中,实例B估计偏低3%,实例C估计偏低4%,实例D估计偏低5%。各宗可比实例的交易情况修正系数如下:

实例A:$\dfrac{100}{100-0}=\dfrac{100}{100}$

实例B:$\dfrac{100}{100-3}=\dfrac{100}{97}$

实例C:$\dfrac{100}{100-4}=\dfrac{100}{96}$

实例D:$\dfrac{100}{100-5}=\dfrac{100}{95}$

实例E:$\dfrac{100}{100-0}=\dfrac{100}{100}$

② 确定交易日期修正系数

据调查,2005年4月1日至2006年10月1日之间,该类型土地的价格平均每月上涨1%。各宗可比实例的交易日期修正系数如下:

实例 A：$(1+1‰×6)=\dfrac{106}{100}$

实例 B：$(1+1‰×7)=\dfrac{107}{100}$

实例 C：$(1+1‰×16)=\dfrac{116}{100}$

实例 D：$(1+1‰×15)=\dfrac{115}{100}$

实例 E：$(1+1‰×7)=\dfrac{107}{100}$

③ 确定区域因素修正系数

实例 A 与估价对象土地处于同一地区，无需作区域因素修正；实例 B、C、D 都为估价对象土地所在地区的区域因素进行比较的结果，如表 4-6 所示。

表 4-6

区域因素	估价对象	可比实例 A	可比实例 B	可比实例 C	可比实例 D	可比实例 E
繁华程度	20	20	19	20	20	13
道路通达度	10	10	8	10	10	11
公交便捷度	10	10	10	10	10	10
对外交通	5	5	9	5	6	13
环境质量	10	10	8	10	10	9
景观	5	5	5	5	4	12
城市基础设施	15	15	11	15	15	8
社会公共设施	15	15	9	15	15	11
规划限制	5	5	5	5	5	9
治安状况	5	5	3	5	5	12
总分值	100	100	87	100	100	108

各宗可比实例的区域因素修正系数如下：

实例 A：$\dfrac{100}{100}$

实例 B：$\dfrac{100}{87}$

实例 C：$\dfrac{100}{100}$

实例 D：$\dfrac{100}{100}$

实例 E：$\dfrac{100}{108}$

④ 确定个别因素修正系数

估价对象土地的面积较大，有利于利用，另外其环境条件较好，其他方面没有差异。经分析确定个别因素使得可比实例土地的价格均比估价对象土地的价格低 2%。所以各宗可比实例的个别因素修正系数如下：

实例 A：$\dfrac{100}{100-2}=\dfrac{100}{98}$

实例B：$\dfrac{100}{100-2}=\dfrac{100}{98}$

实例C：$\dfrac{100}{100-2}=\dfrac{100}{98}$

实例D：$\dfrac{100}{100-2}=\dfrac{100}{98}$

实例E：$\dfrac{100}{100-2}=\dfrac{100}{98}$

（4）进行因素综合修正（表4-7）

表4-7

项 目	实例A	实例B	实例C	实例D	实例E
实际成交单价	1 200	1 020	910	950	1 250
交易情况修正	$\dfrac{100}{100}$	$\dfrac{100}{97}$	$\dfrac{100}{96}$	$\dfrac{100}{95}$	$\dfrac{100}{100}$
交易日期修正	$\dfrac{106}{100}$	$\dfrac{107}{100}$	$\dfrac{116}{100}$	$\dfrac{115}{100}$	$\dfrac{107}{100}$
区域因素修正	$\dfrac{100}{100}$	$\dfrac{100}{87}$	$\dfrac{100}{100}$	$\dfrac{100}{100}$	$\dfrac{100}{108}$
个别因素修正	$\dfrac{100}{98}$	$\dfrac{100}{98}$	$\dfrac{100}{98}$	$\dfrac{100}{98}$	$\dfrac{100}{98}$
比准价格	1 298	1 320	1 122	1 173	1 264

（5）计算估价结果

上述五个案例测算的结果差异不大，用五个比准价格的简单算术平均值作为最终的估价结果，则有：

估价对象土地的单价＝(1 298＋1 320＋1 122＋1 173＋1 264)/5＝1 235(元/m²)

估价对象土地的总价＝1 235×300＝370 500(元)

2）应用实例2

为了评估某商品住宅在2006年9月1日的正常市场价格，在该住宅附近地区调查选取了A、B、C三宗已成交的类似商品住宅作为可比实例，有关资料见表4-8所示。

表4-8

	可比实例A	可比实例B	可比实例C
成交价格	5 600人民币元/m²	750美元/m²	5 800人民币元/m²
成交日期	2005年11月1日	2006年1月1日	2006年6月1日
交易情况	－3％	0％	2％
区域因素	1％	2％	－1％
个别因素	－2％	4％	－2％

在上表中，交易情况比较中的正（负）值表示可比实例的成交价格高（低）于其正常价格的幅度；在区域因素、个别因素比较时，以估价对象的区域因素和个别因素为基准，正（负）值表示可比实例的区域因素和个别因素优（劣）于估价对象的区域因素和个别因素所导致的价格差异

幅度。另外,假设 2006 年 1 月 1 日人民币与美元的市场汇价为 1∶8.1,2006 年 9 月 1 日人民币与美元的市场汇价为 1∶8.0;该类商品住宅以人民币为基准的市场价格在 2005 年 6 月 1 日至 2006 年 2 月 28 日之间平均每月比上月上涨 1%,在 2006 年 3 月 1 日至 2006 年 9 月 1 日之间平均每月比上月下降 1.2%。试利用上述资料评估该商品住宅在 2006 年 9 月 1 日的正常市场价格。

估算该商品住宅于 2006 年 9 月 1 日的正常市场价格如下:
(1) 计算公式

采用直接比较修正法连乘形式的公式进行评估。基本公式如下:

$$估价对象价格 = 可比实例成交价格 \times \frac{1}{100+S} \times \frac{100+T}{100} \times \frac{1}{100+R} \times \frac{1}{100+G}$$

(2) 求出各可比实例的比准价格(人民币)

$$比准价格\ A = 5\ 600 \times \frac{100}{97} \times (1+1\%)^4 \times (1-1.2\%)^6 \times \frac{100}{101} \times \frac{100}{98} = 5\ 645(元/m^2)$$

$$比准价格\ B = 750 \times 8.1 \times \frac{100}{100} \times (1+1\%)^2 \times (1-1.2\%)^6 \times \frac{100}{102} \times \frac{100}{104} = 5\ 434(元/m^2)$$

$$比准价格\ C = 5\ 800 \times \frac{100}{102} \times (1-1.2\%)^3 \times \frac{100}{99} \times \frac{100}{98} = 5\ 652(元/m^2)$$

(3) 计算评估结果

若将上述三个结果的简单算术平均值作为估价结果,则有:

$$估价对象价格(人民币) = \frac{5\ 645 + 5\ 434 + 5\ 652}{3} = 5\ 577(元/m^2)$$

3) 应用实例 3

以下是一份完整的应用市场比较法估价土地的报告书。

评估对象为××有限公司位于××市××开发区××路××号工业用途房地产(土地为出让)。该公司因需以评估对象房地产向法院提供财产担保,委托××评估机构对该房地产的公开市场价值进行评估,评估基准日为 2003 年 2 月 21 日。该案例采用房屋与土地分开采用不同的评估方法估价,然后加总对房地产价值进行评估。

一、基本情况

(一) 估价对象概况

此次委托评估的是位于××市××开发区内的工业用房地产。

1. 估价对象的登记和权属状况

根据委托方提供的房地产权证及估价师实地查勘,估价对象产权状况如下:

权利人:××有限公司

坐落:××路××号

土地权属性质:国有出让

土地用途:工业

地号:(略)

土地使用期限:1996—01—01 至 2042—12—31 止

土地总面积:29 032m²

建筑面积:6 791m²

房屋类型:工厂

建筑结构:钢筋混凝土

未发现估价对象有抵押或其他权利限制现象,目前处于正常使用状态。

2.估价对象四至情况

估价对象位于××市××开发区××路××号,土地等级属××市基准地价十级地段。距××大桥30km,距××机场52km,距××火车站45km,距××国际机场30km。估价对象四至:东为待租土地,西为××路,北为××路,南为×××有限公司。

3.估价对象土地利用状况

估价对象土地上已建设总建筑面积为6791m² 的厂房,估价对象属大型现代化厂区,厂区道路为水泥地坪,路面平整,能承载大型货车,绿化种植有序,厂区周围有集中绿化带。

(二)影响因素说明

1.个别因素分析

(1)建筑物状况

根据实地勘察,估价对象为××有限公司位于××市××开发区××路××号内房地产,建筑物状况见表4-9所示。

表4-9 建筑物状况

幢号	1	2	3	4	5	6	7	8
类型	工厂	工厂	工厂	工厂	工厂	工厂	工厂	工厂
部位	全幢	全幢	全幢	全幢	全幢	全幢	全幢	全幢
用途	工程楼	工程楼	危险品仓库	门卫	生产车间	仓库	综合楼	门卫
结构	钢混	钢混	钢混	钢混	钢混	钢混	钢混	钢混
层数	1	1	1	1	3	1	2	1
建筑面积(m²)	321	458	81	50	4 045	804	982	50
层高(m)	6.0	6.0	6.0	4.8	7.5	8.0	4.0	4.8
室内地坪	水泥	水泥	水泥	地砖	水泥	水泥	地砖	地砖
内墙面	涂料刷白	涂料刷白	涂料刷白	涂料刷白	涂料刷白	涂料刷白	涂料刷白	涂料刷白
门窗	铝合金门窗	铝合金门窗	铝合金门窗	铝合金门窗	铝合金门窗	铝合金门窗	铝合金门窗	铝合金门窗
外墙面	条形面砖	条形面砖	条形面砖	条形面砖	条形面砖	条形面砖	条形面砖	条形面砖
建造年份	1998.8	1998.8	1998.8	1998.8	1998.8	1998.8	1998.8	1998.8
维护状况	较好	较好	较好	较好	较好	较好	较好	较好

(2)厂区内状况

估价对象属于大型现代化厂区,厂区道路为水泥地坪,路面平整,能承载大型货车,绿化种植有序,厂区周围有集中绿化带。

(3) 交通条件

估价对象距××大桥 30km，距××机场 52km，距××火车站 45km，距××国际机场 30km，估价对象的交通条件较好，主干道为××公路。

(4) 基础设施状况

估价对象红线外具备道路、上水、下水、电力、通讯、供气等基础设施条件。基本生产、生活设施完善。

2. 区域因素

估价对象所在的××区位于××的南翼，××湾北岸，东西长 41km，南北宽 22km，总面积 687km²。××区历史悠久，人杰地灵，气候宜人，土地肥沃，资源丰富，海岸线长 31.6km，江岸线长 13.6km，港口码头等设施齐全，开发前景广阔，是××市的南大门。

近年来，××区抓住机遇，以吸收××大企业和全国大企业为方向，以开发市级工业区为重点，吸引外资，开拓国际市场，逐步形成机电设备、汽车配件等一批新型支柱产业框架，全区经济已进入适度和相对平稳发展的轨道，区内海关、商检、外汇银行、国际货运、国际商务等机构俱全。

××区水陆交通便捷，特别是近年来开展以路桥为重点的基础建设和工业园区建设，建成以"十字路"为主干道的九纵六横公路网络，与××港、××运河等组成相当容量和应变能力的综合交通体系。

3. 市场背景分析

2002 年国际经济形势由于受恐怖事件的影响，呈现出复杂、低迷的局面。我国实行了适当的财政、货币等宏观应对政策，使国内政治局面稳定，经济形势平稳。国民经济在此基础上保持高速发展。据统计，国民经济的增长速度已达到 8%。

××市是我国的特大型城市，根据国际国内形势的发展和国家的要求，××市长远发展的总体目标是：到 2010 年，把××市建设成为国际经济、金融、贸易中心之一。在后十年××市需要继续保持两位数的经济增长速度，人民生活水平接近发达国家（地区）水平。要基本实现与世界经济的全面接轨和功能的根本改变。

由于我国已加入 WTO，作为国家最大经济中心的××市与国际间的经济活动更趋于频繁，投资增加，进出口业务量的增加，使厂房类物业需求将会增加，对其价格产生刺激作用，估计近期其价格将会稳步上升。

二、评估价值定义

本次评估所揭示的是××有限公司位于××市××开发区××路××号的房地产（建筑总面积 6 791m²，土地总面积 29 032m²）在满足全部假设和限制条件下，于评估基准日的公开市场价值。

三、评估方法的选择

1. 估价技术路线和估价方法

根据委托方确定的估价目的以及可以收集到的资料，采取适宜的估价方法。估价对象所在区域及附近区域，存在较多与估价对象类似用途、规模、标准的土地近期成交实例，但缺乏与估价对象类似用途、规模、标准的房地产近期交易实例，故采用房地分估的估价方法，即对土地采用市场比较法估价，对建筑物采用成本法估价，土地使用权价格与建筑物价格之和即为评估值。

2. 市场比较法

市场比较法是将估价对象与在估价时点近期有过交易的类似房地产进行比较,对这些类似房地产的已知价格作适当的修正,以此估算估价对象的客观合理价格或价值的方法。即估价人员通过市场调查,选择了三个属于同一供需圈、房屋类型一致的交易案例作为参照物,然后经过估价人员对案例的实地勘察,对交易情况、交易日期、区域因素和个别因素分别进行比较和修正,计算得出估价对象房地产在估价期日的比准价格,用算术平均法求得估价对象土地为工业用地、出让方式获得、熟地状态(红线外"六通一平")在估价期日的市场价格。

3. 成本法

成本法是求取估价对象在估价时点的重置价格或重建价格,扣除折旧,以此估算估价对象的客观合理价格或价值的方法。即根据委托方提供和估价人员实地勘察收集的资料,以上海市同类地区建筑行业造价信息中典型工程建安费为依据,运用类比法将估价对象与典型工程的差异因素进行比较分析,增减调整后确定估价对象建筑物的建安费,在此基础上加上必要的增容及管理工程费、专业费、管理费、利息、利润和税金,得出建筑物的重置成本,按其成新率得出估价对象建筑物的现实价格。

四、评估技术说明

(一)土地使用权价值估算(市场比较法)

1. 计算公式

估价对象比准价格＝比较实例价格×交易日期修正指数×交易情况修正指数×区域因素修正指数×个别因素修正指数

2. 比较实例选择

选择比较实例时,根据估价对象情况,应符合以下要求:用途相同、交易类型相同、属于正常交易、与估价期日接近、区域及个别因素相近。

3. 估价对象房地产价格测算

本次估价,选择了与估价对象条件类似的三个交易实例作为比较实例。

(1)估价对象和交易实例土地因素条件描述见表 4-10 所示。

表 4-10 土地比较因素条件说明表

因素条件		待估土地	实例 A ××工业区 ××镇土地	实例 B ××开发区 土地	实例 C ×× 工业开发区
土地区域等级		十级	十级	十级	十级
交易日期			2003.2	2003.2	2003.2
交易单价(元/m²)			210	190	180
交易情况			正常	正常	正常
区域因素	道路级别	主干道××公路	主干道××公路	主干道××公路	主干道××公路
	产业聚集度	较高	一般	较高	较小
	距火车站、机场、码头距离	距火车站较远,距机场、码头较近	距火车站较远,距机场、码头较近	距火车站、机场较远,距码头较近	距火车站较远,距机场、码头较近
	环境优劣度	较好	较好	较好	较好

续表 4-10

因素条件		待估土地	实例 A ××工业区 ××镇土地	实例 B ××开发区 土地	实例 C ×× 工业开发区
个别因素	容积率	小于 1	小于 1	小于 1	小于 1
	使用年限	假设 50 年	50 年	50 年	50 年
	宗地自然条件	地势平坦 适于建厂	地势平坦 适于建厂	地势平坦 适于建厂	地势平坦 适于建厂
	宗地临路条件	临主干道	临主干道	临主干道	临主干道
	宗地面积	较大,适宜建 大型厂房	较大,适宜建 大型厂房	较大,适宜建 大型厂房	较大,适宜建 大型厂房
	宗地形状	矩形,较规则	矩形,较规则	矩形,较规则	矩形,较规则
	市政配套 齐全度	红线外 "六通一平"	红线外 "六通一平"	红线外 "六通一平"	红线外 "六通一平"

(2) 编制比较因素条件指数表

以估价对象土地的各因素条件为基础,相应指数为 100,将交易实例相应因素条件与估价对象相比较,确定相应的指数,详见表 4-11 所示。

表 4-11 土地比较因素条件指数表

比较因素		待估房地产	实例 A	实例 B	实例 C
交易日期		100	100	100	100
交易情况		100	100	100	100
区域因素	道路级别	100	100	100	100
	产业聚集度	100	97	100	95
	距火车站、机场、码头距离	100	102	100	102
	环境状况优劣度	100	100	100	100
个别因素	容积率	100	100	100	100
	使用年限	100	100	100	100
	宗地自然条件	100	100	100	100
	宗地临路条件	100	100	100	100
	宗地面积	100	100	100	100
	宗地形状	100	100	100	100
	市政配套齐全度	100	100	100	100

(3) 交易实例修正后的土地价格(比准价格)

经比较修正,交易实例修正后达到估价对象条件时的价格,详见表 4-12 所示。

表 4-12　土地比较因素修正系数表

比较因素		实例 A	实例 B	实例 C
市场销售单价(元/m²)		210	190	180
交易日期		100/100	100/100	100/100
交易情况		100/100	100/100	100/100
区域因素	道路级别	100/100	100/100	100/100
	产业聚集度	100/97	100/100	100/95
	距火车站、机场、码头距离	100/102	100/100	100/102
	环境状况优劣度	100/100	100/100	100/100
个别因素	容积率	100/100	100/100	100/100
	使用年限	100/100	100/100	100/100
	宗地自然条件	100/100	100/100	100/100
	宗地临路条件	100/100	100/100	100/100
	宗地面积	100/100	100/100	100/100
	宗地形状	100/100	100/100	100/100
	市政配套齐全度	100/100	100/100	100/100
修正后的单价(元/m²)		212	190	186

(4) 估价对象土地价格的确定(假设 50 年使用权)

对上述三个交易实例经因素条件修正后的比准价格,采用简单算术平均计算得出估价对象土地的评估单价,即:估价对象土地评估单价=(212+190+186)/3=196(元/m²),合 13.07 万元/亩。

(5) 估算估价对象土地现状的市场单价和总价

估价对象土地为 1996 年 1 月出让取得,使用年限为 50 年,工业用途,使用期限自 1996 年 1 月 1 日至 2045 年 12 月 31 日止,尚可使用年限为 43.11 年。通过以下公式对估价对象土地进行年期修正,计算年期修正系数为:

$$R_y = \frac{1-1/(1+r)^n}{1-1/(1+r)^N}$$

式中:R_y——年期修正系数;

r——土地折现率,取 $r=6\%$;

n——土地剩余有效使用年限(42.86 年);

N——土地法定最高使用年限(工业用地 50 年)。

经计算,$R_y=0.97$,则:

估价对象土地评估单价=196×0.97=190(元/m²)

估价对象土地总价=29 032m²×190=5 516 080(元),取整为 551.61 万元

(二) 建筑物及构筑物估价(成本法)

估价过程略。

经测算,建筑物价值合计为 11 172 531 元,取整为 1 117.25 万元。

(三) 估价对象房地产价值确定

估价对象房地产评估价值＝土地价格＋建筑物价格
　　　　　　　　　＝551.61＋1 117.25＝1 668.86(万元)

五、估价结论

本次估价根据估价目的,遵循估价原则和程序,以掌握的有关标的物的信息资料为依据,经估价,××有限公司位于××市××开发区××路××号的房地产(建筑面积6 791m² 以及相应土地面积29 032m²,转让方式获得土地,工业用途,开发程度为红线外"六通一平")在估价时点2003年2月21日的评估价值为人民币1 668.86万元,大写人民币壹仟陆佰陆拾捌万捌仟陆佰元整(其中:土地面积29 032m²,评估价值为人民币551.61万元;建筑面积6 791m²,评估价值为人民币1 117.25万元)。

复习思考题

一、单项选择题

1. 在估价中选取四个可比实例,甲成交价格4 800/m²,建筑面积100m²,首次付清24万元,其余半年后支付16万元,一年后支付8万元;乙成交价格5 000元/m²,建筑面积120m²,首次支付24万元,半年后付清余款36万元;丙成交价格4 700元/m²,建筑面积90m²,成交时一次付清;丁成交价格4 760元/m²,建筑面积110m²,成交时支付20万元,一年后付清余款32.36万元。已知折现率为10%,那么这四个可比实例实际单价的高低排序为( )。
   A. 甲乙丙丁　　　B. 乙丁甲丙　　　C. 乙丙甲丁　　　D. 丙乙丁甲

2. 在市场法选择可比实例的过程中,可比实例的规模应与估价对象的规模相当。选取的可比实例规模一般应在估价对象规模的( )范围之内。
   A. 0.5～2.0　　　B. 1.5～2.0　　　C. 0.5～1.5　　　D. 1.0～1.5

3. 某地区房地产买卖中应由卖方缴纳的税费为正常成交价的7%,应由买方缴纳的税费为正常成交价格的5%。在某宗房地产交易中,买卖双方约定买方付给卖方2 500元/m²。买卖中涉及的税费均由卖方负担。但之后双方又重新约定买卖中涉及的全部税费改由买方支付,并在原价格基础上相应调整买方付给卖方的价格,则调整后买方应付给卖方( )元/m²。
   A. 2 020.80　　　B. 2 214.29　　　C. 2 336.45　　　D. 2 447.37

4. 评估某宗房地产2005年9月末的价格,选取的可比实例成交价格为3 000元/m²,成交日期为2005年1月末,该类房地产自2005年1月末至2005年9月末的价格每月与上月的变动幅度为1.5%,2.5%,0.5%,−1.5%,−2.5%,−1.0%,1.5%,−1.5%,0%。则该可比实例在2005年9月末的价格为( )元/m²。
   A. 2 938　　　B. 2 982　　　C. 3 329　　　D. 3 379

5. 某宗地的面积为1 000m²,采用市场法进行评估。通过三宗可比实例求出的比准价格分别为2 130元/m²、2 190元/m²和2 220元/m²,如果赋予这三个价格的权重分别为0.3,0.4和0.3,则采用加权自述平均法得到的比准价格为( )元/m²。
   A. 2 160　　　B. 2 175　　　C. 2 181　　　D. 2 205

6. 某房地产在2006年3月的价格为2 009元/m²,现在调整为2006年9月的价格。已知该类房地产2006年3月至9月的价格指数分别为99.4,94.8,96.6,105.1,109.3,112.7和118.3(均以上个月为基数100),则该房地产2006年9月的价格为( )元/m²。
   A. 2 700.8　　　B. 2 800.1　　　C. 2 800.8　　　D. 2 817.7

7. 某宗房地产交易的成交价格为30万元人民币,其中首期支付30%,余款在一年后一次性付清。该房地产公摊面积为建筑面积的10%,套内建筑面积为100m²,假定折现率为6%,则该房地产按照建筑面积计算的实际单价为( )元/m²。

A. 2 593　　　　B. 2 619　　　　C. 2 727　　　　D. 2 862

8. 某宗房地产交易,买卖双方约定:买方付给卖方2 385元/m²,买卖中涉及的税费均由买方负担。据悉,该地区房地产买卖中应由卖方缴纳的税费为正常成交价格的6.8%,应由买方缴纳的税费为正常成交价格的3.9%;若买卖双方又重新约定买卖中涉及的税费改由卖方负担,并在原价格基础上相应调整买方付给卖方的价格,则调整后买方应付给卖方的价格约为( )元/m²。

A. 2 139　　　　B. 2 146　　　　C. 2 651　　　　D. 2 659

9. 在市场法中,对房地产状况进行间接比较调整,其中可比实例的房地产状况优于标准房地产状况,得102分;估价对象的房地产状况劣于标准房地产状况,得97分。则房地产状况修正系数为( )。

A. 0.95　　　　B. 0.99　　　　C. 1.01　　　　D. 1.05

10. 为评估某房地产2007年9月1日的市场价格,选取的可比实例资料是交易日期为2007年3月1日,合同交易价格为4 000元/m²,约定建筑面积为95m²,合同约定面积误差在6%以内不增加付款,实际产权登记面积为100m²。自2007年1月1日起至2007年9月1日止,当地该类房地产价格平均每月比上月上涨0.3%,则就上述情况对该可比实例成交价格进行处理后的单价为( )元/m²。

A. 3 868.92　　　B. 4 000.00　　　C. 4 072.54　　　D. 4 286.89

11. 某地区房地产交易中买方和卖方应交纳的税费分别为正常交易价格的3%和6%,某宗房地产建筑面积为120m²,买卖双方商定,买方付给卖方30万元,并由买方交纳所有的税费。则该宗房地产的正常成交单价为( )元/m²。

A. 2 427.18　　　B. 2 500.00　　　C. 2 575.00　　　D. 2 659.57

12. 一般认为,交易实例的成交日期与估价时点相隔( )以上的不宜采用。

A. 1年　　　　B. 半年　　　　C. 2年　　　　D. 3年

13. 市场比较法的理论依据是房地产价格形成的( )。

A. 收益递增递减原理　　　　B. 适合原理
C. 均衡原理　　　　　　　　D. 替代原理

二、多项选择题

1. 选取可比实例时,应符合的要求包括( )等。

A. 可比实例与估价对象所处的地区必须相同
B. 可比实例的交易类型与估价目的吻合
C. 可比实例的规模与估价对象的规模相当
D. 可比实例的成交价格是正常价格或可修正为正常价格
E. 可比实例的大类用途与估价对象的大类用途相同

2. 评估某套住宅价格中,进行区位状况调整时,比较、调整的内容包括( )等。

A. 环境景观　　　　B. 距市中心距离　　　　C. 朝向
D. 城市规划限制条件　　　E. 地势

3. 运用市场法时,估价人员根据基本要求选取可比实例后,需要建立价格可比基础,主要包括( )等。

A. 统一采用总价 B. 统一采用单价 C. 统一币种和货币单位
D. 统一面积内涵和大小 E. 统一付款方式

4. 影响房地产价格的区位因素有（　　）等。
A. 建筑规模 B. 临路状况 C. 楼层 D. 建筑容积率 E. 繁华程度

5. 市场法中实物状况比较和调整的内容包括（　　）。
A. 环境 B. 地形地势 C. 外部配套设施
D. 内部基础设施完备程度 E. 装饰装修

6. 在考虑房地产交易程度的不同负担状况时，房地产正常的成交价格等于（　　）。
A. 卖方实际得到的价格/(1－应由卖方缴纳的税费比率)
B. 卖方实际得到的价格－应由卖方负担的税费
C. 买方实际付出的价格－应由买方负担的税费
D. 应由卖方负担的税费/应由卖方缴纳的税费比率
E. 买方实际付出的价格/(1－应由买方缴纳的税费比率)

7. 工业房地产的区位影响因素主要考虑（　　）。
A. 临街状况 B. 动力是否易于取得 C. 废料处理是否方便
D. 接近大自然 E. 产品原料的获取方便程度

8. 某估价对象为一宗熟地，当进行可比实例权益状况调整时，应包括的内容有（　　）。
A. 后退道路红线距离 B. 土地使用期限 C. 基础设施完备程度
D. 容积率 E. 合并的可能性

9. （　　）会造成成交价格偏离正常市场价格。
A. 一方不了解市场行情 B. 买方抛售
C. 卖方交纳了土地增值税 D. 通货膨胀

三、简答题

1. 什么是比较法？
2. 比较法的理论依据及适用的条件是什么？
3. 简述市场估价法的操作步骤。
4. 收集交易实例的途径主要有哪些？
5. 如何进行交易情况修正？
6. 如何进行交易日期修正？
7. 如何进行房地产状况修正？
8. 如何将多个比准价格综合成一个最终比准价格？

四、计算题

1. 为评估某楼盘的价格，在该楼盘附近地区调查选取了 A、B、C 三宗类似写字楼的交易实例作为可比实例，有关资料如表所示：

	可比实例 A	可比实例 B	可比实例 C
成交价格(元/m²)	8 000	8 100	7 900
成交日期	2008年1月31日	2008年3月31日	2008年7月31日
交易情况	+2%	－2%	－3%
房地产状况	－1%	+3%	+1%

上表交易情况中，正（负）值表示可比实例价格高（低）于其正常价格的幅度；区域因素和个别因素中，正（负）值表示可比实例的相应因素优（劣）于估价对象的幅度。从 2008 年 1 月 1 日到 2008 年 3 月 31 日该类楼盘的市场价格基本不变，以后月均递减 1%。试利用上述资料估算该楼盘 2008 年 12 月 31 日的正常单价（如需计算平均值，采用简单算术平均法）。

2. 为评估某楼盘 2008 年 12 月 1 日的正常市场价格，估价人员在附近地区调查选取了 A、B、C 三宗类似楼盘的交易实例作为可比实例，有关资料如下：

(1) 可比实例的成交价格与成交日期

	可比实例 A	可比实例 B	可比实例 C
成交价格（元/m²）	7 000	6 800	7 200
成交日期	2008 年 6 月 1 日	2008 年 4 月 1 日	2008 年 7 月 1 日

(2) 交易情况分析判断

	可比实例 A	可比实例 B	可比实例 C
交易情况	+3%	−1%	+2%

交易情况分析判断中的数据是以正常价格为基准，正值表示可比实例的成交价格高于其正常价格的幅度，负值表示低于其正常价格的幅度。

(3) 调查获知该类楼盘的价格，2008 年 1 月 1 日到 2008 年 8 月 1 日平均每月比上月上涨 0.8%，2008 年 8 月 1 日至 2008 年 12 月 1 日平均每月比上月下降 0.5%。

(4) 房地产状况分析判断

	可比实例 A	可比实例 B	可比实例 C
因素 1	+2%	+4%	0
因素 2	−3%	−1%	+5%
因素 3	+6%	+2%	−3%

房地产状况中的三个因素对价格影响的重要程度是：因素 1 是因素 3 的 4 倍，因素 2 是因素 3 的 1.67 倍，房地产状况各因素的正值表示可比实例的状况优于估价对象状况的幅度，负值表示劣于估价对象状况的幅度。

试利用上述资料估算该楼盘 2008 年 12 月 1 日的正常市场价格（如需计算平均值，采用简单算术平均法）。

5 成本法

5.1 成本法的基本原理

5.1.1 成本法的概念

成本法(Cost Approach),又称承包商法(Contractors Method)、加合法(Summation Approach)等,是求取估价对象在估价时点时的重新购建价格,然后扣除折旧,以此估算估价对象的客观合理价格或价值的方法。

成本法的本质是以房地产的重新开发建设成本为导向求取估价对象的价值。因而成本法也可以说是以房地产价格各个构成部分的累加为基础,来求取房地产价值的方法。采用成本法评估出来的不动产价格又称为积算价格。

成本法中所指的成本是经济学中的成本概念,与会计学中的成本概念是不同的,主要表现为:①会计成本是显性的,即是企业会计账目上作为成本项目计入的费用,而成本法中的成本是全部的,不仅包括显性成本(Explicit Cost),而且包括隐性成本(Implicit Cost),即企业自己提供资源所必须支付的费用,如企业投入自有资金的利息、劳务工资、正常利润等;②成本法中的成本是必要且正常的成本,并不是房地产开发企业在开发房地产过程中实际发生的成本,因此,这一成本是客观的,它可以高于、低于或等于房地产开发所发生的实际成本;③成本法中的成本,在时点上是指现在的,即估价时点时的成本,而不是会计账目上记载的建造时所发生的历史成本,因此,成本法中的成本并不是一般理解的成本或费用,而是具有价格的含义,是待估房地产在估价时点价格的一种反映。

从卖方的角度来看,成本法的理论依据是生产费用价值论。房地产的价格是基于其"生产费用",即卖方愿意接受的最低价格,不能低于其开发建造该房地产已花费的代价,如果低于该代价就要亏本。从买方的角度来看,成本法的理论依据是替代原理,即买方愿意支付的最高价格,不能高于其所预计的重新开发建造该房地产所需花费的代价,如果高于该代价,还不如自己开发建造或者委托另外的人开发建造。由此可见,一个是不低于开发建造已花费的代价,一个是不高于预计重新开发建造所需花费的代价,买卖双方可接受的共同点必然是等于正常的代价(包含正常的费用、税金和利润)。因此,可以根据开发建造估价对象所需的正常费用、税金和利润之和来估算其价格。

5.1.2 成本法的适用条件

1) 成本法的特点

成本法具有以下特点:①成本法一般适用于新开发房地产估价,不适用于建成区已开发土地的估价;②成本法适用于工业房地产估价,对商业及住宅用地则多不适应;③成本法一般仅用于房地产市场狭小,缺乏交易实例,无法采用其他方法进行估价的土地;④成本法以成本累加为途径,而成本高并不一定表明效用和价值就高,因此,其评估结果只是一种"算术价格",对房地产的效用、价值及市场需求方面的情况未加考虑,这也正是成本法的局限;⑤成本法虽有缺陷和限制,但可作为投资者衡量投资效益、进行房地产开发可行性研究等的重要方法,同时也是估算房地产成本价格的一种有效途径。

2) 成本法的适用范围

新近开发建造、计划开发建造或者可以假设重新开发建造的房地产都可以采用成本法估价,但成本法特别适用于那些既无收益又很少发生交易的房地产的估价,如学校、图书馆、体育场馆、医院、政府办公楼、军队营房、公园等公用、公益房地产,以及化工厂、钢铁厂、发电厂、油田、码头、机场等有独特设计或只针对个别用户的特殊需要而开发建造的房地产。另外,成本法也适用于市场不完善或狭小市场上无法运用比较法进行估价的房地产。在房地产保险(包括投保和理赔)以及其他损害赔偿中,通常也是采用成本法估价。因为,在保险事故发生后或其他损害中,房地产的损毁往往是局部的,需要将其恢复到原貌;对于发生全部损毁的,有时也需要用完全重置的办法来解决。

运用成本法估价时需要注意,现实中的房地产价格直接取决于其效用,而非花费的成本,成本的增减一定要对效用有所作用才能形成价格。也就是说,房地产成本的增加并不一定能增加其价值,投入的成本不多也不一定说明其价值不高。价格等于"成本加平均利润",是从长期内平均角度来考虑的,并且要具备两个条件:一是可以自由进入市场;二是该种商品本身可以大量重复生产。

但这并不意味着不具备上述两个条件就不可以采用成本法估价,而是要求在运用成本法时注意"逼近",并且要考虑下列两个方面:一是要区分实际成本和客观成本。实际成本是某个开发商的实际花费,客观成本是假设开发建造时大多数开发商的正常花费,在估价中应采用客观成本,而不是实际成本。二是要结合市场供求分析来确定评估价格。当市场供大于求时,价格应向下调整;当求大于供时,价格应向上调整。折旧中之所以有经济折旧也是出于这方面的考虑。

成本法估价比较费时费力,估算重新购建价格和折旧也有相当的难度。尤其是那些较老的、旧的房地产,往往需要估价人员针对建筑物进行实地勘察,依靠其主观判断。因此,成本法估价要求估价人员有丰富的经验,特别是要具有良好的建筑、建筑材料和设备等方面的知识。

5.1.3 房地产价格的构成

房地产价格的实际构成极其复杂,不同地区、不同时期、不同类型的房地产,其价格构成可能不同。构成项目的划分标准或角度不同,价格构成内容也会不同。在实际运用成本法估价时,不论房地产价格的构成如何,最关键的是要调查、掌握当地从取得土地一直到建筑物建成交付使用的全过程中所涉及的税费种类、支付标准及支付时间,既不可有重复也不可漏项,在此基础上再针对估价对象的实际情况确定其价格构成并估算各构成项目。

典型的房地产开发经营方式表现为"取得房地产开发用地进行房屋建设,然后销售所建成的商品房",这里以此为例,并从便于测算各构成项目的金额的角度来划分房地产价格构成。在这种情况下,房地产价格通常由六大项构成:①土地取得成本;②开发成本;③管理费用;④投资利息;⑤销售费用及税费;⑥开发利润。

1) 土地取得成本

土地取得成本是指取得房地产开发用地所需的费用、税金等。在完善的市场经济下,土地取得成本一般是由购置土地的价款和在购置时应由开发商缴纳的税费(如契税、交易手续费)构成。在目前情况下,土地取得成本的构成根据房地产开发用地取得的途径,可分为通过征用农地、城市中进行房屋拆迁与在市场"购买"取得三种方式。

(1) 征用农地的土地取得成本

通过征用农地取得的,土地取得成本包括农地征用中发生的费用和土地使用权出让金等。农地征用的费用,根据《中华人民共和国土地管理法》等法律、法规的规定,包括以下几个方面:

① 土地补偿费。征用耕地的土地补偿费,为该耕地被征用前三年平均年产值的6～10倍。征用其他土地的土地补偿费标准,由省、自治区、直辖市参照征用耕地的土地补偿费的标准规定。

② 安置补助费。征用耕地的安置补助费,按照需要安置的农业人口数计算。需要安置的农业人口数,按照被征用的耕地数量除以征地前被征用单位平均每人占有耕地的数量计算。每一个需要安置的农业人口的安置补助费标准,为该耕地被征用前三年平均年产值的4～6倍。但是,每公顷被征用耕地的安置补助费,最高不得超过被征用前三年平均年产值的15倍。征用其他土地的安置补助费标准,由省、自治区、直辖市参照征用耕地的安置补助费的标准规定。

按照上述标准支付土地补偿费和安置补助费,尚不能使需要安置的农民保持原有生活水平的,经省级人民政府批准,可以增加安置补助费。但是,土地补偿费和安置补助费的总和不得超过土地被征用前三年平均年产值的30倍。

③ 地上附着物和青苗的补偿费。地上附着物和青苗的补偿费包括房屋、农田基础设施、树木、青苗等的补偿费,其标准由省、自治区、直辖市规定。

④ 新菜地开发建设基金。征用城市郊区菜地的开发建设基金需要根据不同城市规模与人口多少确定。

⑤ 耕地开垦费。占用耕地的,要计算该项费用。对于占用耕地的,按照《土地管理法》第三十一条规定的"占多少,垦多少"原则计算耕地开垦费。耕地开垦费的计算,一般可按占用耕地的面积、质量及新开垦耕地的难易程度进行确定。当地有缴纳耕地开垦费标准规定的,应当依据其规定标准进行确定。

⑥ 耕地占用税。占用耕地的,要缴纳该项税费。耕地占用税实行定额税率,具体分四个档次:a. 以县为单位人均耕地在1亩以下(含1亩)的地区,每平方米为2～10元;b. 人均耕地在1～2亩(含2亩)的地区,每平方米为1.6～8元;c. 人均耕地在2～3亩(含3亩)的地区,每平方米为1.3～6.5元;d. 人均耕地在3亩以上的地区,每平方米为1～5元。各地适用税额,由省、自治区、直辖市人民政府在规定税额范围内,根据本地区情况具体核定。为了协调政策,避免毗邻地区征收税额过于悬殊、保证国家税收任务的完成,财政部对各省、自治区、直辖市分别核定了每平方米平均税额,如上海市9.0元。同时还规定,各省、自治区、直辖市应有差别地规定各县(市)郊区的适用税额,但各地平均数不得低于规定的平均税额。

⑦ 征地管理费。是由用地单位在征地费总额的基础上按一定比例支付的管理费用。

⑧ 政府规定的其他有关税费。

土地使用权出让金,是国家以土地所有者身份,将一定年限内的土地使用权有偿出让给土地使用者。土地使用者支付土地出让金的估算可参照政府前期出让的类似地块的出让金数额并进行时间、地段、用途、临街状况、建筑容积率、土地出让年限、周围环境状况及土地现状等因素的修正得到；也可依据所在城市人民政府颁布的城市基准地价或平均标定地价，根据项目所在地段等级、用途、容积率、使用年限等因素修正得到。

(2) 城市房屋拆迁的土地取得成本

在城镇地区，国家和地方政府可以依据法定程序，将国有储备土地或已由企、事业单位或个人使用的土地出让给房地产开发项目或其他建设项目使用。因出让土地使原用地单位或个人造成经济损失，新用地单位应按规定给以补偿。通过在城市中进行房屋拆迁取得的，土地取得成本包括城市房屋拆迁中发生的费用和土地使用权出让金等。

城市房屋拆迁中发生的费用，根据《城市房屋拆迁管理条例》等的规定，包括以下几个方面：①被拆除房屋及附属物的补偿费；②搬迁补助费；③临时安置补助费或周转房费；④拆迁非住宅房屋造成停产、停业的补偿费；⑤拆迁服务费；⑥拆迁管理费；⑦政府规定的其他有关费用。土地使用权出让金的确定与农地征用途径的计算方式相同。

(3) 市场购买的土地取得成本

通过购买政府出让或其他开发商转让的已完成征用或拆迁补偿安置的熟地等途径在市场上购买取得的土地，其取得成本包括购买土地的价款和在购买时应由买方缴纳的税费等。

2) 开发成本

开发成本是指在取得房地产开发用地后进行土地开发和房屋建设所需的直接费用、税金等，在理论上可以将其划分为土地开发成本和建筑物建造成本。在实际中主要包括下列几项：

(1) 前期工程费

前期工程费主要包括：

① 项目的规划、设计、可行性研究所需费用。一般可以按项目总投资额的一定百分比估算。通常规划及设计费为建安工程费的3%左右，水文地质勘探费可根据所需工作量结合有关收费标准估算。

② "三通一平"等土地开发费用。主要包括地上原有建筑物、构筑物拆除费用、场地平整费和通水、通电、通路的费用等。这些费用可以根据实际工作量，参照有关计费标准估算。

(2) 基础设施建设费

基础设施建设费指土地、房屋开发过程中发生的供水、供电、供气、排污、排洪、通讯、照明、绿化、环卫设施以及道路等基础设施费用。通常采用单位指标估算法来计算。

(3) 房屋建筑安装工程费

房屋建筑安装工程费是指直接用于建安工程建设的总成本费用。主要包括建筑工程费（建筑、特殊装修工程费）、设备及安装工程费（给排水、电气照明、电梯、空调、燃气管道、消防、防雷、弱电等设备及安装）以及室内装修工程费等。在可行性研究阶段，建安工程费可采用单元估算法、单位指标估算法、工程量近似匡算法、概算指标估算法以及类似工程经验估算法等估算。

(4) 公共配套设施建设费

公共配套设施建设费指在开发小区内发生，可计入房地产开发成本的不能有偿转让的公共配套设施费用，如锅炉房、水塔、居委会、派出所、幼托、消防、自行车棚、公厕等设施支出。

(5) 开发期间税费

开发项目投资估算应考虑项目在开发过程中所负担的各种税金和地方政府或有关部门征收的费用。在一些大中城市，这部分费用在开发建设项目投资构成中占较大比重。应根据当地有关法规标准估算。

(6) 不可预见费

不可预见费包括基本预备费和涨价预备费。依据项目的复杂程度和各项费用估算的准确程度，以前述费用之和为基数，按 3%～5% 计算。

与房屋建造成本相比而言，土地开发成本计算更加复杂。在计算土地开发成本中，首先必须准确确定土地开发程度。所谓土地开发程度，是指土地的基础设施建设和开发的状况，一般包括道路、供电、供水、通讯、排水、通气、供暖和场地是否平整等，这就是通常所说的"七通一平"。"七通一平"的说法实际上最早来源于房地产开发和土地开发区的开发，比如在开发区的开发建设过程中，政府或开发商通常应实现开发区内的"三通一平"、"五通一平"或"七通一平"等，但这种开发程度对开发区来说，是指区内的"通"和"平"，而具体对于开发区内某一块土地来说，各种设施一般只建设到宗地红线外，而宗地内若还没有建成房屋等建筑物的话，一般来说是不通的，但通常应达到平整。这是指在正式的开发区内，土地开发程度一般来说比较容易分析，而在一般地区，尤其是独立工矿区的土地开发程度设定通常就比较困难了。在实践中确定土地开发程度，主要应注意如下两方面问题：

(1) 应准确区分宗地内和宗地外的开发程度

对于一般地区来说，由于有关土地开发设施不是由专门的开发商进行开发建设的，因此，许多开发设施并没有真正建设到宗地红线，有的可能距离几十米，有的距离几千米、十几千米，甚至几十千米。在这种情况下，一般企业要进行生产和建设，通常由企业自行将这部分没有到达宗地红线的设施建设到红线及红线内。在这种情况下，一般区分宗地内外的设施状况，由市政投资建设的应属于宗地外，由房地产企业投资建设的应属于宗地内。

(2) 宗地红线内外的开发程度不一致

由于在房地产估价中设定土地开发程度应区分宗地红线内外，因此经常出现宗地红线内外开发程度不一致的现象，尤其是独立工业（矿）区。通常有以下几种情况：

① 红线外开发程度比红线内低。这种情况主要是由于有的设施是企业自建，如供水设施为企业自建的水井，而宗地所处区域又没有供水设施。这就形成宗地内有供水，而宗地外无供水。

② 红线外开发程度比红线内高。这主要是宗地所处区域（红线外）有各种设施，但该宗地内没有用。如煤矿的矸石山，其红线外可能有通讯、供水设施，但矸石山不用，内部也没建设。

③ 某种设施红线内有，红线外也有，但宗地内的设施并不是依赖于红线外的设施建的。如位于某城市市中心区的大酒店，为了满足经营的需要，其供暖设施是企业自建的，而该宗地所处区域也有市政供暖设施，可是红线内外就是不搭界，在这种情况下，按照客观估价的原则，应确定宗地红线内外均有该设施。

确定了土地开发程度后，应根据土地开发程度状况和当地有关土地开发费用标准，合理确定土地开发成本。

3) 管理费用

管理费用是为管理和组织房地产开发经营活动所发生的各种费用，包括开发商的人员工资及福利费、办公费、差旅费等，可总结为土地取得成本与开发成本之和的一定比率。所以，在估价时管理费用通常可按土地取得成本与开发成本之和乘以这一比率来测算。

4) 投资利息

投资利息，即在评估土地或不动产时要考虑资金的时间价值。此处的投资利息与会计上的财务费用不同，包括土地取得成本、开发成本和管理费用等的利息，无论它们的来源是借贷资金还是自有资金,都应计算利息。占用资金时要考虑资金获得其他收益的可能性,显而易见的一种可能是将资金存入银行获取利息。此外,从估价角度来看,开发商自有资金应得的利息也要与开发商应获得的利润分开,不能算作利润。

由于各部分资金的投入时间不同,土地取得费及其税费在土地开发动工之间就要全部付清,经历整个开发期,在开发完成后才能收回;开发费及其税费在开发过程中逐步投入,销售后方可收回,因此,应通过计算利息来考虑各部分投入的时间价值。具体而言,土地取得费及其税费的利息计算期为整个开发期。开发及其税费的利息可采用两种方法计算:一是以整个开发费为基数,计息期为开发期的一半;二是以开发费一半基数,计息期为整个开发期。

土地开发周期一般根据房地产开发的面积大小和开发的难易程度确定,利息率可选用评估期日的银行贷款利息率。

5) 销售费用及其税费

销售费用是指销售开发完成后的房地产所需的费用,包括广告宣传费、销售代理费等。销售费用通常按售价乘以一定比率来测算。

销售税费是指销售开发完成后的房地产应由开发商(作为卖方)缴纳的税费,又可分为下列两类:①销售税金及附加,包括营业税、城市维护建设税和教育费附加,即通常所说的"两税一费"等。②其他销售税费,包括应由卖方负担的交易手续费等。销售税费通常是售价的一定比率,所以,在估价时通常是按售价乘以这一比率来测算。

6) 开发利润

现实中的开发利润是一种结果,是由销售收入(售价)减去各种成本、费用和税金后的余额。而在成本法中,"售价"是未知的,是需要求取的,开发利润则是需要事先测算的,因此运用成本法估价需要先测算出开发利润。测算开发利润应掌握下列几点:

(1) 开发利润是所得税前的,即:

开发利润＝开发完成后的房地产价值－土地取得成本
－开发成本－管理费用－投资利息－销售费用－销售税费

(2) 开发利润是在正常条件下开发商所能获得的平均利润,而不是个别开发商最终获得的实际利润,也不是个别开发商所期望获得的利润。

(3) 开发利润是按一定基数乘以同一市场上类似房地产开发项目所要求的相应平均利润率来计算。开发利润的计算基数和相应的利润率有下列几种:

① 计算基数＝土地取得成本＋开发成本,相应的利润率可称为直接成本利润率,即:

$$直接成本利润率=\frac{开发利润}{土地取得成本+开发成本}$$

② 计算基数＝土地取得成本＋开发成本＋管理费用,相应的利润率可称为投资利润率,即:

$$投资利润率=\frac{开发利润}{土地取得成本+开发成本+管理费用}$$

③ 计算基数＝土地取得成本＋开发成本＋管理费用＋投资利息＋销售费用,相应的利润率可称为成本利润率,即:

$$成本利润率=\frac{开发利润}{土地取得成本+开发成本+管理费用+销售费用}$$

④ 计算基数＝开发完成后的房地产价值,相应的利润率可称为销售利润率,即:

$$销售利润率 = \frac{开发利润}{开发完成后的房地产价值}$$

所以,在测算开发利润时要注意计算基数与利润率的匹配,即采用不同的计算基数,应选用相对应的利润率;反过来,选用不同的利润率,应采用相对应的计算基数,不能混淆。从理论上讲,同一个房地产开发项目的开发利润,无论是采用哪种计算基数与其相对应的利润率来测算,所得的结果都是相同的。

5.1.4 成本法的基本公式

1) 成本法最基本的公式

成本法最基本的公式为:

$$积算价格 = 重新购建价格 - 折旧$$

上述公式可针对下列三类估价对象而具体化:①新开发的土地;②新建的房地产(包括房地、建筑物两种情况);③旧的房地产(包括房地、建筑物两种情况)。新开发的土地和新建的房地产采用成本法估价一般不扣除折旧,但应考虑其工程质量、规划设计、周围环境、房地产市场状况等方面对价格的影响而予以适当的增减价调整。例如,运用成本法评估某在建工程的价值,即使该在建工程实实在在花了较大的成本,但在房地产市场不景气时要予以减价调整。

2) 适用于新开发土地的基本公式

新开发土地包括填海造地、开山造地、征用农地后进行"三通一平"等开发的土地,在旧城区中拆除旧建筑物等开发的土地。在这些情况下,成本法的基本公式为:

$$新开发土地价格 = 取得待开发土地的成本 + 土地开发成本 + 管理费用$$
$$+ 投资利息 + 销售费用 + 销售税费 + 开发利润$$

对新开发区土地的分宗估价,成本法是一种有效的方法,因为新开发区在初期,房地产市场一般还未形成,土地收益也还没有。

3) 适用于新建房地产的基本公式

在新建房地的情况下,成本法的基本公式为:

$$新建房地产价格 = 土地取得成本 + 土地开发成本 + 建筑物建造成本 + 管理费用$$
$$+ 投资利息 + 销售费用 + 销售税费 + 开发利润$$

在新建建筑物的情况下,上述公式中不含土地取得成本、土地开发成本及应归属于土地的管理费用、投资利息、销售费用、销售税费和开发利润,即:

新建建筑物价格

$$= 建筑物建造成本 + 管理费用 + 投资利息销售费用 + 销售税费 + 开发利润$$

在实际估价中应根据估价对象和当地的实际情况,对上述公式进行具体化。

4) 适用于旧房地产的基本公式

在旧房地的情况下,成本法的基本公式为:

$$旧房地产价格 = 土地的重新取得价格或重新开发成本$$
$$+ 建筑物的重新购建价格 - 建筑物总的折旧$$

在上式中,必要时还应扣除由于旧建筑物的存在而导致的土地价值减损。

在旧建筑物的情况下,成本法的基本公式为:

$$旧建筑物价格 = 建筑物的重新购建价格 - 建筑物的折旧$$

5.2 成本法的评估步骤

成本法评估房地产价格的步骤包括：①收集整理有关房地产开发建设的成本、税费、利润等资料；②测算重新构建价格；③测算建筑物折旧；④房屋完损等级评定与建筑物的耐用年限确定；⑤求取积算价格。

5.2.1 收集整理有关资料

收集整理有关资料包括待估房地产价格的背景、成本、税费与利润等资料。

1）收集整理与待估土地价格相关的资料

待估土地价格相关的资料包括：待估土地的形状、面积、位置、用途，周围环境，土地征用中的征地费、补偿费、劳力安置补助费及新菜地开发基金等，各种债券的正常利率，银行存贷款利率，当地各行业正常的投资回报率，土地使用权的出让年限及剩余年限，当地基准地价评估与修正系数体系资料等。

2）收集整理与待估建筑物价格相关的资料

待估建筑物价格相关的资料包括：建筑物面积、结构、用途、区位、朝向、已使用年限、新旧程度、耐用年限、残值率、重置价格或重建价格标准等。

3）收集税费、利润等资料

收集待估房地产所在地区的房地产税费的征收类型与标准，同类房地产开发的平均利润等情况。

5.2.2 重新购建价格的估算

1）重新购建价格的概念与分类

（1）重新购建价格的概念

重新购建价格又称为重新购建成本（Construction Cost-New），是指假设在估价时点重新取得全新状况的估价对象所必需的支出，或者重新开发建设全新状况的估价对象所必需的支出和应获得的利润。在这里，应特别记住三点：

① 重新购建价格是估价时点时的。如在重新开发建设的情况下，重新购建价格是在估价时点的国家财税制度和市场价格体系下，按照估价时点的房地产价格构成来测算的价格。但估价时点并非总是现在，也可能为过去或未来。

② 重新购建价格是客观的。具体来说，重新取得或重新开发建设的支出，不是个别单位或个人的实际耗费，而是必需的耗费，应能体现社会或行业的平均水平，即是客观成本而不是实际成本。如果超出了社会或行业的平均水平，超出的部分不仅不能构成价格，而且是一种浪费；而低于社会或行业平均水平的部分，不会降低价格，只会形成个别单位或个人的超额利润。

③ 建筑物的重新购建价格是全新状况下的价格，未扣除折旧；土地的重新购建价格（即重新取得价格或重新开发成本）是在估价时点状况下的价格。因此，建筑物的重新购建价格中未

扣除建筑物的折旧,而土地的增减价因素一般已考虑在其重新购建价格中。例如,估价对象的土地是5年前取得的商业用途法定最高年限40年的土地使用权,求取其估价时点重新购建价格时不是求取其40年土地使用权的价格,而是求取其35年土地使用权的价格。如果该土地目前的交通条件比10年前有了很大改善,求取其重新购建价格时不是求取其10年前交通状况下的价格,而是求取其目前交通状况下的价格。

(2) 建筑物重新购建价格的分类

建筑物的重新购建价格根据建筑物重新建造方式的不同,分为重置价格(成本)和重建价格(成本)。

建筑物重置价格(Replacement Cost)是指采用估价时点的建筑材料和建筑技术,按估价时点的价格水平,重新建造与估价对象具有同等功能效用的全新状态的建筑物的正常价格。

建筑物重建价格(Reproduction Cost)是指采用估价对象原有的建筑材料和建筑技术,按估价时点的价格水平,重新建造与估价对象相同的全新状态的建筑物的正常价格(所必需的支出和应获得的利润)。可将这种重新建造方式形象地理解为"复制"。因此,重建价格进一步来说,是在原址,按原规格和原建筑形式,使用与原有建筑材料、建筑构配件和建筑设备相同的新的建筑材料、建筑构配件和建筑设备,采用原有建筑技术和工艺等,在估价时点的国家财税制度和市场价格体系下,重新建造与原有建筑物相同的全新建筑物所必需的支出和应获得的利润。

上述两种重新建造方式往往得出的重新购建价格不同。有特殊保护价值的建筑物,如人们看重的有特殊建筑风格的建筑物,适用重建价格。一般建筑物适用重置价格。因年代久远、已缺乏与旧建筑物相同的建筑材料、建筑构配件和建筑设备,或因建筑技术和建筑标准改变等,使"复制"有困难的建筑物,一般只有使用重置价格。重置价格的出现是技术进步的必然结果,也是"替代原理"的体现。由于技术进步,使原有的许多设计、工艺、原材料、结构等都已过时、落后或成本过高,而采用新材料、新技术等,不仅功能更加完善,成本也会降低,因此,重置价格通常要比重建价格低。

2) 重新购建价格的求取思路

求取房地的重新购建价格,是先求取土地的重新取得价格或重新开发成本,再求取建筑物的重新购建价格,然后相加。在实际估价中,也可以采用类似于评估新建房地产价格的成本法来求取。

求取土地的重新购建价格,通常是假设土地上的建筑物不存在,再采用市场法、基准地价修正法等求其重新取得价格,这特别适用于城市建成区内的土地难以求取其重新开发成本时。求取土地的重新购建价格,也可采用成本法求取其重新开发成本。

求取建筑物的重新购建价格,是假设旧建筑物所在的土地已取得,且此土地为空地,但除了旧建筑物不存在之外,其他状况均维持不变,然后在此空地上重新建造与旧建筑物完全相同或具有同等效用的新建筑物所需的一切合理、必要的费用、税金和正常利润,即为建筑物的重新购建价格;或是设想将建筑物发包给建筑承包商建造,由建筑承包商将直接可使用的建筑物移交给发包人,在这种情况下发包人应支付给建筑承包商的费用,再加上发包人应负担的正常费用、税金和利润,即为建筑物的重新购建价格。

3) 建筑物重新购建价格的求取方法

建筑物的重新购建价格可以采用成本法、市场法求取,也可以采用工程计价的方法求取,还可以通过政府或者其授权的部门公布的房屋重置价格、房地产市场价格扣除其中可能包含的土地价格后的调整来求取。重新购建价格的求取方法具体有下列四种:

(1) 单位比较法

单位比较法(Comparative-Unit Method)是以建筑物为整体,选取与建筑物价格或成本密切相关的某种单位为比较单位,通过调查了解类似建筑物的这种单位价格或成本,并对其做适当的调整修正类估算建筑物重新购建价格的方法。主要有单位面积法和单位体积法。另外,如停车场的比较单位通常为每个车位,旅馆的比较单位通常为每个房间或床位,保龄球馆的比较单位通常为每个球道。

单位面积法(Square-Foot Method)是根据当地近期建成的类似建筑物的单位面积造价,对其做适当的调整修正(调整修正的内容和方法类似于市场比较法),然后乘以估价对象建筑物的面积来估算建筑物的重新购建价格。

【例 5-1】 某建筑物的建筑面积为 500m²,该类建筑结构和用途的建筑物的单位建筑面积造价为 2 000 元/m²,则该建筑物的重新购建价格可估计为 500×2 000=100(万元)。

在现实房地产估价中,往往将建筑物划分为不同的建筑结构、用途或等级,制作不同时期的基准重置价格表,以供求取某个具体建筑物的重置价格时使用。建筑物重置价格表的格式参见表 5-1。

表 5-1 建筑物基准重置价格表

基准日期: 年 月 日　　　　　　　　　　　　　　　　　　　　价格单位:元/m²

	钢结构	钢筋混凝土结构	砖混结构	砖木结构	简易结构
普通住宅					
高档公寓					
别　　墅					
大型商场					
中小商店					
办 公 楼					
星级宾馆					
招 待 所					
标准厂房					
仓　　库					
影 剧 院					
体 育 馆					
加 油 站					
其　　他					

单位体积法(Cubic-Foot Method)与单位面积法相似,是根据当地近期建成的类似建筑物的单位体积造价,对其做适当的调整修正,然后乘以估价对象建筑物的体积来估算建筑物的重新购建价格。这种方法适用于成本与体积关系较大的建筑物。

【例 5-2】 某建筑物的体积为 500m³,该类建筑结构和用途的建筑物的单位体积造价为 1 000 元/m³,则该建筑物的重新购建价格可估计为 500×1 000=50(万元)。

(2) 分部分项法

分部分项法(The Unit-In-Place Method)是以建筑物的各个独立构件或工程的单位价格

或成本为基础来估算建筑物重新购建价格的方法。即先估算各个独立构件或工程的数量,然后乘以相应的单位价格或成本,再相加。

在运用分部分项法估算建筑物的重新购建价格时,需要注意两点:一是应结合各构件或工程的特点使用计量单位;二是不要漏项或重复计算,以免造成估算不准。采用分部分项法估算建筑物的重新购建价格就是将建筑物的基础工程、墙体工程、楼地面工程、屋面工程、给排水工程、供暖工程、电气工程等分项工程的成本之和,加上税费、利息和管理费后所得的价格总和。采用分部分项法估算建筑物的重新购建价格的一个简化例子参见表5-2。

表5-2 分部分项法计算建筑物重新购建价格表

项目	数量	单位成本	金额(元)
基础工程			
墙体工程			
楼地面工程			
屋面工程			
给排水工程			
供暖工程			
电气工程			
直接费合计			
承包商间接费、利润和税金			
工程承发包价格			
开发商管理费、利息和税费			
建筑物重新购建价格			

(3) 工料测量法

工料测量法(The Quantity Survey Method)是先估算建筑物所需各种材料、设备的数量和人工时数,然后逐一乘以估价时点时相应的单价和人工费标准,再将其相加来估算建筑物重新购建价格的方法。这种方法与编制建筑概算或预算的方法相似,即先估算工程量,再配上概(预)算定额的单价和取费标准来估算。

工料测量法的优点是详实,缺点是费时费力并需有其他专家(如建筑师)的参与,它主要用于具有历史价值的建筑物估价。采用工料测量法估算建筑物重新购建价格的一个简化例子见表5-3。

表5-3 工料测量法计算建筑物重新购建价格表

项目	数量	单价	成本(元)
现场准备			
水泥			
沙石			
砖块			
木材			

续表 5-3

项　　目	数　　量	单　　价	成本(元)
瓦　　面			
铁　　钉			
人　　工			
税　　费			
其　　他			
重新购建价格			

(4) 指数调整法

指数调整法(The Index Method)是运用建筑成本(造价)指数或变动率,将估价对象建筑物的原始成本调整到估价时点时的现行成本来估算建筑物重新购建价格的方法。这种方法主要用于检验其他方法的估算结果。将估价对象建筑物的原始价值调整到估价时点的价值的具体方法,与市场比较法中交易日期调整的方法相同。

5.2.3 建筑物折旧的估算

1) 建筑物折旧的概念和原因

这里所讲的建筑物折旧,是指估价上的折旧而非会计上的折旧。估价上的折旧与会计上的折旧虽然有相似之处,但也有本质上的区别。估价上的折旧是指由各种原因所造成的价值损失,其数额为建筑物在估价时点时的市场价值与其重新购建价格之间的差额。从重新购建价格中扣除折旧,即是进行减价调整。在实际估价中,建筑物折旧分为物质折旧、功能折旧和经济折旧三个方面。

(1) 物质折旧

物质折旧(Physical Depreciation, Physical Deterioration),又称物质磨损、有形损耗,是建筑物在实体方面的损耗所造成的价值损失。进一步可以归纳为四个方面:①自然老化;②正常使用的磨损;③意外的破坏损毁;④延迟维修的损坏残存。

自然老化是由于自然力的作用而引起的,如风吹、日晒、雨淋等引起的建筑物腐朽、生锈、风化和基础沉降等,与建筑物的实际经过年数成正相关;同时,还受建筑物所在地区的气候与环境条件的影响,如酸雨多的地区,建筑物的损耗就大。

正常使用所造成的磨损主要是由于人工使用引起的,与建筑物的使用性质、使用强度和使用年数正相关。例如,居住用途建筑物的磨损要小于工业用途建筑物的磨损。工业用途建筑物又可分为受腐蚀的和不受腐蚀的。受腐蚀的建筑物,由于会受到使用过程中产生的有腐蚀作用的废气、废液等的不良影响,其损毁程度要大于不受腐蚀的建筑物。

意外的破坏损毁主要因突发性的灾害所引起的,这里所讲的灾害主要包括自然的和人为的两方面,如地震、水灾、风灾、失火、碰撞等。对于这些损毁即使进行了修复,但可能仍然有"内伤"。

延迟维护所造成的损坏主要是由于没有适时地采取预防、保养措施或修理不够及时,造成不应有的损坏或提前损坏。

(2) 功能折旧

功能折旧(Functional Depreciation, Functional Obsolescence),又称精神磨损、无形损耗,是指

建筑物成本效用的相对损失所引起的价值损失,它包括由于消费观念变更、设计更新、技术进步等原因导致建筑物在功能方面的缺乏、落后或不适用所造成的价值损失;也包括建筑物功能过度充足所造成的失效成本。导致建筑物功能相对缺乏、落后或过剩的原因,可能是建筑设计上的缺陷、过去的建筑标准过低、人们的消费观念改变、建筑技术进步、出现了更好的建筑物等。

功能缺乏是指建筑物没有其应具备的某些部件、设备、设施或系统等。例如,住宅没有卫生间、暖气、燃气、电话线路、有线电视等;办公楼没有电梯、集中空调、宽带等。

功能落后是指建筑物已有部件、设备、设施或系统等的标准低于正常标准或有缺陷而阻碍其他部件、设备、设施或系统等的正常运营。例如,设备、设施陈旧落后或容量不够,建筑式样过时,空间布局欠佳等。以住宅为例,现在时兴"三大、一小、一多"式住宅,即客厅、厨房、卫生间大,卧室小,壁橱多的住宅,过去建造的卧室大、客厅小、厨房小、卫生间小的住宅,相对而言就过时了。再如高档办公楼,现在要求有较好的智能化系统,如果某个所谓高档办公楼的智能化程度不够,相对而言其功能就落后了。

功能过剩是指建筑物已有部件、设备、设施或系统等的标准超过市场要求的标准而对房地产价值的贡献小于其成本。例如,某幢厂房的层高为6m,但如果当地厂房的标准层高为5m,则该厂房超高的1m因不能被市场接受而使其所多花的成本成为无效成本。

(3) 经济折旧

经济折旧(Economic Depreciation,Economic Obsolescence),又称外部性折旧(External Obsolescence),是指建筑物本身以外的各种不利因素所造成的价值损失,包括供给过量、需求不足、自然环境恶化、环境污染、交通拥挤、城市规划改变、政府政策变化等。例如,一个高级居住区附近建设了一座工厂,该居住区的房地产价值下降,这就是一种经济折旧。这种经济折旧一般是不可恢复的。再如,在经济不景气时期以及高税率、高失业率等,房地产的价值降低,这也是一种经济折旧。但这种现象不会永久下去,当经济复苏后,这方面的折旧也就消失了。

2) 求取建筑物折旧的方法

求取建筑物折旧的方法很多,可归纳为五类:①年限法;②实际观察法;③成新折扣法;④市场提取法;⑤更新成本法。这些方法还可以综合运用。

(1) 年限法

年限法是把建筑物的折旧建立在建筑物的寿命、经过年数或剩余寿命之间关系的基础上。

建筑物的寿命(Life)分为自然寿命和经济寿命。建筑物的自然寿命(Physical Life)是指建筑物从竣工验收合格之日起到不堪使用时的年数。建筑物的经济寿命(Economic Life)是指建筑物从竣工验收合格之日起预期产生的收入大于运营费用的持续年数。

建筑物的经济寿命短于其自然寿命,具体是根据建筑物的结构、用途和维修养护情况,结合市场状况、周围环境、经营收益状况等进行综合判断作出的。建筑物在其寿命期间如果经过了翻修、改造等,自然寿命和经济寿命都有可能得到延长。

建筑物的经过年数(Age)分为实际经过年数和有效经过年数。实际经过年数(Actual Age)是建筑物从竣工验收合格之日起到估价时点时的日历年数。有效经过年数(Effective Age)是建筑物在估价时点按其状况与效用所显示的年数。有效经过年数可能短于也可能长于实际经过年数:①建筑物的维修养护正常的,有效经过年数与实际经过年数相当;②建筑物的维修养护比正常维修养护好或经过更新改造的,有效经过年数短于实际经过年数,剩余经济寿命相应较长;③建筑物的维修养护比正常维修养护差的,有效经过年数长于实际经过年数,剩余经济寿命相应较短。

在成本法求取折旧中,建筑物的寿命应为经济寿命,经过年数应为有效经过年数,剩余寿命应为剩余经济寿命。因此,有效经过年数＝经济寿命－剩余经济寿命。

在估价上一般不采用实际经过年数而采用有效经过年数或预计的剩余经济寿命,因为采用有效经过年数或剩余经济寿命求出的折旧更符合实际情况。例如,有两座实际经过年数相同的同类建筑物,如果维修养护不同,其市场价值也会不同,但如果采用实际经过年数计算折旧,则它们的价值会相同。实际经过年数的作用是可以作为求取有效经过年数的参考,即有效经过年数可以在实际经过年数的基础上做适当的调整后得到。

年限法中最主要的是直线法。直线法(Straight-Line Method)是最简单的和应用得最普遍的一种折旧方法,它在建筑物的经济寿命期间每年的折旧额相等。年折旧额计算公式为:

$$D_i = D = \frac{C-S}{N} = \frac{C(1-R)}{N} \quad R = \frac{S}{C}$$

式中:D_i——第 i 年的折旧额;
C——建筑物的重新建造成本;
S——预计的建筑物的净残值;
N——建筑物的经济寿命;
R——建筑物的残值率。

每年的折旧额与重新购建价格的比率称为折旧率,用 d 表示,则有:

$$d = \frac{D}{C} = \frac{C-S}{NC} = \frac{1-R}{N}$$

有效经过年数为 t 年的建筑物折旧总额(用 E_t 表示)的计算公式为:

$$E_t = Dt = (C-S)\frac{t}{N} = C(1-R)\frac{t}{N}$$

采用直线法计算的估价时点建筑物现值(V)的公式为:

$$V = C - E_t = C - (C-S)\frac{t}{N} = C[1-(1-R)\frac{t}{N}]$$

$$V = C(1-Dt)$$

【例 5-3】 某建筑的建筑面积为 200m²,经过年数为 15 年,单位建筑面积的重置价格为 1 000 元/m²,经济寿命为 50 年,残值率为 3%,试用直线法计算该建筑物的年折旧额、折旧总额,并估算其现值。

已知:$C=200\times1\ 000=200\ 000$(元),$R=3\%$,$N=50$ 年,$t=15$ 年,则有:

$$D=\frac{C(1-R)}{N}=\frac{200\ 000\times(1-3\%)}{50}=3\ 880(元)$$

$$E_t=C(1-R)\frac{t}{N}=\frac{200\ 000\times(1-3\%)\times15}{50}=58\ 200(元)$$

$$V=C[1-(1-R)\frac{t}{N}]=200\ 000\times[1-(1-3\%)\frac{15}{50}]=141\ 800(元)$$

(2) 实际观察法

实际观察法(Actual Observation Method)不是直接以建筑物的有关年限(特别是实际经过年数)来求取建筑物的折旧,而是注重建筑物的实际损耗程度。因为早期建成的建筑物未必损坏严重,从而价值未必低;而新近建造的建筑物未必维护良好,特别是施工质量、设计等方面存在缺陷,从而价值未必高。实际观察法是由估价人员亲临现场,直接用观察、分析、测算建筑物在物质、功能及经济等方面的折旧因素所造成的折旧总额。

建筑物的损耗分为可修复的损耗和不可修复的损耗。修复是指使建筑物恢复到新的或相当于新的状况,有时是修理,有时是更换。预计修复所需的费用小于或等于修复所带来的房地产价值的增加额的,为可修复的损耗,即:修复所需的费用≤修复后房地产的价值－修复前房地产的价值。反之,为不可修复的损耗。对于可修复的损耗,可直接测算其修复所需的费用作为折旧额。

各种类型的物质折旧、功能折旧和经济折旧,应根据各自的具体情况分别采用适当的方法来估算。步骤:①将物质折旧分解为各个项目,分别采用适当的方法求取折旧后相加得到物质折旧;②将功能折旧分解为各个项目,分别采用适当的方法求取折旧后相加得到功能折旧;③将经济折旧分为不同情况,分别采用适当的方法求取折旧后相加得到经济折旧;④将上述求取的所有折旧额相加得到建筑物的折旧总额。

① 物质折旧的求取

首先,将物质折旧项目分为可修复项目和不可修复项目。修复所需的费用小于或等于修复后房地产价值的增加额的,为可修复部分;反之为不可修复部分。对于可修复部分,可直接估算其修复所需的费用作为折旧额。

然后,对于不可修复的项目,根据估价时点时的剩余使用寿命是否短于整体建筑物的剩余经济寿命,将其分为短寿命项目和长寿命项目。短寿命项目分别根据各自的重新购建价格、寿命、经过年数或剩余使用寿命,采用年限法计算折旧额。长寿命项目是根据建筑物重新购建价格减去可修复项目的修复费用和各短寿命项目的重新构建价格后的余额、建筑物的经济寿命、有效经过年数或剩余经济寿命,采用年限法计算折旧额。

最后,将可修复项目的修复费用、短寿命项目的折旧额、长寿命项目的折旧额相加,即为建筑物的物质折旧额。

【例 5-4】 某建筑物重置价格为 200 万元,经济寿命为 50 年,有效经过年数为 10 年。其中门窗等损坏的修复费用为 2 万元;装修的重置价格为 30 万元,平均寿命为 10 年,经过年数为 5 年;设备的重置价格为 80 万元,平均寿命为 20 年,经过年数为 10 年。假设残值率均为零。建筑物的物质折旧额计算如下:

门窗等损坏的折旧额＝2(万元)

装修的折旧额＝30×5/10＝15(万元)

设备的折旧额＝80×10/20＝40(万元)

长寿命的折旧额＝(200－2－30－80)×10/50＝17.6(万元)

该建筑物的折旧总额＝2＋15＋40＋17.6＝74.6(万元)

② 功能折旧的求取

首先,将功能折旧分为功能缺乏、功能落后和功能过剩,并进一步分为可修复的和不可修复的。功能缺乏是指建筑物没有其应该有的某些部件、设备、设施或系统等,如住宅没有卫生间、暖气等。功能落后是指建筑物已有部件、设备、设施或系统等的标准低于正常标准或有缺陷而阻碍其他部件、设备、设施或系统等的正常运营。功能过剩是指建筑物已有部件、设备、设施或系统等的标准超过市场要求的标准而对房地产价值的贡献小于其成本。

然后,求取功能缺乏引起的折旧。对于可修复的功能缺乏引起的折旧:估算在估价对象建筑物上增加该功能所必需的费用;估算该功能如果在建筑物建造时就具有所必需的费用;将在估价对象建筑物上增加该功能所必需的费用减去该功能如果在建筑物建造时就具有所必需的费用,即增加该功能所超额的费用作为折旧额。对于不可修复的功能缺乏引起的折旧:采用

"租金损失资本化法"求取缺乏该功能导致的未来每年损失租金的现值之和;估算该功能如果在建筑物建造时就具有所必需的费用;将未来每年损失租金的现值之和减去该功能如果在建筑物建造时就具有所必需的费用,作为折旧额。

接着,求取功能落后引起的折旧。对于可修复的功能落后引起的折旧,以空调系统为例,其折旧额为该功能落后系统的重新购建价格,减去该功能落后系统已提折旧,加上拆除该功能落后系统所必需的费用,减去该功能落后系统可回收的残值(以上是落后功能的服务期未满而提前报废的损失),加上安装新的功能先进系统所必需的费用,减去该新的功能先进系统如果在建筑物建造时就安装所必需的费用。对于不可修复的功能落后引起的折旧,以空调系统为例,其折旧额是在上述可修复的功能落后引起的折旧额计算中,将安装新的功能先进系统所必需的费用,替换为采用"租金损失资本化法"求取的功能落后系统导致的未来每年损失租金的现值之和。

再接着,求取功能过剩引起的折旧。功能过剩一般是不可修复的。功能过剩引起的折旧包括功能过剩造成的无效成本和超额持有成本。无效成本可以通过使用重置成本而自动得到消除,如果使用重建成本则不能消除。超额持有成本可采用"超额运营费用资本化法"——功能过剩导致的未来每年超额运营费用的现值之和来求取。在使用重置成本下,扣除功能过剩引起的折旧后的成本=重置成本-超额持有成本;在使用重建成本下,扣除功能过剩引起的折旧后的成本=重建成本-无效成本-超额持有成本。

最后,求取功能折旧总额。将功能缺乏引起的折旧额、功能落后引起的折旧额、功能过剩引起的折旧额相加,即为功能折旧额。

③ 经济折旧的求取

经济折旧在估价时点时通常是不可修复的,首先应分清它是暂时性的还是永久性的,然后可以根据租金损失的期限不同,采用租金损失资本化法求取未来每年所损失租金的现值之和作为折旧额。

(3) 成新折扣法

成新折扣法是根据建筑物的建成年代、新旧程度等确定建筑物的成新率,或者用建筑物的寿命、经过年数计算出建筑物的成新率,然后将建筑物的重新购建价格乘以该成新率来直接求取建筑物的现值。其计算公式为:

$$V = Cq$$

式中:q——建筑物的成新率(%);

C——建筑物的重新购建价格。

成新折扣法适用于同时需要对大量建筑物进行估价的场合,尤其适用于进行建筑物现值调查,但比较粗略。

在实际估价中,成新率是一个综合指标,其求取可以采用"先定量,后定性,再定量"的方式依下列三个步骤进行:①用年限法计算成新率;②根据建筑物的建成年代对上述计算结果作初步判断,看是否吻合;③采用实际观察法对上述结果作进一步的调整,并说明上下调整的理由。当建筑物的维修养护属于正常的,实际成新率与直线法计算出的成新率相当;当建筑物的维修养护比正常维修养护好或经过更新改造的,实际成新率应大于直线法计算出的成新率;当建筑物的维修养护比正常维修养护差的,实际成新率应小于直线法计算出的成新率。

【例 5-5】 某 15 年前建成交付使用的建筑物,估价人员实地观察判定其剩余经济寿命为 35 年,残值率为零。用直线法计算该建筑物的成新率。

该建筑物的成新率＝35÷(15＋35)＝70％

(4) 市场提取法

市场提取法(Market Extraction Method)是利用与估价对象建筑物具有类似折旧程度的可比实例来求取估价对象建筑物折旧的方法。这种方法的基本指导思想是：房地产价值的累计折旧是由市场上的买卖双方来确定的。如果在价值上一宗旧的房地产比一宗新的房地产低的话，那么它的售价就会比后者低。

在假设建筑物残值率为零的情况下，该方法求取折旧的步骤为：①收集交易实例。②从交易实例中选取三个以上与估价对象建筑物具有类似折旧程度的可比实例。③对可比实例成交价格进行付款方式、交易情况等修正。④求取可比实例在其成交日期时的土地价值，将可比实例的成交价格减去该土地价值得出建筑物的折旧后价值。⑤求取可比实例在其成交日期时的建筑物重新购建价格，将该建筑物重新购建价格减去建筑物的折旧后价值得出建筑物折旧。⑥将可比实例的建筑物折旧除以建筑物重新购建价格转换为折旧率，把各可比实例折旧率调整为适合估价对象的折旧率；或将各可比实例的折旧率除以其经过年数转换为年折旧率，再将各可比实例年折旧率调整为适合估价对象的年折旧率。⑦将估价对象建筑物的重新购建价格乘以折旧率，或者乘以年折旧率再乘以其经过年数，便可求出估价对象建筑物的折旧。

运用市场提取法评估建筑物的累计折旧额，如表5-4所示。

表 5-4 市场提取法求取建筑物的累计折旧额

	可比实例1	可比实例2	可比实例3
售价(万元)	230	200	380
土地价值	75	55	125
建筑物现值	155	145	245
重新建造成本	240	220	370
累计折旧额	85	75	125
折旧率(％)	35.4	34.1	33.8

根据交易实例，待估建筑物的折旧率为33％～36％，将其乘以待估建筑物的重新建造成本即可求得其折旧额。

(5) 更新成本法

更新成本法，是通过估算建筑物磨损部分的更新、修理成本来估算建筑物折旧额的方法。估价师观察、总结建筑物折旧的原因，并分门别类。

首先，对于可更新的物理性价值贬损，如玻璃、天花板、墙壁涂层、地板等的破损，将所有这些破损修复到新的程度所需的成本加和，即建筑物可更新的物理性折旧额。

其次，对不可更新的物理性价值贬损，先估算该不可更新部分在估价时点的重新建造成本，再计算该部分已使用年数占耐用年限的比例，然后将两者相乘，就得到不可更新的物理性折旧额。

最后，对功能性价值贬损，通过计算符合现代经济的设备的成本与原设备现值之差，求得功能性折旧额。

(6) 折旧方法的综合应用

估价人员有时可以同时采用上述几种折旧方法求取建筑物的折旧，但不同的折旧方法求得的结果不尽相同,为此,可以采用简单算术平均或加权算术平均等方法将求得的结果综合成一个统筹兼顾的结果,这是一种综合运用。在估价实务上,通常先以年限法为基础计算折旧,然后根据实际观察法进行调整,这也是一种综合求取建筑物折旧的方法。需要说明的是:

① 无论采用上述哪种折旧方法求取建筑物的折旧或现值,估价人员都应亲自去估价对象现场观察、鉴定建筑物的实际新旧程度,根据建筑物的建成时间、维修养护和使用情况以及地基的稳定性等,最后确定应扣除的折旧额或成新率。

② 估价上的折旧实质上是一种经济角度的价值损失,估价对象价值损失的速率与土地使用权年限密切相关,因此,当土地使用权的总年限较短时,实际观察法可能失效。

③ 年限法与诚信折扣法求取折旧主要是针对物质折旧的,对于功能折旧和经济折旧需要采用其他方法求取。

④ 各种类型的折旧都体现在"价值损失"上,因此实际估价中,对租赁房地产可用租金损失资本化法求取估价对象的综合折旧额。

3) 求取建筑物折旧应注意的问题

(1) 估价上的折旧与会计上的折旧的区别

求取建筑物折旧应注意估价上的折旧与会计上的折旧的区别。估价上的折旧注重的是市场价值的真实减损,科学地说不是"折旧",而是"减价调整";会计上的折旧注重的是原始价值的分摊、补偿或回收。在会计上,C为资产原值,是当初购置时的,不随时间的变化而变化;在估价上,C为重新购建价格,是估价时点时的,估价时点不同,C的值可能不同。在会计上,资产原值与累计折旧额的差称做资产的账面价值,它无须与资产的市场价值一致;在估价上,重新购建价格与折旧总额的差被视为资产的实际价值,它必须与资产的市场价值一致。常常出现这种情况:有些房地产,尽管在会计账目上折旧早已提足或快要提足,但估价结果却显示其仍有较大的现时价值;而有些房地产,尽管在会计账目上折旧尚未提足或远未提足,但估价结果却显示其现时价值已所剩无几。

但在房地产估价中,并非所有的建筑物折旧问题都是估价上的折旧,如在收益法中需要扣除的建筑物折旧费和土地摊提费(土地取得费用的摊销)就属于会计上的折旧。

(2) 土地使用年限对建筑物经济寿命的影响

求取建筑物折旧应注意土地使用年限对建筑物经济寿命的影响。在实际估价中,由于土地是有期限的使用权,建筑物的经济寿命与土地使用年限可能不一致,所以,计算建筑物折旧所采用的经济寿命遇到下列情况时的处理为:

① 建筑物的建设期不计入耐用年限,即建筑物的经济寿命应从建筑物竣工验收合格之日起计。

② 建筑物经济寿命短于土地使用权年限时,应按建筑物经济寿命计算折旧。

③ 建筑物经济寿命长于土地使用权年限时,应按土地使用权年限计算折旧。

④ 建筑物出现于补办土地使用权出让手续之前,其经济寿命早于土地使用权年限而结束时,应按建筑物经济寿命计算折旧。

⑤ 建筑物出现于补办土地使用权出让手续之前,其经济寿命晚于土地使用权年限而结束时,应按建筑物已使用年限加土地使用权剩余年限计算折旧。

5.2.4 房屋完损等级评定与建筑物的耐用年限

1) 房屋完损等级评定

房屋的完损等级是指对现有房屋的完好或损坏程度划分的等级,即现有房屋的质量等级。评定房屋的完损等级是按照统一的标准、统一的项目、统一的评定方法,对现有整幢房屋进行综合性的完好和损坏的等级评定。这项工作技术性强,既有目观检测,又有定性定量的分析。目前,我国对房屋质量的评定,是以原国家城乡建设环境保护部1985年制定颁布的《房屋完损等级评定标准》作为依据的。

(1) 房屋完损等级标准

一般按房屋的结构、装修、设备三个组成部分的完好、损坏程度分为五个等级标准。

① 完好房。指房屋的结构构件完好,装修和设备完好、齐全完整,管道畅通,现状良好,使用正常;或虽个别分项有轻微损坏,但一般经过小修就能修复。

② 基本完好房。指房屋结构基本完好,少量构部件有轻微损坏,装修基本完好,油漆缺乏保养,设备、管道现状基本良好,能正常使用,经过一般性维修即可修复。

③ 一般损坏房。指房屋结构一般性损坏,部分构部件有损坏或变形,屋面局部漏雨,装修局部破损,油漆老化,设备、管道不够畅通,水卫、电照管线、器具和零件有部分老化、损坏或残缺,需要进行中修或局部大修,更换零件。

④ 严重损坏房。指房屋年久失修,结构有明显变形或损坏,屋面严重漏雨,装修严重变形、破损,油漆老化见底,设备陈旧不齐全,管道严重堵塞,水卫、电照的管线、器具和零件残缺及严重损坏,需要进行大修或翻修、改建。

⑤ 危险房。指房屋承重构件已属危险构件,结构丧失稳定和承载能力,随时有倒塌可能,不能确保使用安全的房屋。

(2) 房屋完损等级的评定方法

一般根据房屋各个组成部分完损程度综合评定。

① 房屋的结构、装修、设备等组成部分各项完损程度符合同一个完损标准,则该房屋的完损等级就是分项所评定的完损程度。

② 房屋的结构部分各项完损程度符合同一完损标准,在装修设备部分中有一、两项完损度下降一个等级,其余各项仍和结构部分符合同一完损标准,则该房屋的完损等级按结构部分的完损程度来确定。

③ 房屋结构部分中非承重墙与楼地面分项完损程度下降一个等级完损标准,在装修或设备部分中有一项完损程度下降一个等级完损标准,其余三个组成部分的各项都符合上一个等级以上的完损标准,则该房屋的完损等级可按上一个等级的完损程度来确定。

④ 房屋结构部分中地基基础、承重构件、屋面等项的完损程度符合同一完损标准,其余各分项完损程度可有高出一个等级的完损标准,则该房屋完损等级可按地基基础、承重结构、屋面等项的完损程度来确定。

(3) 房屋完好率及危险率的计算

房屋的完损等级一律以建筑面积为计量单位,评定时则以幢作为评定单位。房屋的完好率是房产经营与管理单位(包括物业管理企业)的一个重要技术经济指标之一,它是完好房屋的建筑面积加上基本完好房屋建筑面积之和除以总建筑面积。

(4) 房屋完损等级与成新度

房屋的成新度从基础、装修与设备等方面有所区别。

① 十成。建筑期最长不超过五年的新建房屋(特殊情况除外)。

② 九成。结构部分:地基基础有足够承载能力,无不均匀沉降;砖墙、屋架等承重构件完好牢固;非承重墙体完好;屋面无渗漏,排水畅通;楼地面整体完好平整。装修部分:门窗完好无损、开关灵活;内外粉刷完整无损;顶棚牢固不变形。设备部分:上、下水管道畅通无阻,卫生器具完好,零件齐全;线路、照明装置完好无缺,绝缘良好;特种设备现状良好,使用正常。

③ 八成。部分符合上述九成新条件。

④ 七成。结构部分:地基基础有承载能力,有少量不均匀沉降;墙、柱、梁等承重构件基本完好,屋架各部件、节点基本完好。非承重墙有轻微裂缝,面层破损;屋面局部渗漏,排水基本畅通;楼地面整体面层基本完好。装修部分:门窗少量开关不灵,玻璃五金少量残缺,油漆尚好;内外粉刷稍有空鼓、裂缝、风化;顶棚少量面层破裂、缺损,少量压条脱钉。设备部分:上、下水管道基本畅通,卫生器具基本完好,个别零件缺损;线路和各种照明装置完好;特种设备现状基本良好,使用正常。

⑤ 六成。部分符合上述七成新条件。

⑥ 五成。稍好于下述四成新条件。

⑦ 四成。结构部分:地基基础有一定强度,局部有较大不均匀沉降,对上部结构已产生一定影响;墙、柱等承重构件产生下沉开裂,屋架有局部变形、腐朽、锈蚀;非承重墙部分裂缝,间隔墙面层局部损坏,失修严重;屋面局部漏雨,平屋面、隔热层、防水层破损较严重,热电厂水设施破坏严重;楼地面整体面层部分空鼓、脱落。装修部分:门窗部分开关不灵、局部破缺,油漆老化、剥落;内外粉刷部分空鼓、裂缝、剥落,勒脚严重侵蚀,顶棚面层损坏较大,有明显下垂变形。设备部分:上水管道锈蚀,下水不够畅通,卫生器具完好,个别滴漏损坏严重;线路老化,照明装置残缺;特种设备不能正常使用。

⑧ 三成。稍好于二成新条件。

⑨ 二成:结构部分:地基基础强度不足,有较大不均匀沉降,且仍继续发展,严重影响住房安全;承重墙、柱严重损坏,有明显倾斜变形,屋梁端节点腐朽,锈蚀严重,有下翘变形;非承重墙严重开裂、倾斜,墙面松动、断折,面层破损;屋面严重漏雨,平屋面、防水隔热层严重破损,排水设施严重锈烂;楼地面整体面层严重剥落,木露地面已经腐烂破损。装修部分:门窗开关普遍不灵,缺损严重;内外粉刷严重风化剥落;顶棚基层破乱,面层破损。设备部分:下水管道严重堵塞,卫生器具严重残缺;电线破损、普遍老化,照明装置陈旧,不符合绝缘要求;特种设备严重损坏。

房屋完损等级与建筑物成新度密切相关,两者的关系具体表现为:完好房,成新度在八成新以上;基本完好房,成新度为七、六成;一般损坏房,成新度为五、四成;严重损坏房与危险房,成新度在三成以下。对于一些平面布置不合适、设备落后、式样过时的建筑物,在根据其结构、装修、设备三个组成部分的完损程度确定了成新度以后,还要依据市场情况和估价经验,对该成新度作适当减价修正,最后以修正的成新度来计算建筑物的现值。

2) 建筑物的耐用年限

耐用年限是指建筑物能够正常使用的年限。它必须是在建造建筑物时按设计要求合理地采用原材料和符合质量要求,并在竣工后使用及合理保养下,平均达到的使用年限,不包括意外灾害的因素。建筑物的折旧年限是建筑物价值转移的年限,它与耐用年限既有联系又有区别。折旧年限是由使用过程中的社会经济条件决定的社会必要平均使用寿命,或称为经济寿命;耐用年限是由结构、质量等决定的自然寿命。目前,一般将建筑物的自然耐用年限作为折旧年限,没有考虑物价上涨、人为损耗等因素。

建筑物的耐用年限与建筑物的结构密切相关,因此必须对不同的建筑结构有所把握与了解。

(1) 各种结构类型建筑物的等级标准

① 钢结构。轻质高强、质地均匀,生产、安装工业化程度高,密闭性能好,抗震及抗动力荷载性能好,具有一定的耐热性。但钢结构抗腐蚀性较差。

② 钢筋混凝土结构。全部或承重部分为钢筋混凝土结构。包括框架大板与框架轻板结构等房屋。一般装修良好,设备比较齐全。

③ 砖混结构一等。部分钢筋混凝土,主要是砖墙承重的结构。外墙部分砌砖、水刷石、水泥抹面或涂料粉刷,并设有阳台,内外设备齐全的单元式住宅或非住宅房屋。

④ 砖混结构二等。部分钢筋混凝土,主要是砖墙承重的结构。外墙是清水墙,没有阳台,内部设备不全的非单元式住宅或其他房屋。

⑤ 砖木结构一等。材料上等、标准较高的砖木(石料)结构。一般是外部有装修处理,内部设备完善的庭院式或花园洋房等高级房屋。

⑥ 砖木结构二等。结构正规,材料较好。一般外部没有装修处理,室内有专用上、下水等设备的普通砖木结构房屋。

⑦ 砖木结构三等。结构简单,材料较差,室内没有专用上、下水等设备,是较低级的砖木结构房屋。

⑧ 简易结构。如简易房、平房、木板房、砖坯、土草房、竹木捆绑房等。

(2) 各种结构类型建筑物的经济耐用年限

① 钢结构。生产用房 70 年,受腐蚀的生产用房 50 年,非生产用房 80 年。

② 钢筋混凝土结构。生产用房 50 年,受腐蚀的生产用房 35 年,非生产用房 60 年。残值率为 0。

③ 砖混结构一等。生产用房 40 年,受腐蚀的生产用房 30 年,非生产用房 50 年。残值率为 2%。

④ 砖混结构二等。生产用房 40 年,受腐蚀的生产用房 30 年,非生产用房 50 年。残值率为 2%。

⑤ 砖木结构一等。生产用房 30 年,受腐蚀的生产用房 20 年,非生产用房 40 年。残值率为 6%。

⑥ 砖木结构二等。生产用房 30 年,受腐蚀的生产用房 20 年,非生产用房 40 年。残值率为 4%。

⑦ 砖木结构三等。生产用房 30 年,受腐蚀的生产用房 20 年,非生产用房 40 年。残值率为 3%。

⑧ 简易结构。10 年。残值率为 0。

5.2.5 积算价格的求取

通过以上分析,就可以应用成本法公式求取房地产的积算价格。

房地产积算价格＝土地的重新购建价格＋建筑的重新购置价格－建筑物的折旧

其中,土地的重新购置价格可采用市场法求取,也可采用成本法、基准地价修正法求取;建筑物的重新购置价格分为重置价格和重建价格,它们视建筑物的重要性而选定,求取方法有单位比较法、分部分项法、工料测量法、指数调整法等;建筑物的折旧包括物质折旧、功能折旧和经济折旧,求取方法有年限法、实际观察法、成新折扣法等。

5.3 成本法案例分析

由于我国的房地产市场还处在发育阶段,难以普遍采用市场资料运用比较法、剩余法和收益法等方法评估房地产的完全价格,因而运用成本法评估房地产价格的现象非常普遍,所以对成本法既不能全盘否定,也不宜夸大其作用,而应根据实际情况灵活运用,作为评估房地产价格的一种方法。但在应用成本法时,应注意以下几点:

(1) 土地取得成本和开发成本均应是评估期日的重置费用,即应是按照评估期日的有关规定和物价水平确定土地取得成本和开发成本的计费项目和取费标准,而不能按照企业实际取得和开发利用土地时的实际投入计算,因为企业可能是十几年前,甚至几十年前取得的土地,如果按照当时的标准则难以进行计算,而且也不符合房地产估价的原则。

(2) 各项费用的取费标准应有足够的依据和充分的分析。一般情况下,各地政府在不同时期均根据当地当时的情况制定各项费用和标准,在评估过程中要依据这些规定标准进行计算。

(3) 成本法评估结果一般作为投入成本价格分析,用于作为市场交易价格应慎重。在市场经济条件下,决定商品价格的重要因素是商品的效用和供求关系,而不是商品的成本,相反,如果商品的成本受到不合理的增加,会由于其投入成本过大而失去市场竞争力,最终导致其价格进一步下跌。因此,利用成本法评估出的土地价格作为分析企业开发和取得土地过程中的成本支出是非常好的方法。但如果直接用于市场交易的成交价格,则必须慎重,尽量进行充分的市场分析,甚至采用市场比较法或其他方法评估,然后对评估结果进行相互校核与验证。

下面结合具体实例,阐述成本法的具体应用。

应用案例一

某公司于5年前以出让方式取得一宗面积 $3\ 000m^2$ 的40年使用权的土地,并于3年前建成物业投入使用,总建筑面积为 $8\ 000m^2$。现时重新取得40年的土地使用权的出让价格为 $2\ 500元/m^2$,重新建造建筑物的建安成本为1 000万元(建设期为2年,第一年投入40%,第二年投入60%,可视为年中集中投入),管理费用为建安成本的3%,年利率为6%,销售税费为150万元,开发利润为200万元。门窗、墙面等损坏的修复费用为10万元;装修的重置价格为200万元,平均寿命为5年;设备的重置价格为150万元,平均寿命为10年;假设残值率均为零。试计算该宗房地产的现时价格(土地资本化率为8%)。

(1) 运用成本法的计算公式:
　　房地产价格＝土地重新取得价格＋建筑物的重新构建价格－建筑物折旧

(2) 求土地的重新取得价格

因该土地使用权为40年,已过去了5年,故要求土地使用权为35年的价格为:

$$V_{35}=V_{40}\times\frac{k_{35}}{k_{40}}=3\,000\times2\,500\times\frac{(1+8\%)^{40-35}[(1+8\%)^{35}-1]}{(1+8\%)^{40}-1}=733(万元)$$

(3) 计算建筑物的重新构建价格

① 建安成本＝1 000(万元)

② 管理费用＝1 000×3％＝30(万元)

③ 投资利息＝(1 000+30)×40％×[(1+6％)$^{1.5}$－1]＋(1 000+30)×60％×[(1+6％)$^{0.5}$－1]
＝263(万元)

④ 销售税费＝150(万元)

⑤ 开发利润＝200(万元)

⑥ 建筑物的重新构建价格＝1 000＋30＋263＋150＋200＝1 643(万元)

(4) 计算建筑物的折旧额

① 门窗、墙面等损坏的折旧额＝10(万元)

② 装修部分的折旧额＝200×1/5×3＝120(万元)

③ 设备部分的折旧额＝150×1/10×3＝45(万元)

④ 长寿命项目的折旧额＝(1 643－10－200－150)×1/38×3＝101(万元)

⑤ 建筑物的折旧总额＝10＋120＋45＋101＝276(万元)

(5) 计算该宗房地产的现时价格

现时价格＝733＋1 643－276＝2 100(万元)

应用案例二

1) 估价对象概况

该房地产为某高校科技楼,土地总面积为1 200m²,建筑总面积为5 500m²,建筑物建于1992年1月,建筑结构为钢筋混凝土结构。要求评估该科技楼2008年1月的价值。

2) 估价过程

(1) 选择估价方法

该房地产为高校内建科技楼,无直接效益,也很少出现交易情况,故选用成本估价法进行估价。

(2) 选择计算公式

该房地产属于旧有房地产,故采用成本估价法中的旧有房地产计算公式:

房地产现时价格＝土地的重新取得价格或重新开发成本
　　　　　　　＋建筑物的重新购建价格－建筑物的折旧

(3) 求取土地的重新取得价格

由于该土地坐落在城市建成区内,直接求取土地的重新取得价格很困难,故拟采用间接法求取该土地的重新取得价格。具体可采用两种方法:一是市场比较法,利用政府有偿出让土地的价格作比较求取;二是利用征用农地的费用再加上土地级差收益的办法来求取。

① 市场比较法求土地价格

交易实例一:土地面积1 000m²,出让日期2007年8月。出让价格2 000元/m²。

交易实例二:土地面积1 100m²,出让日期2007年10月。出让价格2 100元/m²。

交易实例三:土地面积1 050m²,出让日期2007年11月。出让价格2 150元/m²。

由市场比较法求土地价格见表5-5所示。

表 5-5 地价计算表

项　　目	实例一	实例二	实例三
交易价格(元/m²)	2 000	2 100	2 150
交易情况修正	100/100	100/100	100/100
交易日期修正	105/100	103/100	102/100
区域因素修正	100/102	101/100	102/100
个别因素修正	101/100	99/100	101/100
修正后价格(元/m²)	2 079	2 163	2 259
平均价格(元/m²)		2 167	

由表 5-5 可得待估房地产土地价格为 2 167 元/m²。

② 利用征用农地费用再加上土地级差收益的办法求取土地价格

目前征用农村土地平均每亩需要 30 万元征地补偿费,约每平方米 450 元。土地的"三通一平"费用约每平方米 90 元。以上两项合计 540 元/m²,可以看作城市边缘土地的价格。该城市土地分为 10 个级别,该房地产位于第 5 等级土地上,各级土地之间的价格差异根据当地的规定,本级别的地价是此一级别土地的 1.25 倍。因此估价对象的土地价格为:

$$估价对象土地价格 = 450 \times 1.25^5 = 2\ 319\ 元/m²$$

③ 土地重新取得价格的确定

上述两种方法取得的土地价格分别为 2 167 元/m² 与 2 319 元/m²。两种方法都要适当考虑,在征求当地相关专家的意见基础上,并从便于取整的角度,最终确定土地价格为 2 200 元/m²。因此,土地总价 = 2 200 × 1 200 = 264(万元)。

④ 计算建筑物的重新购建价格

目前类似房地产的建筑造价(不含土地价格)为每平方米建筑面积 2 500 元(含合理利润、税费等),以此作为建筑物的价格。

$$建筑物总价 = 2\ 500 \times 5\ 500 = 1\ 375(万元)$$

⑤ 计算建筑物的折旧

采用直线法求取折旧额。根据前文得知,钢筋混凝土结构的耐用年限为 60 年,残值率为 0,因此建筑物的折旧为:

$$E_t = C(1-R)\frac{t}{N} = \frac{13\ 750\ 000 \times (1-0\%) \times 16}{60} = 367(万元)$$

通过现场观察,该建筑物的成新度在七成新左右,与上述计算结果一致。

⑥ 求取积算价格

估价对象的积算价格为:

$$264 + 1\ 375 - 367 = 1\ 272(万元)$$

3) 估价结果

根据上述计算结果,本估价对象某高校科技楼于 2008 年 1 月的市场价值总额为 1 272 万元,折合单位建筑面积造价为 2 313 元/m²。

应用案例三

某事业单位坐落在市中心,占地面积为 600m²,上有建筑总面积为 1 800m² 的办公楼。该办公楼始建于 1990 年 6 月,建筑物为钢筋混凝土框架结构。试评估该房地产 2007 年 6 月的市场价格。

评估思路:由于待估对象为事业单位办公楼,无直接收益,也很少有买卖实例,故建筑物拟采用成本法进行。

1)估算土地的市场价值

土地部分的评估可采用市场比较法、成本逼近法等方法进行。具体评估过程省略。评估的价值点假定每平方米为 1 500 元,土地总价评估价值点为 90 万元。

2)估算建筑物的重置成本

对待估对象的建筑物重置成本(含利润、税费等)进行测算,该建筑物每平方米重置成本为 2 000 元,建筑物重置成本总额为 360 万元。

3)测算建筑物的成新率

评估人员经现场查勘,认为该建筑物尚可使用 45 年,并根据了国家有关部门对钢筋混凝土框架结构建筑物耐用年限的有关指导性规定或标准进行了简单验证,采用使用年限法测算建筑物的成新率。

$$成新率 = \frac{尚可使用年限}{实际已使用年限 + 尚可使用年限} \times 100\% = \frac{45}{45+17} \times 100\% = 72.6\%$$

故建筑物的成新率为 72.6%。

4)测算建筑物的功能性贬值

由于待估对象为一事业单位办公用楼,待产权变动后要用于商业用途,而且待估房地产中土地使用权的评估也是参照用作商业用途的建筑的用地性质等级。因此,待估建筑物的内部格局在某些方面不宜直接用于商业用途,需作内部格局的重新布置。估计建筑物内部格局重新布置的费用约每平方米 100 元,总费用为 18 万元。

5)建筑物评估价值的确定

由于被评估建筑物不存在经济性贬值,上述估测值可以加和计算建筑物的评估价值,即:

建筑物评估价值 = 重置成本 × 成新率 − 功能性贬值
= 360 × 72.6% − 18 = 243.4(万元)

6)计算房地产评估价值

房地产评估价值 = 土地使用权评估价值 + 建筑物评估价值
= 90 + 243.4 = 333.4(万元)

7)评估结果的确定

待估房地产的总价格为 333.4 万元,建筑面积单价为 1 852 元/m²。

应用案例四

下面是一份完整的用成本法求取待估房地产价格的技术报告。

(一)估价对象

1. 估价对象全称及范围

××市××区××路 21 号显示器厂房全座房地产,建筑面积 9 836.69m²,土地面积为 3 277.47m²。权属人为××电子股份有限公司。

2. 估价对象概况

本次估价对象位于××路21号××电子股份有限公司厂区内。该厂区西至××路,南至××路,北至××路,东与××电子器件厂相邻,总占地约79.35亩。厂区布局合理,道路、供排水、电力、电讯等基础设施配套完善,生产运转正常。

显示器厂房位于厂区的东部,是一座三层(局部四层)的钢筋混凝土框架结构的建筑物,建成于1993年,建筑面积为9 836.69m^2,土地面积为3 277.47m^2。该楼外墙面贴白色玻璃马赛克,正面安装蓝色镀膜玻璃幕墙,外形美观大方,室内底层层高约3.6m,楼地面为水泥砂浆抹面,使用功能主要为大型设备房、机房,局部作为办公用房;二层至三层层高均约为4.0m,楼地面铺防静电地板,局部为彩色水磨石,使用功能为生产用房和管理用房。

该综合楼室内安装有一部垂直电梯,水电设施齐全,保养良好。由于该厂房为精密设备的生产用房,楼内安装先进的恒温、恒湿及吸尘设备,以保证生产的需要。

3. 土地说明

估价对象所占用地使用权来源为出让,用途为工业用地,使用终止日期为2050年5月30日。

(二) 估价目的

为委托方办理估价对象的"产权转让"提供价值参考依据。

(三) 估价时点(基准日)

2007年4月10日。

(四) 价值定义

本估价报告中的房地产客观合理价值系估价对象在本次估价目的下的公开市场价值。公开市场价值即是在公开市场上最可能形成的价格。

(五) 个别因素分析

本次估价对象显示器厂房建于1993年前后,属于专用为精密设备生产厂房,室内层高较高,水电等设施保养良好,楼内安装先进的恒温、恒湿及吸尘设备,建造成本相对较高。

(六) 区域因素分析

估价对象位于××市××区××路北侧,北面邻近××路,西临××路,地理位置较为优越,交通相当便利,停车方便,周围各种基础设施配套较为齐全,工业生产的硬件环境良好。

(七) 市场背景分析

2006年全市实现国内生产总值740.92亿元,比上年增长11.6%;一般预算财政收入34.93亿元,同比增长18.6%;全部工业总产值1 469.9亿元,同比增长13.1%;农业总产值84.11亿元,同上年基本持平;社会消费品零售总额400.6亿元,同比增长16.2%;外贸出口额54.13亿美元,同比增长9.1%;全社会固定资产投资总额176.71亿元,比上年增长13.5%。经济和社会发展主要呈现以下特点:国民经济稳步发展,综合经济质量不断提高;现代效益农业取得新成效,新农村建设有序推进;工业产销衔接良好,效益质量有所优化;企业技术创新活跃,产业竞争力稳步提升;固定资产投资平稳增长,重点建设取得新进展;进出口贸易保持平稳,国内城乡市场商品购销两旺;各项社会事业协调发展,人民生活有所改善。

统计资料表明,2006年××市中心城区房地产交易179 889宗,成交面积232万平方米,成交额51.5亿元,平均房价2 220元/m^2,与去年同期相比,增幅分别为6.85%、7.47%、23.2%、14.6%。2006年高层住宅平均房价为3 133元/m^2,多层住宅平均房价为2 369元/m^2,同比增幅分别为3.1%、10.5%。房地产交投比较活跃,交易数量逐步放大,楼盘品质全面提升,市场供求比例合理,总体上楼市表现强劲,旺销楼盘始终是市场主流,推动房价稳步上升。预计2007年房地产市场将继续保持这种发展势头,市场前景较为乐观。

(八)最高最佳使用分析

房地产估价应当以估价对象的最高最佳使用为前提,估价对象目前作为厂房使用,它所分摊土地的批准用途为工业用地,其所在建筑物的设计用途为厂房,估价人员从法律上允许、技术上可能、经济上可行的角度进行综合分析,认为估价对象目前的实际用途为其最高最佳使用。

(九)估价方法选用

估价对象作为专用厂区,难以获取类似房地产的买卖成交实例或客观的租金水平,无法采用市场比较法或收益法进行估价。因此,估价人员在实地勘察和市场调查的基础上,以委托方提供的有关资料为依据,结合当前房地产市场的行情和估价对象的实际情况,决定采用成本法进行评估,即通过收集有关土地、房屋的成本、税费、开发利润、税金等资料,估算估价对象的重置价格,再估算建筑物的折旧,求出其积算价格,确定估价对象的市场价值。

(十)估价测算过程

房地产重置价格的计算公式为:

$$房地产重置价格 = 土地取得费用 + 建筑物现有价值$$
$$= 土地取得费用 + 建筑物重置价值 - 建筑物折旧$$

分别将上述各项费用套入公式汇总即可得出估价对象的重置价格。

1. 求取土地取得费用

采用市场比较法测算宗地的价值。

(1)选取可比实例,编制比较因素条件说明表

在近期发生交易的土地成交实例中,选择与待估宗地属同一供需圈、土地用途相同、在地域上属于邻近区域或类似区域的三个案例,各实例与估价对象的具体情况见表5-6所示。

表5-6 比较因素条件说明表

		估价对象	实例A	实例B	实例C
	地址	××路21号	××工业区一宗工业用地	××工业区	××路南侧工业区××实业公司用地
	交易日期	估价时点	2006年12月	2007年1月	2006年10月
	交易情况	—	正常	正常	正常
	土地剩余使用年限	43.17年	50年	48.78年	50年
	土地用途	工业用地	工业用地	工业用地	工业用地
区域因素	距市区中心距离(km)	0	5	7	5
	基础设施完善程度	完善	较完善	较完善	较完善
	环境质量	较好	较好	较好	较好
	交通便捷度	较好	较好	较好	较好
	工业聚集程度	成熟	较成熟	较成熟	较成熟

续表 5-6

		估价对象	实例 A	实例 B	实例 C
个别因素	面 积	2 875.69m²	8 190.7m²	2 546m²	2 176m²
	建筑容积率	设定≤2.0	≤2.0	≤2.0	≤2.0
	平面形状	规整	较规整	规整	规整
	开发程度	五通一平	五通一平	五通一平	五通一平
	临路情况	临兴业路	临小区路	临小区路	临小区路
	地势条件	平坦	平坦	平坦	平坦
	地质情况	较好	较好	较好	较好
交易价格(万元/亩)		—	34.75	38	34.6

（2）编制比较因素条件指数表

根据待估宗地与三个实例各种因素的具体情况，编制比较因素条件指数表。比较因素指数确定如下：

① 交易日期修正

由于本市存量建设用地逐渐减少，土地价格呈现上升的趋势。根据可比实例 A、B、C 的成交日期距离估价时点的远近，其价格应略作调整，因而其交易日期修正系数分别取为 102/100、101/100、102/100。

② 交易情况修正

可比实例 A、B、C 均为正常交易，因此其交易情况修正系数取为 100/100。

③ 交易方式修正

可比实例 A、B、C 均属出让，所以其交易方式修正系数均取为 100/100。

④ 土地使用年限修正

根据公式：

$$K = [1 - 1/(1+r)^m] / [1 - 1/(1+r)^n]$$

确定年期修正系数 K。

式中：r——土地还原利率，采用安全利率加风险值的方法，确定土地还原利率为 7%。

m——待估宗地的使用年限，本次待估宗地使用年限为 43.17 年。

n——可比实例的使用年限，本次估价中可比实例的使用年限分别为 50 年、48.78 年、50 年。

由此计算可得各可比实例 K 分别为 0.979、0.982、0.979。

⑤ 土地用途修正

待估宗地与三个实例的土地用途相同，不需修正。

⑥ 区域因素条件指数

a. 与市区中心的距离。根据宗地距离市区中心的距离，分为 2km 内、2～5km、5～10km、10km 以上四个等级，以评估宗地为 100，每上升或降低一个等级，指数上升或下降 4。

b. 基础设施配套情况。根据周围道路、供水、排水、供热、供电、供气等状况，分为完善、较完善、一般完善、不完善四个等级，以评估宗地为 100，每上升或降低一个等级，指数上升或下降 4。

c. 环境质量状况。根据污染排放状况及治理状况、距离危险设施或污染源的远近程度、自然条件等情况,分为好、较好、一般、较差四个等级,以评估宗地为100,每上升或降低一个等级,指数上升或下降3。

　　d. 交通便捷状况。根据宗地距离交通主干道、火车站、高速公路、码头等的距离及周围交通情况,分为便捷、较便捷、一般、不便捷四个等级,以评估宗地为100,每上升或降低一个等级,指数上升或下降3。

　　e. 工业区成熟度。根据相关产业的配套及集聚状况、工业区的未来发展趋势等情况,分为成熟、较成熟、一般、不成熟等四个等级,以评估宗地为100,每上升或降低一个等级,指数上升或下降5。

　　由以上五个区域因素,编制《比较因素条件指数表》(见表5-7)。

　　⑦ 个别因素条件指数

　　a. 规划容积率。以评估宗地为100,容积率每上升或降低0.2,指数上升或下降1。

　　b. 平面形状。根据宗地平面形状及可利用情况,分为规整、较规整、不规整等三个等级,以评估宗地为100,每上升或降低一个等级,指数上升或下降2。

　　c. "五通一平"情况。根据宗地通水、通电、通路、土地平整状况,分为五通一平、四通一平、三通一平、二通一平、一通一平、一通未平、生地七个等级,以评估宗地为100,每上升或降低一个等级,指数上升或下降2。

　　d. 临路状况。根据宗地临路状况,分为临生活性干道、临交通性干道、临小区道路、不临路等四个等级,以评估宗地为100,每上升或降低一个等级,指数上升或下降4。

　　e. 地势条件。根据地形、地势情况,分为平坦、较平坦、不平坦(山坡地)三个等级,以评估宗地为100,每上升或降低一个等级,指数上升或下降2。

　　f. 地质条件。根据宗地的地质条件情况,分为好、较好、一般、差四个等级,以评估宗地为100,每上升或降低一个等级,指数上升或下降2。

　　根据上述比较因素指数的说明,编制比较因素条件指数表(见表5-7)。

表5-7 比较因素条件指数表

		估价对象	实例A	实例B	实例C
区域因素	距市中心距离	100	96	92	96
	基础设施情况	100	96	96	96
	环境状况	100	100	100	100
	交通状况	100	97	97	97
	工业区成熟度	100	95	95	95
个别因素	建筑容积率	100	100	100	100
	平面形状	100	98	100	100
	"五通一平"情况	100	100	100	100
	临路情况	100	92	92	92
	地势情况	100	100	100	100
	地质情况	100	100	100	100

(3) 编制比较因素修正系数表,确定估价对象的价格

　　根据《比较因素条件指数表》,编制《比较因素修正系数表》(见表5-8)。

表 5-8 比较因素修正系数表

		实例 A	实例 B	实例 C
交易价格(万元/亩)		34.75	38	34.6
交易日期		102/100	101/100	102/100
交易情况		100/100	100/100	100/100
土地使用年限		0.979	0.982	0.979
土地用途		100/100	100/100	100/100
区域因素	距市中心距离(km)	100/96	100/92	100/96
	基础设施情况	100/96	100/96	100/96
	环境状况	100/100	100/100	100/100
	交通状况	100/97	100/97	100/97
	工业区成熟度	100/95	100/95	100/95
个别因素	建筑容积率	100/100	100/100	100/100
	平面形状	100/98	100/100	100/100
	五通一平情况	100/100	100/100	100/100
	临路情况	100/92	100/92	100/92
	地势情况	100/100	100/100	100/100
	地质情况	100/100	100/100	100/100
比准价格(万元/亩)		45.32	50.34	44.22
简单算术平均值		46.63 万/亩(699 元/m²)		
宗地总地价(元)		2 290 952		

2. 确定建筑物的现有价值

$$建筑物现有价值 = 建筑物开发成本 + 管理费用 + 投资利息 + 销售税费 + 开发利润 - 建筑物的折旧$$

(1) 求取建筑物的开发成本

计算公式为:

$$开发成本 = 建筑物建安工程费用 + 专业费用$$

① 建安工程费

估价人员通过广泛的市场调查和测算后,参考当地现时与估价对象类型和结构相同的厂房、仓库的建安工程造价水平,综合确定该建筑物的建安造价为:土建造价 800 元/m²,水电造价 180 元/m²,总造价为 $9\ 836.69 \times (800 + 180) = 9\ 639\ 956$(元)。

② 专业费用

包括勘察设计及前期工程费、基础设施建设费及公共配套设施建设费、开发过程中的各种收费等。即开发建设过程中所需要的测量费、勘察费、设计费、规划费、报建费、质监费等建设费用以及有关主管部门收取的各项相关费用。

参照当地有关该类费用的收取水平,并结合估价对象的实际情况,确定这些专业费用为建安工程费的 5%,总价值为 9 639 956×5%=481 998 元。

③ 开发成本合计

通过上述的分析、计算,可确定开发成本为:9 639 956+481 998=10 121 954(元)。

(2) 管理费用

管理费用包括开办费用和开发管理人员的工资及办公费等。据测算,按照同等项目的平均水平,房屋开发建造的管理费用为开发成本的 2%,即管理费用为 10 121 954×2%=202 439(元)。

(3) 投资利息

以当前银行的贷款利率为基础,适当考虑必要的筹资费用,确定年利息率为 7%。假设建设期为一年,并假定土地取得费用在建设初期一次性投入,其他各项费用在建设期内均匀投入,则投资利息为:

2 290 952×7%×1+(10 121 954+202 439)×7%×0.5=521 720(元)

(4) 开发利润

由于该厂房为自建自用项目,因此,不考虑其开发利润。

(5) 销售税费

该厂房为自建自用项目,有别于一般商品房,因此,不考虑其销售税费。

(6) 确定建筑物的重置价格

将上述分析和计算的结果汇总,即可得到建筑物的重置价格:

建筑物重置价格=建筑物开发成本+管理费用+投资利息+销售税费+开发利润
=10 121 954+202 439+521 720+0+0=10 846 113(元)

(7) 估算建筑物的折旧

钢筋混凝土结构厂房的经济耐用年限为 50 年,腐蚀性厂房的经济耐用年限为 40 年。估价对象建于 1993 年,至今已使用了 14 年。据现场勘察,该建筑物目前主体结构基本保持完好牢固,基础仍保持足够的承载力,无不均匀沉降,大部分房屋楼地面、内外装饰基本完好、平整,水电设施使用正常,符合基本完好房的评定标准。估价人员根据建筑物的实际使用年限和完好程度,结合评估经验确定,显示器厂房的综合成新率为 72%,则采用成新折扣法计算出该建筑物的折旧额为:

建筑物的折旧额=建筑物的重置价格×(1-综合成新率)
=10 846 113×(1-72%)=3 036 912(元)

(8) 计算建筑物的现有价值

将上述分析计算结果代入公式:

建筑物现有价值=建筑物重置价格-建筑物的折旧
=10 846 113-3 036 912=7 809 201(元)

3. 确定估价对象现有价值

估价对象的客观合理价值=土地现有价值+建筑物现有价值
=2 290 952+7 809 201=10 100 153(元)

(十一) 估价结果确定

经过评定估算,最终确定估价对象在估价时点的客观合理价值(总价值)为人民币 10 100 153 元,大写:壹仟零壹拾万零壹佰伍拾叁元整。

5 成本法

复习思考题

一、单项选择题

1. 下列不属于导致建筑物经济折旧的因素是( )。
   A. 交通拥挤　　　B. 建筑技术减少　　　C. 城市规划改变　　　D. 自然环境恶化

2. 某8年前建成交付使用的建筑物,建筑面积为120m²,单位建筑面积的重置价格为800元/m²,建筑物残值率为6%,年折旧率2.2%,则该建筑物的现值为( )元。
   A. 76 880　　　B. 79 104　　　C. 77 952　　　D. 81 562

3. 某建筑物实际经过年数为10年,估价人员现场查勘后认为该建筑物建筑设计过时和维修保养差造成功能折旧和物质折旧高于正常建筑物,判断其有效经过年数为18年,剩余经济寿命为22年,残值率为4%,用直线法计算该建筑物的成新率为( )。
   A. 43.2%　　　B. 50%　　　C. 56.8%　　　D. 70%

4. 某写字楼由于市场不景气和周边新增居住房地产较多,造成不便于上午办公和需求减少,估价未来期限内每年平均空置率由现在的15%上升为25%,每月可出租面积租金为70元/m²。又知该写字楼可出租面积为1 000m²,运营费用率为40%。假若该写字楼可出租剩余年限为30年,投资报酬率为8%,其他条件保持不变,则该写字楼将产生( )万元的贬值。
   A. 548.19　　　B. 558.15　　　C. 567.39　　　D. 675.40

5. 某商场建成3年后补办了土地使用权出让手续,土地使用权出让年限为40年。建筑物的自然寿命为50年,在这种情况下,建筑物的经济寿命为( )年。
   A. 40　　　B. 43　　　C. 47　　　D. 50

6. 下列关于农地征收费用的表述中不正确的是( )。
   A. 青苗补偿费的标准由省、自治区、直辖市规定
   B. 征地管理费的标准由省、自治区、直辖市规定
   C. 新菜地开发建设基金的缴纳标准由省、自治区、直辖市规定
   D. 地上附着物补偿费的标准由省、自治区、直辖市规定

7. 下列各类房地产中,特别适用于成本法估价的是( )。
   A. 某标准厂房　　　B. 某酒厂厂房　　　C. 某待出让土地　　　D. 某写字楼

8. 某企业开发某土地,土地重新取得成本为1 000元/m²,正常开发成本为1 500元/m²,管理费用为前两项的5%,投资利息占直接成本的5%,销售费用为1 005元/m²,直接成本利润率为6%,则开发后的地价为( )元/m²。
   A. 1 840　　　B. 2 840　　　C. 2 966　　　D. 3 000

9. 某宗房地产建筑物建成于1991年10月1日,经济寿命为60年。后于1996年10月1日补办了土地使用权出让手续,土地使用权出让年限为50年(从补办之日算起)。2006年10月1日对该房地产进行评估。经计算,该房地产的土地重新购建价格为2 000万元,建筑物重新购建价格为3 000万元,残值率为0。则在估价时点(2006年10月1日)该房地产的评估价值为( )万元。
   A. 4 091　　　B. 4 182　　　C. 4 250　　　D. 5 000

10. 某幢写字楼,建筑物重新购建价格为2 000万元,经济寿命为50年,有效经过年数为10年。其中,门窗等损坏的修复费用为10万元;装修的重置价格为200万元。平均寿命为5年,有效经过年数为4年。设备的重置价格为250万元,平均寿命为15年,有效经过年数为9

年。假设残值率均为零,则该幢写字楼的物质折旧额为( )万元。
   A. 400   B. 628   C. 656   D. 700

11. 某企业拥有一办公楼,建成于1996年1月,1998年1月补办了土地使用权出让手续,出让年限为50年(自补办之日算起)。在2006年1月时,建筑物剩余尚可使用经济寿命为45年,则在计算建筑物折旧时,经济寿命应取为( )年。
   A. 45   B. 50   C. 52   D. 55

12. 为估算某建筑物的重新购建价格,经测算其土建工程直接费为780元/m²,安装工程直接费为450元/m²(其中人工费为50元/m²),装饰装修工程直接费为900元/m²(其中人工费为45元/m²),又知该地区土建工程综合费率为土建工程直接费的15%,安装工程综合费率为安装工程人工费的75%,装饰装修工程综合费率为装饰装修工程人工费的72%,税金为35‰,则该建筑物的建筑安装装饰工程费为( )元/m²。
   A. 2 204.55   B. 2 397.99   C. 3 237.60   D. 3 345.64

13. 某房地产的重建价格为2 000万元,已知在建造期间中央空调系统因功率大,比正常情况多投入150万元,投入使用后每年多耗电费0.8万元。假定该空调系统使用寿命为15年,估价对象房地产的报酬率为12%,则该房地产扣除该项功能折旧后的价值为( )万元。
   A. 1 838.00   B. 1 844.55   C. 1 845.87   D. 1 850.00

14. 某估价对象为一旧厂房改造的超级市场,建设期为2年,该厂房建成5年后补办了土地使用权出让手续,土地使用期限为40年,土地使用权出让合同约定土地使用期间届满不可续期。建筑物经济寿命为50年。假设残值率为零,采用直线法计算建筑物折旧时年折旧率为( )。
   A. 2.00%   B. 2.13%   C. 2.22%   D. 2.50%

二、多项选择题

1. 成本法特别适用于那些既有收益又很少发生交易的房地产估价,这类房地产主要包括( )等。
   A. 图书馆   B. 钢铁厂
   C. 空置的写字楼   D. 单纯的建筑物
   E. 加油站

2. 功能折旧是指建筑物在功能上的相对缺乏、落后或者过剩所造成的建筑物价值的损失。造成建筑物功能折旧的主要原因有( )等。
   A. 意外破坏的损毁   B. 市场供给过量   C. 建筑设计的缺陷
   D. 人们消费观念的改变   E. 周围环境条件恶化

3. 下列关于重新购建价格的说法中,正确的有( )。
   A. 重新购建价格是指重新开发建设全新状况的估价对象所必需的支出
   B. 重新购建价格是在估价时点的价格
   C. 重新购建价格是客观的价格
   D. 建筑物的重新购建价格是全新状况下的价格
   E. 土地的重新购建价格是法定最高出让年限状况下的价格

4. 在运用成本法时最主要的有( )。
   A. 区分计划成本和实际成本   B. 区分实际成本和客观成本
   C. 结合实际成本来确定评估价值   D. 结合实际开发利润来确定评估价值

E. 结合市场供求分析来确定评估价值

5. 建筑物折旧分为物质折旧、功能折旧和经济折旧三大类。其中,属于经济折旧的有( )。

A. 功能落后　　　　B. 功能缺乏　　　　C. 环境污染
D. 交通拥挤　　　　E. 正常使用的磨损

三、简答题

1. 简述成本法的含义。
2. 成本法的适用条件与理论依据是什么?
3. 成本法的三个基本公式如何应用?
4. 房地产的价格由哪几部分构成?
5. 建筑物重新购建方法的求取方法有哪些?
6. 简述重置价格与重建价格的含义及其异同点。
7. 建筑物的折旧求取方法有哪些?在计算建筑物折旧时应注意哪些方面?

四、计算题

1. 某公司于2005年3月1日在某城市水源地附近取得一宗土地使用权,建设休闲度假村。该项目总用地面积10 000m²,土地使用期限40年,建筑总面积为20 000m²,并于2007年9月1日完成,该公司申请竣工验收。根据环保政策要求,环保管理部门在竣工验收时要求该公司必须对项目的排污系统进行改造。请根据下列资料采用成本法评估该项目于2007年9月1日的正常市场价格。

(1) 假设在估价时点重新取得该项目建设用地,土地取得费用为1 000元/m²。新建一个与上述项目功能相同且符合环保要求的项目开发成本为2 500元/m²,销售费用为200万元,管理费用为开发成本的3%,开发建设期为2.5年,开发成本、管理费用、销售费用在第一年投入30%,第二年投入50%,最后半年投入20%,各年内均匀投入,贷款年利率为7.02%,销售税金及附加为售价的5.53%,投资利润率为12%。

(2) 经分析,新建符合环保要求的排污系统设备购置费和安装工程费分别为400万元和60万元,而已建成项目中排污系统设备购置费和安装工程费分别为200万元和40万元。对原项目排污系统进行改造,发生抵除费用30万元,拆除后的排污系统设备可回收90万元。

(3) 原项目预计于2008年1月1日正常营业,当年可获得净收益500万元。由于排污系统改造,项目营业开始时间将推迟到2009年1月1日,为获得与2008年1月1日开始营业时可获得的相同的年净收益,该公司当年需额外支付运营费用100万元,之后将保持预计的盈利水平。

(4) 该类度假村项目的报酬率为8%。

2. 估价对象为一写字楼,土地总面积1 000m²,于2001年9月底获得50年使用权。写字楼总建筑面积4 500m²,建成于2004年9月底,为钢筋混凝土结构,建筑层高5m,没有电梯,需评估该写字楼2006年9月30日的价值。收集有关资料如下:

(1) 收集了三宗出让年限50年的土地交易实例作为可比实例,有关资料如下表所示:

实例	交易价格(元/m²)	交易情况	交易日期	房地产状况
A	2 200	正常	2006年3月30日	比估价对象劣3%
B	2 050	正常	2006年12月30日	比估价对象劣8%
C	2 380	比正常价格高3%	2006年5月30日	比估价对象优5%

(2) 当地征收农地的费用等资料如下：

在估价时点征收城市边缘土地平均每亩需要 5 732 万元的征地补偿和安置等费用，向政府交付土地使用权出让金等为 150 元/m²，土地开发费用、税金和利润等为 120 元/m²，以上合计为城市边缘土地使用权年限 50 年熟地的价格。该城市土地分为八个级别，城市边缘土地为第八级，而估价对象处于第六级土地上。各级土地之间的价格差异如下表所示：

级 别	一	二	三	四	五	六	七	八
地价是次级土地的倍数	1.4	1.4	1.4	1.4	1.4	1.3	1.3	1
地价是最差级土地的倍数	10.54	7.53	5.38	3.84	2.74	2.00	1.50	1

(3) 在估价时点不设电梯的层高 5m 的建筑物重新购建价格为 1 800 元/m²，估价对象写字楼门窗等损坏的修复费用为 10 万元；装修的重新购建价格为 140 万元，经济寿命为 5 年；设备的重新购建价格为 100 万元，经济寿命 10 年；建筑物的使用寿命长于土地使用年限。假设残值率均为 0。另调查，由于该写字楼没有电梯，导致其出租率较低，仅为 80%，月租金为 38 元/m²。而市场上类似的有电梯的写字楼的出租率为 85%，正常月租金为 40 元/m²。一般租赁经营的正常运营费用率为租金收入的 35%。如果在估价时点重置具有电梯的类似写字楼，则需电梯购置费用 60 万元，安装费用 40 万元。同时，由于该写字楼的层高比正常层高要高，使其能耗增加。经测算，正常情况下每年需要多消耗 1 万元能源费。同时，由于周边环境的变化，该写字楼的经济折旧为 20 万元。试用成本法评估该写字楼 2006 年 9 月 30 日的价值。土地重新购建价格要用市场法和成本法综合求取。土地报酬率为 5%，房地产报酬率为 7%（如需计算平均值，请采用简单算术平均法，小数点后保留两位）。

3. (2005 年真题计算题第 2 题) 某幢写字楼，土地面积 4 000m²，总建筑面积为 9 000m²，建成于 1990 年 10 月 1 日，土地使用权年限为 1995 年 10 月 1 日～2035 年 10 月 1 日。现在获得类似的四十余年土地使用权价格为 2 000 元/m²，建筑物重置成本为 1 300 元/m²。建筑物自然寿命为 60 年，有效经过年数为 10 年。其他的相关资料如下：

① 门窗等损坏的修复费用为 3 万元，装修的重置价格为 82.5 万元，平均寿命为 5 年，有效经过年数为 4 年，空调系统功能落后，必须更换，旧系统已提折旧 80 万元，拆除该空调费用为 10 万元，可回收残值 30 万元，重新构建价格（不含安装费）为 130 万元，安装新的空调系统的费用为 8 万元，除空调以外的设备的重置价格为 250 万元。平均寿命为 15 年，经过年数为 9 年。

② 该幢写字楼由于层高过高和墙体隔热保温性差，导致与同类写字楼相比，每月增加能耗 800 元。

③ 由于写字楼所在区域有一化工厂建成投产，区域环境受到一定的污染，租金将长期受到负面影响，预计每年租金损失为 7 万元。

④ 该类写字楼的报酬率为 10%，银行贷款年利率为 5%，土地报酬率为 8%。

⑤ 假设除空调以外，残值率均为零。

试求该写字楼于 2005 年 10 月 1 日的折旧总额和现值。

6 收益法

6.1 收益法的基本原理

6.1.1 收益法的概念

收益法是预计估价对象未来的正常净收益,选用适当的资本化率将其折现到估价时点后累加,以此估算估价对象的客观合理价格或价值的方法。收益法在国外被广泛地运用于收益性房地产价格的评估,在我国也是常用的评估方法之一。通常,我们把通过收益法求取得到的房地产价格称为收益价格。

6.1.2 收益法的理论依据

收益法的理论依据是预期原理,即某宗房地产的客观合理价格或价值,为该房地产的产权人在拥有该房地产的期间内从中所获得的各年净收益的现值之和。预期原理说明,房地产的价值取决于未来而不是过去的因素。具体地说,房地产的价值通常不是基于其历史价格、生产它所投入的成本或过去的市场状况,而是基于市场参与者对其未来所能获取的收益或得到的满足、乐趣等的预期。

房地产在交易时,随着房地产所有者权利的让渡,房地产的收益转归房地产购买者。房地产所有者让渡出去的权利必然要在经济上得以实现,房地产购买者必须一次性支付一定的金额,补偿房地产所有者失去的收益。这一货币额每年给房地产所有者带来的利息收入必须等于其每年能从房地产获得的纯收益。这个金额就是该收益性房地产的理论价格,用公式表示为:

$$房地产价格 = \frac{纯收益}{利率}$$

这种理论的抽象,包含着三个假设前提:①纯收益每年不变;②利率固定,且房地产投资风险与利息收入风险相当;③收益为无限年期。例如:假设有一宗房地产每年能产生 100 万元的纯收益,同时在年利率为 10% 的前提下,存入银行 1 000 万元也能产生 100 万元的年收益,因此,对房屋所有者来说,1 000 万元的资本与房屋每年所能带来的 100 万元的纯收益是等价的。

6.1.3 收益法的适用条件

收益法适用于有收益或潜在收益的房地产,并且房地产的收益和风险都能够量化。收益法适用于商场、写字楼、公寓、餐馆等收益类房地产的估价,但对政府办公楼、学校、公园等公益性房地产一般不适用。

6.2 收益法的计算公式

6.2.1 最一般的公式

1) 现金流量图

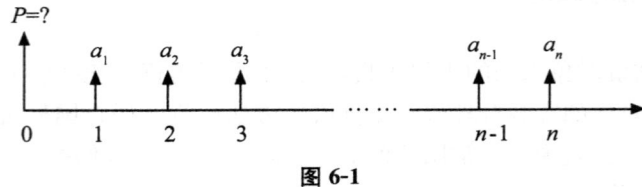

图 6-1

2) 公式

$$P = \frac{a_1}{(1+r)^1} + \frac{a_2}{(1+r)^2} + \frac{a_3}{(1+r)^3} + \cdots + \frac{a_n}{(1+r)^n}$$
$$= \sum_{i=1}^{n} \frac{a_i}{(1+r)^i}$$

式中:P——待估房地产的收益价格(下同);
  i——收益年份(下同);
  n——房地产的收益年限(自估价时点起至未来可获收益的年限,下同);
  a_i——房地产未来第 i 年的纯收益(均假设在年末发生,下同)。
  r——房地产的资本化率或折现率(下同)。

6.2.2 净收益每年都不变的公式

1) 现金流量图

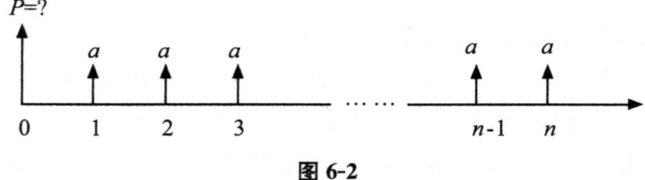

图 6-2

2) 公式

$$P = \frac{a}{(1+r)^1} + \frac{a}{(1+r)^2} + \frac{a}{(1+r)^3} + \cdots + \frac{a}{(1+r)^n}$$
$$= \frac{a}{r}\left[1 - \frac{1}{(1+r)^n}\right]$$

(1) 当收益年限为有限年,则 $P=\dfrac{a}{r}\left[1-\dfrac{1}{(1+r)^n}\right]$

(2) 当收益年限为无限年,即 $n\to+\infty$,则 $P=\dfrac{a}{r}$

式中：a——房地产未来每年的纯收益(假设每年不变,下同);

【例 6-1】 某宗房地产,以出让方式获得,土地使用年限为 70 年,已使用了 5 年;预计该房地产正常情况下以后每年可获得净收益 3 万元;该类房地产的资本化率为 7%。则该宗房地产的收益价格为：

$$P=\dfrac{a}{r}\left[1-\dfrac{1}{(1+r)^n}\right]=\dfrac{3}{7\%}\left[1-\dfrac{1}{(1+7\%)^{70-5}}\right]=42.33(万元)$$

【例 6-2】 某宗房地产预计未来每年的净收益为 3 万元,收益年限为无限年,该类房地产的资本化率为 7%。则该宗房地产的收益价格为：

$$P=\dfrac{a}{r}=\dfrac{3}{7\%}=42.85(万元)$$

6.2.3 净收益在未来的前若干年有变化、后来无变化的公式

1) 现金流量图

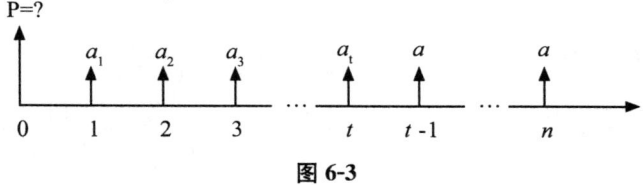

图 6-3

2) 公式

(1) 当收益年限为有限年,则 $P=\sum\limits_{i=1}^{t}\dfrac{a_i}{(1+r)^i}+\dfrac{a}{r(1+r)^t}\left[1-\dfrac{1}{(1+r)^{n-t}}\right]$

(2) 当收益年限为无限年,即 $n\to+\infty$,则 $P=\sum\limits_{i=1}^{t}\dfrac{a_i}{(1+r)^i}+\dfrac{a}{r(1+r)^t}$

式中：t——净收益在未来的前 t 年有变化(含 t 年),在 t 年以后无变化为 a;

a_i——t 年前每年变化的纯收益;

a——t 年后每年不变的纯收益。

【例 6-3】 某宗房地产,预计未来三年的净收益分别为 4 万元、5 万元、6 万元,从第 4 年开始到未来无限年,每年的净收益将稳定在 8 万元,该类房地产的资本化率为 7%,则该宗房地产的收益价格为：

$$\begin{aligned}P&=\sum_{i=1}^{t}\dfrac{a_i}{(1+r)^i}+\dfrac{a}{r(1+r)^t}\\&=\dfrac{4}{(1+7\%)^1}+\dfrac{5}{(1+7\%)^2}+\dfrac{6}{(1+7\%)^3}+\dfrac{8}{7\%(1+7\%)^3}\\&=102.69(万元)\end{aligned}$$

6.2.4 净收益按一定数额递增或递减的公式

1) 现金流量图

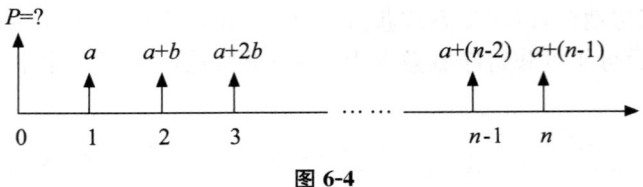

图 6-4

2) 公式

(1) 当收益年限为有限年,则 $P = (\frac{a}{r} + \frac{b}{r^2})[1 - \frac{1}{(1+r)^n}] - \frac{b}{r} \times \frac{n}{(1+r)^n}$

(2) 当收益年限为无限年,即 $n \to +\infty$,则 $P = \frac{a}{r} + \frac{b}{r^2}$

式中:b——净收益逐年递增或递减的数额,当逐年递增时 b 为正,当逐年递减时 b 为负。

【例 6-4】 某宗房地产,预计未来第一年的净收益 10 万元,此后每年的净收益会在上一年的基础上增加 1 万元,收益年限为 40 年,该类房地产的资本化率为 7%,则该宗房地产的收益价格为:

$$P = (\frac{a}{r} + \frac{b}{r^2})[1 - \frac{1}{(1+r)^n}] - \frac{b}{r} \times \frac{n}{(1+r)^n}$$
$$= (\frac{10}{7\%} + \frac{1}{7\%^2})[1 - \frac{1}{(1+7\%)^{40}}] - \frac{1}{7\%} \times \frac{40}{(1+7\%)^{40}}$$
$$= 285.61(万元)$$

6.2.5 净收益按一定比率递增或递减的公式

1) 现金流量图

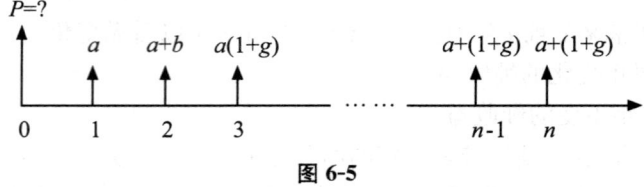

图 6-5

2) 公式

(1) 当收益年限为有限年,则 $P = \frac{a}{r-g}[1 - (\frac{1+g}{1+r})^n]$

式中:g——净收益逐年递增或递减的比率,当递增时 g 为正,当递减时 g 为负。

(2) 当收益年限为无限年,即 $n \to +\infty$,则 $P = \frac{a}{r-g}$

式中:g——净收益逐年递增或递减的数额,当逐年递增时 g 为正,当逐年递减时 g 为负。

【例 6-5】 某宗房地产,预计未来第一年的净收益 10 万元,此后每年的净收益会在上一年

的基础上增长 2%,收益年限为无限年期,该类房地产的资本化率为 7%,则该宗房地产的收益价格为:

$$P = \frac{a}{r-g} = \frac{10}{7\%-2\%} = 200.00(万元)$$

6.2.6 预知未来若干年的净收益及若干年后的价格的公式

1) 现金流量图

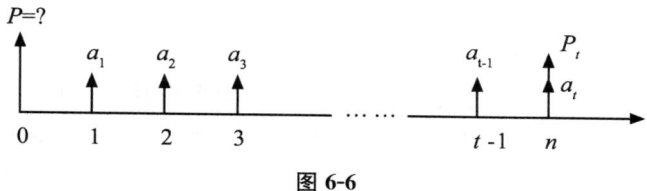

图 6-6

2) 公式

$$P = \sum_{i=1}^{t} \frac{a_i}{(1+r)^i} + \frac{P_t}{(1+r)^t}$$

式中:P_t——预期的第 t 年末的房地产转售价格。

【例 6-6】 某宗房地产,预计未来第 1~4 年的年净收益 10 万元,第 4 年年末该房地产可售 100 万元,该类房地产的资本化率为 10%,则该宗房地产的收益价格为:

$$\begin{aligned}P &= \frac{a}{r}\left[1 - \frac{1}{(1+r)^t}\right] + \frac{P_t}{(1+r)^t} \\ &= \frac{10}{10\%}\left[1 - \frac{1}{(1+10\%)^4}\right] + \frac{100}{(1+10\%)^4} \\ &= 100.00(万元)\end{aligned}$$

6.3 收益法的操作步骤

根据收益法的评估思路,《房地产估价规范》中要求运用收益法估价应按下列步骤进行:①搜集有关收入和费用的资料;②估算潜在毛收入;③估算有效毛收入;④估算运营费用;⑤估算净收益;⑥选用适当的资本比率;⑦选用适宜的计算公式求出收益价格。其中,估算潜在毛收入、有效毛收入、运营费用,都是为估算净收益作准备,因而可以合并到净收益估算中去。本节将从搜集有关收入和费用的资料、求取净收益、求取资本化率、选用适当的计算公式求取收益价格四个环节对收益法的操作步骤进行一一介绍。

6.3.1 搜集有关收入和费用的资料

对于具体的房地产估价项目,除搜集所处区域的社会经济资料、城市规划资料、交通条件资料、基础设施资料等对区域内房地产价格产生普遍影响的资料和估价对象自身状况等共性资料外,还应针对每一种方法的自身特点,结合其估算要求,搜集适用于每种方法的有侧重性的资料。就收益法的运用而言,应专门搜集与类似房地产的收益、成本等相关的资料,比如估价时点前三年的、类似房地产的市场租金和空置率水平资料;估价时点前三年的、类似房地产平均经营收益水平、经营成本与费用资料;估价对象所在地区一年期存贷款利率、同行业及相关行业平均收益率与风险水平、同类物业租售比率等资料。资料搜集后,还应对所搜集资料进行验证审核,以确保资料的准确性和真实性,提高评估准确率。

6.3.2 净收益的求取

1) 净收益的内涵

净收益是指由有效毛收入扣除合理运营费用后得到的归属于待估房地产的客观收益。估价结果对净收益较为敏感。在其他因素不变的情况下,净收益大则房地产价格高;净收益小,则房地产价格低。

房地产的净收益有实际净收益和客观净收益之分。实际净收益是指待估房地产在目前使用状态下所取得的净收益,它与房地产的现用途和经营者的经营能力有密切关系。若以此作为估价依据,所得结果缺乏客观性。如某房地产处于空置或自用状态,现状下无任何收益发生,但是这并不表示该房地产无收益。即便某房地产处于经营使用状态,由于经营者的经营能力有限可能导致该房地产的收益很小甚至为负,也不能以此认为该房地产无价值。同样,由于垄断等原因造成的房地产收益偏高的情况下,简单地以其实际收益计算收益价格也有失公允。因此,估价中更强调采用客观净收益作为估价依据。客观净收益是指与待估房地产类似的房地产在合理使用状态下所取得的一般正常收益。它是在良好的市场意识和正常经营管理情况下产生的规则、安全而持续的收益。由于客观净收益求取的过程中排除了实际收益中的特殊、偶然因素,以此为基础计算收益价格更能反映待估房地产的客观合理价格水平,具有普遍意义和现实性。

净收益的估算是收益法运用的关键点和难点之一。只有全面了解收益性房地产的各种收益情况,才能客观地求取房地产的净收益,准确估算房地产价格。在估价实务中,预测净收益甚至比求取资本化率更为困难。

2) 净收益的计算公式

净收益的求取一般以年为单位,由总收益扣除各项费用求得。其基本计算公式为:

$$净收益 = 总收益 - 总费用$$
$$= 潜在毛收入 - 空置等原因造成的收入损失 - 运营费用$$
$$= 有效毛收入 - 运营费用$$

总收益的产生形式包括通过出租房地产获取的租金总收入和企业利用该房地产进行生产经营获取生产经营总收益。总费用是为创造总收益所投入的直接必要的各项费用。实际估价时,将一般正常合理的年支出加总求和即为总费用。在不同情况下总费用包括的内容不同,见下文"不同类型房地产净收益的求取"。

潜在毛收入是假定房地产在充分利用、无空置状态下可获得的收入。

有效毛收入是由潜在毛收入扣除正常的空置、拖欠租金以及其他原因造成的收入损失后所得到的收入。

运营费用是维持房地产正常生产、经营或使用必须支出的费用及归属于其他资本或经营的收益。运营费用与会计上的成本费用有所不同。从估价角度出发,该费用不包含房地产抵押贷款还本付息额、会计折旧额、房地产改扩建费用和所得税等。对于以经营方式获得收益的房地产来讲,其运营费用中还包括归属于其他资本或经营的收益,如商业、餐饮、工业、农业等经营者的正常利润。运营费用与有效毛收入之比,称为运营费用率。不同类型的房地产,其各自的运营费用率可能相对固定。估价人员可以通过市场提取法,找出市场不同类型的房地产的运营费用率,以此来估算待估房地产运营费用。

潜在毛收入、有效毛收入、运营费用和净收益通常以年度计,并假设发生在年末。估价过程中采用的潜在毛收入、有效毛收入、运营费用等数据,除有租约限制以外,都应采用正常客观的收入和费用数据。利用估价对象自身的资料直接推算出的各项数据应与类似房地产正常情况下的相关数据进行比较,如有不符,应进行适当调整。

3) 不同收益类型房地产的净收益求取

(1) 出租型房地产净收益的求取

出租是收益型房地产常见的经营利用方式,因而出租型房地产是收益法估价的典型对象,包括出租的住宅、写字楼、商场、工业厂房、土地等。根据租赁资料,从租赁收入中扣除维修费、管理费、保险费、税金以及租赁代理费等由出租人负担的费用,所得余额即为出租型房地产的净收益。其中,租赁收入包括有效毛租金收入和租赁保证金、押金等利息收入。有效毛租金收入是在潜在毛租金收入(即待估房地产出租所收取的包括租金、押金及利息等在内的全部租金收入)的基础上扣除房屋空置、拖欠等原因造成的租金损失后得到的。在实际求取时,应注意:

① 净收益在租约期内按租约求取,在租约期外应按类似房地产的客观净收益求取。

② 租约期内,应结合租赁合约分析判断是否从租赁收入中扣除维修费、管理费、保险费、房地产税、租赁代理费等费用项目。如果保证合法、安全、正常使用所需的费用都由出租人负担,则应将其全部扣除;如果全部由承租人承担,则出租人所得的租赁收入相当于净收益;如果部分由承租人承担,可相应减少扣除部分,仅扣除由出租人负担的部分。如果租金中包含了为承租人无偿提供的水、电、气、暖等费用,则应从租金中相应扣除这部分费用。如果出租时连带家具等物品一起出租,且评估价值中不包含这些物品的价值时,应从租赁收入中扣除家具等物品的贡献,以求取净收益。

【例 6-7】 某出租旧办公楼的租约尚有三年到期,在此最后三年的租期中,每年可收取净租金 200 万元(没有费用支出),到期后要拆除作为商业用地。预计作为商业用地的价值为 3 000 万元,拆除费用为 150 万元,该类房地产的资本化率为 8%。该旧办公楼的价值为:

$$P = \frac{a}{r}\left[1 - \frac{1}{(1+r)^t}\right] + \frac{P_t}{(1+r)^t} = \frac{200}{8\%}\left[1 - \frac{1}{(1+8\%)^3}\right] + \frac{3\,000 - 150}{(1+8\%)^3}$$
$$= 2\,777.84(万元)$$

(2) 直接经营型房地产的净收益求取

直接经营型房地产的最大特点,是房地产所有者同时又是经营者,房地产租金与经营者利润没有分开。

① 商业经营型房地产,应根据经营资料计算净收益,净收益为商品销售收入扣除商品销售成本、经营费用、商品销售税金及附加、管理费用、财务费用和商业利润。

② 工业生产型房地产,应根据产品市场价格以及原材料、人工费用等资料计算净收益,净收益为产品销售收入扣除生产成本、产品销售费用、产品销售税金及附加、管理费用、财务费用和厂商利润。

③农地净收益的估算,是由农地平均年产值(全年农产品的产量乘以单价)扣除种苗费、肥料费、人工费、畜工费、机工费、农药费、材料费、水利费、农舍费、农具费、税费、投资利息等。

(3) 自用或尚未使用的房地产的净收益求取

自用或尚未使用的房地产,可以比照同一市场上有收益的类似房地产的有关资料按上述相应的方式计算净收益,或直接比较得出净收益。

(4) 混合型房地产的净收益求取

对于现实中包含有上述多种收益类型的房地产的净收益的求取,可以把它看成是各种单一收益类型房地产的组合,先分别求取,然后进行综合。

4) 净收益流量的类型

收益法本质上是现金流量折现法(或称折现现金流量法)。在求取净收益时,应根据净收益过去、现在和未来的变动情况及可获收益的年限,确定未来净收益流量,并判断该未来净收益流量属于下列哪种类型,以便选择相应的计算公式进行计算:①每年基本上固定不变;②每年基本上按某个固定的数额递增或递减;③每年基本上按某个固定的比率递增或递减;④其他有规则的变动情形。

计算收益价格时应根据未来净收益流量的类型,选用对应的收益法计算公式。在实际估价中使用最多的是净收益每年固定不变的公式,其净收益 a 的求取方法有下列几种:

(1) 调查求取估价对象过去若干年(如过去三年或五年)的净收益,然后将其简单算术平均数作为 a。

(2) 调查预测估价对象未来若干年(如未来三年或五年)的净收益,然后将其简单算术平均数作为 a。

(3) 调查预测估价对象未来若干年(如未来三年或五年)的净收益,然后采用下列等式求出 a(这也可视为一种加权算术平均数):

$$\frac{a}{r}\left[1-\frac{1}{(1+r)^t}\right] = \sum_{i=1}^{t}\frac{a_i}{(1+r)^i}$$

或

$$a = \frac{r(1+r)^t}{(1+r)^t-1}\sum_{i=1}^{t}\frac{a_i}{(1+r)^i}$$

5) 收益年限的确定

(1) 单独土地或单独建筑物的估价

对于单独土地或单独建筑物的估价,应分别根据土地使用权年限或建筑物经济寿命确定未来可获益年限,并选用对应的有限年的收益法计算公式。

(2) 房地合一的估价对象的估价

对于房地合一的估价对象,应结合建筑物的经济寿命和土地使用年限确定未来可获益年限。

如果建筑物的经济寿命晚于或与土地使用年限一起结束的,从建筑物竣工之日起至土地使用年限结束之日为未来可获益年限。如图 6-7 所示,估价对象获取的出让土地使用权为 40 年,地上建筑物建造期为 3 年,建筑物经济寿命 50 年,至估价时点已使用 4 年,则该估价对象的收益年限为 33 年。

如果建筑物的经济寿命早于土地使用年限而结束的,如图 6-8 所示,可采用以下方式处理。

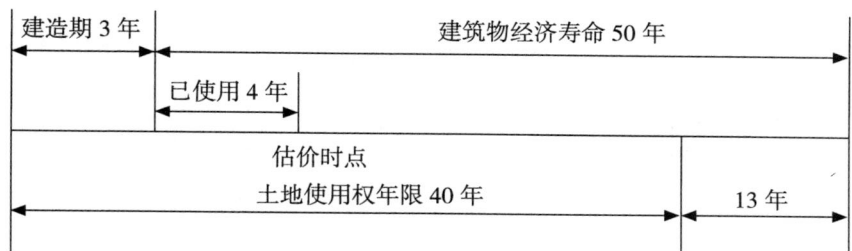

图 6-7　建筑物经济寿命晚于土地使用年限

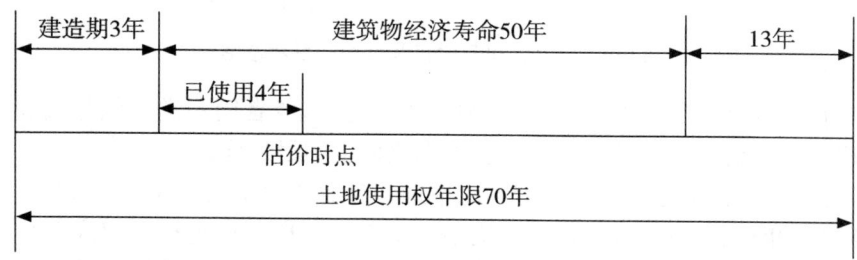

图 6-8　建筑物经济寿命早于土地使用年限结束

① 先根据建筑物的经济寿命确定未来可获益的年限,选用对应的有限年的收益法计算房地产合一状态下的收益价格;然后估算超出建筑物经济寿命的土地剩余使用年限价值的折现值。

② 将未来可获益的年限设想为无限年,选用无限年的收益法计算公式估算收益价格。其中净收益求取时应扣除建筑物折旧费和土地摊提费,以用于对建筑物和土地进行不断的"复制",相当于无限拓展房地产的收益年限,即

$$P = \frac{a - D_B - D_L}{r}$$

或

$$P = \frac{a}{r + d_B + d_L}$$

式中:D_B——建筑物折旧费;
　　　D_L——土地摊提费;
　　　d_B——建筑物折旧率;
　　　d_L——土地费用摊提率。

6.3.3　资本化率的求取

1) 资本化率的内涵

资本化率是用以将净收益转换为价格的一种比率。实质上是一种投资收益率。购买收益性房地产的行为可以视为一种投资。这种投资需要投入的资本是房地产价格,试图获取的收益是房地产预期会产生的净收益。在一个完善的市场中,要获取较高的投资收益,就意味着要承担较大的风险;有较大的风险,投资者必然要求较高的收益。因此,从全社会来看,资本化率与投资风险正相关,风险越大的投资,资本化率越高,反之则低。资本化率与投资风险的关系

如图 6-9 所示。

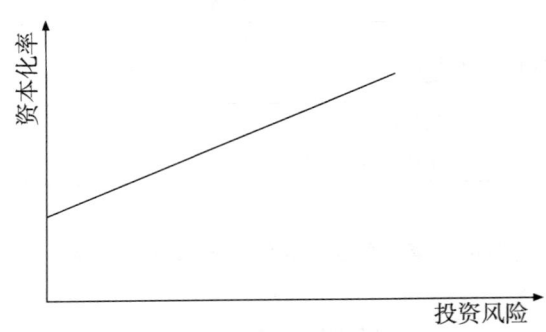

图 6-9　资本化率与投资风险的关系示意图

同样地，对于不同地区、不同时期、不同类型的房地产，或者同一类型但是具有不同权益、不同收益的房地产来讲，由于投资风险不同，资本化率也不尽相同。

运用收益法估价时，房地产价格对资本化率这一参数变化反应最为敏感，确定合适的资本化率是个很困难的问题。由于资本化率的微小变化将导致房地产价格的很大差异，从而直接影响估价结果的准确性，因此如果资本化率选取不当，即使净收益的估算很精确，计算结果仍然不可信任，见表 6-1 所示。

表 6-1　产生定额净收益的房地产在不同资本化率下的评估价值

年净收益（万元）	资本化率（%）	评估价值（万元）
5	3	166.67
5	4	125.00
5	5	100.00
5	6	83.33
5	7	71.43
5	8	62.50

注：表中使用的估价公式为房地产价格＝净收益÷资本化率。

从表 6-1 中可以看出，每年都产生 5 万元净收益的房地产，在 4% 的资本化率下，评估价值约 125 万元，在 5% 的资本化率下，评估价值约 100 万元，资本化率发生 1% 的变化，评估价值相差 25 万元，因此，实际估价中对资本化率选取的精度要求非常高。在运用收益法时，房地产价格对资本化率反应极为敏感，确定合适的资本化率也是收益法运用过程中的关键点和难点之一。如果资本化率选取不当，即使净收益的估算很精确，计算结果也可能偏离正常价格水平。

2）资本化率的种类

（1）综合资本化率

这是把土地和附着于其上的建筑物看成一个整体进行评估所采用的资本化率。此时评估的是房地产整体的价格，采用的纯收益也是房地合一的纯收益。

（2）建筑物资本化率

建筑物资本化率用于评估建筑物的自身价格。这时采用的纯收益是建筑物自身所产生的纯收益,把房地产整体收益中的土地纯收益排除在外。

（3）土地资本化率

土地资本化率用于求取土地自身的价格。这时采用的纯收益是土地自身的收益,把房地产整体收益中的建筑物纯收益排除在外。

综合资本化率、建筑物资本化率和土地资本化率的关系,可用公式表示如下：

$$r = \frac{r_1 L + r_2 B}{L + B}$$

或

$$r = r_1 x + r_2 y$$

式中：r——综合资本化率；

r_1——土地资本化率；

r_2——建筑物资本化率；

L——土地价格；

B——建筑物价格；

x——土地价格占房地产价格的比例；

y——建筑物价格占房地产价格的比例,$x+y=100\%$。

【例 6-8】 某房地产,土地价值为 100 万元,土地资本化率为 7%,建筑物价值为 150 万元,建筑物资本化率为 9%,求其综合资本化率。

【解】 $r = \frac{r_1 L + r_2 B}{L + B} = \frac{7\% \times 100 + 9\% \times 150}{100 + 150} = 8.2\%$

【例 6-9】 某房地产,土地价值占总价值的 60%,土地资本化率为 7%；建筑物价值占总价值的 40%,建筑物资本化率为 9%,求其综合资本化率。

【解】 $r = r_1 x + r_2 y = 7\% \times 60\% + 9\% \times 40\% = 7.8\%$

3）资本化率的求取方法

合理地确定资本化率是科学、准确地确定估价结果的关键,目前可以采用以下方法确定资本化率：

（1）市场提取法

市场提取法又称实例法,是利用收益还原法公式,通过收集市场上相类似房地产的净收益、价格等资料,反求出资本化率的方法。如果房地产市场比较发达,容易获得可靠的房地产交易资料,则市场提取法是一种有效而实用的方法。运用市场提取法求取资本化率时,所选取的实例必须是与待估房地产相类似的实例。为了避免偶然性所带来的误差,需要抽取多宗类似房地产交易实例来求取。具体要求是,选择近期发生的三宗以上与估价对象房地产相似的交易实例。通过收集的类似房地产的价格、净收益等资料,分析净收益的现金流量,选用相应的收益法计算公式,反求出资本化率。

① 在 $P=a/r$ 的情况下,通过 $r=a/P$ 来求取 r,即采用同一市场上类似房地产的净收益与其成交价格的比率作为资本化率。

例如,在房地产市场中收集到五个待估房地产类似的交易实例,见表 6-2 所示。

表 6-2　净收益与房地产价格交易实例

可比实例	净收益(万元/年)	价格(万元)	资本化率(%)
1	15	198	7.6
2	23	290	7.9
3	7	88	8.0
4	40	542	7.4
5	55	720	7.6

对以上五个可比实例的资本化率进行简单算术平均就可以得到资本化率为：

$$r = \frac{7.6\% + 7.9\% + 8.0\% + 7.4\% + 7.6\%}{5} = 7.7\%$$

以上例子是假设交易价格为无限年期价格，在估价实务中一般是有限年期的交易价格，需要采用其他公式来反求。

② 在 $P = \frac{a}{r}\left[1 - \frac{1}{(1+r)^n}\right]$ 的情况下，通过 $P - \frac{a}{r}\left[1 - \frac{1}{(1+r)^n}\right] = 0$ 来求取 r。具体先采用试错法，计算到一定精度后再采用线性内插法求取。也可编程通过计算机来完成。

③ 在 $P = a/(r-g)$ 的情况下，通过 $r = a/P + g$ 来求取 r。

将所选取的三宗以上类似房地产的资本化率分别求出后，可采用简单算术平均或加权算术平均等方法计算其平均值，作为该类房地产在这一市场中的资本化率，代入收益公式中计算待估房地产的收益价格。

（2）安全利率加风险调整值法

安全利率加风险调整值法又称累加法，是以安全利率加上风险调整值作为资本化率的方法。该方法将资本化率分为无风险投资收益率和风险投资收益率两大部分，分别求出每一部分，然后相加得到资本化率。其中：

① 无风险投资收益率又称安全利率，由于现实经济生活中不存在完全无风险的投资，所以通常可选用风险相对较低的投资收益率来代替安全利率，如同一时期的一年定期存款法定利率或一年期国债利率。

② 风险投资收益率又称风险调整值，是超出无风险投资收益率的部分，是承担额外风险所要求的补偿。通常情况下，可按照下式估算风险调整值：

资本化率＝安全利率＋风险调整值

＝安全利率＋投资风险补偿＋管理负担补偿＋缺乏流动性补偿－投资带来的优惠

上式部分组成要素的含义解释如下：

① 投资风险补偿。投资者对所承担的额外风险要求的补偿。

② 管理负担补偿。房地产投资所要求的管理工作超过一般投资所要求的对所承担的额外管理的补偿。

③ 缺乏流动性补偿。由于房地产投资变现速度慢，投资者对房地产投资缺乏流动性所要求的补偿。其中流动性是指在不损失太多价值的条件下，将非显见资产转换为现金的速度。速度越快流动性越好，反之越差。

④ 投资带来的优惠。投资者因房地产投资可能带来税收减免或信用度提高等好处而降低所要求的投资收益率。

当安全利率为一年期定期存款法定利率时,上述各项补偿值变为估价对象相对于投资一年期定期存款的各项补偿和优惠。

这种方法的显著缺点是对风险调整值的估算不够准确,且较主观。但是在一些西方国家,受到估价人员的重视。我国房地产评估界对风险调整值的研究较少,实务应用也不多。

(3) 复合投资收益率法

复合投资收益率法是将购买房地产的抵押贷款收益率与自有资本收益率的加权平均数作为资本化率的方法。其计算公式为

$$r = Mr_m + (1-M)r_E$$

式中:r——资本化率(%);

r_m——抵押贷款资本化率(%);

r_E——自有资本收益率(%);

M——贷款价值比率(%),即抵押贷款占房地产价值的比率。

上述公式的推导思路和推导过程如下:

① 可以把购买房地产视为一种投资行为,房地产价格为投资额,房地产净收益为投资收益。

② 在房地产与金融紧密联系的现代社会,可以把购买房地产的资金来源分为抵押贷款和自有资金两部分,即:

$$抵押贷款额 + 自有资金额 = 房地产价格$$

③ 房地产的收益相应的也由这两部分来分享,即:

$$房地产净收益 = 抵押贷款收益 + 自有资金收益$$

④ 于是有:

$$房地产价格 \times 资本化率 = 抵押贷款额 \times 抵押贷款利率 + 自有资金额 \times 自有资金收益率$$

⑤ 于是有:

$$资本化率 = \frac{抵押贷款额}{房地产价格} \times 抵押贷款利率 + \frac{自有资金额}{房地产价格} \times 自有资金收益率$$

$$= 贷款价值比率 \times 抵押贷款利率 + (1 - 贷款价值比率) \times 自有资金收益率$$

【例 6-10】 通常情况下购买某类房地产抵押贷款占七成,抵押贷款的年利率为 7%,自有资金要求的年收益率为 12%,求该类房地产的资本化率。

【解】 $r = Mr_m + (1-M)r_E$
$= 70\% \times 7\% + (1 - 70\%) \times 12\% = 8.5\%$

(4) 投资收益率排序插入法

投资收益率排序插入法是指找出相关投资类型及其收益率、风险程度,按风险大小排序,将估价对象与这些投资的风险程度进行比较、判断,从而确定资本化率的方法。具体操作时,可按照下列步骤进行:

① 调查收集同一地区各相关投资的投资收益率和风险程度的资料,如银行存款利率、股票投资收益率等。

② 将所收集到的投资收益率从低到高排列,并制成图表,如图 6-10 所示。

③ 将估价对象与所选择的投资类型的风险程度进行比较,判断估价对象风险程度应落位置,并依据图 6-10,找出对应的资本化率。

需要注意的是,在一定时期,资本化率大体上有一个合理的区间,但是很难确切地讲,某一

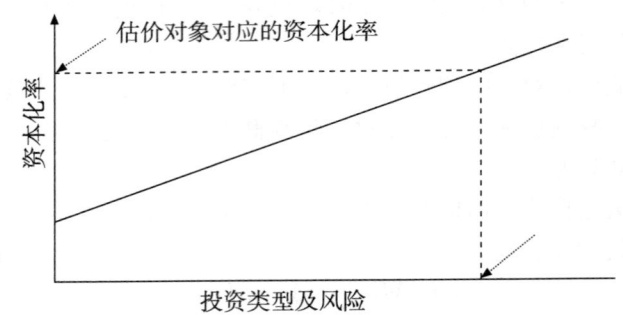

图 6-10 投资收益率排序插入示意图

项房地产投资的资本化率究竟是 10% 还是 11%。因此,资本化率的确定不是一个简单的数学计算过程,估价人员应结合实际估价经验和对当地市场的充分了解,做出综合性判断。

4)选用适当的计算公式求出收益价格

确定净收益和资本化率后,可以根据所求取的净收益流量类型、收益年限及资本化率,结合本章第二节中所列各公式的运用前提,选择适当公式进行计算。

6.4 收益法案例分析

【例 6-11】 某房地产建成于 2003 年年底,此后收益年限为 70 年,2004 年年底至 2006 年年底分别获得净收益 65 万元、70 万元、75 万元,预计 2007 年年底至 2009 年年底可分别获得净收益 80 万元、85 万元、90 万元,从 2010 年年底开始每年可获得的净收益稳定在 95 万元。购买该类房地产通常可得到银行 70% 的抵押贷款,抵押贷款年利率为 8%,自有资本要求的收益率为 12%,试利用上述资料评估该房地产 2005 年年底的收益价格。

【解】 由题意,运用收益法进行估价。

(1)根据复合投资收益率法公式,求取该类房地产的资本化率 r。
$$r = Mr_m + (1-M)r_E = 70\% \times 8\% + 30\% \times 12\% = 9.2\%$$

(2)由于该房地产的净收益流量为前若干年有变化、第 t 年后稳定不变的类型,所以该房地产 2005 年年底的价格 P 为:

$$P = \sum_{i=1}^{t} \frac{a_i}{(1+r)^i} + \frac{a}{r(1+r)^t} \times [1 - \frac{1}{(1+r)^{n-t}}]$$

$$= \frac{75}{(1+9.2\%)^1} + \frac{80}{(1+9.2\%)^2} + \frac{85}{(1+9.2\%)^3} + \frac{90}{(1+9.2\%)^4}$$

$$+ \frac{95}{9.2\%(1+9.2\%)^4} \times [1 - \frac{1}{(1+9.2\%)^{68-4}}]$$

$$= 723.58(万元)$$

【例 6-12】 某房地产占地面积 250m²,建筑面积 300m²,2000 年 1 月 1 日起获得该宗地 70 年土地使用权。地上建筑 2001 年 1 月 1 日建成投入使用,耐用年限 70 年。建筑物原值 800 元/m²,残值率为 1%。在同一供需圈内,类似房地产的正常租金水平为 6 000 元/月,押金 1 万元。押金运用收益 4%,资本化率为 8%。租金损失按每年 1 个月租金收入计。税费包括房产税、营业税、城市维护建设税和教育费附加,四税合计为年租金的17.5%。管理费按年租金收入的3%计提。维修费和保险费均按建筑物原值的2%计提。试依据上述资料,评估该房地产2004年1月1日的收益价格。

【解】 由题意,运用收益法进行估价。
(1) 潜在毛收入 = 6 000×12+10 000×4% = 72 400(元)
(2) 有效毛收入 = 72 400−6 000 = 66 400(元)
(3) 运营费用 = 税费+管理费+维修及保险费
  = 6 000×11×17.5%+6 000×11×3%+800×300×2%×2
  = 23 130(元)
(4) 年净收益 = 有效毛收入−运营费用 = 66 400−23 130 = 43 270(元)
(5) 该房地产2004年1月1日的收益价格 P 为:

$$P = \frac{43\ 270}{8\%} \times \left[1 - \frac{1}{(1+8\%)^{66}}\right] = 537\ 508.88(元)$$

【例 6-13】 某宾馆需要估价,据调查,该宾馆共有200张床位,平均每张床位每天向客人实收100元,年平均空房率为40%,该宾馆营业平均每月花费15万元;当地同档次宾馆一般床位为每床每天80元,年平均空房率为30%,正常营业每月总费用平均占每月总收入的25%;该类房地产的资本化率为9%。试选用所给资料估算该宾馆的价值。

【解】 由题意,运用收益法进行估价。
(1) 年有效毛收入 = 80×200×365×(1−30%) = 438(万元)
(2) 年运营费用 = 438×25% = 109.5(万元)
(3) 年净收益 = 438−109.50 = 328.5(万元)
(4) 宾馆价值 = 328.5/9% = 3 650(万元)

【例 6-14】 某公司于2005年11月以有偿出让方式取得A地块50年使用权,并于2006年11月在此地块上建成建筑物B,当时造价为每平方米1 200元;其经济耐用年限为55年,目前该类建筑重置价格为每平方米1 500元,残值率为0%,A地块面积450m²,建筑面积为400m²,目前该建筑全部出租,每月实收租金为10 000元。据调查,当地同类建筑出租租金一般为每月每平方米30元,土地及房屋还原率分别为5%和6%,每年需支付的土地使用税及房产税为每建筑平方米20元,需支付的年管理费为同类建筑年租金的4%,年维修费为重置价格的2%,年保险费为重置价格的0.2%。试根据上述资料估算A地块在2009年11月的土地使用权价格。

【解】 由题意,运用收益法进行估价。
(1) 年总收益
  年总收益 = 30×400×12 = 144 000(元)
(2) 年总费用
① 年税金 = 20×400 = 8 000(元)
② 年管理费 = 30×400×12×4% = 5 760(元)
③ 年维修费 = 1 500×400×2% = 12 000(元)
④ 年保险费 = 1 500×400×0.2% = 1 200(元)
⑤ 房屋年折旧费 = $\dfrac{房屋重置价格}{房屋可使用年限}$ = $\dfrac{1\ 500 \times 400}{49}$ = 12 245(元)

总费用＝①＋②＋③＋④＋⑤＝39 205(元)

(3) 年房地产纯收益

年房地产纯收益＝年总收益－年总费用＝144 000－39 205＝104 795(元)

(4) 年房屋纯收益

① 房屋现值＝房屋重置价格－年折旧费×已使用年限
$$=1\,500×400-12\,245×3=563\,265(元)$$

② 年房屋纯收益＝房屋现值×房屋还原率
$$=563\,265×6\%=33\,795.9(元)$$

(5) 年土地纯收益

年土地纯收益＝年房地产纯收益－年房屋纯收益
$$=104\,795-33\,795.9=70\,999.1(元)$$

(6) 土地使用权价格

$$P=\frac{a}{r}\left[1-\frac{1}{(1+r)^n}\right]=\frac{70\,999.1}{5\%}\left[1-\frac{1}{(1+5\%)^{46}}\right]=1\,269\,469(元)$$

复习思考题

一、简答题

1. 何谓收益法？
2. 收益法的理论依据是什么？
3. 收益法的适用条件是什么？
4. 列举收益法的各种计算公式及其应用条件。
5. 土地资本化率、建筑物资本化率、综合资本化率三者的含义及相互关系如何？

二、单项选择题

1. 资本化率是(   )的倒数。

A. 毛租金乘数　　　B. 潜在毛租金乘数　C. 有效毛收入乘数　D. 净收益乘数

2. 建筑物净收益＝(   )×建筑物资本化率(净收益每年不变且持续无限年期)。

A. 建筑物重置价格　B. 建筑物现值　　C. 土地价格　　　　D. 房地产价格

3. 收益法中所指的收益是(   )。

A. 估价时点前一年的收益　　　　　B. 估价时点前若干年的平均收益

C. 估价时点以后的未来预期正常收益　D. 估价时点前最高盈利年份的收益

4. 用收益法评估某宗房地产的价格时，除有租约限制的以外，应选取(   )净收益作为估价依据。

A. 类似房地产的客观　　　　　　B. 类似房地产的实际

C. 类似房地产的最高　　　　　　D. 类似房地产的最低

5. 收益法适用的条件是房地产的(   )。

A. 收益能够量化　　　　　　　　B. 风险能够量化

C. 收益或风险其一可以量化　　　D. 收益和风险均能量化

三、多项选择题

1. 收益性房地产的价值高低主要取决于(   )。

A. 已经获得净收益的大小　　　　B. 未来获得净收益的风险
C. 未来获得净收益的大小　　　　D. 目前总收益的大小
E. 未来获得净收益期限的长短

2. 收益性房地产包括(　　)。
A. 未出租的餐馆　　　B. 旅店　　　C. 加油站
D. 农地　　　　　　　E. 未开发的土地

3. 某写字楼因有一大型跨国公司入住,致使其声誉提高,收益有较大增加,由此带来的新增收益属于(　　)。
A. 有形收益　　　　　B. 无形收益　　　C. 正常收益
D. 实际收益　　　　　E. 广告收益

4. 从估价角度出发,收益性房地产的运营费用不包含(　　)等。
A. 房地产改扩建费用　　　　B. 抵押贷款还本付息额
C. 房屋设备折旧费　　　　　D. 所得税
E. 房屋装修折旧费

5. 收益法中确定报酬率的基本方法有(　　)。
A. 市场提取法　　　　　　　B. 累加法
C. 指数调整法　　　　　　　D. 投资报酬率排序插入法
E. 收益乘数法

四、判断题

1. 在求取整体房地产的价值时,期末转售收益是指在房地产持有期末转售房地产并扣减抵押贷款余额之后的收益。　　　　　　　　　　　　　　　　　　　　(　　)

2. 应用收益法评估出租型房地产价格时,净收益的确定必须从租赁收入中扣除维修费、管理费、保险费、房地产税、租赁代理费等。　　　　　　　　　　　　　(　　)

3. 用收益法估算某大型商场的价值时,其净收益为商场销售收入扣除商品销售成本、经营费用、销售税金及附加、管理费用、财务费用后的余额。　　　　　　　(　　)

4. 在同一地区、同一时期的房地产,其资本化率相同。　　　　　　　　　(　　)

5. 预计某宗房地产未来第一年的净收益为38万元,此后每年的净收益将在上一年的基础上减少3万元,则该宗房地产的合理经营期限为12年。　　　　　　　　(　　)

五、计算题

1. 某房地产的收益年限为70年,预测未来3年的净收益分别为30万元、35万元、40万元,从第4年起,每年的净收益将稳定在45万元左右,如果资本化率为10%,则该房地产的收益价格是多少?

2. 某商场的土地使用权年限为40年,从1998年5月31日起计。该商场共两层,每层建筑面积为2 000m²,可出租面积占建筑面积的60%。一层于2000年5月31日租出,租期为5年,可出租面积的月租金为180元/m²,且每年不变;二层现暂空置。附近类似商场一、二层可出租面积的正常月租金分别为200元/m²、120元/m²,出租的成本及税费为租金的20%。该类房地产的资本化率为8%。试估计该商场于2002年5月31日租约出售时的正常总价格。

7 假设开发法

前已述及,房地产估价方法主要有市场法、收益法和成本法三种。其中,市场法是以市场为导向,根据替代原理,将委估房地产与类似房地产进行比较,以类似房地产的实际成交价格为参照,修正得出委估房地产最可能实现的合理价格。收益法是以预期收益为导向,根据预期原理,通过将房地产的纯收益进行资本化,从而求出房地产价格。成本法是以客观成本为导向,根据生产费用价值论,求取开发与估价对象类似的房地产所需的成本总额,以此来估算房地产的价格。这三种估价方法的原理、理论依据、适用对象和条件、操作步骤都不相同,三个方法之间相互独立,因此我们称之为房地产估价的"三大基本方法"。而本章讲述的假设开发法并不是一个独立的、新的方法,其本质上同收益法,形式上是成本法的倒算。

假设开发法来源于房地产的开发实际,是一种实用的估价方法。假设开发法最早主要用于待开发土地(主要是空地)的估价,是房地产开发商在拿地过程中确定土地最高可接受价格时最常用的估价方法之一。在房地产开发项目的可行性研究中,假设开发法也被广泛采用。此外,当土地价格已确定时,还可用来估测开发项目的预期利润。

由于假设开发法估价是建立在预测的基础之上,而预测包含较多的可变因素,如果不具备相关基础条件,估算结果的准确性将会大打折扣。因此,与其他方法相比较,假设开发法显得相对粗略。不过,当估价对象具有潜在的开发价值,而市场又不够发育、难以采取市场比较法对委估房地产进行估价时,假设开发法几乎是唯一实用的估价方法。

7.1 假设开发法的基本原理

7.1.1 假设开发法的概念

假设开发法(The Hypothetical Development Method),简单地说就是依据设想的开发方案来评估待开发房地产的价格。具体来说,就是先预测估价对象未来开发完成后的价值,然后减去未来需要投入的、但在估价时点尚未投入的正常开发成本、税费以及开发应得的利润等,以此来估算估价对象的客观合理价格或价值的方法。

假设开发法还有一些其他名称,如剩余法(Residual Method)、残余法、倒算法、预期开发法等。

7.1.2 假设开发法的原理

假设开发法的基本原理主要有价格构成原理、预期原理和地租原理。

1)价格构成原理

根据价格构成原理,任何商品的销售价格均由其成本、税金和利润构成,房地产这一特殊的商品也不例外,只不过其成本构成比一般商品要更复杂些。

根据成本法的内容,开发完成后的房地产价值＝土地价格＋开发成本＋管理费用＋投资利息＋销售费用＋销售税费＋开发利润＋投资者购买土地应负担的税费。所以,土地的价值可以用下面的计算公式求得:

土地价值＝开发完成后的房地产价值－开发成本－管理费用－投资利息－销售费用
－销售税费－开发利润－投资者购买土地应负担的税费

由上可以看出,假设开发法在形式上是成本法的"倒算"。两者的区别在于:在成本法中,土地价格是已知的,需要求取的是开发完成后房地产的价格;而在假设开发法中,开发完成后的房地产的价格已事先通过预测得到,需要求取的是土地的价格。成本法是将各项成本相加,如果说成本法的基本运算思路是做"加法",那么假设开发法就是做"减法"。

虽然假设开发法中房地产价格的构成与成本法中房地产价格的构成是一样的,但在实际估价中,成本法是在已实际发生的客观数据的基础上求取估价对象的价格,而假设开发法的基础在于"假设",其相关的费用数据都是预测的,需要对开发完成后的房地产未来可实现的销售价格、建设周期、建造成本、销售费用等数据进行科学合理且准确的判断,而这要比成本法估价困难得多。

2) 预期原理

因为假设开发法是依据设想的开发方案来评估待开发房地产的价格,所以其基本原理与收益法相同,是预期原理。在假设开发法估价过程中,同样要遵循预期收益原则,应以估价对象在正常利用下的未来客观合理的预期收益为基准。具体来说,假设开发法中的预期收益主要是指估价对象未来开发完成后的价值减去未来的正常开发成本、税费和利润等之后的剩余值。

3) 地租剩余理论

假设开发法的理论依据还包括古典经济学的地租剩余理论,其理论渊源可以追溯到亚当·斯密在《国民财富的性质和原因的研究》一书中关于"地租量的决定问题"的论述,以及杜能在《孤立国同农业和国民经济的关系》一书中的有关论述,只不过地租是每年的租金剩余,假设开发法通常测算的是一次性的价格剩余。

亚当·斯密在《国民财富的性质和原因的研究》一书中对地租决定原理有如下的论述:"作为使用土地的代价的地租,自然是租地人按照土地实际情状所支给的最高价格。在决定租约条件时,地主都设法使租地人所得的土地生产物份额,仅能够补偿他用以提供种子、支付工资、购置和维持耕畜与其他农具的农业资本,并提供当地农业资本的普通利润。这一数额,显然是租地人在不亏本的条件下所愿意接受的最小份额,而地主决不会多留给他。生产物中分给租地人的那一部分,要是多于这一数额,换言之,生产物中分给租地人那一部分的价格,要是多于这一数额的价格,地主自然要设法把超过额留为己用,作为地租。因此,地租显然是租地人按照土地实际情况所能缴纳的最高额。诚然,有时由于存心宽大,更经常是由于无知,地主接受比这一数额略低的地租;同样,有时也由于无知(但比较少见),租地人缴纳比这一数额略高的地租,即甘愿承受比当地农业资本普通利润略低的利润。但这一数额,仍可视为土地的自然地租。而所谓自然地租,当然是大部分出租土地应得的地租。"亚当·斯密关于地租量的计算用现在的概念来表达即为:

地租＝市场价格－生产成本－普通利润(平均利润)

杜能在《孤立国同农业和国民经济的关系》中的论述更接近假设开发法的基本思想:"有一

田庄,庄上全部房屋树木、垣篱都遇焚毁,凡想购置这一田庄的人,在估值时首先考虑田庄建设完备之后,这块土地的纯收益是多少,然后扣除建造房屋等投资的利息,根据剩余之数额确定买价。"

7.1.3 假设开发法的思路

从定义我们可以看出,假设开发法的基本思路就是"假设开发"。因假设开发法广泛运用于房地产开发商的拿地过程中,所以,我们可以通过模拟一个典型房地产开发商在土地市场为取得土地使用权而确定投标底价的思想活动,来反映假设开发法估价的基本思路。

例如,某市的国土资源管理部门以招、拍、挂的形式推出一块可供开发建设的土地。作为房地产开发商,获取土地也就是获得生产的原材料,没有土地,房地产开发也就成了"无米之炊"。因此,该房地产开发商打算买下该块土地。因为该块土地是以招标、拍卖、挂牌的形式公开出让,所以想得到这块土地的开发商不止一个,其他的开发企业都怀有类似的动机。为获得该块土地,开发商必须审慎地报价:报价太高,意味着拿地成本太高,获得的利润降低甚至亏本;报价太低,则意味投标失败,得不到该块土地,从而会一无所获。

那么作为开发商,应该如何来确定合理的报价呢?

首先,要分析该土地的地理位置、交通条件、商业繁华程度、周围环境等区位条件和土地的面积、形状、地质条件、地形地势等自身条件,以及规划用途、规划容积率、建筑密度、建筑高度等规划控制指标。

其次,在规划条件控制下,拟定最佳的房地产开发方案,包括确定最佳用途和最佳利用强度。例如,是开发成商铺、写字楼、还是住宅楼?是用途单一的房地产还是综合楼?

再次,估算通过此项目的开发能获得多少利润。前已述及,众多的开发商都想获得这块土地,这也就决定了不管是哪个开发公司取得该块土地,都只能获得社会平均利润(社会上同类房地产开发项目的一般正常利润)。期望值既不能过高,过高会使开发商在竞标中处于不利地位;也不能过低,过低则意味着低于正常的社会平均利润率,显然这不符合投资者的投资期望。

然后,根据房地产市场的供求状况,预测该房地产项目建成后可实现的销售价格或租赁价格。

最后,估算从拿地开始到开发完成所需要的时间,以及拿地之后到开发完成这段时间内所需要投入的各种费用、规费、税费等各项成本,包括建筑安装工程费、专业费、管理费、销售费用、利息、税费等。

有了这些以后,便知道了开发商愿意为这块土地支付的最高价格是多少了。毫无疑问,它等于预测的开发完成后的价值减去各种开发成本、费用以及利息、税费和利润之后的余额。即:

待开发房地产价值＝开发完成后的房地产价值－开发成本－管理费用
－投资利息－销售费用－销售税费
－开发利润－投资者购买待开发房地产应负担的税费

7.1.4 假设开发法的适用对象

从以上分析我们可以看到,假设开发法就是通过对待开发的房地产(如空地、在建工程)进行分析,在规划控制条件下拟定开发建设方案,预测开发完成后可实现的销售价格,然后估算尚需追加的各种投入,以此来倒算待开发房地产的价格。因此,假设开发法适用于具有投资开发或再开发潜力的房地产。所谓具有投资开发或再开发潜力的房地产,具体有以下几种类型:

1) 单纯土地的估价

(1) 土地开发的估价,主要是指将生地、毛地开发成熟地的土地估价。

(2) 待开发建设土地的估价,主要是指在待开发建设的土地(包括生地、毛地、熟地)上进行房地产开发的土地估价,例如在熟地上建造商品房并销售。

2) 房地产的估价

(1) 可改变用途的旧房地产的估价,如临街工业厂房转换用途变为商业用房。

(2) 具有装修改造潜力的旧房地产的估价,如旧的写字楼重新装修。

3) 在建工程的估价

所谓在建工程,是指正在施工建设的房屋,这些房屋已经开工建设并完成一定的工程量,但尚未达到竣工交付使用条件。

7.1.5 假设开发法的适用条件

运用假设开发法估价需要同时满足以下两方面条件:

1) 主观条件方面

假设开发法与市场法、成本法、收益法有所不同,这些方法主要是基于现实数据的评估。例如,市场法是对已成交案例进行修正,成本法是将各项客观合理的成本进行累加然后扣除折旧,收益法是将市场上的客观收益进行报酬资本化。而假设开发法因受房地产开发时间长的制约,需要对评估过程中的有关参数进行预测,估价结果的合理性取决于预测的准确性。因建安费、专业费、管理费、销售费用、利息、税费等值的确定相对容易、准确,所以在实际估价中,假设开发法估价结果的可靠性取决于下列两个预测:

(1) 是否根据房地产估价的合法原则和最高最佳使用原则,正确地判断了房地产的最佳开发利用方式(包括用途、规模、档次等)。

(2) 是否根据当地房地产市场行情或供求状况,正确地预测了未来开发完成后的房地产价值。

为提高预测的精准性,必须遵循以下基本要求:

(1) 待估房地产开发利用方式的确定必须遵循合法原则,这是基本前提。

(2) 在合法原则下,待估房地产开发利用的方式必须是最高最佳使用,包括其用途、使用强度、建筑物的规模、档次等。

(3) 售价的预测和成本的测算必须符合国家有关政策和标准。

(4) 正确分析房地产市场行情,掌握房地产市场中的有关数据信息,正确预测开发成本和开发完成后的售价。

(5) 在开发期间的各项成本,设定是均匀或分段均匀投入的。

(6) 开发商的利润和开发成本应该为社会正常平均水平。

2) 客观条件方面

假设开发法估价结果的可靠性,除了取决于估价人员对相关参数的预测精度外,还要求有一个良好的社会经济环境。只有房地产市场比较规范和稳定,预测才能达到一定的精确性。

如果外部条件不具备,在运用假设开发法估价时,会使预测的主观性与市场的不稳定性相叠加,使未来的房地产市场变得更加无法确定,从而对未来开发完成后的房地产价值、开发成本和税费等的预测也会更加困难,估算结果的准确性也将大打折扣。

具体来说,房地产市场应具备如下条件:
(1)房地产的投资、开发按市场经济机制来运行。
(2)要有一整套稳定、健全及长远的房地产政策与法规。
(3)国家对有关房地产投资与交易的税费有一套稳定、清晰的规定。
(4)要有一个长远、公开及稳定的政府土地供给(出让)计划。
(5)要有一个完整、公开的房地产信息库。

7.1.6 假设开发法的操作步骤

运用假设开发法估价一般分为下列六个步骤进行:
(1)调查待开发房地产的基本情况。
(2)选择最佳的开发利用方式。
(3)估算开发经营期。
(4)预测开发完成后的房地产价值。
(5)测算开发成本、管理费用、投资利息、销售费用、销售税费、开发利润及投资者购买待开发房地产应负担的税费。
(6)进行具体计算,求出待开发房地产的价值。

7.2 假设开发法的基本公式

7.2.1 假设开发法最基本的公式

根据定义,假设开发法最基本的公式为:
$$V = V_p - C$$
式中:V——待开发房地产在估价时点下的价值,如果估价对象为空地,那么就是该空地在估价时点下的价格;如果估价对象是在建工程,那么就是该在建工程在估价时点下的价格;

V_p——开发完成后的房地产价值,是通过预测得到的;

C——应扣除项目。

式中的C为应扣除项目,对于C具体应包含哪些项目,掌握的基本原则是把握开发完成前(也就是估价时点)和开发完成后两个时间点。设想在估价时点得到估价对象后立即开始开发,直至开发完成,这个期间还需要支出哪些必要的费用、税金,以及开发应获得的利润,这些合理的费用、税金及应获得的利润因尚未实际投入或发生,所以就是应扣除的项目C。如果是已经投入的费用,则它已包含在待开发房地产的价值内了,也就是说评估值中已包含这部分价值了,因此不需扣除。例如,评估毛地的价值,因该土地尚未完成拆迁补偿安置,这时扣除项目

C 中应包括拆迁补偿安置费；如果评估的是已完成拆迁补偿安置后的熟地价值，因为拆迁补偿安置的价值已经体现在土地价值（即评估值）中了，所以扣除项目 C 中就不应再包括拆迁补偿安置费。又如，评估在建工程，如果该在建工程规划为 20 层，目前已完工 12 层，这时，扣除项目 C 不包括已完工 12 层的费用，但应包括尚未完工的剩余 8 层费用，因为已完工的 12 层的价值已经包含在待开发房地产的价值里了，而剩余的 8 层费用因尚未发生，还需要追加投入，故需要扣除。

一般来说，应扣除项目主要包括待开发房地产的续建成本和开发商续建的合理利润两大项，而续建成本又包括建设成本、管理费用、投资利息、税费等。所以，该公式又可细化为：

待开发房地产价值＝开发完成后的房地产价值－开发成本－管理费用
　　　　　　　　－投资利息－销售费用－销售税费－开发利润
　　　　　　　　－投资者购买待开发房地产应负担的税费

7.2.2 按估价对象细化的公式

如前所述，运用假设开发法公式，最关键的是要弄清楚开发前、后分别处于什么状态，并确定由开发前的状态到开发完成后的状态这个期间所需要投入的各项成本、费用、税费以及应得的合理利润。待开发房地产在投资开发前的状况，即估价对象在估价时点下的状况，有土地（又可分为生地、毛地、熟地）、在建工程和旧房（包括装修改造、改变用途重新利用）三大类，开发完成后的状况主要包括熟地和房地产两类。因此，综合起来，假设开发法公式可归纳为下列几种情况：

（1）估价对象为生地，在生地上进行房屋建设（生地→房地产）

生地是指不具有城市基础设施的土地，该地块已完成土地使用批准手续（如土地使用权出让手续），可用于开发建设，但尚无任何基础设施，如荒地、农地。

在生地上进行房屋建设的公式为：

生地价值＝开发完成后的房地产价值－由生地建成房屋的开发成本
　　　　－管理费用－投资利息－销售费用－销售税费
　　　　－房地产开发利润－买方购买生地应负担的税费

（2）估价对象为生地，将生地开发成熟地（生地→熟地）

熟地是指具有较完善的城市基础设施且土地平整，能直接在其上进行房屋建设的土地。

将生地开发成熟地通常也称为土地开发，计算公式为：

生地价值＝开发完成后的熟地价值－由生地开发成熟地的开发成本－管理费用
　　　　－投资利息－销售费用－销售税费－土地开发利润
　　　　－买方购买生地应负担的税费

（3）估价对象为毛地，在毛地上进行房屋建设（毛地→房地产）

毛地是指具有一定城市基础设施，但尚未完成房屋拆迁补偿安置的土地。该地块已完成土地使用批准手续（如土地使用权出让手续），具有一定的基础设施（如五通），但未进行完成拆迁补偿安置，如城区中某待拆迁改造的地块。

在毛地上进行房屋建设的公式为：

毛地价值＝开发完成后的房地产价值－由毛地建成房屋的开发成本
　　　　－管理费用－投资利息－销售费用－销售税费

　　　　　　　　－房地产开发利润－买方购买毛地应负担的税费

(4) 估价对象为毛地,将毛地开发成熟地(毛地→熟地)

将毛地开发成熟地的公式:

　　毛地价值＝开发完成后的熟地价值－由毛地开发成熟地的开发成本
　　　　　　－管理费用－投资利息－销售费用－销售税费
　　　　　　－土地开发利润－买方购买毛地应负担的税费

(5) 估价对象为熟地,在熟地上进行房屋建设(熟地→房地产)

　　熟地价值＝开发完成后的房地产价值－由熟地建成房屋的开发成本－管理费用
　　　　　　－投资利息－销售费用－销售税费
　　　　　　－房地产开发利润－买方购买熟地应负担的税费

(6) 估价对象为在建工程,将在建工程续建成房屋

　　在建工程价值＝续建完成后的房地产价值－续建成本－管理费用
　　　　　　　　－投资利息－销售费用－销售税费－续建投资利润
　　　　　　　　－买方购买在建工程应负担的税费

在建工程的范围比较广,情况复杂,而且个性差异较大,不同工程之间的可比性较差,因此对在建工程估价要建立在对其全面分析了解的基础上,并准确界定在建工程评估范围,合理确定需要追加投入的各种费用、税费以及续建利润等。

(7) 估价对象为旧房,将旧房装饰装修改造成新房(含转换用途)

　　旧房价值＝装饰装修改造完成后的房地产价值－装修改造成本－管理费用
　　　　　　－投资利息－销售费用－销售税费－装修改造投资利润
　　　　　　－买方购买旧房应负担的税费

7.2.3　按开发完成后的经营方式细化的公式

房地产的经营方式主要有销售(包括预售、现售)、出租、营业三种。根据房地产开发完成后可能的经营使用方式,可将房地产分为出售型房地产、出租型房地产和营业型房地产。对于不同类型的房地产,求取开发完成后的房地产价值的方法是不一样的。对于出售型的,可以直接用市场法结合长期趋势法比较求出,而对于出租型和营业型的,则适合用收益法求取。

1) 适用于开发完成后出售的公式

$$V = V_p - C$$

式中:V——待开发房地产的价值;

　　　V_p——用市场法或长期趋势法测算的开发完成后的房地产价值;

　　　C——应扣除项目。

2) 适用于开发完成后出租、营业的公式

$$V = V_R - C$$

式中:V——待开发房地产的价值;

　　　V_R——用收益法测算的开发完成后的房地产价值;

　　　C——应扣除项目。

7.3 假设开发法的两种计算方法

从以上叙述可以看出,假设开发法的计算公式反映了房地产开发项目全过程中所有的支出与收入,而且公式中的各个收支项目发生在不同的时点,因此从资金的时间价值角度来划分,假设开发法的计算分为动态和静态两种方式。

所谓动态方式,也称为现金流量折现法,就是运用折现现金流的方法,将不同时点的现金流量全部折现到同一时间点上,然后再代入公式进行计算,这时公式中所有的项目都对应于估价时点。在动态法中,投资利息和投资利润都以折现率的形式隐含在折现过程中,不再单独显现。因为动态法中需要将所有的现金流量进行折现,所以动态法的难点在于折现率的确定。

静态方式,也称为传统方式,它不考虑各项支出、收入发生的时间不同,即不是将它们折算到同一时间上的价值,而是先直接相加减,然后再以单利或复利方式(一般是按复利)分别计算各项目的利息。不同的计息项目,计息期是不同的。静态法的难点在于确定计息基础、利率和计息期。

房地产开发持续的时间较长,是一个时间段而不是一个时间点。由于动态法时间结点清楚,且将所有现金流入和现金流出通过折现都统一到了估价时点,相对来说测算的结果比较精确,更符合估价的要求。根据《房地产估价规范》的要求:"运用假设开发法估价必须考虑资金的时间价值。在实际操作中宜采用折现的方法;难以采用折现的方法时,可采用计算利息的方法。"所以,在实际运用假设开发法时一般均采用动态法来进行评估。

【例 7-1】 静态法和动态法的比较。

有一块"五通一平"的空地,土地总面积为 1 000 m^2,形状规则,规划用途为商业居住综合,规划容积率≤7.0,规划建筑密度≤50%,土地使用权年限为 50 年,现要求评估该宗土地 2010 年 4 月的价格。

【解】 1. 选择估价方法。该宗土地为待开发建设土地,可采用假设开发法估价。

2. 选择最佳开发利用方式。土地总面积为 1 000 m^2,规划容积率≤7.0,本次评估取 7.0,即建筑面积为 7 000 m^2。因规划建筑密度≤50%,根据设计方案,建筑物总层数确定为 14 层,各层建筑面积均为 500 m^2。其中地上 1~2 为商店,总面积为 1 000 m^2,地上 3~14 为住宅,总面积为 6 000 m^2。

3. 估计开发建设期。预计共需三年时间完成全部建筑,即到 2013 年 4 月完成。

4. 预测开发完成后的房地产总价。开发完成后商业部分即可全部售出。住宅部分的 30%在建造完成后即可售出,50%在半年后可售出,20%在一年后才能售出。预计商业楼出售的平均售价为 8 000 元/m^2,住宅楼出售的平均售价为 4 000 元/m^2。

5. 估算开发费用及开发利润。根据测算,包括建安费、勘察设计费等在内的开发成本合计为 700 万元;管理费用为开发成本的 6%;年利率为 10%;销售费用为楼价的 3%;销售税费(即建成销售时由卖方承担的营业税、土地增值税等)为楼价的 4%;投资利润率为 20%。

在未来三年的建设期内,开发费用的投入情况为:第一年需投入 50%的开发成本及相应的管理费用;第二年需投入 30%的开发成本及相应的管理费用;第三年需投入 20%的开发成本及相应的管理费用。

6. 计算地价。分别采用静态法和动态法两种方式进行计算：

(1)静态法

① 开发完成后的房地产总价＝8 000×1 000＋4 000×6 000＝3 200(万元)

② 开发成本＝700(万元)

③ 管理费用＝开发成本×6％＝700×6％＝42(万元)

④ 利息＝(土地成本＋开发成本＋管理费用)×利息率×计息期
  ＝地价×10％×3＋700×(1＋6％)×50％×10％×2.5＋700×(1＋6％)×30％
  ×10％×1.5＋700×(1＋6％)×20％×10％×0.5
  ＝地价×0.30＋133.56(万元)

上述利息的计算采用的是单利，计算期至2013年4月止。各年开发成本和管理费用的投入实际上是覆盖全年的，但计息时假设各年开发成本和管理费用的投入集中在各年的年中，这样上述利息计算中的计算期分别取2.5、1.5和0.5。

⑤ 销售费用＝开发完成后的房地产总价×3％＝3 200×3％＝96(万元)

⑥ 销售税费＝开发完成后的房地产总价×4％＝3 200×4％＝128(万元)

⑦ 投资利润＝(地价＋开发成本＋管理费用)×利润率
  ＝地价×20％＋(700＋42)×20％
  ＝地价×0.20＋148.4(万元)

⑧ 地价＝3 200－700－42－(地价×0.30＋133.56)－96－128－(地价×0.20＋148.4)

$$地价＝\frac{3\,200－700－42－133.56－96－128－148.4}{1＋0.30＋0.20}＝1\,301.36(万元)$$

(2)采用动态方式进行地价试算

计算的基准时间确定为估价时点，即2010年4月，折现率取14％。

① 开发完成后的房地产总价＝商业楼价＋住宅楼价

$$＝\frac{8\,000×1\,000}{(1＋14％)^3}＋4\,000×6\,000×\left[\frac{30％}{(1＋14％)^3}＋\frac{50％}{(1＋14％)^{3.5}}＋\frac{20％}{(1＋14％)^4}\right]$$

＝2 068.76(万元)

② $开发成本＝\frac{700×50％}{(1＋14％)^{0.5}}＋\frac{700×30％}{(1＋14％)^{1.5}}＋\frac{700×20％}{(1＋14％)^{2.5}}$

＝601.23(万元)

各年开发成本的投入实际上是覆盖全年的，但为折现计算的方便，假设各年开发成本的投入集中在各年的年中，这样上述开发成本计算中的贴现年数分别是0.5、1.5和2.5。

③ 管理费用＝开发成本×6％＝601.23×6％＝36.07(万元)

④ 利息＝(地价＋开发成本＋管理费用)×利息率×计息期

在动态法中，投资利息已隐含在折现过程中，因此，投资利息不再单独显现。

⑤ 销售费用＝楼价×3％＝2 068.76×3％＝62.06(万元)

⑥ 销售税费＝楼价×4％＝2 068.76×4％＝82.75(万元)

⑦ 投资利润＝(地价＋开发成本＋管理费用)×利润率

在动态法中，投资利润已隐含在折现过程中，因此，投资利润不再单独显现。

⑧ 地价＝2 068.76－601.23－36.07－62.06－82.75＝1 286.65(万元)

7. 动态与静态计算的差异分析

从例中可以看出，静态法不考虑各项支出、收入发生的时间不同，是先直接相加减，然后再分别计算各项目的利息(本例中的计息期只计算至开发完成,比实际应计的计息期短。另外,采用的是单利计息,实际中一般采用复利)。利润的计算是采用利润率与相应的基数相乘得到。在静态法中,利息和利润两项都是单独显现出来的;而在动态法中,由于折现率中包含了投资利息和投资利润这两项,因此利息和利润两项都隐含在折现过程中,不再单独显现。

7.4 假设开发法估价的操作步骤

对于不同类型的待开发房地产,运用假设开发法评估的操作步骤基本相同。

7.4.1 调查待开发房地产的基本情况

实地查勘估价对象是房地产估价的基本步骤之一,是运用任何一种估价方法估价时都必须做的。在运用假设开发法估价时,勘察委估房地产的主要目的是为了确定该房地产的最佳开发利用方式,因此勘察的重点要集中在影响开发利用方式的因素方面。

(1) 调查土地的位置。土地位置包括土地所在城市的性质、土地所在地区的性质和土地的具体坐落三个方面。弄清楚这些主要是为下一步选择土地的最佳用途服务的。例如,需要评估扬州市广陵区某块待开发建设的商住综合用地的价格,调查土地的位置就是要弄清扬州市的性质、地位,广陵区的性质、地位,以及扬州市政府对广陵区的政策和发展规划等。除此之外,还要弄清楚这块土地在广陵区内部所处的具体位置、周围环境、基础设施配套、交通情况等。

(2) 调查土地面积大小、形状、平整程度、基础设施完备程度、地质和水文状况等与土地本身有关的因素。调查这些主要是为估算开发成本、费用等服务。

(3) 调查政府的规划限制。对于城市土地而言,"城市规划决定土地价格",政府的规划限制对土地的价格有直接的影响。同一块土地,如果规划用途、容积率不同,其价格也会不同。因此,实地查勘时必须仔细调查政府的规划限制,包括规定的用途、建筑限高、容积率、建筑密度等,为确定最佳的开发利用方式服务。根据国土资源部、国家工商总局 2008 年 7 月发布的《国有建设用地使用权出让合同》示范文本,其用途范围、土地使用年限、建筑相关要求等内容在土地出让合同中都有约定,受让人只能在规划控制条件下开发利用,因此对于国有出让土地应该重点查阅其出让合同。

(4) 调查房地产的各项权利。房地产位置的固定性决定可以转移的并非房地产本身,而是有关该房地产的所有权、使用权等各种权益,实质上评估的也是这些无形的权益价格。房地产的各项权利包括待估房地产的权利性质、使用年限、可否续期,以及对转让、出租、抵押等行为的有关规定等,这些资料主要是为预估未来的售价、租金水平等服务的。

如果估价对象是在建工程,在建工程的特殊性要求评估人员对资料的收集更为严密、全面。不仅要勘察建筑工程的情况,如建筑结构、建筑设计、所使用的材料和设备、施工质量等,还要收集权属证明资料,尤其应重视对"施工方出具的工程款支付凭证"等资料的收集,明晰法定优先受偿款项的金额。由于在建工程估价时点不同,工程进度会相差很大,如购买的电梯设备在运输途中还不能列入评估范围,但第二天运抵现场并安装了就应计算其价值。所以,在建工程的现场勘察日期应该与估价时点相一致。勘察现场时要做好详细的记录,如主体框架完成情况、消防喷淋管及电线是否铺设、设备是否安装、墙面是否粉刷、水电增容是否到位等均应记录在案。

7.4.2 选择最佳的开发利用方式

在整个开发过程中,开发利用方式是核心。因为假设开发法是依据假想的开发利用方式来估价的,对于同一块土地,设定的开发利用方式不同,其评估得出的价格肯定存在差异。最佳的开发利用方式意味着开发完成后能使开发商获得最高的收益。因此,能否准确地判断市场需求并在此基础上根据合法原则和最高最佳使用原则选择出最佳的开发利用方式,是应用假设开发法能否评估出合理价格的关键点和难点之一。

选择最佳的开发利用方式,具体包括确定土地的最佳用途、建筑容积率、建筑密度、建筑高度、建筑装修档次、建筑规模等。其中,最重要的是选择最佳的利用方式(即土地用途)和最适合的利用强度(即建筑容积率)。土地用途的选择,要考虑到土地所处区域的可接受性,以及这种用途的房地产在市场上的需要程度和未来发展趋势,也就是要分析当地市场对该类用途房地产的接受能力。利用强度的选择,主要是考虑在所有具有经济可行性的使用方式中,哪一种方式能使估价对象的价值达到最大。例如,有一块土地,政府规划用途为商业、写字楼或公寓,但实际估价时应该选择哪种用途?土地用途的选择要与房地产市场的需求相结合,并且要有一定的预测。因此,首先需要调查分析该块土地所在的城市和地区对商业、写字楼和公寓三种物业类型的供求关系及其走向。如果商业、写字楼的出租率呈下降趋势,表明市场对商业、写字楼的需求开始趋于饱和。另一方面,如果希望能租到或买到公寓住房的人数逐渐增加,而近期能提供的公寓数量又较少时,表明市场上的公寓开始出现了供不应求的局面,这时,可以考虑选择建公寓为该地块的最佳用途。在确定了用途后,还需要确定开发利用强度。是建28层还是32层?每层的建筑面积是多少?也就是说还需要确定总建筑面积、建筑密度、建筑容积率和建筑总高度等指标参数。

需要强调的是,最佳开发利用方式的选择是建立在合法原则的基础上,最高最佳使用不是无条件的最高最佳使用,只能在法律法规、城市规划、土地规划的控制条件范围内选择。

如果估价对象是在建工程,选择最佳的开发利用方式主要就是分析判断目前的建筑工程是否符合该地块的最佳开发利用方向,继续开发是否可行,以及继续开发的具体方式。

【例 7-2】 某续建工程的最佳利用方式分析。

委估对象地处××市主城区东部,位于××路与××路交叉口东北角,西与××市人民政府毗邻,其所在的××路南段为××市市区重要的商贸金融区,区位条件优越,商业繁华,交通便利,适宜开发建设高层综合楼。根据规划,委估对象南侧拟拆除现有建筑物,改为公共绿化带及地下停车场,北面现有住宅群也已纳入待拆迁改造范围,改造完成后,区域环境较为优越,有利于商务型酒店的经营。同时,××市宾馆业发展较快,去年全市星级以上(1~3级)客房入住率75%,三星级以上宾馆尤其是××路附近宾馆入住率平均在95%以上,全市经济发展迅猛,大量外商、外企的进入为宾馆业提供了大量商机。另外,××市的居民经济殷实,且新型的消费观念正在不断深入,也为宾馆业的发展打下基础。委估对象原有部分建于1996年,后因故于2000年停工,停工时工程完工率接近80%,但未进行装修,亦未投入使用。2008年,×

××以买受形式通过转让取得了委估对象的房屋所有权及相应的土地使用权,并开始改建、扩建的设计及施工,根据××市城市规划局提供的该地块的控制性详细规划,委估对象拟建为集客房、餐饮、娱乐及桑拿四大功能于一体的四星级商务型酒店——××国际大酒店,并在周边建有配套停车场。综合上述分析和规划资料,本次评估确定委估对象的最佳用途为综合用地,其最佳开发利用方式为建设商务型酒店,地上总建筑面积24 589.46m²,容积率为4.03。

7.4.3 估算开发经营期

开发经营期包括了开发建设期和经营期。一个房地产项目开发的整个流程,大体上包括以下几个阶段:提出开发设想、可行性研究、申请项目用地、项目设计、征地及拆迁安置、筹措房地产开发资金、建设工程招标、施工、市场营销与策划、交付使用、物业管理等。开发建设期主要是指从开工到竣工所持续的时间。经营期是指房地产市场营销及租售所持续的时间。估算开发经营期的主要目的是为预测建筑物竣工时的价格、建筑费用的投入、利息的负担以及各项收入与支出的折现计算等服务,简而言之,就是为预测整个开发过程中的现金流量服务。

开发建设期有时是由当地建设部门规定,有时是由开发商自己确定。若不能从上述两方面得到,则应参考市场上开发同类项目所需的时间,由估价人员自行确定。在自行确定开发建设周期时,需要考虑到项目的特点、工程技术要求以及房地产市场状况等情况,采用市场比较的方法,根据同一地区、相同类型、同等规模的类似开发项目已有的正常开发建设期来综合确定。对于大型开发项目,还应考虑到其分期施工建设和分期投入资金。开发期一般能较准确地估计,但在现实中因某些特殊因素的影响,可能会使开发期延长,如房屋拆迁过程中遇到"钉子户"、基础开挖过程中发现重要的文物等,都可能使开发期延长,甚至项目下马。但这类特殊的、非正常因素在估计开发期时一般不考虑。

运用假设开发法评估,开发经营期的起点是假设取得估价对象(待开发房地产)的时间,即估价时点,终点是预计未来开发完成后的房地产经营结束的日期。房地产经营结束的日期要根据房地产的收益方式来确定:对于销售型房地产而言,其终点是销售完成;对于出租型房地产和经营型房地产而言,终点是其经济寿命到期。相对于开发期,经营期(如销售期)通常更难准确估计,因此,在估计经营期时,应充分考虑宏观经济形势和房地产市场的现状,分析房地产市场的走势。

7.4.4 预测开发完成后的房地产价值

开发完成后的房地产价值,是指估价对象在未来某个时点开发完成后的市场价值。该市场价值所对应的时点是未来开发完成时,不是过去或现在,也不是取得待开发房地产的时点或估价时点。

开发完成后的房地产价值是通过预测得到的。如前所述,运用假设开发法估价结果的可靠性取决于是否根据当地房地产市场行情或供求状况,正确地预测了未来开发完成后的房地产价值。因此,预测开发完成后的房地产价值时,应基于充分的市场信息来判断未来的楼价。

按房地产开发完成后的利用方式,可分为销售、出租和经营三种。这三种情况下,预测开发完成后的房地产价值的思路是不一样的,一种是直接预测售价,另一种是先预测租金,然后通过报酬的资本化将租金还原成售价。根据《房地产估价规范》的要求，"预测开发完成后的房地产价值，宜采用市场比较法，并应考虑类似房地产价格的未来变动趋势"，因此不管是预测租金还是预测售价，均应采用市场比较法。

对于习惯出售的不动产，如普通住宅、公寓等，应按当时市场上同类用途、性质和结构的不动产的市场交易价格，采用市场比较法求取其售价，比较的单位一般采用房屋单价。

在运用市场比较法求售价时，由于比较案例都是发生在估价时点之前，从可比实例的成交时点到估价对象开发完成进行销售这两个时间点之间一般都比较长。这个时间段可以分成两段：一是从可比实例的成交时点到估价时点；二是从估价时点到估价对象开发完成进行销售。其中，第二个时间段是未来的时间段，因此这里的期日修正不同于一般市场比较法中的期日修正，需要结合一些经济预测的方法，如长期趋势法，来对这一未来时段的价格变化进行预测，即根据类似房地产过去和现在的价格及其未来可能的变化趋势来推测开发完成后的不动产总价（总开发价值）。

【例 7-3】 销售型房地产总价的确定。

待估宗地为待开发地块，规划用途为写字楼，规划建筑面积 11 720m²，预计开发建设期为 1 年，现需确定其开发完成后的房地产价格。根据调查分析，待估宗地所在区域分布有众多类似的商务楼，有比较多的市场销售价格，故该宗地开发完成后的商品房预计售价可根据市场比较法求得。

（1）交易案例选取

本次估价所选择的案例均位于西区商业服务圈内，与待估房产属于同一供需圈。

案例一：××大厦商务楼，1～11 层当前销售均价按建筑面积计 6 500 元/m²；

案例二：××广场商务楼，1～12 层当前销售均价按建筑面积计 6 550 元/m²；

案例三：××广场商务楼，1～11 层当前销售均价按建筑面积计 6 400 元/m²。

（2）案例分析

① 交易情况修正

交易案例一、二、三均为正常交易价格，无须修正。

② 交易日期修正

交易案例的成交时间均在 3 个月之内，均为近期交易，而且近期当地房地产市场平稳，没有大的变化，因此无须修正。

③ 进行区域因素修正

设待估对象区域因素为 100，根据各比较案例的区域因素状况，以商服繁华、交通状况、基础设施和环境质量为主要的比较因素，分析得出：案例一的区域因素为 100，案例二为 101，案例三为 99。

④ 进行个别因素修正

估价对象房屋的结构用途与比较案例的房屋结构用途基本相同，但考虑内部格局状况、大堂装修、配套设备设施服务状况、建筑物外观状况、房屋成新率、物业管理、停车位置等因素对房地产价格的影响，设估价对象个别因素为 100，分析得出：案例一的个别因素为 101，案例二为 100，案例三为 98。

（3）价格测算

根据上述对待估对象交易情况、交易期日、区域因素和个别因素的分析，对各比较案例作逐一修正，得到各比较案例的修正价格，结果见表 7-1 所示。

表 7-1　房地产价格测算表

	案例一	案例二	案例三
实际交易价格(元/m²)	6 500	6 550	6 400
交易情况修正	100/100	100/100	100/100
交易期日修正	100/100	100/100	100/100
区域因素修正	100/100	100/101	100/99
个别因素修正	100/101	100/100	100/98
修正后单位价格(元/m²)	6 435	6 485	6 597

综合以上因素,采用简单算术平均法计算价格,得出不动产单价为(按建筑面积计):

$$(6\ 435+6\ 485+6\ 597)\div 3=6\ 505(元/m^2)$$

上述测算的价格为现时状态的价格,而需要预测的是不动产一年以后的价格,因此需进行期日修正。期日修正采用趋势分析法,根据估价师对目前房地产开发及销售状况和对风险的分析,预测一年后的售价与现时售价相比会上涨2%,故

$$不动产总价=(6\ 505\times 11\ 720)\times(1+2\%)=7\ 776.34(万元)$$

在预测待开发房地产未来售价时要注意其客观合理性,应根据现时的房地产价格走势、政策影响来预测建成后售价。另外,在预测销售进度时,要根据市场承受条件合理预测。房地产开发项目的销售一般情况下都是分期逐步实行,不大可能一建好就全部销售完毕,因此对于一些总面积较大的房地产项目,应考虑到分期销售及分期销售所带来的资金的时间价值问题。

【例 7-4】 开发完成后的房地产价值的估算(分期销售)。

估价对象是一块"三通一平"的建设用地,土地总面积 10 000m²,规划用途为商住综合,规划容积率≤5,建筑密度≤50%。根据建筑设计方案,商业用途的建筑面积为 6 000m²,居住用途的建筑面积为 44 000m²。建设期预计共需三年时间才能完全建成投入使用。根据对市场的调查分析,预计商业部分在建成后可全部售出,居住部分在建成当时可售出30%,半年后可再售出50%,其余20%需一年后才能售出;商业部分销售的平均价格为 9 000 元/m²,居住部分销售的平均价格为 5 500 元/m²。现需求开发完成后的房地产价值(折现率选取14%)。

【解】 建成后的总价值为:

$$\frac{9\ 000\times 6\ 000}{(1+14\%)^3}+5\ 500\times 44\ 000\times\left[\frac{30\%}{(1+14\%)^3}+\frac{50\%}{(1+14\%)^{3.5}}+\frac{20\%}{(1+14\%)^4}\right]$$
$$=3\ 644.85+15\ 415.20$$
$$=19\ 060.05(万元)$$

对于习惯出租的不动产,如商铺、写字楼等,其开发完成后的不动产总价的确定,可先根据当时市场上同类用途、性质、结构和装修条件的不动产的租金水平和出租费用水平,采用市场比较法确定所开发不动产未来出租可能实现的纯收益,再采用收益还原法,通过报酬的资本化,将出租纯收益还原为不动产总价。

同收益法一样,预测租金时要考虑出租率情况,并充分考虑租金可能的增长情况。

【例 7-5】 开发完成后的房地产价值的估算(租金)。

2009 年 9 月 1 日开始对某写字楼进行装修改造,预计装修改造期为一年,且该写字楼装修改造完成后即可全部租出。根据当前的市场租金水平,预测改造后该写字楼的月租金为每平方米使用面积 35 元/月,出租率为90%,运营费用占租金的30%,可供出租的使用面积为

8 000m², 运营期为37年, 如果报酬率为10%, 折现率为14%, 则该写字楼的未来总价值可估计为多少?

【解】 该写字楼的未来总价值可以用收益法来求取。

$$P = \frac{a}{r}\left[1 - \frac{1}{(1+r)^n}\right]$$
$$= \frac{35 \times 90\% \times (1-30\%) \times 12 \times 8\,000}{10\%} \times \left[1 - \frac{1}{(1+10\%)^{37}}\right]$$
$$= 2\,054.55(万元)$$

因 P 是该写字楼装修改造完成后即2010年9月1日的价格, 所以须将该价格折现到估价时点, 则该写字楼装修完成后的总价值折现到估价时点2009年9月1日的价格为:

$$\frac{2\,054.55}{(1+14\%)^1} = 1\,802.24(万元)$$

7.4.5 测算开发成本、管理费用、投资利息、销售费用、销售税费、开发利润及投资者购买待开发房地产应负担的税费

假设开发法在形式上是成本法的倒算, 所以, 估算各种费用的方法与成本法相同。需要注意的是, 在估算各种费用时, 应根据当地房地产价格的实际构成来分项计算, 而不必硬性套用本书所列费用的构成。

1) 开发成本

开发成本包括土地开发成本和房屋开发成本。

土地开发成本主要是指土地取得费用以及场地平整费用。如果是农地, 土地取得费用主要是土地征收的费用, 在城市主要是指拆迁补偿安置费用。

房屋开发成本具体包括:

(1)前期工程费。是指规划设计费、建筑设计费、可行性研究、水文地质勘察、测绘、人防设施费、劳保统筹费等。

(2)基础设施建设费。是指小区红线内道路、排水、环卫、绿化、供水、供电、供热、供气等设施建设费用。

(3)房屋建筑安装工程费。是指土建工程施工费和安装工程施工费, 由直接费、间接费、利润和税金组成, 主要包括主体结构工程、基本装饰工程、水电预埋预留工程的费用。建安费因材料、人工及设计要求各地不一样, 所以会有差别。

(4)公共配套设施建设费。指在建设用地内建设的为居民提供配套服务的各种非营利性的公用设施(如学校、幼儿园、医院、居委会、派出所等)和各种营利性的配套设施(如商店、银行、邮局、菜市场等商业网点)等所发生的费用。

(5)开发过程中的税费。

在以上开发成本中, 最主要的是确定房屋建筑安装工程费, 建筑安装工程费一般是将总建筑面积和单位建筑面积的建安费相乘得出。单位建筑面积的建安费一般可采用比较法来估算, 即通过同类建筑物当前开发大致成本来估算, 也可采用建筑工程概预算的方法来估算。有些城市根据现行国家规定的建筑工程量定额标准, 测算并公布了各种等级房屋重置价, 评估时可以参考引用。

在预测开发成本时, 与销售进度类似, 对于一些总面积较大的房地产项目, 应考虑到分期

施工及其资金的时间价值问题。

【例 7-6】 开发建设费用总额的求取。

估价对象是一块"三通一平"的建设用地,土地总面积 10 000m²,规划用途为商住综合,规划容积率≤5,建筑密度≤50%。根据建筑设计方案,商业用途的建筑面积为 6 000m²,居住用途的建筑面积为 44 000m²。2010 年 4 月开工,建设期预计共需三年时间才能完全建成投入使用,即 2013 年 4 月建成。建筑安装工程费预计为每平方米建筑面积 1 150 元;勘察设计和前期工程费及管理费等预计为每平方米建筑面积 550 元;估计在未来三年的开发期内,开发建设费用(包括勘察设计和前期工程费、建筑安装工程费、管理费等)的投入情况如下:第一年需投入 30%,第二年需投入 50%,第三年投入余下的 20%。现需估算开发建设费用的总额(折现率取 14%)。

【解】 开发建设费用总额为:

$$(1\ 150+550)\times(6\ 000+44\ 000)\times\left[\frac{30\%}{(1+14\%)^{0.5}}+\frac{50\%}{(1+14\%)^{1.5}}+\frac{20\%}{(1+14\%)^{2.5}}\right]$$
$$=7\ 105.09(万元)$$

在开发建设费用总额的求取过程中,需要对折现年限做一个技术处理。建筑安装工程费、专业费用及管理费在各年的实际投入是覆盖全年的,但为计算方便起见,假设各年的投入是集中在各年的年中,即第一年的投入设定在第一年的年中,集中投入,第二年的投入设定在第二年的年中集中投入,第三年的投入设定在第三年的年中集中投入。因此,折现年数分别取 0.5、1.5 和 2.5。

2)管理费用

管理费用是指企业行政、财务、人事等行政管理部门为组织和管理房地产开发经营活动而发生的各项费用,主要包括人员的工资、福利费、办公费、差旅费、低值易耗品、办公用水用电费等,一般是根据开发成本的一定比率来估算。

3)投资利息

投资利息测算只有在静态法中才需要。

利息,即开发过程中全部预付资本的使用成本。无论资本的来源是借贷资金,还是自有资金,都应计算利息。自有资金要考虑利息是基于资金机会成本的考虑。所谓机会成本,是指为了得到某种东西而要放弃另一些东西的最大价值,使用自有资金意味要放弃可得的存款利息。

在计算投资利息时,应注意计息基数、利率、计息期和计息方法等问题。

(1)计息基数和计息期

房地产开发的预付资本包括地价款、建安费、专业费和不可预见费等,这些费用在房地产开发建设过程中投入的时间是不同的。例如,地价款是取得土地使用权的代价,在取得土地使用权时就要支出,是一次性投入的;建安费、专业费及不可预见费则是随着工程开工才开始投入并随着工程进度逐步增加投入的,在工程竣工时这部分费用停止投入。估价时,这部分费用可以理解为在开发期内均匀投入或分段均匀投入。这些预付资本都是在租售完毕才全部回收,因此这些费用在开发建设过程中所占用的时间长短也各不相同,所以在确定利息额时,必须根据地价款、建安费用、专业费用的投入额以及各自在开发过程中所占用的时间长短和当时利率的高低来进行计算。例如,预付地价款的利息额应以全部预付地价款按整个开发建设周期计算;建安费、专业费在建筑期内的利息以全部建安费、专业费按建筑期的一半计算。若是分年度投入,则需进一步细化。例如开发期为两年,即第一年的投入设定在第一年的年中集中投入,计息期按1.5年计算;第二年的投入设定在第二年的年中集中投入,计息期按0.5年计算;建安费、专业费在建筑物竣工后的空置以及销售期内应按全额全期计息。

(2) 利率

通常可选银行同期贷款利率。

(3) 计息方式

利息的计算可分为单利与复利两种,一般是选用复利计息方式。

4) 销售税费

销售税费包括销售费用(即广告宣传费、委托销售代理费等)、销售税金及附加(即营业税、城市维护建设税、教育税附加)。销售税费一般是根据房地产实现的销售价值的一定比率来估算。

5) 投资者购买待开发房地产应负担的税费

根据国家和当地政府的税费政策,估算从获得土地至出售建筑物期间可能发生的税费,如获得土地或待开发房地产时由买方缴纳的契税,以及房地产开发完成销售时由卖方负担的土地增值税、交易手续费等。

投资者购买待开发房地产应负担的税费也是根据房地产未来实现的销售价值的一定比率来估算,也可以根据过去或其他类似开发经营项目所需支付的税费情况来估算。

6) 确定开发商的合理利润

开发利润测算也只有在静态法中才需要。

利润率有几种,在测算时要注意计算基数与利润率的对应。开发商的合理利润一般以不动产总价或预付总资本的一定比例计算,相应的利润率称为销售利润率或投资利润率。

利润率的高低随地区和项目类型的不同而有所不同,不同区域,或同一区域不同开发项目类型,利润率不同。确定开发商的合理利润时,利润率通常取该地区类似项目正常要求的平均利润率。

利润率与投资年限相关,利润的计算可采用总利润率计算,也可采用年利润率来计算。

7) 折现率

折现率是在采用动态法时需要确定的一个重要参数,是一种特定条件下的收益率,是指将未来有限期的预期收益折算成现值的比率。折现率说明了资产取得该项收益的收益率水平,综合反映了投资者对投资收益的期望以及对投资风险的态度。与折现率类似的概念是还原率,后者通常是指将未来无限期预期收益折算成现值的比率。

利率是资金的报酬,只表示资金本身的获利能力,与使用条件、占用者和使用途径没有直接联系。而折现率是管理的报酬,与资金以及所有者使用效果相关。因此,折现率不等同于利率。

折现率的求取方法与报酬资本化法中的报酬率的求取方法相同,具体应等同于同一市场上类似房地产开发项目所要求的平均报酬率,它体现了资金的利率和开发利润率两部分。因此,在动态法计算中,利息和开发利润不单独显现出来。

7.4.6 求取待开发房地产的价值

各项参数求出来之后,代入相应公式计算。

7.5 假设开发法的应用

【**例 7-7**】 位于市区的某框架结构旧厂房建筑面积为 5 000m²,根据城市规划,拟装修改造成商业写字楼出售。因土地用途变更,须补交土地出让金等相关费用按建筑面积计为 500 元/m²,同时取得 40 年的商业出让土地使用权。预计装修改造期为 1 年,装修改造费为每平方米建筑面积 1 200 元;装修改造完成后即可全部售出,售价为每平方米建筑面积 6 000 元(含土地);销售费用和销售税费合计为售价的 8%;购买该旧厂房买方需要缴纳的税费为其价格的 4%。试利用上述资料用现金流量折现法测算该旧厂房的正常购买总价和单价(折现率为 14%)。

【**解**】 设该旧厂房的正常购买总价为 V,则

装修改造后的总价值 $=\dfrac{6\,000\times 5\,000}{(1+14\%)^1}=2\,631.58$(万元)

装饰装修改造总费用 $=\dfrac{1\,200\times 5\,000}{(1+14\%)^{0.5}}=561.95$(万元)

销售费用和销售税费总额 $=2\,631.58\times 8\%=210.53$(万元)

购买该旧厂房的税费总额 $=V\times 4\%=0.04V$(万元)

需补交土地使用权出让金等的总额 $=500\times 5\,000=250$(万元)

$V=2\,631.58-561.95-210.53-0.04V-250$,所以

$V=1\,547.21$(万元)

故 旧厂房总价 $=1\,547.21$(万元)

旧厂房单价 $=3\,094.42$(元/m²)

【**例 7-8**】 需要评估一宗熟地于 2010 年 4 月的价值。已知该宗土地的面积为 5 000m²,容积率为 2,适宜建造某种类型的商品住宅。预计取得该宗土地后建造该类商品住宅的开发期为 2 年,建筑安装工程费为每平方米建筑面积 1 100 元,勘察设计等专业费用及管理费为建筑安装工程费的 12%。第一年需要投入 60% 的建筑安装工程费、专业费用及管理费,第二年需要投入 40% 的建筑安装工程费、专业费用及管理费。销售商品住宅时的广告宣传等费用为其售价的 2%,房地产交易中卖方需要缴纳的营业税等为交易价格的 6%,购买土地时买方需要缴纳的契税等为交易价格的 3%。根据对市场的调查分析,预计在建成当时可售出 50%,半年后可再售出 50%,售出时的平均价格为每平方米建筑面积 5 000 元。试利用所给资料用现金流量折现法测算该宗土地 2010 年 4 月的总价、单价及楼面地价(折现率为 14%)。

【**解**】 设该宗土地的总价为 V:

开发完成后的总价值 $=5\,000\times(5\,000\times 2)\times\left[\dfrac{50\%}{(1+14\%)^2}+\dfrac{50\%}{(1+14\%)^{2.5}}\right]$

$=3\,725.35$(万元)

建筑安装工程费等的总额

$=1\,100\times(1+12\%)\times(5\,000\times 2)\times\left[\dfrac{60\%}{(1+14\%)^{0.5}}+\dfrac{40\%}{(1+14\%)^{1.5}}\right]$

$=1\,097.19$(万元)

销售费用和销售税费总额＝3 725.35×(2%＋6%)＝298.03(万元)
购买该宗土地的税费总额＝V×3%＝0.03V(万元)
V＝3 725.35－1 097.19－298.03－0.03V

所以　　V＝2 262.26(万元)
故　　　土地总价＝2 262.26(万元)
　　　　土地单价＝4 524.52(元/m²)
　　　　楼面地价＝2 262.26(元/m²)

【例 7-9】 某在建工程开工于 2009 年 11 月 1 日，拟建为商场和办公综合楼；总用地面积 3 000m²，土地使用权年限 50 年，从开工之日起计；规划建筑总面积 12 400m²，其中商场建筑面积 2 400m²，办公楼建筑面积 10 000m²；该工程正常施工期 2 年，建筑费用每平方米建筑面积 1 300 元，专业费为建筑费的 10%；至 2010 年 5 月 1 日已完成基础工程，已投入总建筑费用及专业费的 35%，还需要投入总建筑费及专业费的 65%（假设均匀投入）。预计该工程建成后，商场即可全部租出，办公楼即可全部售出；办公楼售价为每平方米建筑面积 5 000 元，销售费用和销售税合计为售价的 8%；商场可出租面积的月租金为 80 元/m²，建筑面积与可出租面积之比为 1∶0.75，正常出租率为 85%，出租的成本及税费为年租金的 30%。又知购买该在建工程应缴纳的税费为购买价格的 3%。试利用上述资料以动态方式估计该在建工程于 2010 年 5 月 1 日的正常总价格(报酬率为 8%，折现率为 14%)。

【解】 (1)计算公式为：
在建工程价格＝续建完成后的房地产总价值－需投入的建筑费－需投入的专业费
－销售税费－购买该在建工程应缴纳的税费
(2) 预期建成后的价值

$$=\frac{5\,000\times10\,000}{(1+14\%)^{1.5}}+\frac{80\times2\,400\times0.75\times12\times0.85\times(1-30\%)}{8\%}$$
$$\times[1-\frac{1}{(1+8\%)^{50-2}}]\times\frac{1}{(1+14\%)^{1.5}}$$
$$=4\,107.83+1\,029.62$$
$$=5\,137.45(万元)$$

(3) 建筑费＝$\frac{1\,300\times12\,400\times65\%}{(1+14\%)^{0.75}}$＝949.73(万元)

(4) 专业费＝949.73×10%＝94.97(万元)
(5) 销售税费＝5 137.45×8%＝411(万元)
(6) 购买该在建工程的税费总额＝V×3%＝0.03V(万元)
(7) 在建工程的正常总价格：
V＝5 137.45－949.73－94.97－411－0.03V

故　　V＝3 574.51(万元)
所以　　总价＝3 574.51(万元)
　　　　单价＝2 882.67(元/m²)

【例 7-10】 某在建工程的评估。
一、项目基本情况
1. 区域基本情况
估价对象位于市区商业中心繁华地带，位于××路和××路交叉口的东南角，市政基础设施齐全,道路通达性和便捷性较好,区域内客流量较多,周边公共配套能满足商务活动的需要。

2. 建筑物装潢及附属设施状况

估价对象为一框架剪力墙结构的综合大楼,地下1层地上17层。地下1层为地下车库,有地下车位46个,1~3层为商铺,4层为综合用房,5~9层为Soho公寓,10~17层为商业写字楼,总建筑面积23 561.87m^2,其中可售面积为20 936.38m^2,本次委托评估面积为尚未销售的17 121.43m^2。

根据勘察,在估价基准日,大楼主体工程已完工,楼地面除一层找平层未做,其余各层均基本达到交付标准,5~17层公共部位的吊顶和地砖尚未完成;内外墙已粉刷,外墙尚有幕墙及干挂石材未安装到位;楼梯贴面已做,扶手尚未安装;水、电、通讯、消防等管线安装基本到位,部分电线未到位,设计中的2部观光电梯、2部普通电梯及4部自动扶梯均未安装。

二、估价目的

为确定房地产抵押贷款额度提供参考依据而评估房地产抵押价值。

三、估价时点

本项目评估的基准日确定为2009年1月19日。

评估基准日的确定是根据评估目的及实地查勘日,由委托方和评估人员共同协商确定。

四、估价方法

根据估价对象的特点和实际情况,选用假设开发法进行测算。

五、估价测算过程

1. 运用市场比较法求取续建完成后的不动产总价

(1) 求取地下车位总价

根据房地产估价师调查,结合委托方提供的已售地下车位价目表,××市区地下车位的价格从6万元~8万元不等。委估对象位置较好,位于市区繁华地段,有较大停车需求。根据谨慎原则,取其中位数7.5万元/个。

委估对象共有46个车位,故地下车位总价=46×7.5=345(万元)。

(2) 求取1~3层商铺总价

① 选择交易案例进行比较

实例1:××国际大厦商务楼,钢混结构,2008年建成,商业用房,位于市区商务中心繁华地带,公共基础设施完善,物业配套设施齐全,交通便捷,临街状况优,总层数15层,1~3层平均售价12 000元/m^2。

实例2:××苑商务楼,钢混结构,2008年建成,商业用房,位于市区商务中心繁华地带,公共基础设施完善,物业配套设施较齐全,交通便捷,临街状况优,总层数18层,1~3层平均售价12 500元/m^2。

实例3:××中心商务楼,钢混结构,2007年建成,商业用房,位于市区商务中心一般繁华地带,公共基础设施完善,物业配套设施较齐全,交通较便捷,临街状况较优,总层数11层,1~3层平均售价11 500元/m^2。

② 进行交易情况修正

交易情况修正,是排除交易行为中的一些特殊因素所造成的交易价格偏差,它是对可比实例价格本身是否正常的修正。由于所选取的案例均属正常交易,故交易情况无须进行修正。

③ 进行交易日期修正

交易日期修正,是指将可比实例在其成交日期的价格修正到估价时点的价格。由于所选取的案例成交价为2008年底的成交价格,且近期内房地产市场价格较为稳定,故无须再进行交易日期修正。

④ 进行区域因素修正

区域因素修正,是将可比实例相对于估价对象在外部环境方面的差别所产生的交易价格差别排除掉。本次评估所选取的交易案例与估价对象的区域因素有所差异,故需进行区域因素的修正。主要包括商业繁华程度、交通条件、基础设施条件、环境质量状况等。

⑤ 进行个别因素修正

个别因素修正,是指将可比实例相对于估价对象在本身的使用功能、质量好坏等方面的差别所产生的交易价格差别排除掉。可比交易实例与估价对象的个别因素差异主要体现在临街状况、内部格局状况、大堂装修、配套设备设施服务状况、建筑物外观状况、房屋成新率、物业管理、停车位置等。以待估对象的个别因素为基准,设为100,交易案例与之比较评分。

⑥ 估价对象与可比实例的情况因素说明(略)。

⑦ 因素条件指数表(略)。

⑧ 比较因素条件指数表

			实例1	实例2	实例3
	交易价格(元/m²)		12 000	12 500	11 500
	交易情况		100/100	100/100	100/100
	交易时间		100/100	100/100	100/100
区域因素	商业繁华程度		100/100	100/100	100/100
	交通条件	道路通达状况	100/100	100/100	100/100
		公交线路状况	100/100	100/100	100/100
		停车便捷状况	100/100	100/100	100/100
	基础设施状况		100/100	100/100	100/100
	环境质量状况		100/100	100/100	100/100
个别因素	临街状况		100/103	100/102	100/99
	内部格局状况		100/99	100/99	100/96
	大堂装修		100/97	100/101	100/98
	配套设备设施服务状况		100/105	100/104	100/103
	建筑物外观状况		100/102	100/102	100/98
	房屋成新率		100/96	100/96	100/96
	物业管理		100/102	100/98	100/98
	停车位置		100/103	100/102	100/102

将上述三个结果的算术平均值作为待估房地产的比准价格,则得到比准价格(过程略)。

1~3层商铺总价=比准单价×建筑面积=6 413.12(万元)

(3) 求取4层综合用房总价

具体测算过程同1~3层商铺总价的测算(略)。

(4) 求取5~9层Soho公寓总价

具体测算过程同1~3层商铺总价的测算(略)。

(5) 求取 10~17 层办公用房总价

具体测算过程同 1~3 层商铺总价的测算（略）。

(6) 续建完成后的不动产总价的确定

续建完成后的不动产总价＝地下车位总价＋(1~3 层商铺总价)＋(4 层综合用房总价)
　　　　　　　　　　　＋(5~9 层公寓总价)＋(10~17 层写字楼总价)
　　　　　　　　　　＝345＋6 413.12＋580.05＋2 403.13＋5 373.06
　　　　　　　　　　＝15 114.36(万元)

2. 续建成本的测算

根据委托方提供的资料以及估价师的调查，委估对象主体已完工，续建成本主要包括续建土建费用、装修费用、配套设施费用、景观费用等。

(1) 续建土建费用的确定

根据估价师现场勘察，土建已基本完成，现已进入外部装修及设备安装阶段。根据××市建筑工程概预算编制方法和标准，结合委托方提供的委估对象建筑工程施工预算，确定续建土建费用为 157.75 万元(过程略，下同)，续建土建费用设定在估价期日一次性投入。

(2) 续建装修费用

根据委托方提供的资料，续建装修主要有外墙幕墙、干挂石材、内部隔断、楼梯扶手、过道吊顶、过道地砖、一楼楼地面找平等，外墙装饰根据委托方资料约需 572 万元，其他如内部隔断、楼梯扶手等零星工程根据市场行情结合委估对象实际，折合到每平方米建筑面积约 250 元/m²。则续建装修费用为 572＋250×23 561.87＝1 161.05(万元)，续建装修费用设定在续建期内均匀投入。

(3) 配套设施费用

配套设施费用主要包括给热水、直饮水、智能化、消防、观光电梯及客梯、给水、有线电视、自来水泵房、供电等。根据委托方提供的资料及估价师现场调查，采用形象进度法，确定以上各项续建费用如下：

配套设施费用＝(65×15％)＋(40×50％)＋(31×55％)＋(280×15％)＋(158×55％)＋(45×35％)＋(11×45％)＋(60×15％)＋200＋80＝485.4(万元)，配套设施费用设定在续建期内均匀投入。

(4) 景观费用

根据委托估价方提供的资料和房地产估价师估算，景观费用取 100 万元，景观费用设定在续建期内均匀投入。

(5) 利息率计息期的确定

投资利息率按中国人民银行最新公布的固定资产 1 年期贷款年利息率 5.58％计。计息期按续建周期计算。根据续建工程量的大小和工程进度，确定续建期为 4 个月，故计息期也为 4 个月即 0.33 年。

(6) 续建成本为

$$157.75+[(1161.05+485.4+100)\div(1+5.58\%)^{0.33/2}]=1\ 888.62(万元)$$

3. 续建利润率的确定

根据××省物价局、省建委、省财政厅、省建行《转发国家物价局等四个部门(关于印发商品住宅价格管理暂行办法)的通知》的有关规定，普通商品房的利润率为 8％，高档住宅商品房和非住宅商品房的利润率由开发商自主决定，根据委估对象上所建建筑为商务办公楼，结合开

发商提供的有关委估对象开发的利润情况,确定本项目投资利润率为10%,利润率的提取基数为续建成本之和。续建利润为

$$1\ 888.62 \times 10\% = 188.86(万元)$$

4. 续建管理费

续建管理费是指在续建过程中进行必要管理所需的费用,分为两部分:一是续建过程中消耗品价值的货币支出;二是管理人员的工资支出。根据××市的实际情况,管理费取续建成本的3%,即续建管理费=续建成本×3%=56.66(万元)。

5. 不可预见费的确定

根据××市的实际情况,不可预见费取续建成本之和的3%,即

$$不可预见费 = 续建成本 \times 3\% = 56.66(万元)$$

6. 续建总成本费用

续建总成本费用=1 888.62+188.86+56.66+56.66=2 190.8(万元),折合到每平方米可售建筑面积续建成本为2 190.8/20 936.38=1 046.41(元/m²)。故委托评估对象续建成本为

$$1\ 046.41 \times 17\ 121.43 = 1\ 791.60(万元)$$

7. 房地产价格计算

$$在建工程价值 = 续建完成后不动产总价 - 续建总成本费用$$
$$= 15\ 114.36 - 1\ 791.60$$
$$= 13\ 322.76(万元)$$

复习思考题

一、简答题

1. 什么是假设开发法?其理论依据是什么?
2. 假设开发法的适用对象有哪些?
3. 运用假设开发法估价,需要具备什么条件?
4. 简述假设开发法的操作步骤。
5. 假设开发法中的动态法与静态法的主要区别是什么?
6. 简述假设开发法与成本法、收益法的异同。

二、计算题

1. 某在建工程开工于2009年3月1日,总用地面积3 000m²,规划容积率为4.0,用途为写字楼。土地使用年限为50年,从开工之日起计,当时取得土地的花费为楼面地价900元/m²。该项目的正常开发期为2.5年,建设费用(包括前期工程费、建筑安装工程费、管理费等)为每平方米建筑面积2 500元。至2010年9月1日实际完成了主体结构,已投入50%的建设费用。但估计至建成尚需1.5年,还需投入60%的建设费用。建成后半年可出租,可出租面积的月租金为65元/m²,可出租面积为建筑面积的75%,正常出租率为80%,出租的运营费用为有效毛收入的25%。当地购买在建工程买方需要缴纳的税费为购买价的3%,同类房地产开发项目的销售费用和销售税费合计为售价的8%。试利用上述资料用现金流量折现法测算该在建工程2010年9月1日的正常购买总价(报酬率为8%,折现率为12%)。

2. (2007年真题)某在建工程的土地使用权是2004年12月31日通过出让方式获得的,用途为商业,土地使用期限为40年,土地面积为700m²,容积率为15.0,土地取得费用为80万元,已付清。从获得土地使用权至正式动工,时间为1年。该工程正常施工期(不含装修)为2年,建安

成本为每平方米建筑面积 2 300 元,管理费用为建安成本的 3%。至 2007 年 6 月 30 日已完成主体结构,且已投入总开发成本的 55%,剩余费用在施工期内均匀投入,折现率为 13%。

该在建工程建成后的最佳用途为餐馆,建成时即投入 40 万元,花一年时间装修(假定装修费用支出发生在该年末),然后出租营业。预计第一年正常净收益为 60 万元,此后每年净收益以 15% 的比率增长。为保持这种正常收益增长,需要每隔 4 年在该年末进行一次大装修,正常大装修费用为 40 万元,当年净收益未扣除大装修费用。该类餐馆的报酬率为 15%。

按当地有关规定,房地产开发项目(包括在建工程)在转让交易过程中,买方按售价的 3% 缴纳有关税费,同类房地产开发项目的销售费用和销售税费分别为售价的 2% 和 6%。

请利用上述资料用现金流量折现法测算该在建工程 2007 年 6 月 30 日的正常购买总价。

3.(2005 年真题)某企业有一在建工程,于 2005 年 10 月 1 日带抵押债务转让。已知该在建工程占地面积 10 000 m^2。土地使用年限为 2003 年 10 月 1 日至 2043 年 9 月 30 日,规划容积率为 5.0。其中,1~4 层规划为商业,建筑面积为 20 000 m^2;5~20 层规划为写字楼,建筑面积为 30 000 m^2。项目总开发成本为 3 000 元/m^2,管理费用为开发成本的 5%。项目建成后,商业用于经营,写字楼全部出售。经调查,有关数据如下:

(1)项目 2004 年 6 月动工,2005 年 10 月 1 日已完成了 30% 的工程量,实际资金投入为总开发成本及管理费用的 30%,预计再经过 24 个月即可完成全部工程。假定费用均匀投入。

(2)该项目所在区域同类型同档次写字楼的售价为 8 000 元/m^2,销售税费为售价的 6%,写字楼在建成后 1 年末时售出。

(3)商业主体建成后,还需投入 2 000 元/m^2 的装修费,装修期为 1 年,装修均匀投入,预计年经营收入为 3 亿元,包括税费、经营成本等在内的支出为营业收入的 75%,合理商业利润为年经营收入的 10%。

(4)2004 年 10 月 1 日该企业办理了在建工程抵押贷款手续,获得了 5 000 万元贷款,年利率为 6%,每半年还款一次,5 年内等额还款。在建工程转让时要求受让方承担 2005 年 10 月 1 日以后的剩余债务。

(5)项目折现率为 10%,商业物业报酬率为 12%。

(6)转让在建工程时,受让方需按受让价格的 3% 缴纳有关税费。

试计算该在建工程于 2005 年 10 月 1 日带抵押债务转让的合理交易价格。

三、案例分析题

下表为某招商地块的基本情况及其规划要点,摘自××市国土资源局网站的《国有土地使用权招商公告》。

地块编号	地块坐落	土地出让面积(m^2)	规划设计条件				地块开发程度	市场挂牌起始价(人民币)
			用途	容积率	建筑密度	绿地率		
130#	文昌东路北侧、运河北路西侧	26 518	商业	≤2.5	≤40%	≥20%	熟地	1 845 元/m^2
348#	连运路北侧	7 280	住宅	≤1.5	≤30%	≥30%	生地	300 元/m^2

根据以上材料,回答下列问题:

1. 以 130# 地块为例,可以用哪两种方法进行评估?这两种评估方法的技术路线是什么?运用这两种方法评估,评估前分别需要收集哪些资料?

2. 两地块的挂牌起始价相差较大,试分析造成这个价差的主要原因有哪些?

8 长期趋势法

8.1 长期趋势法的概念

长期趋势法是在遵循事物连续性原则的基础上,根据预测目标的历史和现有的时间序列资料呈现长期趋势变动轨迹的规律性,用数学方法找出拟合趋势变动轨迹的数学模型,对房地产的未来价格作出预测、判断的方法。房地产估价的长期趋势法是将预测科学的基本理论和方法运用到房地产估价上而产生的一种估价方法。

8.2 长期趋势法的理论依据

从长期趋势的发展来看,房地产价格的变动也呈现一定的规律性,呈上升趋势或呈下降趋势。因此,根据某一房地产价格的历史资料,按照时间顺序排列为时间序列,就可以反映出房地产价格的变化过程,以此进行类推和延伸,就可以估算出该类房地产在估价时期(一般为目前或是未来某一时点)的价格。

事物的现状是历史发展的结果,而未来又是现状的延伸,因此,根据房地产价格的历史数据,通过统计分析,可以判断该类房地产目前价格或未来一定时日的价格。这就是长期趋势法的理论依据。

8.3 长期趋势法的适用条件

运用长期趋势法对房地产估价的前提是:是否具有长期的、足够的和真实的房地产价格资料和数据,越是长期的数据,越能够消除短期变动与意外变动对房地产价格的影响。

长期趋势法适用于预测房地产的未来价格总体水平及其发展趋势和"走势"。长期趋势法是根据房地产价格的历史资料进行估价的,其前提是假设房地产价格的历史变动趋势会延伸到未来。但我们知道,影响房地产价格的因素是错综复杂、不断变化的,房地产市场不可能是过去的简单重复。因而这种以预测为主的估价方法,常常会使估价结果出现偏差。因此,长期趋势法一般在房地产估价中不宜单独运用,只能作为其他估价方法的补充和验证。

8.4 长期趋势法的主要方法

8.4.1 线性趋势法

线性趋势法又称为趋势延伸法、最小二乘法,是指根据房地产价格的时间数列逐年增减量的变化情况,确定价格与时间之间的函数关系,运用最小二乘法求得变动趋势线,并使其延伸来评估判断房地产价格的一种趋势法。常用的有直线趋势法、曲线趋势法和对数趋势法等。下面讨论最常见的直线趋势法。

如果估价对象或类似房地历史价格的时间序列散点图表现出明显的直线趋势,在这种情况下就可以配合相应的直线模型来评估该房地产的价格。如果以 Y 表示各期的房地产价格,以 T 表示时间,以 Y 为因变量,T 为自变量,Y 依 T 而变。为了确认 T 与 Y 之间的相关关系,我们需要将房地产价格及相应的时间建立一个坐标轴。由于房地产价格只有一个自变量(注:有多个变量时称为多元线性趋势法或非线性趋势法),这一趋向在坐标图上可用一条直线代表,称为回归直线,如图 8-1 所示。

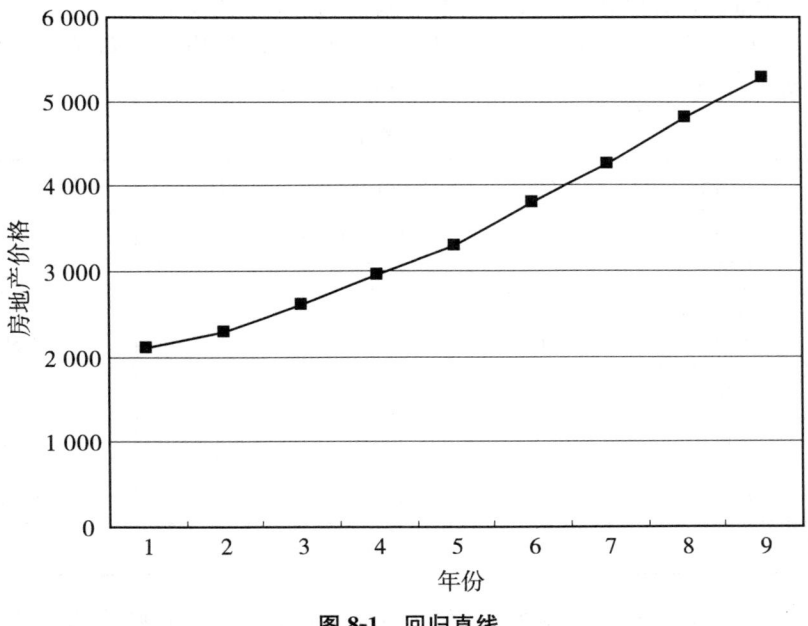

图 8-1 回归直线

根据图上的分布情况,可以确定 Y 与 T 之间的关系接近于直线关系,则房地产价格与时间的关系可用下列方程式来描述:

$$Y = a + bT$$

式中,a、b 为待定参数,为了确定直线的位置,首先要确定参数的值。a、b 的值可以通过最小二乘法来估计。根据最小二乘法求得的 a、b 的值分别为:

$$a = \frac{\sum Y - b \sum T}{N}, \quad b = \frac{N \sum TY - \sum T \sum Y}{N \sum Y^2 - (\sum T)^2}$$

当 $\sum T = 0$ 时，

$$a = \frac{\sum Y}{N}, \quad b = \frac{\sum TY}{\sum T^2}$$

式中，N 为时间序列项数，$\sum T$、$\sum Y$、$\sum T^2$、$\sum TY$ 的数值可以分别从时间序列的实际值中求得。在实际计算中，为减少计算工作量，可使 $\sum T = 0$，其方法是：当时间序列的项数为奇数时，设中间项 $T = 0$，中间项之前的项依次为 $-1, -2, -3, \cdots$，中间项之后的项依次为 $1, 2, 3, \cdots$；当时间序列的项数为偶数时，以中间两项对称，前者依次设为 $-1, -3, -5, \cdots$ 后者依次设为 $1, 3, 5, \cdots$，这样就可以使 $\sum T = 0$，注意要使它们每个数之间的间距相等。

采用直线趋势法的关键是必须判断其预测对象与影响因素之间的因果关系，因为影响因素的增加或减少会导致回归直线随之发生变化。采用直线趋势法时，数据点的多少决定着估价的可靠程度，所需数据点的数量又取决于房地产价格本身的性质和当时的市场情况。一般来说，数据点在 20 个以上为好。运用直线趋势法估价，拟评估房地产（或类似房地产）历史价格的时间序列散点图应当表现出明显的直线趋势，数据点偏离拟合直线估计值的离差平方的算术平均数的平方根，即估价值的标准误差不得大于允许的误差值。

【例 8-1】 已知某类商品住宅自 2002～2007 年间各年的价格水平如表 8-1 所示，试问直线趋势法估计该类商品住宅在 2008 年和 2009 年的价格水平。

表 8-1 价格水平

年份	价格	T	TY	T^2	趋势值($a+bT$)
2002	2 000	-5	$-10 000$	25	2 261.88
2003	3 000	-3	$-9 000$	9	2 830.46
2004	3 600	-1	$-3 600$	1	3 399.04
2005	4 000	1	4 000	1	3 967.62
2006	4 500	3	13 500	9	4 536.20
2007	5 000	5	25 000	25	4 536.20
总计	22 100	0	19 900	70	5 104.78

【解】 令 $\sum T = 0$。已知 N 为偶数，故设中间两项的 T 为 1、-1，则 T 的值见表 8-1 所示。$\sum Y$、$\sum T^2$、$\sum TY$ 的计算分别见表 8-1 第 2、5、4 列。求取 a、b 如下：

$$a = \frac{\sum Y}{N} = \frac{22\ 100}{6} = 3\ 683.33$$

$$b = \frac{\sum TY}{\sum T^2} = \frac{19\ 900}{70} = 284.29$$

因此描述该类房地产价格变动长期趋势的回归方程为：

$$Y = a + bT = 3\,683.33 + 284.29T$$

预测该类房地产 2008 年的价格为：
$$Y = 3\,683.33 + 284.29T = 3\,683.33 + 284.29 \times 7 = 5\,673.36 (元/m^2)$$

预测该类房地产 2009 年的价格为：
$$Y = 3\,683.33 + 284.29T = 3\,683.33 + 284.29 \times 9 = 6\,241.94 (元/m^2)$$

8.4.2 几何平均法

几何平均法，又称平均发展速度趋势法，它是一种根据待估或类似房地产价格的平均发展速度来计算各期的趋势值，以此作为待估房地产的价格的方法。

1) 适用条件

要求待估或类似房地产的价格变动一贯上升或下降，同时逐期上升或下降的速度大致接近，满足此条件便可以根据逐期发展速度的平均数来推算各期的趋势值，否则就不宜采用这种方法进行评估。

2) 基本公式

$$P_t = P_0 \cdot v^t$$

式中：v——表示逐期发展速度的平均值；

t——表示对应的时间序数；

P_0——表示房地产在基期的价格；

P_t——表示房地产在 t 期的价格。

v 的计算公式为：

$$v = \sqrt[n]{\frac{P_1}{P_0} \times \frac{P_2}{P_1} \times \frac{P_3}{P_2} \times \cdots \times \frac{P_i}{P_{i-1}} \times \cdots \times \frac{P_n}{P_{n-1}}} = \sqrt[n]{\frac{P_n}{P_0}}$$

【例 8-2】 某类房地产 2002~2007 年的价格如表 8-2 所示。预测 2009 年和 2010 年的价格。

表 8-2 某类房地产 2002~2007 年的价格

年份	房地产价格的实际值(元/m²)	逐年上涨速度(%)	房地产价格的趋势值
2002	3 100		
2003	3 260	105.2	
2004	3 440	105.5	
2005	3 620	105.2	
2006	3 800	105	
2007	3 980	105	

【解】 从表 8-2 中可知该类房地产 2002~2007 年价格的逐年上涨速度大致相同，据此可以计算五年的平均上涨速度，并用平均上涨速度推算出各年的趋势值。

本例房地产价格的平均发展速度为：

$$v = \sqrt[n]{\frac{P_n}{P_0}} = \sqrt[5]{\frac{3\,980}{3\,100}} = 1.05$$

即平均每年上涨5%。据此预测该宗房地产2009年的价格为：
$$P_5 = 3\ 100 \times 1.05^7 = 3\ 100 \times 1.41 = 4371(元/m^2)$$

如果利用上述资料预测该宗房地产2010年的价格，则为：
$$P_5 = 3\ 100 \times 1.05^8 = 4\ 590(元/m^2)$$

8.4.3 平均增减量趋势法

平均增减量趋势法是根据待估或类似房地产价格的平均增减数量来计算各期的趋势值，以此作为待估房地产价格的方法。

平均增减量趋势法要求待估或类似房地产价格的变动过程是一贯上升或下降的，且逐期增量大致相同，否则不宜采用此种方法进行估价。

1) 基本公式

$$V_i = P_0 + d \times i$$

逐期增减量平均数

$$d = \frac{(P_1 - P_0) + (P_2 - P_1) + \cdots + (P_i - P_{i-1}) + \cdots + (P_n - P_{n-1})}{n}$$

式中：P_i——第i期房地产的实际价格；
　　　P_o——房地产在基期的实际价格；
　　　V_i——第i期房地产价格的趋势值；
　　　i——时间序列数；
　　　d——逐期增减量的平均数。

2) 应用举例

【例8-3】 需要预测某宗房地产2005年的价格，已知该类房地产2000～2004年的价格及其逐年上涨额如表8-3中第2列和第3列所示。

表8-3 价格及上涨额

年份	房地产价格的实际值	逐年上涨额	房地产价格的趋势值
2000	681		
2001	713	32	714.5
2002	746	33	748.0
2003	781	35	781.5
2004	815	34	815.0

【解】 从表8-3中可知该类房地产2000～2004年价格的逐年上涨额大致相同。据此就可以计算4年的逐年上涨额的平均数，并用该逐年上涨额的平均数推算出各年的趋势值。

本例房地产价格逐年上涨额的平均数为：

$$d = \frac{32 + 33 + 35 + 34}{4} = 33.5(元/m^2)$$

据此预测该宗房地产2005年的价格为：

$$V_5 = 681 + 33.5 \times 5 = 848.5(元/m^2)$$

如果利用上述资料预测该宗房地产2006年的价格，则为：

$$V_6 = 681 + 33.5 \times 6 = 882.0 (元/m^2)$$

8.4.4 移动平均趋势法

房地产的价格受到某些不确定性因素的影响造成其价格的时间序列呈现出逐期增加额或减少额时高时低,变动幅度较大,而这些因素造成价格升降并不反映真正的价格变动长期趋势,如果不进行分析,不易显示其发展趋势。为了显示其发展规律,可以采用移动平均趋势法计算移动平均数,从平滑的发展趋势中明显地看出价格发展变动的方向和程度,进而可作价格判断。

所谓移动平均趋势法就是将各期房地产价格按固定的时间跨度进行平均,取得平均值,并随着时间的推移,逐一求得移动平均值,形成一个新的房地产价格平均值的时间序列,然后将接近估价日期的最后一个移动平均值作为确定估价的依据。简言之,移动平均趋势法是根据房地产价格时间序列的移动平均数进行估价。对于具有长期趋势变动和季节性变动的房地产价格,特别是对于波动幅度较大的房地产价格,运用移动平均法,可以消除价格的不规则变动。移动平均趋势法通过对房地产价格的历史数据的时间序列进行修匀可以消除价格短期波动的影响,呈现出价格变动的基本发展趋势。

应当注意的是,在计算移动平均数时,除了房地产价格资料的详实程度和估价要求外,所选取的时间跨度对评估结果的准确性也有非常大的影响,因此,时间跨度和价格变动周期长短的选取比较重要。为取得长期变动趋势值,移动的平均跨越期可长些,而为了灵敏地反映房地产价格的变动趋势,平均跨越期可定得短些。具体来说,如果序数多(比如有20~30期的价格资料),变动周期长,可采用每9个月或11个月来计算;反之,可采用3个月或5个月来计算。一般选取奇数,以便于计算。

移动平均法有简单移动平均法和加权移动平均法,下面主要介绍简单移动平均法。

1) 基本公式

$$T_i = P_i + P_{i-1} + \cdots + P_{i-n+1}$$

$$T_{i+1} = T_i + \frac{P_{i+1} - P_i}{n}$$

式中:T_i——时间序列中第 i 期的一次移动平均数;

P_i——第 i 期房地产的实际价格;

n——每次移动平均数的时间跨度。

2) 应用举例

【例 8-4】 在计算移动平均数时,每次应采用几个月来计算,需要根据时间序列的序数和变动周期来决定。如果序数多,变动周期长,则可以采用每 9 个月甚至每 11 个月来计算;反之,可以采用每 3 个月或每 5 个月来计算。对本例房地产 2004 年的价格,采用每 5 个月的实际值计算其移动平均数。计算方法是:把 1~5 月的价格加起来除以 5 得 684 元/m²,把 2~6 月的价格加起来除以 5 得 694 元/m²,把 3~7 月的价格加起来除以 5 得 704 元/m²,依此类推,见表 8-4 中第 3 列。再根据每 5 个月的移动平均数计算其逐月的上涨额,见表 8-4 中第 4 列。预测该类房地产 2005 年 1 月的价格。

表 8-4　某类房地产 2004 年各月的价格（元/m²）

月份	房地产价格实际值	每5个月的移动平均数	移动平均数的逐月上涨额	月份	房地产价格实际值	每5个月的移动平均数	移动平均数的逐月上涨额
1	670			7	730	726	12
2	680			8	740	738	12
3	690	684		9	740	750	12
4	680	694	10	10	760	762	12
5	700	704	10	11	780		
6	720	714	10	12	790		

【解】　需要预测该类房地产 2005 年 1 月的价格，计算方法如下：由于最后一个移动平均数 762 与 2005 年 1 月相差 3 个月，所以预测该类房地产 2005 年 1 月的价格为：

$$762+12\times 3=798(元/m^2)$$

3）注意事项

（1）应用简单移动平均法时应首先计算移动平均值，然后计算移动平均数的逐期变动值。如果每期的逐期变动值变化不大，呈现比较平稳的趋势，则可考虑采用最后一期的逐期变动值的移动平均值，然后代入有关公式进行计算。

（2）进行移动平均时采用的时间跨度越长，移动平均值越呈现平衡的趋势，但同时估价结果也越容易偏高，因此，必须根据实际情况适当加以修正或调整。

复习思考题

一、简答题

1. 什么是长期趋势法？
2. 长期趋势法的操作步骤有哪些？
3. 什么是路线价法？
4. 简述基准地价评估的方法和步骤。
5. 什么是临街深度价格修正率？有哪三种临街深度价格修正率？它们之间的关系如何？

二、单项选择题

1. 直线趋势法公式中的常数 a、b 是由（　　）决定的。

   A. 房地产的历史价格资料　　　　B. 房地产的未来价格资料
   C. 房地产的现时价格资料　　　　D. 估价人员选取的价格资料

2. 当房地产价格的变动过程持续上升或者下降，并且各期上升或者下降的数额大致接近时，宜采用（　　）预测房地产的未来价格。

   A. 数学曲线拟合法　B. 平均增减量法　C. 平均发展速度法　D. 移动平均法

3. 城市基准地价是根据用途相似、地块相连、地价相近的原则划分地价区段，调查评估的各地价区段在某一时点的（　　）。

   A. 最低价格　　　　B. 平均价格　　　　C. 出让地价　　　　D. 标定地价

4. 标准深度是道路对地价影响的转折点：由此接近道路的方向，地价逐渐升高；由此远离道路的方向，地价（　　）。

   A. 逐渐降低　　　　　　　　　　B. 逐渐升高

C. 可视为基本不变 D. 为零

5. 某大厦总建筑面积 10 000m²，房地总价值 6 000 万元，其中，土地总价值 2 500 万元。某人拥有该大厦的某一部分，该部分的房地价值为 180 万元，建筑面积为 240m²。如果按照土地价值进行分摊，则该人占有的土地份额为（　　）。

A. 2.4%　　　　B. 3.0%　　　　C. 3.8%　　　　D. 7.2%

三、多项选择题

1. 长期趋势法除了用于推测、判断房地产的未来价格外，还可用于（　　）等。
   A. 收益法中预测未来的租金
   B. 市场法中对可比实例成交价格进行交易情况调整
   C. 填补某些房地产历史价格资料的缺乏
   D. 比较、分析两宗（或两类）以上房地产价格的潜力
   E. 成本法中确定房地产的重新购建价格

2. 长期趋势法包括（　　）等方法。
   A. 数学曲线拟合法　B. 平均增减量法　C. 平均发展速度法　D. 年限法　E. 指数修匀法

3. 确定路线价时，选取标准宗地应符合（　　）等要求。
   A. 一面临街　　　　　　　　B. 两面临街
   C. 土地形状为矩形　　　　　D. 土地形状为正方形
   E. 容积率为所在区段具有代表性的容积率

4. 在划分路线价区段时，应符合的条件包括（　　）。
   A. 形状相似　　　　　　　　B. 在同一条街道上只有一个路线价区段
   C. 面积接近　　　　　　　　D. 地块相连
   E. 可及性相当

5. 应用路线价法需要进行（　　）等修正。
   A. 临街深度　B. 土地形状　C. 交易日期　D. 交易情况　E. 临街宽度

四、判断题

1. 长期趋势法适用对象是价格有明显季节波动的房地产，适用的条件是拥有估价对象或类似房地产较长时期的历史价格资料，而且所拥有的历史价格资料必须真实。（　　）
2. 长期趋势线越陡，表明房地产价格的上涨（或下降）趋势越强；反之，则表明房地产价格的上涨（或下降）趋势越弱。（　　）
3. 高层建筑地价分摊是将高层建筑的造价分摊到所占土地上。（　　）
4. 在基准地价修正法中进行交易日期调整，是将基准地价在估价时点时的值调整为其基准日期时的值。（　　）
5. 路线价法中的单独深度价格修正率随着临街深度的递进而增大。（　　）

五、计算题

1. 通过市场调研获得某类房地产价格自 2005 年至 2009 年分别为 681 元/m²、712 元/m²、744 元/m²、781 元/m² 和 815 元/m²，试采用平均增减量法预测该类房地产 2010 年和 2011 年的价格。

2. 某城市路线价标准深度为 12m，划分为三个等份，从街道方向算起，各等份单独深度价格修正率分别为 50%、30%、20%，则临街 8m 的矩形土地的平均深度价格修正率为多少？

9 地价评估

　　地价评估是房地产估价的重要组成部分,地租地价理论是地价评估的基础理论。为此,本章首先介绍地租地价理论。地价评估除了可直接采用前面介绍的市场法、收益法、成本法、假设开发法之外,还有一些独特的方法。本章将介绍路线价法、基准地价评估、基准地价修正法。此外,本章还针对改变国有建设用地使用权出让合同约定的土地用途、容积率等而需要补交出让金等费用,介绍理论上补地价的测算;针对城市多层、高层建筑普遍化及同一幢房屋所有权主体分散化后出现的地价分摊问题,介绍高层建筑地价分摊的意义和方法。

9.1 地租地价理论

9.1.1 地租的概念和内涵

　　地租是一个动态概念,它原指土地出租所获的报酬,但当今西方经济学中的地租已不仅限于土地,而是指物主将其一切房地产如土地、房屋或生产要素的使用权让给他人利用所获取的报酬或收入。

　　地租有广义、狭义之分,广义地租是使用生产要素所得的超额利润。一般所称的地租大多指狭义地租,是指将土地使用权让渡给他人利用所获取的报酬,其实质只是凭借土地所有者对土地所有权的垄断向土地使用者索取报酬,这称为"真正的地租"(Real Rent)。为什么称为"真正的地租"呢?主要是因为:①地租的发生在作为自然物的土地上最为显著;②在作为非再生稀缺资源土地上的地租不易消除;③土地是关系经济社会进步和可持续发展的基础。所以"真正的地租"常被视为地租的主体和基础。

　　但是,当今地租的发展已不仅限于土地,其他生产要素亦有地租的发生,特别像房地产的地租已成为普遍的经济现象。更主要的是由于当今作为自然资源的土地大都已经利用而成为"人工土地",其地租已不只是来自土地自然物,还来自于人们对土地的投资即马克思所说的"土地资本",从而使土地成为既是资源又是资产的双重内涵的二元构成。已利用土地的"二元构成"就使狭义地租和广义地租在实质内涵上有了本质上的根本差异,即作为自然资源的狭义地租,是使用价值和产权价值转化的,是作为自然资源的土地在利用中产生的超额利润,由土地所有权的垄断产生的;而广义地租除此以外,还附加有"土地资本"的投资和利息及经营利润,因而广义地租和已利用土地的地租均具有双重内涵的二元构成。

　　持地租"二元构成"的观点,在西方土地经济学常有其说,认为"土地是一种自然增值,又是一种投资报酬"。如美国著名土地经济学家雷利·巴洛维(Raleigh Barlowe)所说:"土地资源、土地不动产通常是自然界的无偿馈赠的土地与人工改良的设施的混合物。"

　　根据地租的来源和实质内涵,马克思对地租的概念和定义是,"一切地租的占有都是土地所有权借以实现的经济形式","一切地租都是剩余价值,是剩余劳动的产物"。并依据其生产价格的平均利润的理论和计量方法对地租的计量公式是：地租＝土地总产品的社会生产价格（总收入）减全部产品的个别价格（含生产成本＋平均利润）。马克思对地租的定义和概念的表述，是对一切地租的定义和概念的表述，可以说是对一切地租形态所设定的共同的定义，它是对地租规律的精辟概括，完全适应于多种社会经济条件下的地租个性和共性。

代表西方经济学和土地经济学的地租概念的设定者雷·巴洛维的定义则是"地租是一种经济剩余"。其地租的计量公式是：地租＝总产值（总收益）－总要素成本（总成本），即纯收益。这里的总成本，包括工资、利息和正常利润（平均利润），只是对地租的内涵作了定量的表述，却没有对地租的产生来源进行任何定性分析。

9.1.2 地租的形成、种类和基本形式

地租现象和地租范畴由来已久，但它不是在土地利用一开始就产生的。一般来说，地租之所以出现，自然的、历史的原因主要是由于人口、经济、社会发展造成对土地需求的不断增长，而土地有限又有报酬递减现象、土地供不应求，土地产权发生改变。在土地所有权与经营使用权分离的条件下，当直接生产者在利用土地中剩余价值被土地出租者占有时，这种社会形态就有产生地租的基础。加之土地有肥沃度、区位和生态条件的差异，又有租赁关系的发生，就会相应产生适合多种土地关系的地租形态。

特别及至商品经济发展到资本主义社会以后，土地租赁关系日见频繁，契约地租和经济地租的形式更多。至今已形成的基本分类，按广义地租（租金）可分为三种形式：

(1) 契约地租或商业地租（Contract Rent, Commercial Rent）。主要租赁双方通过契约（合同）形式，规定承租、承包人为占用物主的土地、房屋等支付的租赁、承包金额及期限。

(2) 地租（Land Rent）。是指利用土地资源应支付的经济报酬，主要包括土地及其改良设施地租、位置地租以及因土壤肥力或场地质量带来的地租等。

(3) 经济地租（Economic Rent）。即利用土地或其他生产资源所得报酬扣除所费成本的余额，超过成本的纯收入（实际上包括平均利润和超额利润两部分）。

资本主义制度下现行的地租形式很多，历经李嘉图、屠能和马克思以及近代经济学和土地经济学的研究，一般又按经济地租分为以下几种基本形式：

(1) 级差地租（即差额地租）。这是 19 世纪初以来由西方资产阶级古典经济学家和马克思所共创的，并被世界各国所采用。级差地租，是指优等、中等土地的个别生产价格与劣等土地生产价格所决定的一般生产价格之间的差额。级差地租按其形式的条件和特点，又分为级差地租第一形态（级差地租Ⅰ）和级差地租第二形态（级差地租Ⅱ）。

① 级差地租Ⅰ。系因土地沃度、区位和宁适度所造成的土地与土地之间差异所形成的差额，是由于其扩张作用和加深作用联合所促成，依其成因目前可分为三种形态。

第一种形态是沃度地租。沃度地租是因土地肥沃有别所形成的差额地租。一般多指农林种植业用地的级差地租，为李嘉图首创，故又称"李嘉图级差地租"。沃度级差地租与粮价等农产品价格的涨跌额直接相关，因此其级差地租数额常随之变动。

第二种形态是区位地租。区位地租是因土地区位有别所形成的差额地租，为德国人屠能所首创，又称"屠能级差地租"。区位级差地租系以生产成本与运输成本表示产品价格的，认为区位地租取决于产地距离中心市场的远近。

第三种形态是宁适地租（宁适级差地租）。宁适地租是因各地环境宁适，含环境、小气候等

质量等级的差异度。对居住、旅游、休憩、度假,以及各种生活、生产和公务活动所用土地的选取,无不具有强有力影响而最终体现为用地成本、地价和地租。故应依据各项用地,设定相应的宁适级差地租,以规范各类用地的流转。但此项级差地租的定等分级和指标的设定较为复杂,尚待深入研究。

② 级差地租Ⅱ(集约度差额地租或第二形态差额地租)。因追加投资而产生的级差地租,由于集约地租会发生土地报酬现象,故此项地租随着投入资金而发生的资本差额就相应表现为集约度地租的递增递减现象。

(2) 绝对地租(为马克思所首创,又名马克思绝对地租)。是指因土地所有权的作用形成地租。马克思通过对资本主义地租的深入分析,发现由于土地被地主所占有和垄断,凡租用土地不论好坏都须缴地租,以作为土地所有权借以实现的经济形式,及至现代西方经济学家以经济地租观点,也认为任何已利用土地均有绝对地租,可见绝对地租也是广泛存在的。但是,绝对地租与土地的自然条件和生产率无关,它既发生在边际土地上,也可以发生在超边际土地上。

(3) 垄断地租(又称独占地租)。因某些少数名优产品的特优土地,由于其产品具有垄断价格而产生垄断利润,称为垄断地租。

(4) 准地租。准地租是在短时间内因使用固定资本而产生的超额利润。准地租发生在短期,暂时存在,长期即消失;而地租则发生在利用土地上,并永久存在。因准地租是租用固定性耐久生产设备(如建筑物、大型设备机器等),付供占有者租赁费(租金),其实质亦系超额利润,类似地租,故称准地租。

9.1.3 西方经济学地租地价理论

由于地租日益成为社会生产过程发展中重要而普遍存在的问题,因此许多经济学家在早期资本主义时代就对地租问题进行了较为深入系统的研究。其中主要以重商主义派与重农学派的一些奠基人为代表。17世纪后期,英国重商主义派经济学家威廉·配第对地租理论作出了开拓性的贡献。他的名著《赋税与捐赠论》首次提出地租是土地上生产农作物所得的剩余收入,并指出由于土壤肥沃、耕作技术高低的差异,及产地距离市区的远近不同,地租和地价因而也有不同,还阐明了地价可由该土地所获得地租额的资本化测算出,这为土地经济学中的级差地租理论奠定了初步基础。重农学派的代表杜尔阁在《关于财富的形成和分配的考察》一书中指出,由于农业中存在一种特殊的天然生产力,所以能使劳动所生产出来的数量,大于为自己生产劳动力所必需的数量,这是自然恩赐的"纯产品",也是土地对劳动者的赐予。这种"纯产品"是由农业劳动者用自己的劳动向土地取得的财富,但被土地所有者占有,这就是地租。土地所有者拥有法律保护的土地私有权,可不劳动而占有"纯产品"。古典经济学派的主要代表人物亚当·斯密在《富国论》这部名著中,把资本主义社会阶级结构划分为三个基本阶级,即工人、资本家和地主阶级。与此相适应,区分了三种收入——工资、利润、地租。他系统研究了地租,认为地租是土地私有制发生以后出现的范畴,把地租确定为因使用土地而支付给地主阶级的代价,并看到了地租的来源是工人阶级的无偿劳动,地租是"一种垄断价格"。而另一位古典经济学家李嘉图则运用劳动时间决定价值量的原理,创立了差额地租学说。他在《政治经济学与赋税原理》中指出,土地的占有产生地租,地租是为使用土地而付给地主的生产品,它同利润一样也是劳动创造的由农业经营者从利润中付给土地所有者剩余所得的一部分。而地主在取得这部分产品时,除了原来占有的土地外,丝毫没有耗费过任何代价。地租的存在有两个条件,即土地的有限性及土地在肥沃和位置上具有特殊便利。据此分析,由于土地的特殊性,农产品的价值是耕种劣质土地的生产条件,即由最大的劳动消耗量决定的,因此优等、中等地的产品在价格上除了补偿生产成本和一般利润外,还有超额利润,而转化为地租归地主所占有。这样,李嘉图得出了差额地租量取决于不同等级土地的劳动生产率的差别这一正确结论。李嘉图还考察了在同一块土地上追加同量劳动和资本,而劳动生产率不同所产生的差额地租,他认为地租总是由于追加的资本和劳动量所获报酬相应地减少而产生的,这实际上是把地租的产生与"土地报酬递减规律"联系在一起了。

9.1.4 马克思主义地租地价理论

马克思认为,"不论地租有什么独特的形式,它的一切类型都有一个共同点,即地租的占有是土地所有者借以实现的经济形式,而地租又是以土地所有权,以某些个人对某些地块的所有权为前提。"这种土地所有者和土地所有权,可以代表这种或那种不同的关系,或表现为不同的地租形式,但是,"一切地租都是剩余价值,是剩余劳动的产物"。地租是直接生产者所创造的剩余生产物被土地占有者所占有的那部分。

马克思认为资本主义地租的本质是剩余价值的分配形式之一,并将地租从形式上分为绝对地租和级差地租两类。绝对地租是土地所有者凭借土地所有权垄断取得的地租。级差地租是指租用较优土地所获取的归土地所有者占有的超额利润。根据形成的基础不同,级差地租又有两种存在形式,即级差地租Ⅰ和级差地租Ⅱ。级差地租Ⅰ是指土地肥沃程度不同和位置的差异,等量资本投资在相同面积不同地块上产生的超额利润;级差地租Ⅱ是指由于在同一地块上各个连续投资的劳动生产率差别生产的超额利润。地租既是土地所有权在经济上的体现,也与土地级差收益有关。土地级差收益与土地等级相联系。在等量投入的情况下,土地等级不同,土地收益便不同,因此地租额不同。根据在地域上的表现形式,级差收益有宏观级差收益和微观级差收益两种。

土地作为一种自然资源,不是劳动产品,没有生产费用,因而不具有价值,也没有劳动价值论意义上的价格。但土地具有特殊的使用价值,正如马克思所说的"土地是财富之母",利用土地会给人们带来源源不断的收益,土地纯收益由土地使用者手中转移到土地所有者手中即为地租,"资本化的地租表现为土地价格","土地价格无非是出租土地的资本化的收入"。现实中的土地基本上已被人类利用,在利用过程中凝结了人类劳动,因而地价具有两个层次的价格因素:一是土地资源价格,即以"虚幻价格"形式出现的真正的地租;二是土地资产价格,它是一种长期形成的不能或无法计算的劳动投入对土地所构成的资金的凝结与沉淀,地价即为二者之和。土地的资源价值反映了土地资源的属性,而土地的产权与土地资源的属性又有着密不可分的关联。产权结构的设计是用来在各当事人之间配置各个属性的所有权;其方式是使在管理那些容易产生共同财产问题的属性方面具有比较优势的当事人获得对于这些属性的权利。由于土地资源属性的复杂性,测定每种属性都需要付出成本,这可能使得彻底界定土地产权的代价过于高昂。从经济角度考虑,这种产权界定和执行技术上的困难所产生的交易费用使产权不可能得到充分的界定,并容易导致不能充分界定的产权留在了公共域中。可见,土地价格以及地租的量都与土地产权有着紧密的联系。

9.2 路线价法

9.2.1 路线价法概述

1) 路线价法的概念

路线价法是对临接道路且可及性相当的土地设定标准深度,选取若干标准宗地求其平均价格,将此平均价格称为路线价,然后再配合深度价格修正率表和其他价格修正率表,计算出临接该道路的其他土地价格的一种估价方法。

2) 路线价法的理论依据

路线价法实质上是一种市场法,是市场法的派生方法,其理论依据与市场法相同,是房地产价格形成的替代原理。在路线价法中,"标准宗地"可视为市场法中的"可比实例";"路线价"是若干"标准宗地"的平均价格,可视为市场法中的"可比实例价格";临接同一道路的其他土地的价格,是以路线价为基准,考虑其临街深度、土地形状(如矩形、三角形、平行四边形、梯形、不规则形)、临街状况(如一面临街、前后两面临街、街角地,以及长方形土地是长的一边临街还是短的一边临街,梯形土地是宽的一边临街还是窄的一边临街,三角形土地是一边临街还是一顶点临街)、临街宽度等,进行适当的修正求得,这些修正实际上为"房地产状况调整"。

路线价法与一般的市场法的主要不同之处在于:一是不做"交易情况修正"和"交易日期调整"。二是先对多个"可比实例价格"进行综合,然后再进行"房地产状况调整";而不是先对"可比实例价格"进行有关修正、调整,然后再进行综合。三是利用相同的"可比实例价格"——路线价,同时评估出许多"估价对象"——临接同一道路的其他土地的价格;而不是仅评估出一个"估价对象"的价格。在路线价法中不做"交易情况修正"和"交易日期调整"的原因是:①求得的路线价——若干标准宗地的平均价格,已是正常价格;②求得的路线价所对应的日期,与欲求取的其他土地价格的日期一致,都是估价时点时的价格。

3) 路线价法适用的对象和条件

路线价法主要适用于城镇商业街道两侧土地的估价。一般的土地估价方法主要适用于单宗土地的估价,而且需要花费较长的时间。路线价法则被认为是一种快速、相对公平合理,能节省人力、财力,可以同时对大量土地进行估价的方法,特别适用于房地产税收、市地重划(城镇土地整理)、城市房屋拆迁补偿或者其他需要在大范围内同时对大量土地进行的估价。

运用路线价法估价的前提条件是街道较规整,临街各宗土地的排列较整齐。

4) 路线价法的操作步骤

运用路线价法估价一般分为下列六个步骤进行:①划分路线价区段;②设定标准深度;③选取标准宗地;④调查评估路线价;⑤制作价格修正率表;⑥计算临街各宗土地的价值。

9.2.2 划分路线价区段

路线价区段是沿着街道两侧带状分布的。一个路线价区段是指具有同一个路线价的地段。因此,在划分路线价区段时,应将可及性相当、地块相连的土地划为同一个路线价区段。

两个路线价区段的分界线,原则上是地价有显著差异的地点,一般是从十字路或丁字路中心处划分,两个路口之间的地段为一个路线价区段。但较长的繁华街道,有时需要将两个路口之间的地段划分为两个以上的路线价区段,分别附设不同的路线价。而某些不很繁华的街道,同一个路线价区段可延长至数个路口。另外,在同一条街道上,如果两侧的繁华程度、地价水平有显著差异的,应以街道中心为分界线,将该街道的两侧各自视为一个路线价区段,分别附设不同的路线价。

9.2.3 设定标准深度

从理论上讲,标准深度是街道对地价影响的转折点:由此接近街道的方向,地价受街道的影响而逐渐升高;由此远离街道的方向,地价可视为基本不变。但在实际估价中,设定的标准深度通常是路线价区段内临街各宗土地的临街深度的众数。例如,某个路线价区段内临街土地的临街深度大多为18m,则标准深度应设定为18m;如果临街深度普遍为25m,则标准深度应设定为25m。以各宗临街土地的临街深度的众数作为标准临街深度,可以简化以后各宗土地价值的计算。如果不以各宗临街土地的临街深度的众数作为标准临街深度,由此制作的临街深度价格修正率将使以后多数土地价值的计算都要用临街深度价格修正率进行修正,这不仅会增加计算的工作量,还会使所求得的路线价失去代表性。

9.2.4 选取标准宗地

标准宗地是路线价区段内具有代表性的宗地。选取标准宗地的具体要求是:①一面临街;②土地形状为矩形;③临街深度为标准深度;④临街宽度为标准宽度(可为同一路线价区段内临街各宗土地的临街宽度的众数);⑤临街宽度与临街深度比例适当;⑥用途为所在路线价区段具有代表性的用途;⑦容积率为所在路线价区段具有代表性的容积率(可为同一路线价区段内临街各宗土地的容积率的众数);⑧其他方面,如土地使用年限、土地生熟程度等也应具有代表性。

9.2.5 调查评估路线价

路线价是附设在街道上的若干标准宗地的平均价格。通常在同一路线价区段内选择一定数量以上的标准宗地,运用收益法(通常是其中的土地剩余技术)、市场法等,分别求其单位价格或楼面地价。然后求这些标准宗地的单位价格或楼面地价的简单算术平均数或加权算术平均数、中位数、众数,即得该路线价区段的路线价。

路线价通常为土地单价,也可为楼面地价;可用货币表示,也可用相对数表示。例如用点数来表示,将一个城市中路线价最高的路线价区段以1 000点表示,其他路线价区段的点数依此确定。以货币表示的路线价比较容易理解,直观性强,便于土地交易时参考。以点数表示的路线价便于测算,可避免由于币值波动而引起的麻烦。

9.2.6 制作价格修正率表

价格修正率表有深度价格修正率表和其他价格修正率表。深度价格修正率表又称深度百分率表、深度指数表,是基于深度价格递减率制作出来的。深度价格递减率是基于临街土地中各部分价值随远离街道而有递减现象,或者说,距街道深度愈深,可及性愈差,价值也就愈低。如将临街土地划分为许多与街道平行的细条,由于越接近街道的细条的利用价值越大,越远离街道的细条的利用价值越小,所以接近街道的细条的价值高于远离街道的细条的价值。

如图 9-1 所示,有一临街深度为 n m 的矩形宗地,假设以某个单位(此处假设为 1m)将其划分为许多细条的土地,并从临街方向起,按顺序以 $a_1, a_2, a_3, \cdots, a_n$ 来表示各细条的价值,则越接近道路者,利用价值越大。以图 9-1 而言,a_{n-1} 大于 a_n,a_2 大于 a_3,a_1 大于 a_2。随着土地离道路越来越远,单位地价之差逐渐接近于零,深度价格修正率表正是要揭示宗地的价值随其临街深度递减的规律。

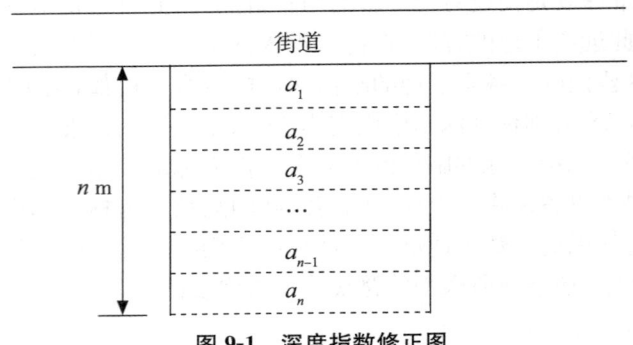

图 9-1 深度指数修正图

最简单且最容易理解的深度价格递减率是四三二一法则。该法则是将临街深度 100 英尺的土地划分为与街道平行的四等份,如图 9-2 所示。各等份由于离街道的远近不同,价值有所不同。从街道方向算起,第一个 25 英尺等份的价值占整块土地价值的 40%,第二个 25 英尺等份的价值占整块土地价值的 30%,第三个 25 英尺等份的价值占整块土地价值的 20%,第四个 25 英尺等份的价值占整块土地价值的 10%。如果超过 100 英尺,则以九八七六法则来补充,即超过 100 英尺的第一个 25 英尺等份的价值为临街深度 100 英尺的土地价值的 9%,第二个 25 英尺等份的价值为临街深度 100 英尺的土地价值的 8%,第三个 25 英尺等份的价值为临街深度 100 英尺的土地价值的 7%,第四个 25 英尺等份的价值为临街深度 100 英尺的土

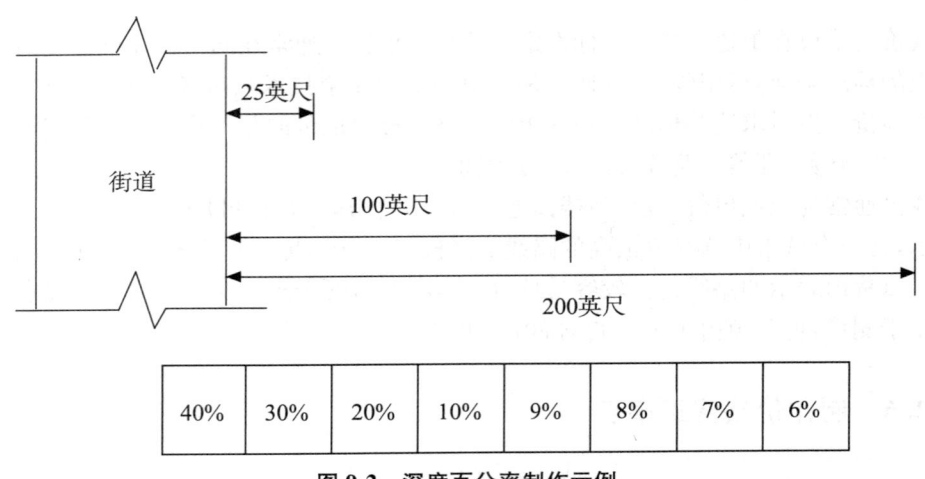

图 9-2 深度百分率制作示例

地价值的 6%。

深度价格修正率表的制作形式有：单独深度价格修正率（深度价格递减率）、累计深度价格修正率和平均深度价格修正率三种。在图 9-2 中，假设 $a_1,a_2,a_3,\cdots,a_n$ 也分别表示各细条的价值占整宗土地价值的比率，则有：

(1) 单独深度百分率

$$a_1 > a_2 > a_3 > \cdots > a_n$$

(2) 累计深度百分率

$$a_1 < a_1 + a_2 < a_1 + a_2 + a_3 < \cdots < a_1 + a_2 + a_3 + \cdots + a_n$$

(3) 平均深度百分率

$$a_1 > \frac{a_1 + a_2}{2} > \frac{a_1 + a_2 + a_3}{3} > \cdots > \frac{a_1 + a_2 + a_3 \cdots + a_n}{n}$$

以四三二一法则为例，单独深度价格修正率为：

$$40\% > 30\% > 20\% > 10\% > 9\% > 8\% > 7\% > 6\%$$

累计深度价格修正率为：

$$40\% < 70\% < 90\% < 100\% < 109\% < 117\% < 124\% < 130\%$$

平均深度价格修正率为：

$$40\% > 35\% > 30\% > 25\% > 21.8\% > 19.5\% > 17.7\% > 16.25\%$$

为简明起见，将上述深度价格修正率用表格来说明，见表 9-1。该表中的平均深度价格修正率是将上述临街深度 100 英尺的平均深度价格修正率乘以 4 转换为 100%，同时为保持与其他数字的相对关系不变，其他数字也相应乘以 4。这也是利用平均深度价格修正率修正单价的需要。平均深度价格修正率与累计深度价格修正率的关系为：

$$平均深度价格修正率 = \frac{累计深度价格修正率 \times 标准临街深度}{所给临街深度}$$

表 9-1　临街深度价格修正率表

临街深度（英尺）	25	50	75	100	125	150	175	200
单独深度价格修正率	40	30	20	10	9	8	7	6
累计深度百分率	40	70	90	100	109	117	124	130
平均深度率	160	140	120	100	87.2	78.0	70.8	65.0

制作临街深度价格修正率表的要领是：①设定标准临街深度；②将标准临街深度分为若干等份；③制作单独深度价格修正率，或将单独深度价格修正率转换为累计深度价格修正率或平均深度价格修正率，并用表格反映。

9.2.7　计算临街各宗土地的价值

1) 计算公式

$$土地价格（单价）= 路线价 \times 深度价格修正率 \times 其他价格修正率$$
$$土地价格（总价）= 土地单价 \times 土地面积$$

2) 路线价法计算举例

本章以标准临街宗地的单价作为路线价，采用平均深度价格修正率为例，说明临街土地的价值计算,并且假定临街土地的容积率、使用年限等与路线价的内涵一致。实际估价中,如果估价对象宗地条件与路线价不一致的,还应进行相应的修正。

(1) 一面临街矩形土地价值的计算

计算一面临街矩形土地的价值,是先查出其所在区段的路线价,再根据其临街深度查出相应的临街深度价格修正率。其中,单价是路线价与临街深度价格修正率的乘积,总价是再乘以土地面积。计算公式如下:

$$V = u \cdot d_v \cdot (f \cdot d)$$

式中:V——土地价值;

u——路线价(用单价表示);

d_v——深度价格修正率(采用平均深度价格修正率);

f——临街宽度;

d——临街深度。

【例 9-1】 图 9-3 中是一临街深度 15.24m(即 50 英尺)、临街宽度 20m 的矩形土地,所在区段的路线价(土地单价)为 2 000 元/m²。根据表 9-1 中的平均深度价格修正率,其单价和总价分别是多少?

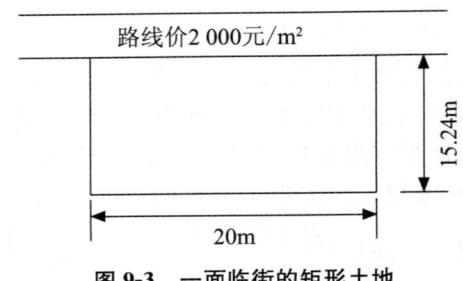

图 9-3 一面临街的矩形土地

【解】 由于路线价是用土地单价表示的,收益计算时采用表 9-1 中的平均深度价格修正率。

该宗土地的单价=路线价×深度价格修正率=2 000×140%=2 800(元/m²)

该宗土地的总价=土地单价×土地面积=2 800×20×15.24=85.34(万元)

(2) 前后两面临街矩形土地价值的计算

计算前后两面临街矩形土地的价值,通常采用"重叠价值估价法"。该方法是先确定高价街(也称为前街)与低价街(也称为后街)影响范围的分界线,再以此分界线将前后两面临街矩形土地分为前后两部分,然后根据该两部分各自所临街道的路线价和临街深度分别计算价值,再将此两部分的价值加总。计算公式如下:

$$V = u_0 \cdot d_{v_0} \cdot f \cdot d_0 u_1 \cdot d_{v_1} \cdot f \cdot (d - d_0)$$

式中:V——土地价值;

u_0——前街路线价;

d_{v_0}——前街深度价格修正率;

d_0——前街影响深度;

u_1——后街路线价;

d_{v_1}——后街深度价格修正率;

d——总深度。

$$d_0 = \frac{u_0}{u_0 + u_1} \cdot d$$

前街影响深度、后街影响深度和总深度之间的关系是：

后街影响深度＝总深度－前街影响深度

【例 9-2】 图 9-4 是一前后两面临街、总深度为 30m 的矩形土地,其前街路线价为 2 000 元/m^2,后街路线价为 1 000 元/m^2。求其前街影响深度。

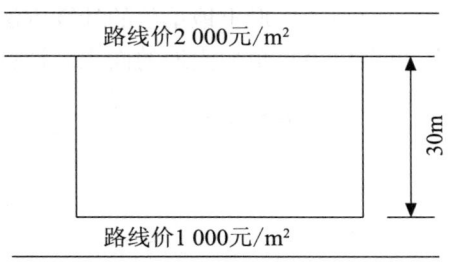

图 9-4 前后两面临街的矩形土地

【解】 该宗土地前街影响深度计算如下：

前街影响深度＝$\frac{前街路线价}{前街路线价＋后街路线价}$×全部深度＝$\frac{2\,000}{2\,000＋1\,000}$×30＝20(m)

(3) 矩形街角地的价值计算

矩形街角地是指位于十字路口或丁字路口的土地,其价值通常采用"正旁两街分别轻重估价法"计算。该方法是先求取高价街(也称正街)的价值,再计算低价街(也称旁街)的影响加价,然后加总。计算公式如下：

$$V = (u_0 d_{v_0} + u_1 d_{v_1} t)(fd)$$

式中：V——土地价值；

u_0——正街路线价；

d_{v_0}——正街深度价格修正率；

t——旁街影响加价率；

u_1——旁街路线价；

d_{v_1}——旁街深度价格修正率。

【例 9-3】 图 9-5 中是一矩形街角地,其正街路线价(土地单价)为 2 000 元/m^2,旁街路线价(土地单价)为 1 000 元/m^2,临正街深度为 22.86m(即 75 英尺),临旁街深度为 15.24m(即 50 英尺)。假设旁街影响加价率为 20%。根据表 9-1 中的平均深度价格修正率,该宗土地的单价是多少？

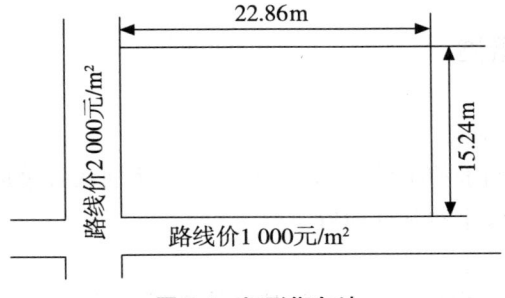

图 9-5 矩形街角地

【解】 该宗土地的单价计算如下：

$$该宗土地的单价 = u_0 d_{v_0} + u_1 d_{v_1} t$$
$$= 2\,000 \times 120\% + 1\,000 \times 140\% \times 20\%$$
$$= 2\,680(元/m^2)$$

(4) 三角形土地价值的计算

计算一面临街直角三角形土地的价值，通常是先将该直角三角形土地作辅助线，使其成为一面临街的矩形土地，然后依照一面临街矩形土地单价的计算方法计算，再乘以三角形土地价格修正率。如果需要计算总价，再乘以该三角形土地的面积。计算公式如下：

$$V = u \cdot d_v \cdot h \frac{f \cdot d}{2}$$

式中：V——土地价值；

u——路线价；

d_v——深度价格修正率；

h——三角形土地价格修正率；

f——临街宽度；

d——临街深度。

(5) 其他形状土地价值的计算

计算其他形状土地的价值，通常是先将其划分成矩形、三角形土地，然后分别计算这些矩形、三角形土地的价值，再相加减。例如图 9-6，梯形 ABCD 土地的价值＝矩形 ABEF 土地的价值－三角形 AFD 土地的价值－三角形 BEC 土地的价值。

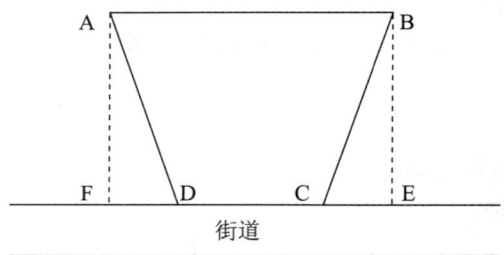

图 9-6　一面临街的梯形土地

9.3　基准地价评估

9.3.1　基准地价概述

1) 基准地价的概念与特点

基准地价是指在宗地估价的基础上，评估出的各个级别或各个区域土地的平均价格。它包括城镇用地基准地价和农用地基准地价。

基准地价具有以下特点：

(1) 基准地价是一种区域性的价格。基准地价总是以某一个区域为单位进行评估的，此区域称为基准地价的评估区域。所以,基准地价不是一种宗地价格,而是区域性的价格,它总是与一定的区域相联系的。基准地价的评估区域一般有级别、区片和区段三种形式,相应地,基准地价通常有三种表现形式:级别基准地价、区片基准地价和区段基准地价。

(2) 基准地价是一种分用途的价格。在同一区域中,不同用途的土地有不同的价格水平。所以,不同用途的土地,其基准地价也是不一样的。城镇基准地价通常包括三大类,即商业用地基准地价、住宅用地基准地价、工业用地基准地价;个别城镇根据其特殊情况,还包括其他用途的基准地价,如旅游用地基准地价。农用地基准地价主要包括耕地基准地价、园地基准地价、林地基准地价、水域基准地价和荒草地基准地价。目前,一些地区所评估的农用地基准地价主要是耕地基准地价。

(3) 基准地价是一种平均价格。基准地价反映的只是各区域各类用地的平均价格水平。在某一区域中,具体某一宗地的价格可能稍高于或稍低于此平均价格。所以,在基准地价的基础上建立基准地价修正系数体系,用以评估具体宗地的价格。

(4) 基准地价是有限年期的价格。基准地价是土地使用权的价格,土地使用权是一种有时间限制的产权,所以说基准地价是有限年期的价格。就城镇而言,不同用途土地使用权的出让最高年限不同,不同用途基准地价的年期也不同。一般而言,各用途基准地价的年期应以各用途的法定最高出让年期为准,如工业用地为 40 年,商业用地为 50 年,住宅用地为 70 年。就农用地而言,目前还没有明文规定,一般取 30 年为农用地基准地价的年期。

(5) 基准地价具有时效性。基准地价反映的只是一定时期的地价标准,为了保持基准地价的现实性,每隔一定时期应对基准地价进行更新。

(6) 基准地价是一种控制性的价格。基准地价是国家调控土地市场的一种价格,不是市场交易价格。市场上最终达成的价格,是以基准地价为依据根据市场行情确定的。

2) 基准地价的作用

基准地价的作用主要表现在以下几个方面:

(1) 基准地价是宏观控制土地市场的依据。基准地价反映了土地市场的地价水平和变动趋势,为政府制定土地市场管理措施提供依据。

(2) 基准地价是国家征收土地使用税的依据。根据国外经验,土地税都是从价计征。我国目前还未达到这一步,土地使用税征收的税额偏低,不能体现土地收益的级差,不能达到利用土地使用税这一经济杠杆调节土地利用的目的。因此,科学、合理、公开的基准地价对合理征收土地使用税是非常重要的。

(3) 调节土地利用。政府评估并公布基准地价,可以使投资者和土地使用者及时了解不同地段、不同用途的地价水平和变动趋势,从而根据自身需要和支付地租地价的能力调整土地利用方式,以促进土地有序流转,最终达到土地合理利用的目的。

(4) 基准地价是进一步评估宗地地价的基础。基准地价反映了某一区域内宗地的平均价格,该区域内各宗地的地价都围绕基准地价上下波动,因此根据宗地条件对基准地价进行修订,即可方便地得到具体宗地的地价。

3) 基准地价评估的原理

(1) 土地收益是基准地价评估的基础。地价是土地预期收益的资本化,市场交易价格是土地收益在土地市场中的直接反映,土地收益的高低直接决定了地价的高低。因此,正确测算未来土地的收益是评估基准地价的基础。

(2) 各行业对土地质量的要求不同是形成各类用地基准地价的基础。土地质量的优劣是由土地自身条件和社会经济条件综合作用的结果。人类各种经济活动对土地质量的要求不同,其用地效益存在较大的差异,因此,所评估的各类用地基准地价是不一样的。

(3) 各类用途的土地在空间地域上都有其最佳区位,使得各类用地的基准地价具有不同的空间分布规律。根据土地区位理论,区位是决定土地利用效益的主要因素。以城镇为例,由于土地区位的差异,同一行业在不同区位上所能获得的利用效益相差很大,不同行业在同一区位上的利用效益也存在明显的差异。而利用效益的大小,决定了土地所有者收取地租的多少,也决定了土地使用者支付地租能力的高低。在市场竞争的条件下,每一用途都会根据其支付地租地价能力的高低找到其最佳区位。因此,不同用途的基准地价就具有不同的变化规律,在城镇中呈现出不同的空间格局。

(4) 土地利用的相对稳定性和动态性是基准地价相对稳定和不断变化的前提。由于土地利用格局是土地市场竞争的产物,在一定时期内,土地市场具有相对稳定性,所以土地利用具有相对的稳定性;另外,土地利用方式具有历史继承性,也决定了土地利用具有相对的稳定性。土地利用的相对稳定性决定了基准地价的相对稳定性。但是,随着城乡建设的加快、社会经济的发展和土地市场的变化,过去合理的土地利用格局现在不一定合理,这就需要对不合理的土地利用格局进行调整,从而使基准地价发生变化。因此,基准地价主要是现实土地利用效益的体现,并将随着土地利用的变化而变化。

4) 基准地价评估的原则

(1) 土地使用价值评定和土地价格测算相结合的原则。土地使用价值决定人们对某一类型或某一区位地块的需求程度,市场供求关系决定地价水平的高低。在正常的土地市场条件下,相同使用价值的土地在同一市场供需圈内应具有相同的价格水平。在目前我国土地市场不太成熟、土地使用权转移不很规范的情况下,宗地价格多是采用收益法评估得到的收益价格,土地使用权直接转移所形成的地价与真实价格(即收益价格)相差较大。因此,通过土地使用价值相同区域中收益价格的比较分析,可排除其他因素对地价的非正常影响,较好地评估出基准地价。这也就要求我们在评估基准地价时,应将土地定级和土地估价紧密地结合起来。

(2) 以现实的土地用途为主,适当考虑规划的原则。基准地价的市场导向性等作用,要求基准地价评估应以目前实际存在的土地利用方式为主要依据,以此反映现实土地收益的高低和支付地租、地价的能力。另外,由于土地利用具有历史继承性,目前不合理的土地利用结构是过去无偿使用制度的产物,要想在很短的时间内改变它是不可能的,也是不现实的。所以,应根据城乡目前的土地利用状况和市场交易资料来评估其基准地价,同时以其土地利用总体规划为参考,使最终的估价结果对目前不合理的土地利用格局起到调控作用。

(3) 各类用地分别评估,多种方法综合运用的原则。如前所述,各类用地的利用效益存在较大的差异,各类用地价格的变化规律也不相同,所以城乡各类用地的价格应分别评估,不能以某种用地类型的价格代表其他用地类型的价格。另外,由于各类用地特点不同,同时为了消除因资料收集途径的差异而产生的影响,应采用多种方法计算,使之相互比较、互为补充。

(4) 与社会经济水平相适合、相协调的原则。经济发展水平决定了地价水平的高低,反过来,地价水平的高低又对经济发展产生很大的影响。在确定基准地价时,既要从土地的使用价值和价值出发,又要与城市社会经济发展水平相适合、相协调。因此,在评估基准地价时,应有一个基准点,就是不让国家所有或集体所有的土地资产大量流失,也不影响城乡社会经济的发展。这就要求评估的基准地价不能太低,也不能太高,必须适应改革开放和经济发展的形势,并对城乡社会经济发展起到一定的促进作用。

(5) 根据各地的具体条件和土地市场状况选择相应的基准地价评估的技术路线。

9.3.2 城镇基准地价评估

城镇基准地价是以一个城镇为对象,在该城镇一定区域范围内,根据用途相似、地块相连、地价相近的原则划分地价区段,调查评估出的各地价区段在某一时点的平均价格。

城镇基准地价评估的方法和步骤一般是:

(1) 确定基准地价评估的区域范围。这是以一个具体城镇为对象,确定其基准地价评估的区域范围,例如是该城镇的整个行政区域,还是规划区、市区或建成区等。评估的区域范围大小,主要是根据实际需要和可投入评估的人力、财力、物力等情况来定。

(2) 明确基准地价的内涵、构成、表达方式、基准日期等。其中特别是要明确拟评估的基准地价所对应的土地条件或状况,包括土地的基础设施完备程度、平整程度、权利性质(如是出让土地使用权还是划拨土地使用权)、使用年限、用途(通常分为商业、办公、居住、工业等不同的用途)、容积率(通常按用途来明确相应的容积率)等。

(3) 划分地价区段。所谓地价区段,是将用途相似、地块相连、地价相近的土地加以圈围而形成的一个个区域。一个地价区段可视为一个地价"均质"区域。通常可将土地划分为三类地价区段:①商业路线价区段;②住宅片区段;③工业片区段。划分地价区段的方法通常是就土地的位置、交通、使用现状、城市规划、房地产价格水平及收益情形等做实地调查研究,将情况相同或相似的相连土地划为同一个地价区段。各地价区段之间的分界线应以道路、沟渠或其他易于辨认的界线为准,但商业路线价区段应以标准深度为分界线。

(4) 抽查评估标准宗地的价格。这是在划分出的各地价区段内,选择数宗具有代表性的宗地,再由估价人员调查收集这些宗地的相关经营收益资料、市场交易资料或开发费用资料等,运用收益法、市场法、成本法、假设开发法等适宜的估价方法评估出这些标准宗地在合理市场下可能形成的正常市场价值,通常应求出单价或楼面地价。

(5) 计算区段地价。区段地价是某个特定地价区段的单价或楼面地价,它代表或反映着该地价区段内土地价格的正常和总的水平。区段地价的计算,是分别以一个地价区段为范围,求各该地价区段内所抽查评估出的标准宗地单价或楼面地价的平均数、中位数或众数。计算出的区段地价,对于商业路线价区段来说是路线价,对于住宅片区段或工业片区段来说是区片价。

(6) 确定基准地价。在上述区段地价计算的基础上做适当的调整后即是基准地价。在确定基准地价时,应先把握各地价区段间的好坏层次(通常是从好到差排序),再把握其间的地价高低层次,以避免出现条件较差的区段的基准地价高于条件较好的区段的基准地价。

(7) 提出基准地价应用的建议和技术。包括该基准地价的作用,将该基准地价调整为各宗地价格的方法和系数,例如具体区位、土地使用年限、容积率、土地形状、临街状况等的修正方法和修正系数。

9.3.3 农用地基准地价评估

1) 农用地基准地价评估的技术路线

(1) 技术路线一

农用地基准地价评估的技术路线之一是在农用地定级的基础上,采用农用地投入产出资料和市场交易资料评估基准地价。具体而言,是在农用地定级的基础上,划分基准地价区片,调查农用地投入产出样本资料和市场交易样本资料,并计算样本地价,以样本地价的平均值评估农用地基准地价。

(2) 技术路线二

农用地基准地价评估的技术路线之二是通过设置标准地块,并评估其价格,以标准地块的平均价格评估基准地价。具体而言,是先根据农用地定级成果或按农用地均质区域划分基准地价区片,然后在各区片内选择若干标准地块,并根据农用地投入产出资料和市场交易资料评估标准地块的价格,将同一地价区片内标准地块的平均价格作为该区片的基准地价。

(3) 技术路线三

农用地基准地价评估的技术路线之三是根据农用地定级综合分值、市场交易资料和投入产出资料,建立综合分值与地价的数学模型,用以评估基准地价。具体而言,是根据农用地的质量条件或农用地的定级成果,划分均质区域作为基准地价评估单元,利用农用地市场交易资料和投入产出资料评估出各评估单元的平均地价,根据各评估单元的地价影响因素综合分值(或定级分值)和平均地价,建立综合分值与地价的关系模型,并利用该模型评估区片基准地价和级别基准地价。

2) 采用技术路线一评估基准地价

(1) 划分基准地价区片

划分基准地价区片,要求区片内的土地质量和价格基本一致。一般而言,划分基准地价区片可以采用以下方法:

① 以土地级别为基础划分基准地价区片。即在农用地定级的基础上,根据定级单元总分值划分基准地价区片。

② 根据土地质量划分基准地价区片。对于没有进行农用土地定级的地区,可以将土地质量相对一致的区域划分为一个区片,并以此作为基准地价区片。采用该方法划分基准地价区片,可以根据地形图、土地利用现状图、土壤图等,对地形、土壤、土地利用类型和水利设施状况进行综合考虑,然后将条件相似的土地划为一个基准地价区片。

采用以上方法所得到的区片只是初步的,还应根据所调查的各种样本地价资料进行调整,并最终确定基准地价区片。

(2) 确定土地利用类型

根据土地利用现状分区,同时考虑土地利用总体规划的土地利用分区及土地用途管制的土地利用类型要求,确定各片的主要用地类型、各类型中的用地亚类和当地农用地基准地价评估的土地利用类型体系。

(3) 资料调查

① 资料调查的主要内容包括以下几个方面:

第一,农用地定级成果资料。包括农用地定级工作报告与技术报告、农用地级别图等。

第二,影响农用地价格的因素资料。影响农用地价格的因素主要包括自然因素、社会经济因素和特殊因素。自然因素主要包括气候、地形地貌、土壤、水文状况等;社会经济因素主要包括社会经济发展水平、交通条件、农田基本设施状况、土地管理制度等;特殊因素主要是指特殊的气候条件、特殊的土壤条件和特殊的环境条件。结合当地的实际情况确定农用地基准地价影响因素体系,并调查各评估区片的影响因素状况。

第三,农用地市场交易资料。主要包括农用地承包、转包、出租、拍卖、抵押、联营入股等。

第四,农用地投入产出资料。投入资料是指在农副产品生产过程中所必须支付的直接及间接费用,主要包括种苗费、肥料费、人工费、畜工费、机工费、农药费、材料费、水利费、税金与利息等。产出资料是指在农业生产过程中的主产物和副产物收入。

② 资料调查的一般要求

第一,市场交易样本资料调查应以区片为单位进行。

第二,投入产出样本资料调查采用分类抽样调查方式进行,即按用地类型分组,根据实际情况,少数用地类型可区分到亚类;样本单位可以是一定面积的地块,也可以是某一农户种植的相同用地类型的地块;样本数据应是最近连续三年的资料;样本要有代表性,分布要均匀。

第三,将调查得到的市场交易样本资料和投入产出资料按实际位置标注到估价工作底图上,工作底图一般为土地利用现状图。

第四,及时审查所调查得到的资料。对主要数据不全或不准确的应进行补充调查;将缺少主要项目、填报数据不符合要求和数据明显偏离正常情况而又不容易补充的样本剔除。

第五,及时整理调查得到的资料。将初步审查合格的样本资料,分别按土地级别、土地用途等进行归类,当样本数量少于规定要求时应进行样本的补充调查。

(4) 样本地价计算

① 市场交易样本地价计算

农用地市场交易样本资料主要包括土地承包、转包、出租、拍卖、抵押、联营入股等类型。各类型样本地价,可以参照城镇基准地价评估中相应的样点地价计算公式,并根据当地农用地交易的具体情况进行计算。

② 投入产出样本地价计算

根据投入与产出数量,计算土地年纯收益,并确定适当的土地资本化率,采用收益法计算样本地价。

(5) 样本地价修正与处理

① 样本地价修正

样本地价修正是把样本地价修正成为基准地价内涵条件下的正常地价,主要包括:年期修正、交易期日修正、交易情况修正和农用地熟化程度修正。农用地熟化程度修正,是指将在不同农田基础设施配套程度下的样本地价修正到基准地价评估所设定的基础设施配套程度下的地价。基准地价评估中的基础设施配套程度,可按各级(区片)土地基础设施配套现状程度的平均水平设定。具体修正可参照城镇基准地价评估中的样本地价修正公式进行。

② 样本地价处理

样本地价处理主要包括绘制样本地价分布图、进行样本数据检验。应按不同用途在工作底图上分别绘制样本地价分布图,图上要有清晰的土地级别界限和区片界限;当地价样本较多时,可以用分级图来表示。样本数据检验主要包括同一性检验和T检验或均质一方差检验。经过修正与处理后的样本地价,应按土地级别、基准地价区片、用地类型和交易方式等顺序进行整理,并填入相应的表格。

(6) 基准地价的计算

① 计算区片基准地价

以区片为单位,按不同用途,采用以下公式计算各区片的基准地价。

$$P_{la} = \frac{\sum_{i=1}^{M} P_{li}}{M}$$

或

$$P_{la} = \frac{\sum_{i=1}^{M} S_i P_{li}}{\sum_{i=1}^{M} S_i}$$

式中:P_{la}——某区片的基准地价;

P_{li}——某区片有效样本的单位面积地价;

M——区片内有效的地价样本数;

S——各有效样本的宗地面积。

② 级别基准地价计算

在对以上得到的各区片基准地价进行比较、实地检验之后,调整各区片基准地价,并最终确定区片基准地价。在此基础上,采用加权平均法计算各级别的基准地价,并最终确定级别基准地价。

3) 采用技术路线二评估基准地价

(1) 划分基准地价区片

划分方法同技术路线一。

(2) 选定标准地块

在各个基准地价区片内,根据土壤、灌溉、排水、面积、形状、耕作制度等方面的条件,选择一定数量的具有代表性的宗地作为标准地块。每个基准地价区片的标准地块数量或面积应占该基准地价区片内田块总数或面积的10%～20%。具体而言,标准地块选择应考虑以下条件:

① 地块的干湿、保水、排水、坡度等自然条件应属于一般。

② 耕作距离、距市场的远近、交通条件等应属于一般。

③ 面积、形状、土壤条件应属于一般。

④ 在耕作制度、土地利用程度、单产水平等方面应属于一般;

⑤ 灾害条件应属于一般。

(3) 调查有关资料

主要调查农用地市场交易资料、投入产出资料及农用地开发成本资料。

(4) 评估标准地块价格

标准地块价格的评估方法主要有以下三种,通常应采用其中的两种方法进行评估。

① 根据市场交易资料,采用市场比较法评估标准地块的价格。

② 根据标准地块本身的投入产出资料,采用收益法评估标准地块的价格。

③ 根据农用地开发成本资料,采用成本逼近法评估标准地块的价格。

(5) 计算基准地价

① 基准地价区片的调整。根据各区片标准地块的价格水平,对初步划分的基准地价区片进行合理性分析,并对不合理的划分进行调整。

② 计算区片基准地价。根据调整后的基准地价区片内的标准地块价格,采用适当的平均方法计算各区片的平均价格,以此作为该区片的基准地价。

③ 计算级别基准地价。根据同一级别内各区片的基准地价,采用加权平均法计算并最终确定级别基准地价。

4) 采用技术路线三评估基准地价

(1) 调查有关资料

(2) 确定农用地价格影响因素及其权重

应按照不同用地类型,根据评估地区的具体条件,确定各用地类型的基准地价影响因素体系。影响因素权重可以采用特尔菲法、层次分析法、因素成对比较法等确定。在完成农用地定级的地区,可以直接利用农用地的定级成果。

(3) 划分基准地价评估单元

基准地价评估单元的划分应满足以下条件:同一单元内用地类型、耕作制度要一致;同一单元内的土地质量应一致。在完成农用地定级的地区,可以采用农用地定级评价单元作为基准地价的评估单元。

(4) 计算各评估单元的影响因素综合分值

一般采用专家打分法计算各评估单元的影响因素综合分值。在完成农用地定级的地区,可以直接采用定级单元总分值作为评估单元的影响因素综合分值。

(5) 划分基准地价区片

在得到评估单元影响因素综合分值后,采用数轴法、聚类判别法、总分值频率曲线统计判断法等划分基准地价区片。对于完成农用地定级的地区,应以农用地级别为控制划分基准地价区片。

(6) 样本地价的计算、修正与整理

(7) 计算有样本的评估单元地价

利用市场交易样本地价和投入产出样本地价,计算有样本的评估单元的地价。

(8) 建立评估单元地价与影响因素综合分值的数学模型,评估各区片及级别基准地价

地价与综合分值的基本模型有:

① 线性模型:$Y = aX + b$

② 对数模型:$Y = a \times \ln(X) + b$

③ 乘幂模型:$Y = aX^b$

④ 指数模型:$Y = ae^{bX}$

⑤ 多项式模型:$Y = aX^2 + bX + c$

式中:Y——评估单元地价;

X——评估单元影响因素综合分值;

a、b、c——常数。

利用上述建立的评估单元地价与影响因素综合分值模型,计算所有评估单元的地价,并根据评估单元的地价计算各区片及级别的基准地价。

9.4 基准地价修正法

9.4.1 基准地价系数修正法基本原理

1）基准地价系数修正法概念

基准地价系数修正法是宗地价格的一种评估方法。它是利用基准地价评估成果，在将估价对象宗地的区域条件及个别条件与其所在区域的平均条件进行比较的基础上确定相应的修正系数，用此修正系数对基准地价进行修正，从而求取估价对象宗地在估价时点价格的方法。

2）基准地价系数修正法的理论依据

基准地价系数修正法的理论依据是替代原理，即在正常的市场条件下，具有相似条件和使用价值的土地，在交易双方具有同等市场信息的基础上应当具有相似的价格。基准地价是某一级别或均质区域内相同用途的土地使用权平均价格，在该级别或均质区域内该用地的其他宗地的价格都在基准地价上下波动。基准地价所对应的土地条件，是土地级别或均质区域内该类用途土地的一般条件。因此，通过估价对象宗地与级别或均质区域内同类用地一般条件的比较，对照因素修正系数表选取适宜的修正系数，对基准地价进行修正，即可得到估价对象宗地的价格。

3）基准地价系数修正法的特点与适用范围

基准地价系数修正法，是在短时间内评估多宗土地或大量土地价格的一种估价方法，其估价精度与基准地价及宗地价格修正系数体系密切相关。它适用于具备基准地价及宗地价格修正系数体系成果的城镇的土地价格评估。

9.4.2 基准地价系数修正法的估价步骤

1）确定级别或区域基准地价

2）编制宗地价格修正系数表

宗地价格修正系数表是建立在基准地价、宗地价格及其影响因素之间的相关关系之上，编制出基准地价在不同因素条件下修正为宗地价格的系数体系，以便能在宗地条件调查的基础上，按照对应的修正系数，快速、高效、及时地评估出宗地价格。它分为级别宗地价格修正系数表、区域宗地价格修正系数表和路线价修正系数表三种。下面仅以级别宗地价格修正系数表为例，来说明宗地价格修正系数表编制的步骤与方法。

（1）确定各类用途宗地价格影响因素

宗地价格影响因素主要分为区域因素和个别因素两大类。由于用途不同，影响宗地价格的因素存在差异，所以，通常分商业、住宅和工业三种用途确定其宗地价格影响因素。

（2）确定各因素的权重

采用特尔斐法、层次分析法等，按各因素对地价的影响程度，确定各因素的权重值。

（3）样点地价整理

在对样点地价进行修正并剔除异常样点之后，以土地级别为单位，将所有收集到的正常样点地价,按商业、住宅和工业三大用途分别进行归类和排序。

(4) 计算各级各类用地的最大修正幅度

最大修正幅度的计算公式如下：

$$F_1 = \frac{I_{rb} - I_{lb}}{I_{lb}} \times 100\%$$

$$F_2 = \frac{I_{lb} - I_{ri}}{I_{lb}} \times 100\%$$

式中：F_1——各用途基准地价修正到宗地价格的最大上调幅度；

F_2——各用途基准地价修正到宗地价格的最大下调幅度；

I_{lb}——某类用地的级别基准地价；

I_{rb}——该类用途、该级别内最高的正常样点地价；

I_{ri}——该类用途、该级别内最低的正常样点地价。

(5) 计算各因素影响地价的修正系数

各因素影响地价的最大修正幅度计算公式如下：

$$F_{1i} = F_1 W_i$$

$$F_{2i} = F_2 W_i$$

式中：F_{1i}——某因素影响地价的最大上调幅度；

F_{2i}——某因素影响地价的最大下调幅度；

W_i——某因素影响地价的权重值。

基准地价对应的条件为一般水平,设条件一般的修正系数为0；条件优的修正系数为F_{1i}；条件劣的修正系数为$-F_{2i}$；在条件一般和条件优之间内插条件较优,其修正系数为$F_{1i}/2$；在条件一般和条件劣之间内插条件较劣,其修正系数为$-F_{2i}/2$。

(6) 编制宗地价格修正系数表

按优、较优、一般、较劣、劣确定各种条件下的修正系数后,量化所有影响因素的标准,按此编制修正系数表,并通过已有地价样点的检验与校核,编制出一个城镇各级别的宗地价格修正系数表。同时,还要一并编制各修正系数对应的指标说明表。

3) 确定估价对象宗地的价格修正系数

调查估价对象宗地的所有条件,依据宗地价格修正系数表及其说明表,确定估价对象宗地的价格修正系数。

4) 计算宗地价格

宗地价格的计算公式如下：

$$P_i = P \cdot (1 \pm \sum_{i=1}^{n} K_i) \cdot Y \cdot T$$

式中：P_i——估价对象宗地的价格；

P——估价对象宗地所对应的级别基准地价；

K_i——估价对象宗地在第i个因素条件下的修正系数；

Y——年期修正系数；

T——交易时间修正系数。

9.5 补地价评估

补地价是指经政府或政府主管部门批准,更改原出让合同某些规定(如增加容积率、改变原合同规定用途等)从而使土地收益增加,或将原划拨土地使用权以转让、抵押、出租方式进行流转,或土地使用权到期后续期,由土地使用者向政府补交的地价。补地价的数额一般根据用地者在发生上述改变的前后所获土地收益的差额记取。

对于改变土地用途、容积率等规划条件的,补地价的数额理论上等于批准变更时新旧规划条件下的土地市场价格之差额,计算公式如下:

补地价=新规划条件下的土地市场价格-旧规划条件下的土地市场价格

对于单纯增加容积率、其他条件不变的情况,补地价的数额可用下式计算:

$$补地价 = \frac{增加后的容积率 - 原容积率}{原容积率} \times 原地价$$

对于增加容积率、其他条件改变(如楼面地价改变)的情况,或既改变容积率又改变土地用途的情况,补地价(单价)的数额可用下式计算:

补地价=新楼面地价×新容积率×原楼面地价×原容积率

【例 9-4】 某宗土地总面积 2 000m²,容积率为 3,相应的土地单价为 600 元/m²,现允许将容积率提高到 5,楼面地价不变。试计算应补地价的数额。

【解】 应补地价的数额计算如下:

$$补地价(单价) = 600 \times \frac{5-3}{3} = 400(元/m^2)$$

补地价(总价)=400×2 000=80(万元)

【例 9-5】 某宗面积为 1 000m² 的工业用地,容积率为 0.8,相应的楼面地价为 100 元/m²。现按照城市规划拟变更为商业用地,容积率提高到 3,相应的楼面地价提高到 600 元/m²。试计算应补地价的数额。

【解】 应补地价的数额计算如下:

补地价(单价)=600×3-100×0.8=1 820(元/m²)

补地价(总价)=1 820×1 000=182(万元)

9.6 高层建筑地价分摊

9.6.1 高层建筑地价分摊的意义

为了满足人们日益增长的房地产需求,增加城市房地产供给,可选择横向向城市外围地区扩张的平面发展模式,也可选择纵向向高空拓展和向地下延伸的立体发展模式。随着城市社会经济的发展,土地供给越来越紧张,价格越来越高,客观上要求采用立体发展模式以充分利用土地。而经济实力的逐渐强大,科学技术的不断发展,尤其是建筑技术的发展,又为这种土地利用方式提供了现实可能性。目前,城市房地产发展,平面发展和立体发展交织在一起。

现代城市中房地产的立体发展,使土地利用呈现出建筑高层化、用途立体化、所有者或使用者多元化的特点。建筑高层化,包括向空中发展和向地下延伸。城市中高层建筑越来越多,不仅有高层办公楼、写字楼、酒店和商场,也有高层住宅,还有地下商场、停车场等;用途立体化,指与传统的对土地用途的平面选择不同,不是一块土地同时只能选择一种用途,而是同时可以选择多种用途,房地产的各种用途在同一块土地上高低错落、有序排列,呈纵向分布。现实中的高层建筑物,往往多是集停车场、商场、酒店、写字楼等于一身的综合楼,其用途的最佳立体分布一般为:地下是停车场、仓库,地面为商场,中层为酒店,高层为客房、办公楼、写字楼,或下面为商铺等营业用房,上面为住宅的商住楼。所有者或使用者多元化,是指一座高层建筑的所有者或使用者往往有多个。由于高层建筑价格更加高昂,人们的经济实力有限,市场经济合作方式的多样化,以及经营管理专业化的要求,多个所有者或使用者往往根据自身情况采用多种形式分别拥有或使用高层建筑的相应部分。

任何权利和义务都是相辅相成的,土地也不例外,拥有一块土地,在享有相应的收益权利的同时,也必须承担由此产生的缴纳相应的土地税费的义务。高层建筑的实物可以分成多部分为多方分别拥有或使用,但高层建筑占用的土地在实物形态上却无法分割,只能为全部所有者共同拥有,分别拥有相应的份额。当因灾害发生等原因需一次性处理土地时,其收益如何在各方之间进行分配,以及平常应缴纳的土地税费如何在各方之间进行分摊等,这一切都要依据各方拥有的土地份额来进行。高层建筑地价分摊就是要对有多个所有者或使用者的高层建筑,科学、合理地计算各方应分得多少土地份额。

9.6.2 高层建筑地价分摊的方法

1)按建筑面积进行分摊

按建筑面积分摊,就是以各方拥有的建筑面积占高层建筑总建筑面积的比例作为其占有的土地份额,享有或承担该份额相应的权利和义务。按建筑面积分摊高层建筑地价,用公式可表示为:

$$某方占有的土地份额 = \frac{某方拥有的建筑面积}{建筑总面积}$$

$$某方享有的土地价值 = 土地总价值 \times 某方占有的土地份额$$

$$= 土地总价值 \times \frac{某方拥有的建筑面积}{建筑总面积}$$

如某建筑总面积 $1\,000\,m^2$ 的商住楼,甲拥有 $100\,m^2$ 的底层商业用房,乙拥有上面 $100\,m^2$ 的住宅,按建筑面积分摊地价,$100/1\,000=10\%$,则甲、乙一样分别拥有 10% 的土地份额,享有或承担土地 10% 的权利和义务。现实中,底层商业用房的收益能力远远大于住宅,应缴纳的土地税费也应高于住宅。按建筑面积分摊地价,底层商业用房分摊的地价份额等同于同样面积的住宅分摊的地价份额,对底层商业用房来说,获得较多的土地收益能力却只需缴纳较少的土地税费,对住宅用户来说,取得较少的土地收益能力却需支付较多的土地税费,权利和义务不相当,这显然有失公平,不尽合理。

对不同用途的房地产所有者或使用者来说,由于不同楼层的通达便捷程度、舒适性以及景观效果等不同,其效用肯定不同,房地产效用随楼层的变化而变动。对土地的立体利用来说,由于土地价值的空间分布不同,肯定不会是完全平均分布,各部分应分摊的地价份额也应不同。建筑面积对建筑物价值有一定的决定作用,但并不能正确地反映土地价值不同的空间分布情况,简单地用建筑面积来分摊地价。和用建筑物价值来分摊地价一样,抹杀了土地价值空间分布的差异,等同于将土地价值视为在不同的空间均匀分布,缺乏理论依据和现实意义。但对单一用途的高层建筑,如其土地价值的空间分布差异不大,对分摊地价份额精度要求不高,则按建筑面积分摊地价份额也不失为一种简单可行的方法。因为按建筑面积分摊地价份额,只需收集建筑物总面积和某方拥有的建筑面积,资料的获取比较容易。

2) 按房地价值分摊

按房地价值分摊,是以各方拥有的房地价值占高层建筑房地总价值的比例作为其占有的土地份额,享有或承担该份额相应的权利和义务。按房地价值分摊高层建筑地价,用公式可表示为:

$$某方占有的土地份额 = \frac{某方拥有的房地价值}{房地总价值}$$

$$某方享有的土地价值 = 土地总价值 \times 某方占有的土地份额$$
$$= 土地总价值 \times \frac{某方拥有的房地价值}{房地总价值}$$

如有一综合楼,房地总价值10 000(万元);地价为2 000万元,甲拥有其中的商场部分,价值3 000万元,乙拥有其中的酒店部分,价值2 000万元。按房地价值分摊地价,则甲拥有的土地份额为3 000/10 000=30%,享有或承担土地30%的权利和义务,分摊的地价为2 000×30%=600(万元);乙拥有的土地份额为2 000/10 000=20%,享有或承担土地20%的权利和义务,分摊的地价为2 000×20%=400(万元)。

按房地价值分摊地价较按建筑面积分摊地价有所改进,因为房地价值包括土地价值和建筑物价值,土地价值的立体分布不同,则高层建筑不同楼层的房地产价格水平也会不同,并且现实中的房价也是如此变化的。现实中的房价其实已包含地价,或者说,地价要通过房价来实现,效用不同的楼层,其房价自然不同,如商住楼中底层商业用房的房价一定比住宅的房价要高得多。房地价值部分地反映了土地价值不同的空间分布情况,用房地价值来分摊地价,一定程度上体现了土地价值空间分布的差异,具有一定的理论依据和较强的现实说服力。但是,按房地价值分摊地价仍有一些缺陷,由于建筑物的价值主要由建筑成本决定,和土地价值无直接关系,因房地价值中包含了建筑物的价值,用房地价值来分摊地价,其中与土地无直接关系的建筑物价值也直接参与了地价的分摊,这将会影响地价分摊的准确性,难以准确反映地价分布的空间差异。另外,假如撇开各个楼层的具体装饰装修不谈,一般来说,各楼层的建筑造价基本接近,各楼层建筑物价格水平无明显差异。但用这种方法对地价进行分摊后,从各楼层房地价值中减去分摊的地价,剩余的各楼层建筑物价格水平却可能相差较大,不合情理。如对分摊地价份额精度要求不是很高,则按房地价值分摊地价份额是一种简单有效的方法。现实中房地的价值往往非常明确,易于收集。

3) 按土地价值分摊

按土地价值分摊,是以剩余技术的原理为思路,即地价等于房地价值减去建筑物价值,用各方拥有的房地价值减去该部分的建筑物价值与高层建筑房地总价值减去建筑物总价值之比作为其占有的土地份额,享有或承担该份额相应的权利和义务。按土地价值分摊高层建筑地价,用公式可表示为:

$$某方占有的土地份额 = \frac{某方拥有的房地价值 - 该部分的建筑物价值}{房地总价值 - 建筑物总价值}$$

某方享有的土地价值＝土地总价值×某方占有的土地份额

$$= 土地总价值 \times \frac{某方拥有的房地价值-该部分建筑物价值}{房地总价值-建筑物总价值}$$

现实中,高层建筑的房地总价值和土地总价值以及某部分的房地价值一般是客观存在的,较易收集,但建筑物总价值和该部分的建筑物价值往往不被人们所关注,数据难以取得,上述公式的应用有一定的困难。因建筑物的造价一般主要由建筑面积决定,因此我们可以根据某部分的建筑面积占建筑总面积的比例来推算该部分应分摊的建筑物价值,对建筑物总价值,可应用剩余技术,由房地总价值减去土地总价值求得。所以,按剩余技术分摊高层建筑地价,更适用的公式可表示为:

某方占有的土地份额

$$= \frac{某方拥有的房地价值-(房地总价值-土地总价值)\times \dfrac{该部分建筑面积}{建筑总面积}}{土地总价值}$$

某方享有的土地价值

＝土地总价值×某方占有的土地份额

$$= 某方拥有的房地价值-(房地总价值-土地总价值)\times \frac{该部分建筑面积}{建筑总面积}$$

按土地价值分摊高层建筑地价,是用剩余技术求出土地价值,直接用土地价值来确定应分摊的地价份额,在三种高层建筑地价分摊方法中,应该说是理论上最为完善的。

复习思考题

1. 什么是地租？其本质是什么？
2. 地租是如何形成的？包括哪些种类？
3. 什么是路线价？什么是路线价法？
4. 路线价法的理论依据是什么？
5. 路线价法的适用对象和适用条件分别是什么？
6. 如何划分路线价区段？
7. 什么是四三二一法则？
8. 一面临街矩形土地的价值如何计算？
9. 如何计算前后两面临街矩形土地的价值？
10. 街角地的价值计算有什么特点？
11. 三角形土地的价值如何计算？
12. 什么是基准地价？有何特点？
13. 基准地价有什么作用？
14. 简述基准地价评估的原理。
15. 试述城镇基准地价评估步骤。
16. 农用地基准地价评估有哪些技术路线？
17. 基准地价系数修正法包括哪些估价步骤？
18. 什么是补地价？其测算公式是什么？
19. 高层建筑地价分摊是为了解决什么问题？如何进行分摊？

10 房地产估价报告

10.1 房地产估价报告概述

10.1.1 房地产估价报告概念和形式

房地产估价报告是估价机构履行估价委托合同，记述估价过程，反映估价结果的文件，是估价机构提供给委托人的"产品"，是给予委托人关于估价对象价值的正式答复，是关于估价对象价值的专业意见，也是关于估价对象的研究报告。

估价报告的形式分为书面报告和口头报告（如专家证词）两种。书面报告按照其格式，又可分为叙述式报告和表格式报告。对于成片或成批多宗房地产的同时估价且单宗房地产的价值较低时，估价报告可以采取表格的形式，如旧城区居民房屋拆迁估价或成批房地产处置估价。居民预购商品住宅的抵押报告，也可以采取表格的形式。叙述式报告能够充分论证和解释估价分析、意见和结论，使估价结果更具有说服力。叙述式报告是估价人员履行对委托人责任的最佳方式。所以，叙述式报告是最普遍、最完整的估价报告形式。

无论是书面报告还是口头报告，也无论是叙述式还是表格式报告，都只是表现形式不同，对它们的基本要求是相同的。

10.1.2 房地产估价报告的写作原则

在长期的实践中，房地产估价报告形成了若干基本的写作原则。其中，客观性原则、目标性原则、规范性原则是房地产估价报告写作必须特别把握的根本性原则，要深刻地理解和熟知。

1) 客观性原则

房地产估价报告写作的客观性原则是要求所采用的写作材料、分析过程和最终的估价结论必须客观真实，不能虚构，不能夸大，不能缩小，写作细节也要经得起客观事实的推敲。

2) 目标性原则

房地产估价报告的目标性原则是指估价报告源于估价委托人特定的需要，整个写作过程都要有一个明确的目标，写作材料的收集，篇章结构的整合，技术路线的确定，估价结果的说明，都要围绕明确的目标进行。也就是说，房地产估价报告的写作必须把握目标，紧扣主题。

3) 规范性原则

房地产估价报告写作的规范性原则，是对估价报告的结构形式而言，即房地产估价报告的篇章结构要程式化，符合统一的要求。

除了上述三项特定的原则之外，作为应用文写作，其他应用文写作的原则对房地产估价报告也同样适用，如文章的逻辑推理性原则、语言简约性原则等，也是需要了解和掌握的。

10.1.3 对估价报告的总要求

估价报告应全面、公正、客观、准确地记述估价过程和结论。具体来说应做到以下几点：

(1) 全面性。估价报告应完整地反映估价所涉及的事实、推理过程和结论。正文内容和附件资料应齐全、配套，使估价报告使用者能够合理理解估价结果。

(2) 公正性和客观性。估价报告应站在中立的立场上对影响估价对象价值的因素进行客观的介绍、分析和评论，做出的结论应有充分的依据。

(3) 准确性。估价报告的用语应力求清楚、准确，避免使用模棱两可或易产生误解的文字，对未经查实的事项不得轻率写入，对难以确定的事项应予以说明，并描述其对估价结果可能产生的影响。

(4) 概括性。估价报告应使用简洁的文字对估价报告中所涉及的内容进行高度概括，对获得的大量资料应在科学鉴别与分析的基础上进行筛选，选择典型、有代表性，能反映事情本质特征的资料来说明情况和表达观点。

(5) 估价报告的纸张、封面设计、排版、装订应有较好的质量，尽量做到图文并茂。估价报告文本的外形尺寸应当统一，尽量采用 A4 纸张。

10.1.4 房地产估价报告对用词用句的要求

1) 房地产估价报告对词语的要求

(1) 用词准确。这是对用词的基本要求，要善于根据内容表达的需要，在众多同义词、近义词中选用最确切的词语，以准确地表现事物的特征和表述写作的意图。

(2) 用词表意清晰。表达如范围、程度、条件等的词，在房地产估价报告中会经常使用，要客观恰当地把握。不能使用"大概"、"可能"等字样，特别是估价结论不能模棱两可。如"估价对象房地产每平方米建筑面积的价格大约在 800 元左右"，"大约"、"左右"这样的词出现在估价结论中是不妥当的。有时估价人员确实不能确定估价结论的具体数额，不妨说"估价对象房地产每平方米建筑面积的价格在 790～810 元之间"。这样的表达比"大约"要准确得多，可以确定价格的变动范围。

(3) 尽量采用中性词汇。估价报告中用词要得当，尽量使用中性词汇，避免采用过于华丽的辞藻。过分带有感情色彩的词汇应避免。

(4) 用词简练、标准，不可生造。例如，有的估价报告连用几个"最高级"来形容估价对象，有的估价报告则采用一些非标准的用语等。

(5) 规范用词说明。为执行规范条文时区别对待，对要求严格程度不同的用词说明如下：

① 表示很严格。即非这样做不可的用词。正面词采用"必须"，反面词采用"严禁"。

② 表示严格。即在正常情况下均应该这么做的用词。正面词采用"应"，反面词采用"不应"或"不得"。

③ 表示允许稍有选择。即在条件许可时首先应这样做的用词。正面词采用"宜"，反面词采用"不宜"。

④ 表示有选择。即在一定条件下可以这样做的，采用"可"。

⑤ 规范中指定应按其他有关标准、规范执行时，写法为："应符合……的规定"或"应按

……执行"。

⑥ 避免出现错误的词语。撰写房地产估价报告中容易混淆的词语举例如下：

坐落(不是"座落")

坐标(不是"座标")

制定(不是"制订")

签订(不是"签定")

图像(不是"图象")

部分(不是"部份")

内涵(不是"内含")

账目(不是"帐目")

抵消(不是"抵销")

(6) 正确运用专业名词。撰写房地产估价报告，一些专业名词不能混淆。举例如下：

① 估价作业日期与估价时点。估价作业日期说明本次估价的起止年月日；估价时点是指估价结果对应的日期。

② 单位地价与楼面地价。单位地价是单位土地面积的土地价格。楼面地价，又称单位建筑面积地价，是平均到每单位建筑面积的土地价格。

$$楼面地价 = \frac{土地总价}{总建筑面积} = \frac{土地单价}{容积率}$$

③ 基准地价与标定地价。基准地价是政府对各级土地或均质区段及其商业、住宅、工业等土地利用类型分别评估出的土地使用权平均价格。标定地价是指一定时期和一定条件下，能代表不同区位、不同用途地价水平的标志性宗地的价格。

④ 建筑密度与容积率。建筑密度又称建筑覆盖率，通常是指一块土地上所有建筑物的基底总面积占该土地总面积的比例，即

$$建筑密度 = \frac{建筑基底总面积}{土地总面积}$$

容积率是一块土地上建筑物的总建筑面积与该块土地总面积的比值，即

$$容积率 = \frac{总建筑面积}{土地总面积}$$

⑤ 重置价格和重建价格。重置价格是采用估价时点时的建筑材料、建筑构配件、建筑设备和建筑技术等，按照估价时点时的价格水平，重新建造与估价对象建筑物完全相同的新建筑物的正常价格。重建价格是采用与估价对象建筑物相同的建筑材料、建筑构配件、建筑设备和建筑技术等，按照估价时点时的价格水平，重新建造与估价对象建筑物完全相同的新建筑物的正常价格。

⑥ 自然寿命和经济寿命。自然寿命是指建筑物从建成之日起到不堪使用时的年数。经济寿命是指建筑物从建成之日起预期产生的收入大于运营费用的持续年数。

⑦ 客观成本与实际成本。实际成本是某个具体的开发商的实际花费。客观成本是假设开发建造时大多数开发商的正常花费。在估价中要采用客观成本而不是实际成本。

⑧ 客观收益和实际收益。实际收益是在现状下实际取得的收益，一般来说不能用于估价。客观收益是排除了实际收益中属于特殊的、偶然的因素之后所能得到的一般正常收益，它才是估价的依据。

⑨ 估价折旧与会计折旧。估价折旧注重的是市场价值的真实减损，严格地说不是折旧，

而是减价修正。会计折旧注重的是原始价值的分摊、补偿或收回。

2) 房地产估价报告对语句的要求

(1) 句子完整。在房地产估价报告中,句子成分该省的一定要省,句子精练。但是不该省的省掉了,句子就会残缺不全,让人摸不着头脑。

(2) 搭配得当。在房地产估价报告中,语义上要符合情理,符合语法规则,同时要衔接。语句与语句之间意思也要衔接连贯,不能脱节。

(3) 逻辑严密。在房地产估价报告中,不能出现自相矛盾的现象。造成逻辑混乱的情况主要有:前后没有呼应;数据来源没有出处或是有错;判断推理没有充足的理由。

(4) 句子简洁。在房地产估价报告中,句子不能出现杂糅、冗余等毛病。

10.1.5　房地产估价报告中估价对象状况的说明

房地产估价报告中应充分说明估价对象状况,包括估价对象的物质实体状况和权益状况。其中对土地的描述说明应包括:名称,坐落,面积,形状,四至,周围环境,景观,基础设备完备程度,土地平整程度,地势,地质,水文状况,规划限制条件,利用现状,权属状况。对建筑物的描述说明应包括:名称,坐落,面积,层数,建筑结构,装修,设施设备,平面布置,工程质量,建成年月,维护,保养,使用情况,地基的稳定性,公共配套设施完备程度,利用现状,权属状况。尤其应当注意阐明估价对象的权益状况,对建筑物权益状况的描述说明,主要包括建筑物的产权性质和归属,如建筑物的所有权人,是否完全产权,产权共有状况,是否设定有他项权利,产权人是否与他人订有租约等。如当估价对象的规定用途与实际用途不符时,应当分别说明估价对象的规定用途和实际用途,描述用途转换的背景,阐明是否已按有关法律、法规办理手续等。又如对于土地使用权,应当注意区分是通过划拨方式取得的,还是通过有偿方式取得的。如果是通过有偿出让或转让方式取得的,应当说明原土地使用权出让合同约定的使用年限、已使用年限和剩余使用年限。

10.1.6　房地产估价报告的基本内容及写作实例

1) 房地产估价报告的基本内容

房地产估价规范中对估价报告应包括的内容作了一般性的规定。这些应记载的事项在估价报告中都不可缺少,否则,不仅估价报告不完整,更重要的是会失去估价报告的效力。

一份完整的估价报告通常包括封面、目录、致委托方函、估价师声明、估价的假设和限制条件、估价结果报告、估价技术报告和附件八个部分。

2) 房地产估价报告写作实例

××市××区××广场估价报告

项目名称:××市××区××广场房地产估价报告

委托方:××公司

估价机构:××房地产估价有限公司

估价人员:×××××

估价作业日期:2004年1月6日至2004年1月25日

估价报告编号:××估字(2004)011201

目　录

一、致委托方函 …………………………………………………………… 第×页
二、估价师声明 …………………………………………………………… 第×页
三、估价的假设和限制条件 ……………………………………………… 第×页
四、房地产估价结果报告 ………………………………………………… 第×页
五、房地产估价技术报告 ………………………………………………… 第×页
六、附件 …………………………………………………………………… 第×页

一、致委托方函

××公司：

　　受贵公司委托，我公司于二〇〇四年一月六日至二〇〇四年一月二十五日对贵公司坐落于××市××区××广场（在建工程）房地产的市场进行了估价，现估价工作已经完成。

　　根据贵公司与我公司双方签订的房地产评估业务协议，估价目的是为贵公司进行市场交易提供估价对象于估价时点（二〇〇四年一月十二日）的市场价值。我公司按照《房地产估价规范》(GB/T50291－1999)的要求进行估价，在该估价时点估价对象的市场价值为人民币13 332.86万元（大写：人民币壹亿叁仟叁佰叁拾贰万捌仟陆佰元整）。

　　现随函附上《××市××区××广场房地产估价报告》一式肆份，请查收。

××房地产估价有限公司

法定代表人：×××

二〇〇四年一月二十五日

二、估价师声明

　　1. 我们在本估价报告中陈述的事实是真实的和准确的。

　　2. 本估价报告中的分析、意见和结论是我们自己公正的专业分析、意见和结论，但受到本估价报告中已说明的假设和限制条件的限制。

　　3. 我们与本估价报告中估价对象没有利害关系，也与有关当事人没有利害关系或偏见。

　　4. 我们依据中华人民共和国国家标准《房地产估价规范》进行分析，形成意见和结论，撰写本评估报告。

　　5. 估价人员已对本估价报告中的估计对象进行了实地查勘。

　　6. 有人对本估价报告提供重要专业报告。

　　7. 在估价过程中未受到任何干扰。

注册房地产估价师

×××（签章）：

×　×（签章）：

三、估价的假设和限制条件

　　1. 本报告所谓公开市场价值基于以下假设：

　　（1）市场为公开公平的市场，卖方愿意出售，并有合理的时间让买卖双方来讨价还价。

　　（2）议价期间物业市场基本保持稳定。

　　（3）不考虑特殊买家的追加出价。

　　（4）买卖程序符合法律规定。

　　2. 本报告认为委托方提供的资料是真实、可靠的，并以此作为评估的重要依据之一，若因委托方提供的资料有误而引起的责任，估价方不予承担。

3. 本次估价以估价对象现状权属状态完整,不考虑估价对象可能存在的其他债权债务为前提。若假定或假设状态与实际情况不符,则评估结果不成立,须重新评估。

4. 本次估价以估价对象开发地块已获得政府规划、计委和房地产等部门批准的规划指数参数为评估依据,未考虑在今后续建过程中部分规划参数可能作变更修改对估价对象价值的影响。

5. 估价人员仅对估价对象房地产作一般性的查勘,查勘了评估物业视力可及部分,在可能的情况下亦查勘了物业的内部装修,并未对其结构等内在质量进行测试,故不能确定其有无内部缺陷。本次估价以估价对象不仅在已建部位,而且在今后按规划部门批准容许的且按设计要求续建的全部分项及总体均达到国家或行业规定的标准要求为前提。

6. 估价对象已建部分工程费用的价值以现状市场价格折算,并假设仍能起到原设计要求的作用,若因各种因素的变动,发现其不能完全达到设计要求应承担的作用,则该部分计入的价值应作调整,估价结果也应重新评估。

7. 未经评估双方书面同意,本报告的全部或任何一部分不得用于公开的文件、通告或报告中,不得以任何形式公开发表。

四、房地产估价结果报告

(一) 委托方

名称:××公司

地址:××路××号

法定代表人:×××

联系电话:××××××××

(二) 估价方

名称:××房地产估价有限公司

地址:××路××号

决定代表人:×××

联系电话:××××××××

估价机构资质:××××级

估价机构证书编号:×房地资估(2004)第×××号

(三) 估价对象

1. 房地产概况

估价对象东至××路,西临××路,南至××路,北临××路。根据规划,项目总用地面积 4 257m²,总建筑面积 34 799m²,其中地上建筑面积 29 541m²,容积率 6.94,绿化率 15%。

项目由××公司开发,规划建造一幢 28 层商办楼,地上建筑面积 29 541m²,地下车位 78 个。

设施安装标准:六台合资电梯,中央空调。

主要装饰标准:外装修为部分玻璃幕墙,部分大理石及面砖;内装修,大堂、电梯厅做较高级装修,地上建筑物完成主分管道安装,内部精装修由二次装修完成,办公房卫厨安装中档设备及墙地砖铺设。

2. 房地产状况和权利

根据××市人民政府土地管理文件——××府土征〔2000〕×××号,××广场项目由××公司取得。

3. 估价对象状况

至估价时点止,估价对象土地已全部完成动迁,且部分地块已经完成桩基工程。

4. 环境状况

估价对象所处位置是××区中心商业区。该商业区以××为中心,北起××路,东至××路,南临××路,西至××路,总面积 $2km^2$,综合购物、办公、餐饮、娱乐等功能,以塑造全新的现代化城市大型活动中心为目标。现该商业区基础设施完善,交通便利,商服齐全。

(四) 估价目的

为估价对象权利人进行市场交易提供估价对象在估价时点的市场价值。

(五) 估价时点

二〇〇四年一月十二日。

(六) 价值定义

本报告所评估的价格为估价对象在上述全部假设和限制条件下于估价时点的公开市场价值。公开市场价值是指:

1. 买卖双方不因任何特殊利益抬高或降低房地产真实价值;
2. 有一段合理交易时间;
3. 在此期间房地产市场保持稳定;
4. 房地产买卖符合国家法律规定。

(七) 估价依据

1. 委托评估协议;
2. ××市建设委员会(批复)[×建字〔2000〕第××××号];
3. ××市建设委员会土地管理文件[××府土征〔2000〕×××号];
4.《中华人民共和国城市房地产管理法》;
5. 国家及××市其他有关法律、法规、政策;
6. 委托方提供的其他资料;
7. 估价人员现场查勘及收集的有关资料。

(八) 估价原则

1. 合法原则

即严格按照有关的法律法规、各种相关规定及城市规划要求。当房地产权属明确,房地产使用合法,其房地产权受法律保护。因此,在评估中首先以委估对象的合法性为前提。

2. 替代原则

两个以上有替代性的商品同时存在时,商品的价格是经过两者相互影响之后决定的。房地产也有同样现象。某房地产的价格,受同类型的其他房地产价格所牵制。换言之,同类型而有替代可能的房地产之间会互相竞争,使其价格互相牵制而趋于一致。

3. 估价时点原则

由于房地产市场是动态的,随着时间的推移和经济状况的发展变化,同一宗房地产在不同的时点上往往会有不同的价格,因此,估价时必须确定某一时点。

4. 最高最佳使用原则

房地产估价必须以估价对象用于最高最佳使用为前提。房地产的最高最佳使用是指通过法律上允许的、技术上支持的、经济上可行的方式实现。

(九) 估价思路及方法

估价人员通过对××市尤其是××区的社会经济发展状况及房地产市场的调查了解,并针对估价对象所处区域将开发成高标准商、住、办综合群楼的特点,选用周边地区或处于同一供需圈内的同类房地产的市场租售价格为参照,决定选用假设开发法和基准地价法作为本次评估的基本方法。

假设开发法指预计估价对象开发完成后的价值,扣除预计的正常开发成本、税费和利润等,以此估算估价对象的客观合理价格或价值的方法。成本法指求取估价对象在估价时点的重置价格或重建价格,扣除折旧,以此估算估价对象的客观合理价格或价值的方法。

（十）估价结果

估价人员遵循科学、公正、客观、合理的估价原则,按照国家规定的技术规范和估价程序,在估价人员进行了详细勘察,了解了估价对象及其周边地区的房地产市场现状,并在认真分析现有资料的基础上,运用假设开发法和成本法,经过周密细致的测算,并结合估价师的专业经验,综合评估出估价对象在估价时点的市场价值。结论如下：

房地产总价值为人民币 13 332.86 万元

（大写：人民币壹亿叁仟叁佰叁拾贰万捌仟陆佰元整）

（十一）估价人员

注册房地产估价师　×××　（签章）

注册房地产估价师　×　×　（签章）

（十二）估价作业日期

二〇〇四年一月六日至二〇〇四年一月二十五日

（十三）估价报告应用有效期

当房地产市场较为稳定时,本报告的适用期原则上为半年(即 2004 年 1 月 25 日始至 2004 年 7 月 24 日止)。评估过程中未考虑国家宏观经济政策发生重大变化,或发生其他不可抗力对估价结果的影响。

五、房地产估价技术报告

（一）个别因素分析

1. 房地产概况

估价对象东至××路,西临××路,南至××路,北临××路。根据规划,项目总用地面积 4 257m²,总建筑面积 34 799m²,其中地上建筑面积 29 541m²,容积率 6.94,绿化率 15%。

项目由××公司开发,规划建造一幢 28 层商办楼,地上建筑面积 29 541m²,地下车位 78 个。

设施安装标准：六台合资电梯,中央空调。

主要装饰标准：外装修为部分玻璃幕墙,部分大理石及面砖；内装修,大堂、电梯厅做较高级装修,地上建筑物完成主分管道安装,内部精装修由二次装修完成,办公房卫厨安装中档设备及墙地砖铺设。

2. 房地产状况和权利

根据××市人民政府土地管理文件——×府土征〔2000〕×××号,××广场项目由××公司取得。

3. 估价对象状况

至估价时点止,估价对象土地已全部完成动迁,且部分地块已完成桩基工程。

（二）区域因素分析

估价对象所处位置是××区中心商业区。该商业区以××为中心,北起××路,东至××路,南临××路,西至××路,总面积 2km²,综合购物、办公、餐饮、娱乐等功能,以塑造全新的现代化城市大型活动中心为目标。现该商业区基础设施完善,交通便利,商服齐全。

(三)市场背景分析

受非典及其他因素影响回落后,2003年第三季度,××市的商务楼市场又开始活跃,总投资额达到××亿元,新开工面积××万平方米,租金保持平稳,空置率逐渐下降,当前有效需求稳步上升。

作为一个金融中心,经济发展的一个重要指标就是城市中商务楼投资、开发、交易和使用的情况。可以说,我国加入WTO以后,随着服务业、金融业、保险业、电信服务和商业运输等行业市场限制的取消,这些行业的外资机构势必会在中国建立各种类型的办事处,如此将对商务楼的面积有更大的需求。

(四)估价方法选用

估价人员通过××市尤其是××区的社会经济发展状况及房地产市场的调查了解,并针对估价对象所处区域将开发成高标准商、住、办综合群楼的特点,选用周边地区或处于同一供需圈内的同类房地产的市场租售价格为参照,决定选用假设开发法和基准地价法作为本次评估的基本方法。

假设开发法:首先采用市场比较法并考虑类似房产价格的未来变动趋势,预测开发完成后的房地产价值(其中办公房部分直接以市场比较法求取,车位部分先采用市场比较法确定租金,然后以收益还原法求取价值),再扣除未完工程的开发成本、管理费用、投资利息、销售税金及开发利润等,并根据市场的资本化率,采用动态折现的方法来确定估价对象的市场价格。

成本法:首先根据××市公布的基准地价为基础,结合本项目宗地的特点,分别进行交易情况修正(交通便捷程度、商业繁华度、城市设施完备度及环境优劣度等)、个别因素修正(临街状况、宗地形状、宗地面积、容积率等),从而求出估价对象的地价;再根据估价对象的建造标准,在目前建设程度下,确定合理的已完工程建造成本,并根据房地产业的情况考虑正常的开发商利息及利润等相关费用,得出估算对象的积算单价。

(五)估价测算过程

1. 假设开发法

(1)求取假设开发完成之后的市场价格

运用市场比较法,选择与估价对象处同一供需圈内的比较案例,如表10-1所示。

表10-1 与估价对象处同一供需圈内的比较案例

	案例一	案例二	案例三
项 目	××商务大楼	××大厦	××大楼
交易情况	正常	正常	挂牌
交易日期	2004.1	2003.10	2004.1
坐 落	××路××号	××路××号	××路××号
均 价(元/m^2)	16 800	16 250	21 000
性 质	办公	办公	办公

考虑办公楼对层次的敏感性较弱,故比准价格取均价,不另作层次修正。
比较因素条件修正:
① 交易情况:案例一、二为成交价,故不作修正;案例三为挂牌价,取修正值108。
② 案例一、三为近期案例,不作修正;案例二根据中房××办公楼指数取修正值103。
③ 区域因素
聚集度:比较案例与估价对象处于同一供求圈,不作修正;
交通便捷度:比较案例均位于××路和××路交汇处,而估价对象处于××路,故均取修正值102;
商业繁华度:比较案例与估价对象相似,不作修正;
公共配套设施:比较案例与估价对象相似,不作修正。
④ 个别因素
建筑结构:比较案例与估价对象结构类似,不作修正;
内外装修:装修状况相似,但估价对象为新装修,故取修正值97;
设备设施及场地:案例三的设备设施情况较其他案例及估价对象好,且停车位较多,场地较宽敞,故取修正值102;
平面设计:估价对象设计较新,结构安排紧凑合理,便于布局,故比较案例取修正值98。
比较因素条件修正表如表10-2所示。

表10-2 比较因素条件修正表

比较因素		物业	估价对象	案例一	案例二	案例三
	单 价(元/m²)		—	16 800	16 250	21 000
	交易情况		100	100	100	108
	交易日期		100	100	103	100
区域因素	因素	权重		100.6	100.6	100.6
	聚集度	0.30	100	100	100	100
	便捷度	0.30	100	102	102	102
	繁华度	0.20	100	100	100	100
	公共配套	0.20	100	100	100	100
个别因素	因素	权重		98.75	98.75	99.25
	建筑结构	0.25	100	100	100	100
	内外装修	0.25	100	97	97	97
	设施、场地	0.25	100	100	100	102
	平面设计	0.25	100	98	98	98

比较因素修正如表10-3所示。

表 10-3 比较因素修正表

比较因素 \ 比较案例	案例一	案例二	案例三
单价（元/m²）	16 800	16 250	18 200
交易情况	100/100	100/100	100/108
交易日期	100/100	103/100	100/100
区域因素	100/100.6	100/100.6	100/100.6
个别因素	100/98.75	100/98.75	100/99.25
修正单价	16 911	16 848	16 878

比较案例修正价格较接近,故取平均值为比准价格,则

比准价格＝(16 911＋16 848＋16 878)÷3＝16 879.00(元/m²)

另除地面建筑外,还有规划地下车位 78 个,根据市场调查得知该区域类似物业地下车位现状平均租金为 1 500 元/m²,采用收益还原法确定车位价格,具体公式为:

$$P = \frac{a}{r} \cdot \left[1 - \frac{1}{(1+r)^n}\right]$$

测算过程如下:

① 确定年纯收益 a

根据估价对象周边环境及同地区类似物业车位出租情况,取年出租率为 80%,年成本税费为 15%,则估价对象每个车位年纯收益为

$$a = 1\,500 \times 12 \times 80\% \times (1-15\%) = 12\,240(元)$$

② 还原利率 r 的确定

根据银行一年期贷款利率 5.31% 为安全利率,考虑车位风险因素较低,故取 6.5% 作为车位价格评估的还原利率。

③ 确定土地使用年限

估价对象为综合用地,最大使用年限为 50 年,××公司于 1999 年 1 月取得建设用地规划许可证,剩余土地使用年限为 45 年。

④ 确定收益价格

估价对象收益价格

$$P = \frac{a}{r} \cdot \left[1 - \frac{1}{(1+r)^n}\right] = \frac{12\,240}{6.5\%} \cdot \left[1 - \frac{1}{(1+6.5\%)^{45}}\right] = 177\,238(元)$$

将车位总价按地上建筑面积分摊,得

$$177\,238 \times 78 \div 29\,541 = 467.98(元/m²)$$

估价对象预计两年建成,根据市场分析预测未来两年同类商务物业价格将以每年 0.5% 的幅度略有上扬。按安全利率加风险调整值取资本化率 8%,根据上述比准价格,预计估价对象未来建成后的价格现值为

$$(16\,879.00 + 467.98) \times (1+0.5\%)^2 \div (1+8\%)^2 = 1\,5021.33(元/m²)$$

(2) 未完工程费用

工程造价:

① 建安费

根据资料分析，××市目前同类建设工程项目平均造价为 6 000 元（包括总体和绿化）。

② 配套增容费

按每平方米 500 元计算。

③ 专业费：建安费×8%

$$6\ 000 \times 8\% = 480 (元/m^2)$$

造价小计为 6 980（元/m²）。

项目已完成部分桩基工程，剩余工程尚需两年完成。根据委托方提供的决算报告，已建部分投入金额为 905.64 万元，分摊到地上建筑面积为 306.57 元/m²。但因已建工程主要在 2002 年施工，根据材料市场行情，估价时点钢筋、木材、水泥及人工机械价格较当时有所上涨，综合调整取值 7.25%。故已建部分现值单价应为：

$$306.57 \times (1 + 7.25\%) = 328.80 (元/m^2)$$

假设仍需投入工程造价在两年内均匀投入，则其现值为：

$$(6\ 980 - 328.80) \div (1 + 8\%)^{\frac{2}{2}} = 6\ 158.52 (元/m^2)$$

④ 税费：售价×5.55%

$$15\ 021.33 \times 5.55\% = 833.68 (元/m^2)$$

⑤ 销售费用：售价×3%

$$15\ 021.33 \times 3\% = 450.64 (元/m^2)$$

⑥ 利润

目前该地区同类房地产投资年利润率为 10%～15%，本报告取 12%。设现状市价为 X，则利润为：

现状市价×12%×2＋未完工程费用×12%×1＝$0.24X + 739.02$（元/m²）

⑦ 购买在建工程税费：$X \times 3\%$

⑧ 现状市价＝开发完成后售价－未完工程费用－税费－销售费用－利润－购买在建工程税费

$$X = 15\ 021.33 - 6\ 158.52 - 833.68 - 450.64 - 0.24X - 739.02 - 0.03X$$

$$X = 5\ 385.41 (元/m^2)$$

2. 成本法

根据××市基准地价表，估价对象位于三级地段。该地段综合用途的基准地价（熟地价格）为 4 070 元/m²，作如下交易因素、交易时间、区域因素、个别因素修正，求取估价对象土地价格。

基准地价修正见表 10-4 所示。

表 10-4 基准地价修正表

影响因素	权重(W)	因素优劣状况说明	修正值(R)
R_y 年限修正	—	对象现有土地使用年限低于 50 年	−5%
R_d 期日修正	—	基准地价已公布两年多，在此期间地价略呈上升态势	2%

续表 10-4

影响因素		权重(W)	因素优劣状况说明	修正值(R)
R_a 区域因素	集聚效应	$W_{a1}=0.40$	较优	3%
	交通便捷度	$W_{a2}=0.20$	便捷	2%
	城市基础设施	$W_{a3}=0.20$	一般	0%
	环境优劣条件	$W_{a4}=0.20$	一般	0%
R_e 个别因素	临街状况	$W_{e1}=0.60$	较好	2%
	土地面积	$W_{e2}=0.30$	较大	2%
	形 状	$W_{e3}=0.10$	多边形	0%
容积率		—	较高	−5%

修正结果：

$4\,070\times(1-5\%)\times(1+2\%)\times[1+(0.4\times3\%+0.2\times2\%)]\times[1+(0.6\times2\%+0.3\times2\%)]\times(1-5\%)=3\,875.10(元/m^2)$

另估价对象已完成部分桩基工程，按前面测算，其现值为 328.80 元/m²。

利息(利息率取 6%)：

$$328.80\times[(1+6\%)^2-1]+3\,875.10\times[(1+6\%)^{\frac{2}{2}}-1]=273.15(元/m^2)$$

利润(取年平均利润率 10%)：

$$328.80\times[(1+10\%)^2-1]+3\,875.10\times[(1+10\%)^{\frac{2}{2}}-1]=456.56(元/m^2)$$

税费(营业税及附加 5.55%，销售费用 3%)：8.55%

设现状市价单位为 X，则：

$$X=3\,875.10+328.80+273.15+456.56+0.0855X$$
$$X=5\,394.87(元/m^2)$$

（六）估价结果确定

通过以上测算，假设开发法评估结果为 5 385.41 元/m²，成本法测算结果为 5 394.87 元/m²，取其平均值为最终估价结果，估价对象市场单价为 $(5\,385.41+5\,394.87)\div2=5\,390.14(元/m^2)$，总价为 $5\,390.14\times29\,541=15\,923.01$(万元)。

六、附件

1. 估价对象位置图
2. 估价对象照片
3. ××市建设委员会(批复)[×建字〔2000〕第××××号]
4. ××市建设委员会土地管理文件[××府土征〔2000〕×××号]
5. 估价机构资质证书

10.2 房地产估价报告常见错误分析

要分析房地产估价报告的错误，必须仔细阅读估价报告，了解估价基本事项，了解价值定义,了解估价方法和技术思路、估价依据、估价假设限制条件、特殊说明,检查估价测算过程,审核估价结果。

10.2.1 房地产估价报告错误的主要类型

(1) 不规范。术语不规范;表达方式不规范(带有感情色彩,模棱两可);有错别字。
(2) 不充分。取值依据不充分(数据来源,报酬率取值);推理说明不充分;各种方法最后综合取值的理论依据不充分。
(3) 不一致。结果报告与技术报告不一致;两种方法之间参数不一致(基准地价、年限修正、报酬率);前面的因素分析和后面的取值计算不一致;推理说明与结论不一致。
(4) 不正确。推理分析不正确(与常理相悖);方法选用不正确;技术路线(公式、价值内涵、估价时点、形成过程)不正确。

10.2.2 估价报告书中的内容不完整

(1) 缺估价委托方。有时误将房地产所有权人当成委托估价单位而不在估价报告书中加以说明。
(2) 缺估价受理方。估价报告中无估价机构。
(3) 缺估价目的。估价报告中没有说明估价目的,或者对估价目的的叙述不准确,如为什么而估价,是什么状态下的评估价格,是生地还是熟地,是现房还是期房。
(4) 缺估价时点。误将估价日期当成估价时点。
(5) 估价的主要依据未交代或交代不清。
(6) 估价对象房地产概况描述不全面、不清楚。如估价对象房地产的产权归属(土地使用权、房屋产权以及他项权利)未交代或交代不清楚,土地的利用现状或开发利用方式未交代,土地使用权的取得方式(行政划拨或有偿出让、转让)未交代,土地使用权的起止日期模糊不清等。
(7) 估价所采用的技术路线或采用某种估价方法的理由未作必要说明。
(8) 缺估价技术分析测算过程或专业的估价报告。
(9) 估价结论和确定最终估价额的理由未交代或交代不清楚。
(10) 缺少必要的说明,如估价结论的应用范围及有效时间,本次估价依据的前提条件,应用估价结论时的注意事项,外币与人民币的汇率等。
(11) 缺估价人员及相关情况说明。
(12) 缺估价时期或与估价日期相混淆。
(13) 缺少必要的附件,如土地使用权证、地籍图、四至图、地形图、房屋所有权证书、建筑平面图、估价人员和估价机构证书等。
(14) 估价结论的金额应同时用大、小写注明,往往容易漏掉大写。

10.2.3 不同估价方法中可能的错误

1) 市场法常见错误类型
(1) 修正系数的确定没有充足的理由。

(2) 比较实例的数量不够,即没有达到三个以上(含三个)的可比实例。

(3) 修正系数的取值不统一、不规范或比较物与参照物相互颠倒。

(4) 单项修正对可比实例成交价格的调整幅度超过了20%,或者各项修正对可比实例成交价格的综合调整幅度超过了30%。

(5) 比较修正的方向错误。

(6) 可比实例不符合条件。

(7) 区位状况与实物状况混淆不清。

(8) 区位状况与实物状况具体比较修正项目的选择没有结合估价对象与可比实例的差异。

(9) 间接比较与直接比较混淆不清。

(10) 比较修正项目有漏项。

2) 收益法常见错误类型

(1) 收益期限确定错误。

(2) 没有以客观收益和正常费用作为价格评估的依据。

(3) 对于客观收益没有考虑到未来变化。

(4) 收益的测算错误,没有考虑出租率或入住率;求取的方法错误;收益计算中有关面积套错等。

(5) 正常费用的测算错误,有如下几种类型:

① 费用的测算遗漏了项目或增加了不合理的项目。如将一次性支付的费用及与总收益不直接相关的费用作为获取客观收益的直接必要的费用;对于租赁房地产采用收益法评估时,正常费用中税金的计算只计算了房产税,而没有计算营业税及其附加和土地使用税;自营的房地产,在正常费用的计算中遗漏了经营利润;把所得税也作为总费用的一个组成部分等。

② 费用的计算中计费基础错误。

③ 费用的计算方法错误。

④ 参数确定错误。

⑤ 总费用中包含了折旧费。

⑥ 对于带租约的房地产转让的评估,租约期内总费用的扣除项目没有按租赁合同的约定。

(6) 报酬率确定错误,有如下几种类型:①报酬率选定错误;②用途不同的部分采用了相同的报酬率;③安全利率选择错误;④把物价上涨率和经济增长率作为报酬率。

3) 成本法常见错误类型

(1) 客观成本与实际成本混淆。

(2) 物业的价格构成错误。

(3) 房地产保险估价计入了地价。

(4) 销售税费的依据应是销售收入而误以为是成本,税费的构成错误。

(5) 长寿命的折旧未减去短寿命的重置价格。

(6) 计税方式错误。

(7) 折旧计算错误(包括年限和项目以及公式)。

10.3 房地产估价报告改错举例

【例 10-1】 指明估价报告中的错误。
××写字楼房地产估价技术报告
(1) 委托估价方:××房地产开发公司(简称××公司)
(2) 估价对象:××公司开发建设的××写字楼全部房地产
(3) 估价目的:××公司整体转让××写字楼的客观市场价格
(4) 估价日期:2006 年 6 月 1 日至 15 日
(5) 估价时点:2006 年 8 月 1 日
(6) 估价人员:×××××
(7) 估价依据:(略)
(8) 估价对象概况

××写字楼坐落于××市南方区大华路 16 号,东临大华路。该用地原为危改小区用地,2004 年 5 月 1 日××公司获立项批准,开始拆迁及进行其他前期工作,同年 11 月 1 日有偿获得土地使用权,一次性向政府缴纳了地价款,并开工。2006 年 8 月 1 日将全面竣工。根据批准的规划和施工图,估价对象为带裙房的现浇框架 13 层波浪形板式中档商务办公楼,具体规划要求如下:

① 占地面积:3 199m^2。
② 总建筑面积:14 300m^2。
   其中:地下一层 2 240m^2,车位 5 个,设备间 240m^2。
   地上 1 层 1 280m^2,其中餐饮娱乐等使用面积 875m^2。
   地上 2 层至 12 层 10 790m^2,其中写字楼出租单元使用面积 7 793m^2。
③ 总容积率 4.47,地上容积率 3.77。
④ 装修及设备(略)。

(9) 采用估价方法

根据估价对象情况、房地产市场状况及对所掌握资料的分析,估价对象为新建房地产,可用成本法估价,且当地市场同类写字楼出租多、出售少,故还可采用收益法估价,然后确定最终估价值。

(10) 估价过程
① 采用成本法估价。
采用成本法是以各项现时社会水平的开发建造费用为基础加上正常利润,来确定估价对象房地产的价格。计算如下:
   a. 向政府交纳取得土地费用:723 万元
   b. 拆迁安置补偿费:委托方发生总费用 1 280 万元
   c. 建安工程费(含附属室外工程):2 570×14 300=3 675(万元)
   d. 勘察设计等专业费:3 675×6.5%=239(万元)
   e. 管理费及其他费用:3 675×7.5%=276(万元)

f. 借款利息：根据近三年当地固定资产贷款平均年利率12.6%计算年利。取得土地的费用按开发全过程计算利息，其他按建设期均匀投入计算利息。

$$723 \times 12.6\% \times 1.667 + (1\,280 + 3\,675 + 239 + 276) \times 12.6\% \times 2.25/2 = 151.8 + 775.4 = 927(万元)$$

g. 开发商利润：取当地房地产投资平均利润率25%

$$(723 + 1\,280 + 3\,675 + 239 + 276) \times 25\% = 6\,193 \times 25\% = 1\,548(万元)$$

h. 销售税费：按售价计算销售费2%，手续费1%，营业税5.5%

$$(6\,193 + 927 + 1\,548) \times (2\% + 1\% + 5.5\%) = 8\,668 \times 8.5\% = 737(万元)$$

i. 成本法估价结果：$8\,668 + 737 = 9\,405$（万元）

采用成本法估价结果为9 405万元。

② 采用收益法估价

a. 估价年总收益

写字楼出租价格为每平方米建筑面积5元/日，餐饮娱乐用地出租价格为每平方米建筑面积7元/日，地下车位月租为800元/个。写字楼可出租的使用面积与建筑面积比为70%，餐饮娱乐部分为75%，空置及租金损失率为写字楼90%，餐饮娱乐为95%，车位为90%。则

写字楼年收益：$5 \div 70\% \times 90\% \times 10\,780 \times 365 = 69\,300 \times 365 = 2\,529.45$（万元）

餐饮娱乐年收益：$7 \div 75\% \times 95\% \times 875 \times 365 = 7\,758.3 \times 365 = 283.18$（万元）

车位年收益：$800 \times 5 \times 90\% \times 12 = 4.32$（万元）

年总收益：$2\,529.45 + 283.18 + 4.32 = 2\,816.95$（万元）

b. 年总成本费用及税金

营业税及附加：$2\,816.95 \times 5\% = 141$（万元）

成本及经营管理费：水电气暖使用费、管理费、维修费、保险费、房产税、土地使用税合计为租金收入的28%，则

$$2\,816.95 \times 28\% = 789(万元)$$

c. 估计年净收益

$$2\,816.95 - 141 - 789 = 1\,887(万元)$$

d. 确定报酬率

据当地调查，银行一年期固定资产贷款年利率12.24%，2001年物价上涨率15%，2001年房地产开发平均投资收益率14.2%，平均13.8%，确定报酬率为13.8%。

e. 计算收益价格

$V = a[(1+r)^n - 1]/[r(1+r)^n] = 1\,887 \times [(1+13.8\%)^{48.25} - 1]/[13.8\% \times (1+13.8\%)^{48.25}] = 13\,647.18$（万元）

采用收益法的估价结果为13 647.18万元。

③ 最终估价值

$$(9\,405 \times 0.4 + 13\,647.18 \times 0.6) = 11\,950.3(万元)$$

(11) 估价结论

经过评估，××公司所属的××写字楼在2006年8月1日的客观市场价格为9 985万元（大写金额：人民币九仟九百八十五万元整），折合每平方米建筑面积6 983元。

(12) 说明事项（略）

(13) 有关附件（略）

估价人员签字：（略）
审核人员签字：（略）
2006 年 6 月 15 日

错误分析：
(1) 缺少受理估价方。
(2) 缺少估价对象更详细的资料，如土地地形、地势、土质、承载力、环境等情况。
(3) 缺少关于土地使用权年限及起止日期。
(4) 在采用成本法估价时，费用项目构成不完整，如装修、设备费用、开发商销售费用（包括市场推广费）。
(5) 成本法的拆迁安置补偿费是委托方实际发生的总费用，未说明是否符合本地区现时社会一般成本。
(6) 成本法计算贷款利息时，不能用单利，应该用复利，计息期也均有误。
(7) 成本法计算销售费税的公式有误，应为
$$8\,668/(1-8.5\%) \times 8.5\% = 805(万元)$$
(8) 收益法中计算年总收益均为目前的出租价格，未预测未来是否会有变化。
(9) 收益法中空置及资金损失率 90％、95％、90％，概念有错误。
(10) 收益法中写字楼部分总收益计算有误，应为
$$(7\,793 \div 70\% \times 90\% \times 5) \times 365 = 1\,828.57(万元)$$
(11) 收益法中开发商所负担的税费除营业税外，尚有城市维护建设税、教育费附加和印花税等没有记入。
(12) 收益法中成本及经营管理费一项中所包括的内容不全。
(13) 收益法中年纯收益没有按客观收益计算。
(14) 收益法中报酬率 13.8％确定并不恰当。
(15) 最终估价值将成本法和收益法结合为四六开，未说明为什么要这样确定最终估价值。

复习思考题

1. 试述房地产估价报告的写作原则。
2. 对房地产估价报告的总要求有哪些内容？
3. 试述房地产估价报告对词语的要求。
4. 房地产估价报告对语句有哪些要求？
5. 试述房地产估价报告的主要内容。
6. 试述房地产估价报告的错误的主要类型。
7. 市场法常见错误类型有哪些？
8. 收益法常见错误类型有哪些？
9. 成本法常见错误类型有哪些？

11 房地产估价信息系统

11.1 信息系统概述

11.1.1 信息

1) 信息的概念

信息是现代社会的重要资源,而且发挥着越来越重要的作用。传统的管理不认为信息是一种资源。能源、物质和信息并列为人类社会发展的三大资源。信息化水平的高低已成为衡量一个国家现代化水平和综合国力的重要标志。信息化的实质就是使信息——这一社会主导资源充分发挥作用。

2) 信息与数据

数据是人们在观察客观事物时记录下来的可以被识别的符号。广义的数据不仅包括数字,而且包括文字、图像和声音。而"信息"可以定义为:信息是经过加工后的数据,它对接收者的行为能产生影响,而且对接收者的决策具有价值。

根据以上定义,各类房地产中介公司发布的房源及价格对于想购房的人来说就是信息,他们在进行比较和思考后可能会做出购买或者推迟购买的决策;而对于不想购买的普通人来说,这些就不是信息,只是数据。

信息按照重要性分为战略信息、战术信息和作业信息;按照应用领域可以分为管理信息、社会信息、科技信息和军事信息;按照加工顺序可分为一次信息、二次信息和三次信息;按照反映形式可分为数字信息、图像信息和声音信息等。

3) 信息的特性

管理信息是反映控制管理活动中经过加工的数据,是管理上一项极为重要的资源。信息流一方面是物质流的表现和描述,另一方面又是用于掌握、指挥和控制社会和企业生产过程的软资源。信息流的巨大的数量及其复杂的高度组织,是生产社会化程度的重要标志和重要组成部分。

信息具有以下特性:

(1) 客观性。客观事实是信息的中心价值。

(2) 时效性。信息的时效是指从信息源发送信息,经过接受、加工、传递、利用,所经历的时间间隔及其效率。时间间隔愈短,使用愈及时,使用程度愈高,则时效性愈强。

(3) 不完全性。只有正确舍弃无用和次要信息,才能正确地使用信息。

(4) 价值性。信息是经过加工并对生产经营活动产生影响的数据,是劳动创造,是一种资源,因而有价值。

(5) 等级性。管理信息系统是分等级的。通常把管理信息系统分为三级:战略级、策略级

（或称战术级）、作业级。

11.1.2 信息系统

1）信息系统的概念

系统是为了达到某种目的而对一群单元做出有规律的安排，使之成为一个相关联的整体。信息系统是一个人造系统，是计算机支持的系统，由人、硬件、软件、数据和应用组成。通过它可以实现对数据的数字化输入和编辑、存储和再组织、模型化和分析，以及排序和图形表达。任何一个使用信息系统或信息系统所产生的信息的人叫做终端用户。终端用户不包括系统分析员和程序员。

就信息系统的概念而言，不应该以计算机为前提。也就是说，信息系统不只是单一的计算机应用。换言之，在没有计算机以前，就存在着由人工处理的、简单的、低级的、原始的信息系统。比如历史久远的账务销售，相对现代的电话传真订货等。但是，进入信息时代以后，不用说信息系统，几乎所有的系统都离不开计算机等信息技术。信息技术就是为处理信息而产生的。可以说，没有信息技术就没有现代的信息系统。

2）信息系统的沿革

社会的进步期待着各种各样的信息系统，要建立这些信息系统对应着必要的信息技术的进步。有意义的是，随着时间的推移和信息技术的进步，产生了一系列信息系统。

(1) EDP系统

回顾信息系统的发展史，起始于20世纪50年代，其基本动力首先是企业谋求提高数据处理的工作效率，进而节约人力。当时首先开发的就是以机械系统为中心的狭义信息系统。后来，随着企业数据处理量的进一步增加，人工成本也进一步增加。而且，当时处理数据的机械系统（即计算机系统）的成本也很高，因此，信息系统的发展并不很快，能够使用的也只有为数不多的大型企业的高级管理者和少部分委托计算的间接部门。这时的信息系统称为EDP(Electronic Data Processing)系统，或称为ADP(Automatic Data Processing)，以离线和批处理方式为主。数据处理是使用计算机处理事务数据并生成报表。在计算机发明以前，则由人工或简单的计算工具进行。

(2) 在线系统

20世纪50年代后半期开始进入了在线计算机集成处理阶段，即IDP(Integrated Data Processing)阶段。处理方式由离线(Off-line)转移到了在线(On-line)。应用对象也扩展到了生产管理的直接数据处理部门，并且由计算机等机器实现实时控制。例如，美国几家主要的航空公司为旅行社提供了航空订票系统，其中包括各航空公司的航班班次及时刻表等信息。很快，使用这个系统的旅行社就达到了旅行社总数的80%。凡是进入该系统的航空公司都要为该系统提供的服务而付费。再如，日本1965年新开通的新干线铁路的坐席预约系统也是一个大规模的在线实时系统。以后，银行的在线系统也相继出现。信息系统的工作对象也由管理事务发展到了社会服务，信息系统的使用者也不限于企业，逐步扩展到了社会组织和个人。这时，对应于原来的数据批处理作业方式，产生了实时事务处理。许多用户在线同时操作和使用系统，即实时共享系统(Real Time Sharing System, RTSS)。通过在线会话形式，接受用户的指令，系统再实时完成相应的事务处理，形成一种交互式的处理方式。

(3) 经营管理信息系统(MIS)

20世纪60年代末，从美国开始建设生产经营管理信息系统(Management Information System, MIS)，很快便传到像日本这样的发达国家，传入中国大概是20世纪70年代末和80年代初。

经营信息系统是提供企业或组织使用的相关数据和信息的系统其所包含的数据和信息范围很广，如事务处理系统、信息报告系统、OA系统、决策支持系统和战略信息系统等。

MIS可以为企业的各个层面提供大量的实时数据，它使用了数据库技术和在线处理方式，并建立了一定的数据模型和分析功能。

到了20世纪70年代，出现了决策支持信息系统(Decision Support System, DSS)，并构成了经营信息系统的重要部分。决策支持系统是辅助决策活动的信息系统，往往用于计划、备选方案分析和试探求解方面，用户一般通过终端与DSS交互式的对话，包括各种决策模型，它是信息系统的一种意义深远的应用。

决策支持系统是20世纪70年代发展起来的面向用户的交互系统，其主要目的是支持结构和非结构化决策问题，以提高决策效能。DSS主要由数据库管理子系统(DBMS)、模型库管理子系统(MBMS)、知识库管理子系统(KBMS)组成。

决策支持系统是一种以决策科学、管理科学、系统科学与行为科学为理论基础，以计算机技术、信息技术为手段，面向决策任务，通过对数据、信息进行分析，利用定量与定性模型进行仿真、优化，与人的经验及创造性相结合，以支持决策者在决策过程中明确问题、确定目标、生成方案并加以评价选择，以提高决策的科学性和有效性的系统。其工作方式是人与计算机反复对话(信息交流)，不断推动决策过程的进行，促成正确的决策，并在决策支持过程中不断提高决策者的水平。它是一种辅助工具，不能代替人的最后决断，但却能支持和改进决策工作。

DSS是管理信息系统发展到20世纪80～90年代的高级产物，是为管理者提供数据查询、分析、模拟和统计的信息系统，支持管理者完成重大决策。专家系统工具和技术可以融入决策支持系统，提高决策支持过程的质量。决策支持系统一般包括数据库、模型库、知识库和相应的数据查询、数据挖掘、建模、统计、分析和展望等决策工具。

如果说MIS是帮助一个组织"把事情做正确"，那么DSS就是帮助一个经理"做正确的事情"，DSS支持解决特定问题的各个方面。它已经超越了传统的管理信息系统。DSS可以为复杂问题的解决提供直接帮助，而这是传统MIS所不支持的。这些复杂问题大多是独特的、非直接的。例如，汽车制造商选择在一最佳地理位置建立一个新的工厂，或者，石油公司希望找到最佳地点开采石油。传统的MIS系统很少用来解决这类问题，而DSS可以通过建议选择，帮助确定最终决定。DSS通常用于解决复杂问题，或是用于难以获得和使用制定最佳决策所需的信息的情况。DSS同时还需要管理者的判断，而且管理者通常在DSS开发和执行过程中起到积极的作用。DSS的基本元素包括用来支持决策者或用户的一系列的模型，支持制定决策的一系列的数据和信息(数据库)，帮助决策者和其他用户与DSS进行交互的系统和过程(用户界面)。

(4) 办公自动化(Office Automation, OA)和终端用户计算

20世纪70年代末，以提高办公工作效率为目的的办公自动化理念盛行，OA一词流行起来，支撑它的信息技术有个人计算机、文字处理技术等办公机器，数据管理，包括数据库、电子表格软件，文档管理，包括文档制作、桌面出版即DTP(Desk Top Publishing)等软件。其间，个人计算机的性价比大幅提高，为信息系统的发展变革带来了契机。这时，将以往信息系统只

有专家才能开发和使用的一部分由终端用户的非专家来完成,这就叫终端用户计算(End User Computing,EUC),拉开了终端用户计算的序幕,在企业信息系统中的人的组织结构发生了变化。

在倡导 OA 的同时,有另一个主导,就是实现无纸办公(Paperless Office),以节约纸张和节省木材。实践证明,无纸办公只是一个神话。办公自动化和电子邮件的普及,正好与无纸办公背道而驰。纸张的消耗量非但没减少,反而增加了 40%。数据处理演变成了知识管理,打印机到处可见,甚至延伸到了家庭。纸张的魅力令人们恋恋不舍。

(5) 战略情报系统

20 世纪 80 年代末至 90 年代初,世界经济环境严峻,企业的竞争激化。为了确保企业在同行中的优势,建立战略信息(Strategic Information System,SIS)的重要性越发显现。SIS 的提法开始流行。信息系统成为支持企业竞争战略的有力工具。战略情报系统的定义是,利用信息技术,包括数据库和网络技术,依据对客户信息的处理,以获得与同行其他公司的差别化和竞争优势为目的的信息系统,该系统也属于决策支持信息系统,它定位在实现企业的战略目标上。战略情报的概念与普通信息不同,而与国家对外国情报的收集、评价、分析,进而确定国策的谍报(intelligence)相近,故战略信息系统多称为战略情报系统(Strategic Intelligence System,SIS)。战略情报专家 W. Prat 说,战略情报系统是为最终说明当前国策的重要性,而选择情报、评价情报、判断情报,再导出更有价值、更深刻的情报内容的系统。战略情报的特征是以国家之间的他国、军队之间的敌军、企业之间的竞争对手为前提,并确定竞争优势为目的。

战略信息系统的组成要素包括情报的输入功能、处理功能、存储功能(情报库)和输出功能。

战略系统的成功案例有美国航空公司的座席预订系统。现在,世界上的航空公司多数都加入到计算机预订系统(Computerized Reservation System,CRS)。美国的预订环境叫 SABRE(Semi-Automation Business Research Environment)。大新数据库天天更新,能够检索全球 650 多家航空公司的航班时刻表,其中 300 多家可以预订,还包括旅馆、汽车、火车等,促进了航空公司的业务,也提高了旅行社的服务水平。

(6) 网络和因特网

20 世纪 90 年代,组织内的计算机系统的结构都普及了局域网(Local Area Network,LAN)和具有特殊功能的服务器的结合,而终端用户一侧则普及了个人计算机,C/S 结构成为主流,而且将组织以外的,甚至国外的计算机通过网络与组织内的计算机连接起来。另外,由于个人计算机和笔记本电脑的大幅降价,以及通信费的降低,SOHO(Small Office,Home Office)办公方式或者是移动办公方式悄然兴起。家庭办公(SOHO)是独立办公和家庭办公的总称,最早在 20 世纪 80 年代出现于美国的纽约,选择家庭办公方式的人群主要是自由职业者,如作家、记者、经纪人、软件设计师等。目前,这种方式在国外相当普及,已达美国雇员总数的 30%。这种方式缓解了交通,在美国每年可以节省上下班时间可达 35 亿小时,因此得到了政府鼓励。在中国,随着因特网、个人计算机、传真机、移动电话等办公设备的普及,特别是带宽接入、无线接入的发展,也在逐渐形成家庭办公方式。近两年,又出现了移动式家庭办公(Mobile Office and Home Office,MOHO)的概念和现象。

由于公司内外的网络化,促进了个人或组织的信息共享的实现,其支撑软件是工作流管理软件和支持协同工作的所谓群件(Groupware)。

因特网不只是一个全球性的巨大网络,而且在信息系统方面也具有重大意义。20 世纪 90

年代初,随着 B/S 商用化的开始,因特网如爆炸性地向一般群体普及,这标志着网络社会的来临,并对信息系统产生了重大影响。

例如,电子邮件和 Web,不仅实现了组织内部和组织之间的通信和沟通,而且实现了组织外的企业和消费者的通信和沟通,创建了新型的现代化的联系渠道,使一种在线的网络式的新型商务模式的建立变为现实。20 世纪 90 年代后半期,随着移动电话的普及,基于网络通信的应用更加发展。

(7) 电子政务

政府的信息系统建设也同企业一样,为了提高工作效率,也是从 EDP 做起。20 世纪 90 年代中期,各个国家先后提出推进政务信息化或者电子政府、电子政务的规划和法案。其目的是将政务信息电子化,政务申请、提交、审批、终结等环节都能在网上进行,即一站式服务。

例如,森喜朗任日本首相时,提出了对政府进行 IT 革命的政策设想,立志 IT 兴国。在 2000 年 9 月日本第 150 次临时国会上,前首相森喜朗提出了以"IT 革命"和"教育改革"为支柱的重要政策课题。其中 IT 革命的目标是"完善超高速互联网,5 年后(2005 年)成为信息通讯发达国家"。提出采取"E-Japan 设想"为旗号的战略。E-Japan 设想的推行过程为:"IT 基本战略"(2000 年 11 月 27 日的 IT 战略会议确定)→"E-Japan 战略"(2001 年 1 月 22 日第一次 IT 战略总部决定,5 年内成为信息通讯发达国家)→"E-Japan 重点计划"(2001 年 3 月 29 日制定的具体的 E-Japan 战略,列明了政府应立刻重点实施的措施)。E-Japan 设想的基本方针为:①使所有的国民能享受 IT 的便利;②推进经济结构改革,强化各产业的国际竞争力;③让国民实际感受到生活的丰富和充满个性并有活力的社会;④为实现全球的高度发达的信息通讯网络社会做出国际贡献。另外,日本在 2002 年 8 月启动一站式服务的居民基本信息网络系统,一年后在全国城乡全面应用。

(8) 国家信息基础设施

随着信息系统在企业、组织和民众中的广泛应用,信息系统的整合提升提高到了国家的战略高度。这些信息系统的实现不能离开国内外信息基础设施的整合。因此,在 1996—1997 年,当时的美国总统克林顿和副总统戈尔提出建设和整合美国国家信息基础设施(National Information Infrastructure,NII)以及以因特网为核心的全球信息基础设施(Global Information Infrastructure,GII)。基于这种考虑,1997 年 7 月,当时的美国商务部又发布了"电子商务的世界化构想"(Framework for Global Electronic Commerce),很快得到了世界上大多数国家和地区的共同反响。例如,日本提出"IT 基本法",成立 IT 战略办公室,提出电子日本战略等。其目标是:建成世界最高水平的高度信息通信网络,确保高度信息通信网络的安全性和可靠性,推进电子商务等应用,实现电子政务与公共领域的电子化和信息化,振兴教育和学习,并大力培育人才等,力争用五年时间达到世界最先进的信息化国家的目标。我国也成立国家信息化领导小组,制定信息化战略发展纲要,并把以信息化带动工业化作为我国的基本国策。

回顾和归纳信息系统的发展史,从解决机能上的效率化,到辅助决策,再到知识的创造;还有,信息系统的使用者也发生了从企业到社会、到个人的变化;系统规模也从单一系统到复合系统,进而到网络化、国际化发展。

3) 信息系统的类型

信息系统可分为作业信息系统和管理信息系统两大类。

作业信息系统的任务,是有效地处理组织的业务、控制工业的生产过程和支持办公室事务,并更新有关的数据库。作业信息系统由业务处理系统、过程控制系统和办公室自动化系统三部分组成。

《中国企业管理百科全书》对管理信息系统的定义为:"管理信息系统是一个由人、计算机等组成的能进行信息的收集、传递、储存、加工、维护和使用的系统。管理信息系统能实测企业的各种运行情况;利用过去的数据预测未来;从企业全局出发辅助企业进行决策;利用信息控制企业的行为,帮助企业实现其规划目标。"

根据管理信息系统的功能,可以将其分为数据统计系统、数据更新系统、状态报告系统、数据处理系统、知识工作系统、办公自动化系统和决策支持系统等。

信息系统应用于不同的专业领域,就得到相应的信息系统,例如在地理领域被称为地理信息系统(GIS),在土地管理领域有土地信息系统。推而远之,在土地、房地产领域被称为不动产信息系统,对评估而言就称为估价信息系统。

信息系统的出现和发展为人类带来了巨大的便利,改变了人们的生产方式、工作方式和生活方式。随着应用的进一步深入和普及,人们还会提出诸如实用性、先进性、方便性、可靠性、简易性、可维护性、可扩展性、安全性、知识产权等问题,还需要通过技术和管理等手段去解决。

随着企业或组织的大型化、个人需求的多样化、人们在全球范围的流动化,信息系统也发生着巨大的变化,总的趋势是信息系统向多样化、复杂化、社会化方向发展,所以希望系统的使用维护的简易化、安全化。期待着信息技术的进步能给人们带来一个更美好的信息化社会。

11.2 房地产估价信息系统

随着市场经济体制的逐步建立和完善,房地产作为一项巨大的社会财富和生产要素,开始进入商品的流通过程。房地产买卖、转让、抵押和租赁等业务大大扩大。正确把握房地产价格,已成为房地产投资决策和交易行为必不可少的关键环节,因此,科学的价格评估技术和手段越来越受到重视。由于影响房地产价格的因素多且复杂,而且房地产不存在完全竞争市场,不会自发形成人人都容易认可的市场价格,只有对它进行综合分析和运用技术性的评估方法,才能求得一个比较合理的价格。正确的房地产价格的评估必须依赖一套科学严谨的房地产估价理论和方法,还要结合估价经验对影响房地产价格的因素进行综合分析判断。因此,研制开发协助进行房地产价格评估的信息系统就有其现实性和必要性。

11.2.1 房地产估价信息系统的构成

房地产估价信息系统是一个以微机为核心、以房地产价格评估为目的的计算机系统。它把有关房地产价格评估的信息存储于计算机系统,在以微机为主机的计算机软件以及专门开发的各种软件的支持下,实现房地产估价有关信息的查询、检索、更新、统计分析、报表制图,以及对房地产价格的动态检测等功能。

房地产估价信息系统主要包括计算机硬件系统、计算机软件系统和数据库三大部分,其核心部分是计算机系统,数据库反映了房地产价格评估的内容,系统逻辑结构如图11-1所示。

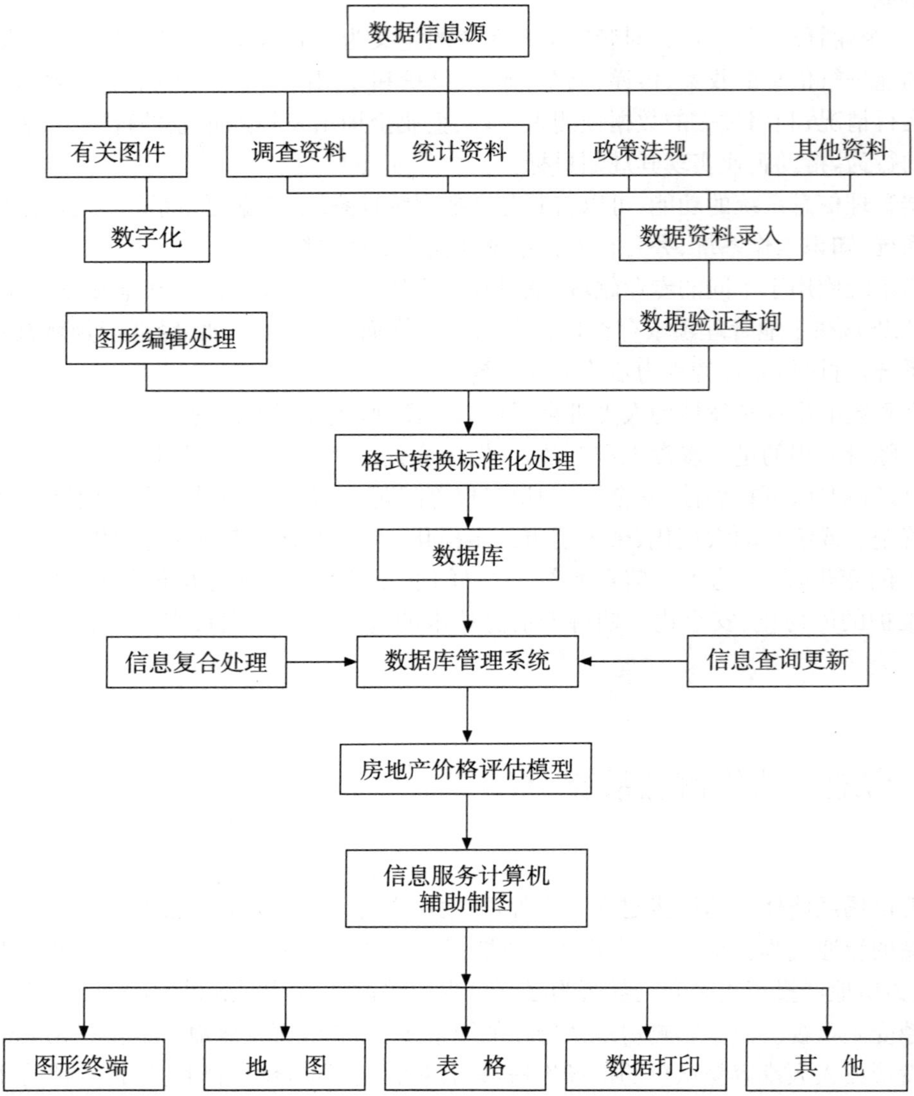

图 11-1 房地产价格评估微机系统逻辑结构框图

1) 计算机硬件系统

计算机硬件系统一般包括四个部分，以微机为主机，另外包括数据输入输出、数据存储设备和数据输出设备。目前，功能较完备的基本配置如图 11-2 所示。

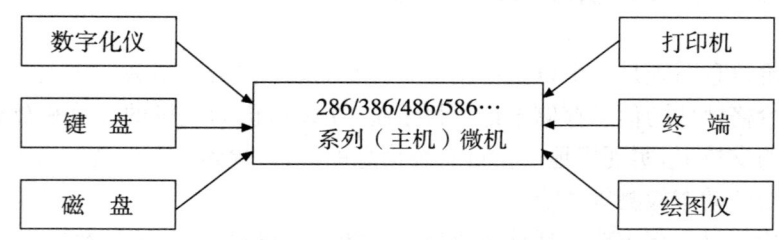

图 11-2 常见计算机硬件结构示意图

2) 计算机软件系统

计算机软件系统指房地产估价信息系统运行所需的各种程序,通常包括：

(1) 计算机系统软件

最常采用的系统软件是由美国微软公司研制的各种版本的 MS DOS 系统,Windows95/98,中文系统常采用我国版本中文之星系统,目前应用 Office97 系统,或者安装已开发的商品化的各类汉卡。

(2) 房地产价格评估系统软件和其他支撑软件

可以是由有关单位提供的工具系统或专门开发的房地产价格评估软件包,也可以包括数据库管理系统等,用于支持对数据输入、存储、转换、输出以及与用户接口。

① 数据输入与校验

数据输入指通过各种数字化设备数字化各种资料地图,或者通过通讯或读磁盘的方式录入其他系统已存在的数据,以及用适当的方式通过键盘录入各种系统数据、调查数据等。

数据校验即通过观察、统计分析和逻辑分析检查数据中存在的错误,并通过适当的编辑方式加以改正。图形数字化结束后的数据编辑是指消除数字化过程中引入的错误,以及将数字化数据重新组织以便得到便于进一步处理和使用的格式。数字化过程引入的错误可能包括空间点位和线段的丢失或重复,线段过长或过短,区域中心识别码的遗漏及错误等。图形编辑往往要将数字化数据恢复成图形在显示器上显示或在绘图仪上绘出,并与原图对照,加以修改。

录入计算机的原始数据均需经校验、编辑净化后才可供系统使用。

② 数据存储与管理

数据存储包括空间地物的位置,如所需评估的房地产的地理位置、影响房地产价格的各因素的地理分布等等,它们之间的相互关系、地理意义(属性)的结构、组织和房地产价格有关信息的存储。数据管理包括数据形式的选择和转换,数据压缩编码,数据的链接、查询、提取等。

③ 数据分析处理

为取得对估价有用的信息,对原始数据进行分析处理,包括比例尺变换、数据的逻辑提取和计算,以及空间模型的建立等。

④ 数据输出与表示

是指将系统内的原始数据或已经过系统分析、转换、重新组织的数据,如评估中的中间结果及系统评估的最终结果,以用户可以理解的方式提交给用户。一般可通过调配颜色、尺寸缩放、边框注记和其他附加信息产生、表格格式安排、图形的分割、拼接和复合等处理,以地图、表格、数字的形式表示于某种介质上。可采用显示器、胶片拷贝、点阵打印机、笔式绘图仪等作为输出设备,也包括将数据记录于磁盘、磁带或通过通讯线路传输到用户的其他计算机系统。其中,地图是最常用的输出形式。一般房地产评估,特别是城镇土地的定级估价结果,往往要以直观、形象的地价图表示。

⑤ 用户接口

该软件模块用于接收用户的指令和程序,系统通过菜单和命令解释方式接收、解释并运行完成用户要求的任务的系统程序。

(3) 应用分析程序

这是房地产估价信息系统的具体内容,是用户最关心的,真正用于房地产价格评估的部分,也是从所录入的数据中提取有用信息的关键。它是系统开发人员或用户根据房地产评估目的和各种评估方法而编制的用于某一特定评估任务的程序,如各种评估模型,是系统功能的扩充和延伸。有关评估模型,在第三节中详细介绍。

房地产价格评估微机系统的软件结构如图 11-3 所示。

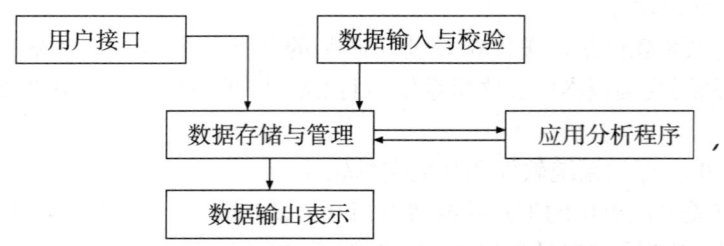

图 11-3 房地产价格评估微机系统的软件结构图

3) 数据库

在本节后面详细介绍。

11.2.2 房地产估价信息系统的设计

1) 房地产估价信息系统的设计目标

通过需求分析和业务流程分析,可以确定建立房地产估价信息系统的目标是:以房地产信息及相关的社会经济要素为研究对象,综合运用信息科学、系统科学和计算机科学的方法和手段,以房地产评估为主要目标的综合性区域信息系统。要求房地产估价信息系统实现的功能有:

(1) 利用计算机硬件系统建立区域房地产信息和相关社会经济信息在内的房地产价格基础空间数据库,对房地产价格进行动态管理,达到信息资源的有效积累、科学管理和共享。

(2) 通过建立具有数据采集、编辑、数据库管理、制图等功能的软件系统,实现房地产估价信息以及相关社会经济信息的查询、检索、分析、预测、处理和输出,保证数据的完整性和正确性、系统的安全性和数据的现时性。

(3) 根据房地产价格理论,通过查询所需的相关资料、图文,对各种影响房地产价格的因素进行整理、分析,及一些估价数学模型的建立,系统能够辅助估价师进行房地产估价。

(4) 房地产估价作业的计算机化,改变目前估价业以手工作业为主的现状,弱化主管因素的随意性,利用计算机辅助自动生成估价报告等,提高估价工作效率。

(5) 作为一个信息系统,还必须能够实现对估价业务及估价流程的管理,包括业务量的统计查询、估价项目监控、工作量提示等等。根据房地产估价的业务流程,实现业务流转"无纸化"办公。

(6) 系统操作简单,用户界面友好,具有灵活性与通用性。

2) 房地产估价信息系统的总体设计

房地产估价信息系统的结构与功能如图 11-4 所示。

(1) 基础数据获取

作为一个地理信息系统平台上的估价信息系统,必然包括空间数据(即图形数据)和属性数据(实际上是以对象形式并存于数据库中)。通过 GIS 提取若干半径范围以内的可比实例。

房地产估价信息系统的基础数据来自数字化城市路网数据和特定比例尺的数字化地形图。比如社区、物业、公交、水电、学校、超市、道路等市政设施的分布等等。此外,还包括基准

11 房地产估价信息系统

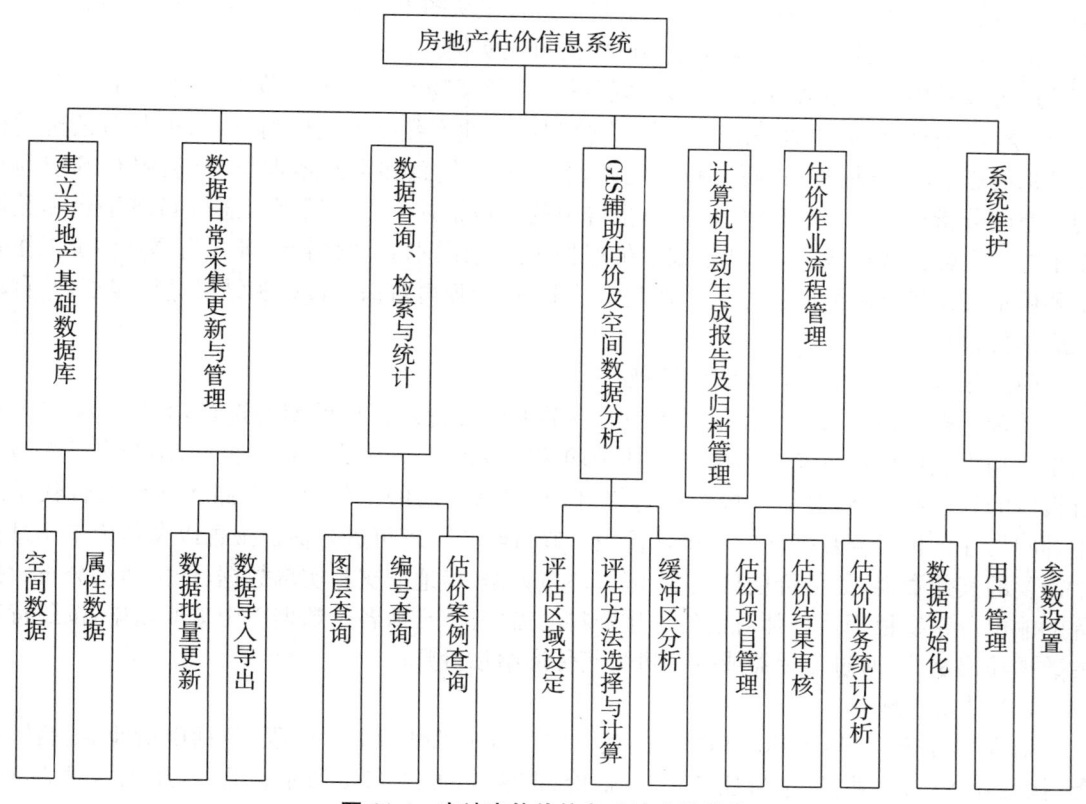

图 11-4 房地产估价信息系统功能模块

地价图形数据、城市规划数据、房地产基础数据(包括物业要素、分类、物业详图和平面图)等等。图形数据的采集主要由地形图、行政图等地图的数字化或扫描后进行矢量化输入;属性数据的采集主要是通过键盘输入,也可以将已经存在的数据文件经过格式转换来读取。

(2) 数据日常更新与管理

数据的现时性对于系统的生命力具有重要意义。无论信息系统采用的是多么先进的技术手段,如果大量数据不能及时更新,系统的使用寿命将随着数据的陈旧而结束。数据的日常更新和维护有两种方式:第一,批量的更新数据库。适用于从系统以外其他渠道获取的信息入库与更新。这种方法的缺点在于周期较长,无法灵活掌握短期内的动向。第二,将数据库分为历史库与现实库,通过日常估价成功案例的信息建立实时动态的数据更新体系,使房地产数据真正具有时间维持性。这种方法的局限在于数据来源限于系统内的实例。因此,必须将两种方法结合起来,在系统内的市场案例实时更新数据的同时,还必须组织人力定时采集系统外的市场案例信息。估价过程中涉及的数据类型很多,包括来自市场的信息资料:各种统计报表、年鉴期刊、手册、报告等。由于数据分散,自然加大了数据的采集难度,要保证原始数据记录的齐全、准确,则无论是采集、整理还是利用,都需要有组织、有计划、有步骤地进行管理,同时也是一个积累过程。

(3) GIS 辅助估价

辅助估价:根据选择的估价方法、预定义的数学模型,进行相关数据的计算,提供房地产的参考价格。GIS 技术可以实现辅助估价,增强房地产估价数据的可视性,实现图文并茂式的管理。例如在使用市场比较法评估案例时,需要根据一定的条件筛选出可用的比较案例。应用

GIS 辅助估价,可以使估价师根据物业空间位置直接从图上选取。利用 GIS 的点(线、面)缓冲区分析,自动获得某物业若干半径范围以内的可比实例。

还可以利用 GIS 的点(线、面)缓冲区分析,获得某物业若干半径范围以内的周边信息,如商业、学校、银行、交通等服务配套信息,充分利用房地产数据的空间特性,根据其对估价过程及结果的影响辅助估价师进行分析。此外,利用属性信息和空间地理位置,利用 GIS 空间查询与空间分析功能,可以自动生成估价报告中的区位描述——区域因素通过 GIS 平台和数据库中的属性数据快速成文,自动生成估价报告所需的附图(物业位置图等),为提高估价工作效率和质量提供了全新的解决方法。在此基础上,估价师再对估价过程和结果进行修正,并自动生成估价报告。

(4) 自动生成估价报告及归档管理

系统可根据估价人员在评估过程中的有关参数设置及评估模型的选择,并根据初步评估结果自动生成估价报告及技术报告,估价师可根据系统自动生成的估价报告,结合自己编写估价报告的经验和风格,对估价报告进行修订,并将修订后的估价报告存储在估价报告数据库中,同时,在估价经验数据库中记录估价报告修订经验。还可进行估价报告以及估价工作过程中需要的其他资料,如估价项目数据、区域环境数据、房地产交易实例数据、估价活动分析数据等的输出。系统根据估价师对估价工作资料的需要指令,从各个数据库中提取数据,按照特定的数据输出格式,通过显示器或打印机将其传递给估价师。

(5) 估价管理

引入"工作流"(Workflow)的概念,建立完整合理的估价业务流程,包括申请业务、撤销业务、接受业务、查询业务、估价任务发派、估价、审核等,如图 11-5 所示。此外,还包括对估价员信息、估价员业绩等进行的管理和统计。而且还可以利用 GIS 的电子数据处理系统进行业务处理。利用计算机硬、软件系统建立区域房地产信息和相关社会经济信息在内的基础数据库,有利于进行信息资源的有效积累、科学管理和共享。在房地产估价中,一般房地产估价操作流程是固定的和成熟的,对于这种固定的、流程式的估价工作,可用 GIS 平台建立固定流程系统,按部就班地开展工作,其目标是迅速、及时、准确地处理大量空间信息,能够有效地进行日常事务的自动化处理。

估价业务统计分析主要提供估价经验数据的分析功能,包括估价方法选择分析、估价数据修正原因分析、系统与估价师估价差异分析三项功能。

(6) 系统维护

主要提供系统数据、公共数据、估价项目数据的维护与扩充功能,并根据系统安全性的要求进行用户管理,分配用户权限。

通过以上系统功能设计,房地产估价信息系统可以规范估价师对各种估价方法参数取舍的任意性,实现估价方法的科学性、估价理论的严密性;系统有选择地向估价师实时提供估价过程控制信息和估价经验数据,并及时分析估价项目数据,提供最适当的估价方案,既实现了估价师对房地产估价过程实时的参与与控制,又能够让房地产信息系统最大限度地给估价师以支持。

3) 房地产估价信息系统的结构设计

(1) 常用系统体系结构的比较

所谓体系结构或称计算机体系结构,是指计算机体系及各组成部分之间的相互关系,它是硬件、软件、算法和语言的综合性概念。

11 房地产估价信息系统

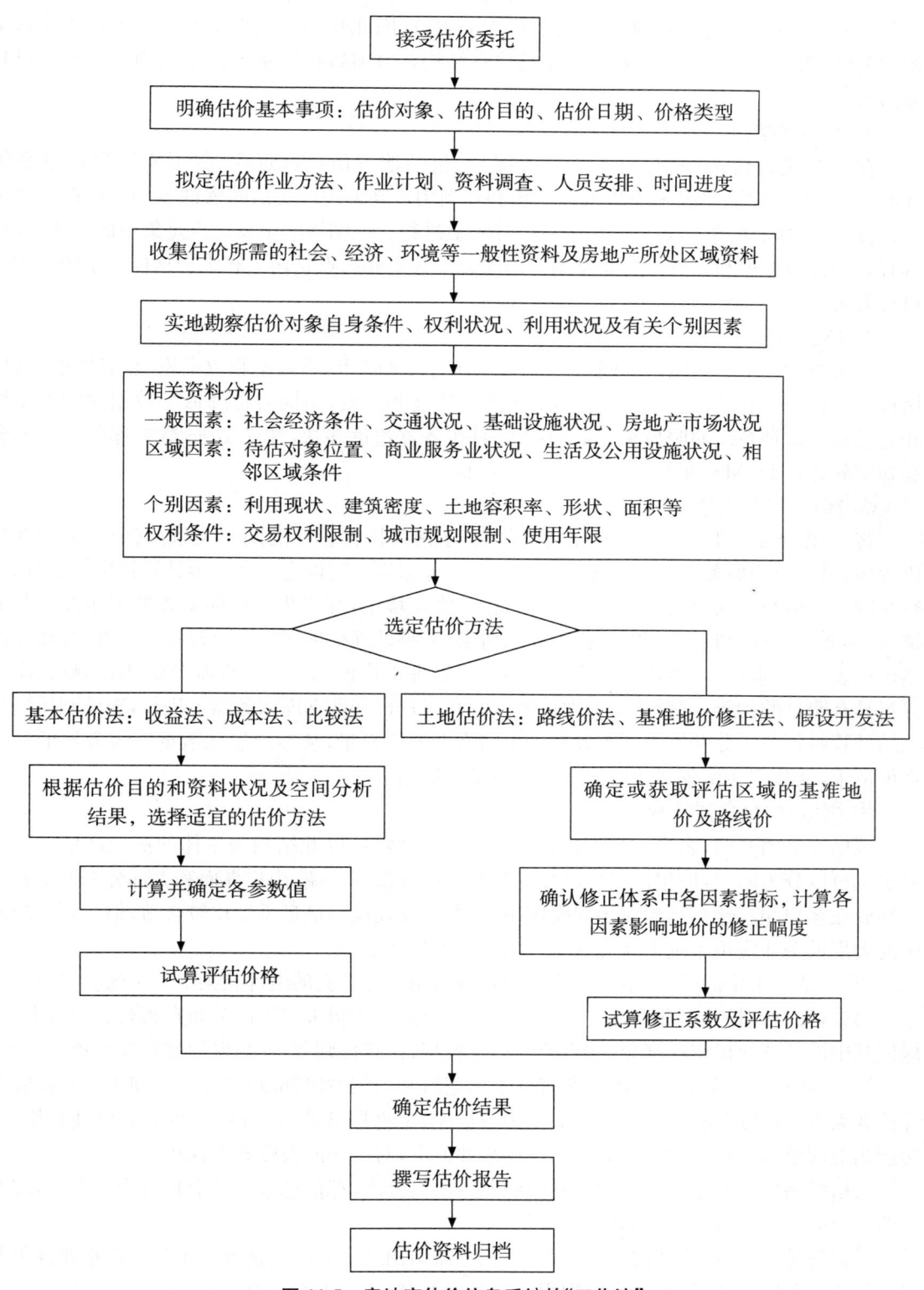

图 11-5 房地产估价信息系统的"工作流"

249

房地产估价信息系统以数据和模型为核心,而模型又以数据为基础。无论是估价模型的实现,还是估价结果的查询,都离不开数据库的主持,因此数据库的组织方式成为系统体系结构的关键,系统体系结构也即数据库系统体系结构。目前数据库系统体系结构大体上可以划分为四类:

① 集中式结构

在集中式结构中,所有的系统组成部分,包括地价信息数据库、数据库管理信息系统(DBMS)、应用程序、估价模型以及与估价和查询用户终端进行通信的软件等都运行在一台宿主计算机上,所有的数据处理都在宿主计算机上进行。该结构的主要优点是集中的安全控制、具有处理大量数据和支持许多并发用户的能力。其主要缺点是购买和维护这样的系统一次性投资太大。

② 单机结构

单机结构与集中式结构不同,在 PC 机上运行的 DBMS 的数据和数据库应用功能是与应用程序结合在一起的,这就提高了 DBMS 的灵活性和速度,但同时也降低了数据库的安全性和完整性。这种系统的明显缺点是,不管文件服务器速度多快,性能多强,数据库的性能都会受到实际运行 DBMS 的那个 PC 的性能的限制。

③ 客户/服务器结构

客户/服务器(Client/Server)结构,用来表示两类协作程序之间的关系,其中一类为客户机程序,另一类为服务器程序。客户机程序与服务器程序可以运行在一台计算机中,也可以运行在网络环境中的两台或多台计算机中。在网络环境中,客户机程序向服务器程序发出服务请求,服务器程序接收、处理客户机程序的请求,并将处理结果回送客户机程序。客户/服务器结构代表了 20 世纪 90 年代开放式系统的协同处理工作模式。与文件服务器相比,数据库服务器具有明显的优势,它把数据处理任务分开在客户机和数据库服务器上进行,充分利用网络上的计算机资源。分开操作还大大减少了网络上的传输量,从客户发往数据库服务器的只是查询请求,从数据库服务器传回给客户的只是查询结果。

④ 浏览器/服务器结构

根据以上的介绍,客户/服务器结构可以划分成两层,以此结构为主体的房地产估价信息系统也可以分为两层,即房地产价格数据被统一放在服务器端,用户界面和大部分业务逻辑被一起放在客户端。这种结构对于规模较小、复杂程度较低的信息系统比较合适,但在开发较复杂的大规模企业应用系统中就逐渐显现出以下不足之处:

第一,缺乏集中的控制,不能将应用中包含通用业务逻辑的组件在某个集中的位置存放。

第二,安全性较差。在两层结构中由于大部分业务逻辑被相同的分布在每台客户机上,要保证其中涉及商业机密的部分(如重要的估价模型、计算规则等)不被泄漏就比较困难。

第三,客户端负荷太大。因为所有的表示逻辑和应用逻辑都放在客户端,使之非常臃肿而且负载太重,从而影响了效率;服务端作为数据库、文件服务器,进行业务数据的处理和维护,功能相对简单,造成应用系统的性能、可伸缩性低下,对用户的投资缺乏保护。

三层结构的基本思想是将用户界面同业务逻辑分离,把信息系统功能划分为三大块,即客户端——应用服务器——数据库服务器。

显而易见,三层计算结构同二层客户/服务器结构最主要的区别就在于是否存在业务服务层。业务服务层,其实就是一个应用程序服务器,它包含用于实现商业规则的业务逻辑和用于操纵数据的工具,这样实现了对业务逻辑和数据访问的集中控制,极大地提高了系统的安全性，同时减轻了客户端的负荷。

(2) 系统结构模式的选择

在以上所介绍的四种体系结构中，除集中式结构已经很少被采用之外，其他模式都是目前系统开发中比较常用的，而且各有其特点和使用范围。基于GIS的房地产估价信息系统在进行系统结构选择时，主要应考虑以下原则：

① 房地产估价信息系统以数据为核心，大量的基础数据、修正系数、估计系数、估价结果等都是需要处理的数据，因此，必须采用专门的数据库管理系统进行大量数据的管理。

② 应根据实际估价业务情况及用户需求选择适当的体系结构，如果估价业务比较繁重，用户数量较多，可以采用客户/服务器结构或者三层计算结构，否则可以考虑选择单机结构。

③ 一个系统并不一定仅采用一种体系结构，绝不可拘泥于其中。

④ 选择结构应尽可能灵活，为今后发展留有空间。

基于以上考虑，房地产估价信息系统在进行系统开发时，采用了目前较为流行的组件式开发方式。组件式开发是软件开发的一次革命，是一种广泛的体系结构，支持包括设计、开发和部署在内的整个生命周期计算的理念。所谓组件式开发，即根据需要将不同的独立软件组件，进行快速组合，构成新的软件结构。组件式开发方式不仅便于系统体系结构的转化，而且有利于组件间的各自升级，在房地产估价信息系统中，因为涉及与其他系统的数据接口问题，如与基准地价评估信息系统和地籍管理信息系统等数据库的衔接，所以采用组件式开发技术，建立了一种较为复杂，但是非常实用的混合式软件系统体系结构，以客户/服务器结构为主，集单机结构、客户/服务器结构与浏览器/服务器结构(三层计算结构)的优势和特点于一身。系统主体部分采用客户/服务器结构，系统网络部分采用浏览器/服务器结构(三层计算结构)。

4) 房地产估价信息系统工作流程设计

(1) 系统总体工作流程

系统总体工作流程如图11-6所示。

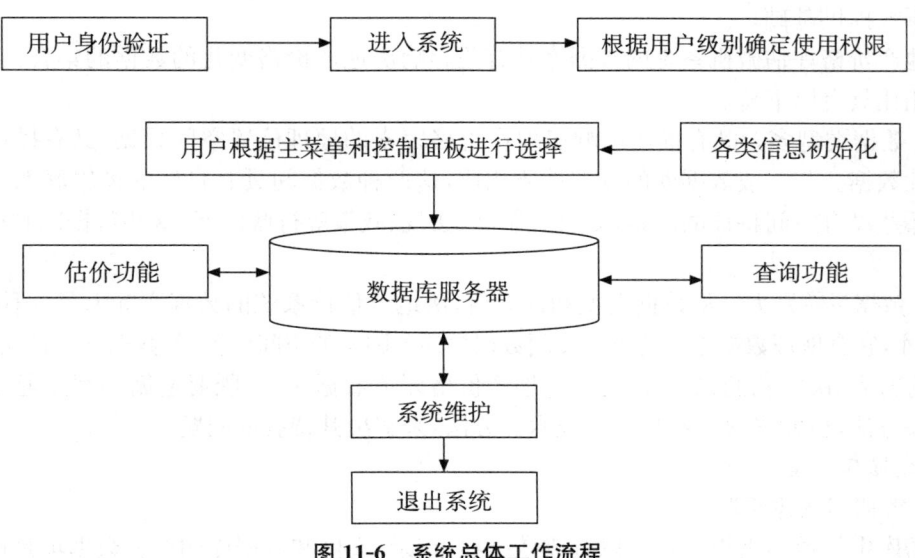

图11-6 系统总体工作流程

（2）系统估价工作流程设计

系统估价工作流程设计如图 11-7 所示。

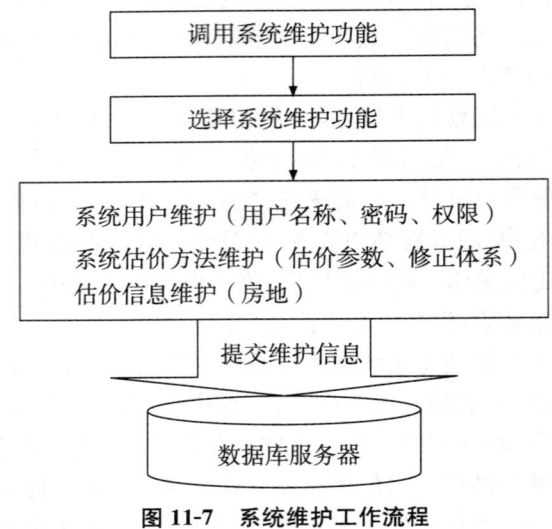

图 11-7　系统维护工作流程

11.2.3　房地产估价信息系统数据库设计

1）数据库概述

简单地说，数据库是以一定的组织方式存储在一起的相互关联的数据集合，能以最佳方式、最少重复为多种目的服务。数据库的数据存储独立于使用它的程序，对数据库插入新的数据、检索和修改原有数据均能按一种公用的和可控制的方法进行，并且，数据被结构化，为今后的应用研究提供基础。

房地产价格评估微机系统的数据库是有关影响房地产价格变化的数据的集合，它与一般数据库相比具有以下特点：

（1）数据类型多。既有描述影响房地产价格因素的地理位置空间数据，又有描述这些因素的属性数据。与一般数据库的数据性质相比，这两种数据间具有自然的逻辑联系，而且，还有描述那些没有空间特征的因素，如有关制度、法规、政策等行政因素，这些数据同时存储在数据库内。

（2）数据量特别大。从数据类型和内容看，房地产估价系统的数据实际上是一种空间（地理）数据库，它有地理数据库的特点。要用数据描述各因素的空间位置，其数据量往往大得惊人。

上述特点，决定我们在设计、建立房地产价格评估数据库时，既要遵循和利用通用数据库的原理和方法，也要采取一些特殊的技术和方法，来解决其特有的问题。

2）数据库模型

（1）数据间的逻辑联系

数据库中的数据组织一般可以分成数据项、记录、文件和数据库四级。数据项是可以定义数据的最小单位。记录由若干相关联的数据项组成，是应用程序输入、输出的逻辑单位。对大多数数据库系统而言，记录是处理和存储信息的基本单位。记录是关于一个实体的逻辑总和，构成该记录的数据项表示实体的若干属性。文件是一给定类型的记录的全部具体值的集合。

文件用文件名称标识。文件根据记录的组织方式和存取方式可分为顺序文件、索引文件、直接文件和倒排文件等。数据库是比文件更大的数据组织,它是具有特定联系的数据的集合,也可以看成是具有特定联系的多种类型的记录的集合。数据库的内部构造是文件的集合,这些文件之间存在某种联系,不能孤立存在。

数据间的逻辑联系主要是指记录与记录间的联系。记录是表示现实世界的实体的。实体间的联系有多种,反映在记录间的联系上也多种多样。实体间(记录间)的单个联系实际上是实体集间的函数关系。这种表示数据间逻辑联系的函数关系可以有下面几种:

① 一一对应关系,这种关系可以写为 1:1 联系,如学校与校长间的联系即具有一一对应的函数关系。

② 一多对应关系或多一对应关系,这两种联系又可以写成 1:M 或 M:1 联系,如学生与其宿舍之间的联系是多一对应关系。

③ 多多对应关系,这个关系可以写成 M:N 联系,如教师与学生这两个实体集间的教与学的联系是多多对应关系。

(2) 数据库模型

数据库模型是表达实体和实体之间的联系形式,数据库中数据之间的联系主要通过数据库模型来实现,数据库模型是数据库管理系统研究的一个最主要问题。由于建立规格化结构的不同考虑,从而形成了多种不同的数据库模型。目前最常用的有层次模型、网络模型和关系模型。选择何种模型建立数据库,取决于问题的性质和所要表达的实体间联系的形式。

3) 系统数据库设计

根据房地产估价的特性以及房地产估价数据的特征,数据库的设计从数据的独立性、数据的共享性、最小冗余度、完整性、数据间的逻辑关系等要求出发,按照关系型数据库关系模型和范式的要求,分析设计房地产估价信息系统的数据库系统。房地产估价信息系统数据库分为三部分:

(1) 系统数据库

① 估价方法模型数据库

它是以国家建设部颁布的《房地产估价规范》为依据,结合不同房地产市场区域房地产估价管理部门颁布的地方性估价规范而建立,描述估价方法参数的来源、性质、逻辑关系以及计算公式的模型,主要包括市场比较法、成本法、收益还原法、假设开发法、路线价法以及它们的衍生方法的模型。

② 房地产估价指标数据库

房地产估价指标数据库主要包括房地产重置成本指标、房地产收益指标、土地基准地价指标、土地标定地价指标、房地产物价变动指数、房地产属性指标、房地产投资收益率指标、建筑物折旧评定标准、房地产税费标准等等。

③ 估价报告格式数据库

它是根据国家建设部颁布的《房地产估价规范》中对房地产估价报告要求以及估价师的个人喜好建立的。

(2) 公共数据库

① 房地产交易实例数据库

它主要用于存储实际发生交易的房地产的交易价格、交易时间、交易情况、交易房地产所处的区域环境、交易房地产的个体特征等各项属性数据和交易数据。

第一,属性数据库的建立。

采集的数据分组构建属性数据库,具体信息为:a.房地产自然状态信息;b.房地产交易信息;c.房地产区域信息;d.规划限制条件;e.房地产相关经济指数;f.法定权属状况。

第二,空间数据库的建立。

空间地理数据是由GIS通过建立被研究地区的拓扑结构而形成的,可分为建筑物、交通网、商业网、水域、城区边界及景观等层次。

第三,属性数据库与空间数据库的关联。

通过将属性数据库与该地区GIS资料或数字化地籍图结合,可以创建一个房地产估价信息数据库。一般来讲,将各个交易实例申报信息按类别放入不同的信息数据库中,数据的输入应将申报的信息资料再加上申报的房地产的中心点坐标,即在编辑属性数据库的同时建立一个与空间数据库的连接,这样结合该城市的数字地籍图,就可以得到一个城市房地产交易的空间地理信息库,即每宗房地产在地图上就可以有一个地理坐标(X,Y),从而建立了图—数的相互关系。于是,房地产交易信息数据库就建立了。房地产交易数据库一般可分为以下几类:a.住宅交易信息数据库;b.商业房地产交易信息数据库;c.工业厂房交易信息数据库;d.特殊房地产交易信息数据库。

② 区域环境数据库

它记录影响个别房地产价格的地理位置、人文环境、基础设施、公共设施、交通、规划、自然环境等因素的特征描述及量化指标。

③ 估价经验数据库

它主要记载估价师对系统数据处理过程和结果的修正项目、修正结果和差异。随着估价工作的进行,系统不断地进行经验的积累,以便能够提供更符合估价师思路的建议。此类数据库主要通过估价师的估价工作过程而形成和扩充。

(3)估价项目数据库

① 估价项目特征数据库

它主要用于描述估价对象所处区域位置、建筑结构、设备、装修、楼层、朝向、形状、进深、用途、外观、质量、构建时间、新旧、权属等属性指标。

② 项目估价数据库

它主要用于记载估价对象面积、成本费用、折旧、收益、所有权(使用权)年限、已使用年限等价值指标。

③ 估价报告数据库

它主要存放系统完成估价过程之后,按照特定的估价报告格式生成的估价报告(包括估价结果报告和估价技术报告)。

11.3 房地产估价信息系统的开发与应用

11.3.1 房地产估价信息系统的开发背景

房地产估价就是估价人员依据房地产估计的原则、理论和方法,根据房地产的经济和自然属性,按房地产的质量、等级及其在现实经济活动中的收益状况,充分考虑社会经济发展、房地产用途、房地产预期收益和土地利用政策等因素对房地产收益的影响,综合评定出某宗房地产或多宗房地产在某一权属状态下的某一时点的价格。影响房地产价格的因素复杂多变,加上估价人员素质良莠不齐,以及计算机等先进技术手段还未能充分地应用到房地产价格评估工作中来,导致中国当前房地产评估工作存在一些问题,主要表现在以下几个方面:

1) 大量信息资料缺乏先进的管理手段,信息资源浪费严重

房地产估价是一项复杂的工作,是一项涉及众多领域的综合性工作,而且影响房地产价格的因素很多。为了正确进行房地产估价,必须充分收集各方面相关资料,这些资料不仅数据量庞大,而且种类繁多,每一项资料都来之不易。但是评估项目结束之后,这些宝贵的资料就被搁置一旁。不仅如此,大多数评估机构对每一个项目的评估都是单独进行的,项目结果之间缺乏可比性,评估结果等档案保存过程缺乏先进的计算机、数据库等技术手段,查询检索极为不便,资料的利用率极低,对估价师、信息咨询者都不能提供及时、准确的决策依据,造成信息严重浪费。

2) 有许多手工劳动,计算机技术、数据库等先进手段运用不充分

由于计算机、数据库等先进的技术手段发展很快,再加上估价人员的素质参差不齐,有些地方基层工作人员对新事物的接受能力较弱,我国目前有一些估价师的估价处理仍然停留在手工计算阶段,不仅速度很慢,而且容易出错,重复性劳动过多,不利于估价工作的深入开展。

3) 现有的房地产估价系统大多与 GIS 的结合较为松散,处于初步探索阶段

在现有的房地产估价信息系统中,大多数系统缺乏空间分析能力,没有能够很好地结合 GIS 这一新技术,利用 GIS 的空间分析能力。即使少数系统结合了 GIS 的部分功能,也因为停留在松散结合阶段,即评估专业模型和 GIS 分开运行,仅以数据文件交换为接口。

4) 已有的房地产估价系统用户交互性差,界面不够友好

目前很多专业评估机构聘请计算机专业人员设计了不少评估系统,但是因为懂计算机程序设计的人员不懂估价模型,懂估价模型的人不懂计算机程序设计,缺乏必要的沟通,使得耗费巨资设计出来的软件要么达不到要求,要么因为用户交互性差、界面不够友好,导致用户宁愿手工计算也不愿使用软件的情况屡见不鲜。

11.3.2　房地产估价信息系统的开发要求

开发房地产估价信息系统的根本目的在于把中国房地产估价工作推向一个新水平,实现从定性概念提高到定量分析、从静态分析上升到动态研究、从有限的计算机分析方式上升为灵活多样的方式、从传统的手工制图上升到计算机辅助制图、从日常工作转化为具有高层次决策支持、从少数专家研究发展为具有综合性专家集成技术处理与分析功能,从而推动土地管理工作向科学化、现代化方向发展。

房地产估价是整个房地产经济活动过程中必不可少的重要环节。它是以房地产为对象,由专业估价人员根据估价目的,遵循估价原则,按照估价程序,运用估价方法,并在综合分析影响房地产价格因素的基础上,对房地产价格进行客观、合理的估计、推测或判断。房地产估价不是对房地产价格的主观给定,而是估价师根据严密的估价理论,借鉴以往的估价经验,把房地产的客观实际价值通过估价活动正确地反映出来,是科学、艺术和经验三者结合的产物。

但是,在房地产估价过程中,现有的以手工为主的估价系统从接受估价委托开始,了解估

价对象情况、明确估价目的、初步确定估价方法、制定估价作业计划、搜集分析资料,直到确定具体估价方法、计算估价额、决定估价结果、撰写估价报告,均不同程度地存在理论依据不严密、估价方法不科学、估价结论与客观实际价值背离、估价报告不严谨,以及估价数据资料不共享等诸多问题。这些问题直接或间接地影响到估价结果的准确性,妨碍了房地产估价理论和方法的发展。

房地产估价信息系统作为房地产估价工作的计算机辅助支持系统,应当充分地体现房地产估价的本质特征,克服现有房地产估价系统中存在的弊端。因此,至少应当做到:

(1) 系统的数据处理必须以严谨的房地产估价理论为依据。

(2) 系统能够在对估价师提供的估价项目原始数据进行分析判断后,给估价师提供一个比较贴切的建议,以协助估价师对房地产客观实际价值做出最为准确的判定。

(3) 随着估价活动的进行,系统能够进行自我积累,即把估价师的经验变成系统自身的经验。

要做到以上三点,在房地产估价信息系统设计时,应当着重从数据库设计、系统结构设计、系统功能设计三大方面入手。

11.3.3 房地产估价信息系统的作用

建立房地产估价信息系统的意义在于:通过运用适当的理论、科学的方法和手段,对房地产质量和使用效益及其空间分布差异或优劣程度状况进行评定,明确城市中房地产经济价值的差异。这样,既可以从充分发挥城市土地价值的角度来合理开展其有偿使用工作,为房地产的出让、转让、收费、征税等提供科学依据,也能更科学合理地确定城市用地发展的结构和布局,对于完善和深化土地使用制度改革、住房制度改革,搞好城市土地利用规划和城市建设,提高城市土地利用的经济效益、社会效益和生态效益具有重大意义。

房地产估价信息系统的分析如下:

1) 房地产估价信息系统的需求分析

需求分析是软件生命周期中相当重要的一个阶段。由于开发人员熟悉计算机但却不熟悉应用领域的业务,用户熟悉应用领域的业务却不熟悉计算机,因此,对于同一个问题,开发人员与用户之间可能存在认识上的差异。在需求分析阶段,通过开发人员与用户之间的广泛交流,不断理清一些模糊的认识,最终形成一个完整的、清晰的、一致的需求说明。可以说,需求分析的好坏将直接影响到开发软件的成败。

在广泛征求房地产估价师的意见并反复探讨之后,得出房地产估价信息系统的用户需求信息,主要有以下几个方面:

(1) 系统的功能要求

① 系统不仅要能完成房地产价格的评估工作,而且需具备项目查询、估价师业绩查询、公司年度业绩查询以及统计、分析等功能,因为该系统的用户不仅包括具备专业知识的房地产估价师,而且包括房地产估价过程中的其他人员,如管理人员等。

② 系统能够提供友好的可视化操作界面,操作流程符合估价规程。

③ 系统能够提供适用于各种情况的评估专业模型,能够自动确定估价中常用的各种参数,同时能够允许估价人员对于有异议的参数进行人工确定,即该系统不仅有自动化的功能,而且具有灵活性。

④ 系统对于不同身份的用户，如系统管理员、估价师、普通用户，给予不同的权限，避免因越权操作而带来不良后果，同时实现了信息的保密性。

⑤ 系统能够实现房地产估价报告和估价技术报告的自动生成，估价师还可以对已经生成的估价报告进行编辑，同时能够自动打印房地产位置缩略图，而且这些估价信息能够分阶段存储起来，以备估价师查询。

⑥ 为了适应网络时代的要求，应具有网络功能，比如网络查询、在线概略评估等。

(2) 系统的技术要求

① 系统运行速度应该满足日常办公的需要。系统作为评估公司房地产估价师进行评估时的辅助决策手段，虽然对实时性要求不高，但应具有较快的响应速度以减少用户等待时间。

② 系统操作必须简单实用。该系统用户为房地产估价师，对计算机和数据库及 GIS 等了解不多，因此系统的操作应尽可能规范、简单、实用，以减少用户的培训时间。

③ 系统应具有安全性。该系统所涉及的基准地价资料、市场交易资料、房地产估价报告等是房地产估价师和评估公司的商业机密，具有法律效力，因此，这些数据的准确性和安全性至关重要。系统除了应保证在数据处理过程中准确无误外，还需要建立一些安全保护机制以防数据被其他用户非法使用或遭受人为的破坏，对系统的不同用户设置不同的访问和处理权限，对重要数据应能自动备份。

(3) 系统的自动化要求

房地产估价信息系统作为房地产评估的辅助决策信息系统，绝不仅仅是估价公式的简单组合，即它不应该是一个简单的计算器的功能。因为房地产估价工作的难度不在于数学计算，而在于估价资料的收集、整理和分析。如估价参数的准备，这其中存在很多非定量化和非程序化的问题，比如市场交易实例的选择、估价模型的选择、估价参数的选择、房地产价格影响因素分析、房地产估价报告的自动生成等。对于上述问题，系统都要给予充分的考虑，能够自动解决。下面，具体介绍该系统对自动化功能的要求。

① 自动判断和选择估价模型。系统能够根据待估房地产的用途自动提取估价模型供用户选择，用户也可以自己根据实际情况再次选择估价模型。

② 自动选择搜索比较案例。市场比较法模型要求市场交易案例资料有 10 个以上，最基本需有 3 个，才能满足要求。为此，系统要建立市场交易案例资料数据库。市场交易案例资料数据库存储有关比较案例的土地等级状况、所处区域、用地类型以及个别情况等。运用市场比较法模型时，系统首先根据待估房地产情况，参照以下原则进行比较案例的选取：a. 与待估房地产用途相同；b. 与待估房地产交易类型相同；c. 与待估房地产处于同一土地级别；d. 交易时间与待估房地产的估价期日接近或者可以进行比较修正，一般认为交易案例的有效期最长不超过 5 年。这样可以初步为估价师搜索出符合条件的交易案例。之后，通过人机交互，根据估价师经验确定比较案例。

③ 自动生成估价报告。房地产估价最终成果是通过估价报告来反映的。由于相同类型、估价目的、价格内涵和估价方法的估价报告形式相对稳定，仅仅是描述和数据的不同，可以通过数据库中数据和 Word 文档的关联来实现报告自动生成。要能自动生成报告，首先要建立起所有可能的用地类型、估价目的、地价内涵和估价方法组合之下的估价报告的模板。报告模板作为一种数据存储和管理，同时也提供对报告模板的增加、修改和删除功能。在形成评估成果时，根据估价师输入的房地产具体情况，自动填充到报告相应位置，生成报告初稿。

④ 自动确定估价参数。在房地产评估过程中，需要很多的估价参数，如土地还原利率、房

屋还原利率、管理费率、利息率、维修费率等,其中一些参数是固定的常量,另一些参数之间存在固定的相关关系。房地产估价信息系统应该能够存储这些常量和参数之间的相互关系,当模型进行计算时,能够自动根据需要调出。

(4) 系统的开放性要求

系统的开发性包括对异构数据的开放性、应用功能的开放性和系统的可扩充性。该系统的开放性主要表现在估价参数的开放、估价过程的开放、估价模型的开放、估价结果的开放、估价结果数据库的开放等方面。

① 估价参数的开放

估价参数仅仅在一段时间内是固定的,因此系统应能够根据实际情况的变化,允许授权用户在参数发生变化时及时更新估价系统的参数库。

② 估价过程的开放

房地产估价的正确性,不可能靠既定的数学公式计算出来,在很大程度上它是靠估价师对估价方法的选择和灵活运用来实现的,因此,房地产估价信息系统除了要为估价师提供足够的辅助估价信息之外,还应为估价师保留必要的发挥空间。

③ 估价模型的开放

估价模型也不应是一成不变的,因此,系统的估价模型应该具有较强的开放性,即根据实际情况,可以修改、新增和删除估价模型。就目前情况来看,如果系统模型库的实现形式采用子程序的方式,那么,这方面的开放性可能难以实现,必须进行代码的重新编译;如果采用插件的方式,模型库的开放性将会有比较好的效果。

④ 估价结果的开放

系统估价结果的开放包括中间估价结果和最终估价结果的开放。中间结果的开放是指估价过程中形成的数据库等能够提供给估价用户,以备其发现和解决问题;最终结果的开放是指估价结果以文档的形式表现出来,可供估价师查询和修改,提高了估价成果的灵活性。

⑤ 估价数据库的开放

估价数据库的开放主要指系统客户能够基于局域网和互联网对某些范围内的数据进行查询,达到信息的共享。

(5) 系统的可视化要求

系统的可视化包括房地产估价过程中属性信息和空间信息的可视,尤其是空间信息的管理、分析和应用,在技术实现上,需要专业地理信息系统软件(GIS)的支持。系统基于 GIS 构建,可视化性能主要表现在以下几个方面:

① 估价信息的可视化。估价信息包括待估房地产的属性信息、空间位置、范围以及待估房地产背景信息的可视化。房地产属性信息通过图标等方式表现。通过使用地形图和专题图可以实现对上述空间信息的可视化。地形图包括地形、建筑物、街道、植被、水系等信息;而专题图通过将文件和统计资料中涉及的有关地价、环境、交通以及其他许多现实信息抽象成图形,使文字数据实现可视化,并可交互使用。

② 估价结果的可视化。主要包括房地产位置图的可视化表达、估价报告的可视化表达等,其中前者可以利用 GIS 功能实现,后者利用文本方式实现。

(6) 系统的网络化要求

随着社会日新月异的进步,网络已经成为人们现实生活中必不可少的部分,因此在系统设计时应当充分考虑这一点,发展系统的网络部分,以增强该系统的特色。该系统网络化性能主要体现在以下两个方面：

① 局域网内估价用户完成估价工作，同时查询用户也可以进行相应的信息查询。

② 基于 Internet 的网络客户的信息查询。

(7) 系统数据管理需求分析

房地产估价信息系统的基本数据种类繁多，来源广泛，形式丰富多样，因而需要建立一套科学、合理而有效的数据管理规范对评估的基本数据进行存储和管理。该系统的数据管理遵循以下原则：

① 在系统运行过程中将数据划分为原始库、中间库、成果库，这就需要系统在进行历史数据存档过程中只保留原始库与成果库，而将中间库只作为临时文件，不进行专门存储，以免浪费资源。

② 在数据内容上，系统数据主要包括基础制图和专题制图数据，调查统计数据，属性数据三大类。具体有以下几种：底图数据、各种影响因素因子的空间分布数据及其属性特征数据、指标体系及权重数据、样点地价分布及其属性数据、模型数据库。

③ 在数据的形式上，各种数据包括各种城市土地定级图件、基础图件以及影响土地质量的各种自然、经济、社会因素因子调查表、权重调查表、市场交易资料调查表等。《房地产估价规范》将数据分成十二大类，但是，从数据本身特点来看主要分成两大类：空间数据和非空间数据。空间数据是反映估价因素、因子所处的空间位置或地理位置的数据，其基本表示方法是利用坐标系表示，如工作地图、环境状况、人口分布、土地级别等都是空间数据；非空间数据也称属性数据，它反映实体的类型、等级和数量等方面的特征。

2) 系统的可行性分析

房地产估价是一项相当重要的工作，在多年的实际工作中已经形成了一些具有较高应用价值的专业模型，并通过计算机予以实现。但这些应用模型存在一个缺陷，就是在评估信息管理，特别是涉及多源、复杂的图形、属性信息时缺乏有效的方式，导致应用受到限制，同时专业模型的应用仍保持在较低的水平，尚未向信息化、系统化的方向发展，这应是今后重点研究的问题。随着地理信息系统（GIS）的发展及其在各个应用领域中显示出的巨大优越性，将其应用于房地产评估的各项工作，必将提高工作效率，促进新技术应用，为进一步的评估工作打下基础。

GIS 由于具有空间与属性数据一体化管理、空间分析等强大的功能，因此得到了广泛的应用。近年来，由于 GIS 具有强大的多源信息管理和空间分析能力，如果将房地产评估专业模型与 GIS 结合，就能既充分利用 GIS 的数据管理和空间分析功能，又可应用房地产评估专业模型进行各项评估工作，无疑具有突出的优越性，可以实现优势互补，资源共享。

近年来，GIS 与专业模型的集成、结合一直是 GIS 领域的一个重要研究方向。对于房地产评估来说，GIS 可以对评估全过程的各种信息进行综合管理以供评估使用，但就一项具体的评估工程来说，仅仅依靠 GIS 则不能胜任。因此，将 GIS 与房地产评估专业模型结合是 GIS 应用于房地产评估领域的必然要求，也是充分利用两者各自的优越性、实现优势互补的有效措施。GIS 与房地产评估专业模型的结合将使两者相得益彰，其优越性主要表现在以下方面：

(1) GIS 为房地产估价提供了有效的辅助工具

GIS 的数据采集、管理、处理、空间分析、输出等模块都可以用于房地产评估信息的管理与处理，从而为评估工作提供了有力的辅助工具，同时也促进了评估技术信息化、自动化的实现。

(2) 房地产评估模型拓宽了 GIS 的应用

GIS 的应用领域广泛，一个重要的原因就是它能与各种专业结合、集成，将其与房地产评估专业模型集成，则可以促进 GIS 在该领域的应用，开拓 GIS 新的应用领域和方向。

（3）两者的结合将促进房地产评估工作的发展

房地产评估工作在市场经济体制下将发挥更重要的作用，同时也面临着来自信息时代的挑战，将 GIS 应用于该领域，必将促进评估工作的信息化、智能化、自动化、集成化，推动房地产评估工作的发展。

3）GIS 与房地产评估模型结合途径分析

根据目前国内外的现状来看，GIS 与房地产评估专业模型的结合途径主要有以下几种：

（1）以数据交换为中介的松散结合方式

其主要思想是：GIS 和房地产评估专业模型分属于两个独立的系统，各自拥有自己的用户界面，两者的集合体现在 GIS 数据库和房地产评估专业模型之间增加数据交换接口，使得 GIS 能为房地产评估模型提供所需要的信息和数据处理，而模型的处理结果又可以在 GIS 中以简单或复合的图形及其他形式予以显示和处理，其结合仅停留在数据文件交换的水平上。

（2）采用共用界面的外挂式结合

在这种集成途径下，GIS 和房地产评估系统仍然是两个独立的系统，但是在两者之上建立统一的用户界面，通过该用户界面来对 GIS 和房地产评估系统的运行进行控制、协调。一个典型的流程就是：用户界面首先驱动 GIS 对房地产评估系统进行整理，以供评估使用，然后调用房地产评估模型从 GIS 数据库中取出信息进行处理，并将结果返回 GIS，采用共同用户界面的结合方式，最后再次利用 GIS 的空间模块对评估结果进行显示、输出。这是一种表面无缝的结合方式，提供给用户使用的是一个表面上一体化，而系统内部仍是独立操作、数据联系的结合方式，这种结合方式降低了在两个独立系统间文件交换的频率和出错率。

（3）完全一体化的内嵌式结合

最有效的结合方式就是完全一体化的内嵌式结合，即在 GIS 中建立房地产评估专业模块，实现 GIS 系统中统一的操作。其基本方法是进行 GIS 的二次开发，建立房地产评估模块。一般的 GIS 都具有良好的二次开发功能，所以这项工作是可行的。一体化的内嵌式结合系统不仅能进行数据之间的交换，更主要的是实现了内核一体化，在操作方式、功能模块方面可以进行内部的无缝链接，实现了整体的集成。

根据以上提出的开发模式和集成途径，建立基于 GIS 的房地产估价系统。按这一结构进行系统的构建，既可获得城市房地产估价模型，又可使系统充分发挥 GIS 在数据采集、数据管理、数据处理、分析、输出等方面的优越性。

11.3.4 房地产价格评估分析应用系统

房地产价格评估分析应用系统是房地产价格评估微机系统的关键部分，也是用户最为关心的部分，它提供了房地产价格评估各种方法的实现功能，即各种评估模型。

1）模型建立的一般方法

所谓模型，就是将系统的每个要素，通过适当筛选，用一定的表现规则所描写出来的简明映象。它是用一定程度的简化和抽象去把握客观事物的本质特征，是研究对象及其过程的抽象表示和简化，由与分析有关的重要因素构成，而不一定包括研究对象本身的全部因素，表明了研究对象与有关的诸因素的关系。

房地产估价是一个复杂的系统，涉及面广，影响因素繁多。房地产价格评估模型是用来描述影响房地产价格的各因素之间的相互关系及各因素与房地产价格的关系的数学的、语言的或其他形式的表达形式,用于反映房地产价格形成过程、发展趋势和结果。

(1) 模型化的一般方法

模型的建立过程可由下式表示:

$$XOY = M$$

式中:X——某个体体系,可以看作是房地产评估体系中被主观选取的某个局部;

Y——表示某种介体,具体来讲就是某种模型化方法;

O——代表 Y 对 X 产生的作用;

M——体系 X 通过介体 Y 产生的作用 O 所建立的模型。

(2) 常用估价模型分析

国内外的房地产估价方法很多,归纳起来可以分为基本估价法和应用估价法。在中国台湾,基本估价法是指为评估个别房地产而采用的方法,包括成本法、比较法、收益还原法。应用估价法是为评估大规模范围的房地产而采用的简便方法,其方法主要有:路线价估价法、评分法、地价控制点法、标准田法和回收估价法等。中国学者和土地、房地产管理部门在十多年的估价研究和实践中,也逐步探索和研究出了符合中国实际情况的估价方法,其中基本估价法包括收益还原法、市场比较法和成本法,应用估价法包括假设开发法、路线价估价法、标准房地产估价法和基准地价修正法。实践证明,以上七种估价方法在不同类型的房地产估价项目中各有自己的优势,但是因为标准房地产估价法属于比较法的一种特例,而且在中国目前标准房地产设定尚且不成熟的情况下很少使用,因此,该系统以收益还原法、市场比较法、成本法、路线价估价法、假设开发法和基准地价修正法六种方法为基础抽象出六种常用的估价模型,现介绍如下:

① 收益还原法模型

收益还原法是房地产估价中最常用的方法之一,也是对土地、房屋、不动产或其他具备收益性资产进行估价的基本方法。此方法应用于土地估价时,把购买土地或房屋作为一种投资,房、地价款作为购买未来若干年土地收益而投入的成本。因此,收益还原法是将评估地产在未来每年预期的纯收益,以一定的还原利率统一还原为评估时日总收益的一种方法。

② 市场比较法模型

市场比较法简称比较法,是房地产估价方法中最重要、最常用的基本方法之一。市场比较法的基本含义是:在求取一宗待估房地产的价格时,根据替代原则,将待估房地产与近期内已经发生交易的类似地产实例进行比较,并根据后者已知的价格,参照该宗房地产的交易情况、期日、区域以及个别因素等差别,修正得到待估房地产在估价时点的房价或地价的方法。这里的"类似案例",是指所在区域特性,以及影响房地产价格的因素和条件均能与待估房地产相类似的房地产。

③ 假设开发法模型

假设开发法又称剩余法、倒算法、残余法或余值法等。从发展的观点看,土地之所以有价,完全在于其可以开发、利用、建房,并从中获取收益。为了获取土地而支付的地价,显然是在预计的不动产总价中扣除成本费用以及社会平均预期收益后的"剩余价格",即房地产价等于土地与建筑物出售价格减去建筑物本身的价格。因此,假设开发法是在估算开发完成后房地产正常价格的基础上,扣除建筑物建造费用以及与建筑物建造、买卖有关的专业费、利息、利润、税收等费用后,以价格余额来确定估价对象房地产价格的一种方法。

房地产价格评估模型的建立,要在仔细分析各评估方法原理的基础上选择合适的模型类型。

④ 成本法模型

成本法是以房地产开发所耗费的成本构成来确定房地产价格的方法,也称为成本逼近法。该方法是以开发房地产所耗费的各项费用值之和为主要依据,再加上一定的利润、利息、应交纳的税金和土地所有权受益来确定房地产价格。

⑤ 路线价估价法模型

路线价估价法是对面临特定街道、使用价值相等的市街地设定标准深度,求取在该深度上数宗房地产的平均单价并附设于特定街道上,即得到街道的路线价,再配合深度指数表和其他修正率表,用数学方法算出邻接同一街道的其他宗地地价的一种估价方法。因而路线价估价法主要用来进行土地价格的评估。

⑥ 基准地价修正法模型

基准地价系数修正法是利用城镇基准地价和基准地价修正系数等先期评估结果,按照替代原则,就待估宗地区域条件和个别条件等与其所处区域的平均条件相比较,并对照修正系数表选取相应的修正系数对基准地价进行修正,进而求取待估宗地在估价期日价格的方法。

(3) 估价模型选择

估价师在估价过程中应根据估价的目的、估价对象的特点、所收集的资料状况等,选择土地估价的收益还原法、市场比较法、剩余法、成本逼近法、路线价估价法和基准地价系数修正法等几种方法中的一种或几种方法,在评估房地产价格时,根据要求,一般应不少于两种方法。

房地产估价信息系统应能够根据待估房地产的用途、估价师调查取得的资料等自动提取估价模型供用户选择,用户也可以自己根据实际情况再次选择评估模型。系统所提供的模型和待估房地产情况的适配情况如表 11-1 所示。

表 11-1 估价模型的适用范围及条件

模型名称	适用范围
市场比较法	适用于具有交易性的房地产,如房地产开发用地、普通商品住宅、高档公寓、别墅、写字楼、商场、标准工业厂房等,并要求在同一供求范围内存在着较多的类似房地产的交易。而对于那些很少发生交易的房地产,如特殊工业厂房、学校、古建筑、教堂、寺庙、纪念馆等,不适用该方法
收益还原法	适用于具有收益或有潜在收益的房地产,如商店、商务办公楼、公寓、旅馆、餐馆、游乐场、影剧院、厂房、农地等房地产。但不限于估价对象本身现在是否有收益,只要它所属的这类房地产有收益即可,并要求房地产的收益和风险都能量化。不适用于政府办公楼、学校、公园等公用、公益房地产的估价
成本法	适用于既无收益又很少发生交易的房地产估价,如学校、图书馆、体育场馆、医院、政府办公楼、军队营房、公园等公用、公益房地产,以及化工厂、钢铁厂、发电厂、油田、码头、机场等有独特设计或只针对个别用户的特殊需要而开发建造的房地产
假设开发法	适用于具有投资开发或再开发潜力的房地产的估价,如待开发的土地(包括生地、毛地、熟地)、在建工程、可装修改造或改变用途的旧房(包括装修、改建、扩建,如果是重建就属于毛地)
路线价估价法	适用于城市商业街道两侧土地的估价
基准地价修正法	适用于政府公布了基准地价地区的地价评估

对于采用多种估价模型计算出来的房地产价格,估价师根据实际情况可以选择以下三种方法最后确定房地产价格:

① 简单平均法。直接以多个估价模型评估结果的平均值作为待估房地产最后的价格。如果多个模型评估的结果相差不大,可以采用这种方法最后确定房地产价格。

② 综合分析法。对于多个估价模型评估结果的可信度进行分析,以可信度最大的一个模型的评估结果作为待估房地产最后的价格。当多个评估模型的结果相差较大时,可以采取这种方法最后确定房地产价格。

③ 中位数或众数。取多个评估结果的中位数或众数,作为待估房地产价格最后的评估结果。在选择的估价模型数量比较多时,可以采用这种方法最后确定待估房地产价格。

房地产价格评估工作不仅仅是数学公式的计算,估价师的经验对于评估结果的可信度同样至关重要。因此,在实际估价工作中,待估房地产最终合理估价额的确定应该是根据数学处理结果,再加上估价师多方面的经验分析和判断来综合确定的,尤其在取消了房地产评估价格确认制度之后,评估结果的可信度对于估价师和评估公司都更加至关重要。

(4) 估价功能技术路线

进行房地产估价时,首先需要获取待估房地产和评估项目的基础信息,如估价对象所处区域位置、建筑结构、设备、装修、楼层、朝向、形状、进深、用途、外观、质量、购建时间、新旧、权属等属性指标,以及估价目的、估价日期和估价期日、估价师、建筑物和地面附着物状况、土地开发水平、估价依据、评估项目合同编号、委托评估单位和受托估价单位等信息;然后,采用人机结合的方式选择估价模型。因为进行房地产估价时,一般要求应用一种以上的估价模型,所以系统允许估价人员反复、多次的对估价模型进行选择和调整。

当估价师认为已经获得比较满意的多个估价模型的结果之后,就可以最终确定房地产价格。因此,系统的估价功能的技术路线如图11-8所示。

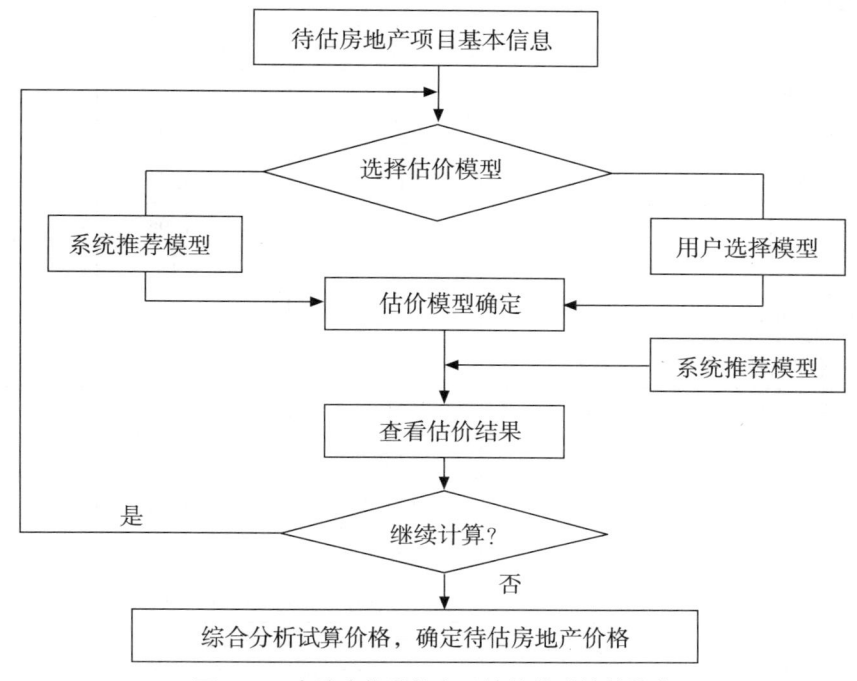

图11-8 房地产估价信息系统估价功能的技术

2) 房地产价格评估的分析应用系统实例

由于种种原因,现在国内还没有功能完善的房地产价格评估系统,房地产价格的评估在很大程度上还依赖专家的经验,还没有实用的评估模型,已开发的微机系统主要用在城镇土地定级估价方面。所以,这里只简单介绍动态地价预测模型和南京大学大地海洋科学系开发的土地定级信息系统的分析应用系统及其运用。

(1) 地价—定级分值关系模型

由于小城市所用于测算地价的样本极为有限,而且局限于几条繁华街道,大部分区域缺乏可用于直接测算地价的资料,因此,浙江农业大学土地科学系通过概念开发,在土地定级的基础上,采用地价—分值换算法,寻找已有地价与定级分值间的数学关系,建立地价—定级分值关系模型,推算每一单元的理论地价,再计算区块或土地级别基准。经过运算,认为指数拟合模型最为合理,其数学表达式为

$$Y = ae^{bx}$$

式中:Y——单元地价;

x——单元定级分值;

a、b——参数。

表 11-2 是某市的样本地价与样本所在单元的定级分值,经拟合,其具体模型为

$$Y = 105.0276e^{0.04939687x}$$

$$r = 0.9238$$

式中:r——相关系数。

表 11-2 某市区商业用地地价测算结果统计表

坐落	出租店面租金 [元/(m²·年)]	地租 [元/(m²·年)]	地价 (元)	单元综合分值
中山西路 32 号	150	104.49	1 066.18	43
中山西路 119—121 号	119.05	73.54	750.37	40
解放南路 79 号	150	104.49	1 066.18	50
解放南路 60 号	166.67	121.16	1 236.28	51
工人路	160	114.49	1 168.22	47
工人路 82 号	144	98.49	1 004.96	45
工人路 96 号	96	50.49	515.16	38
中山东路 249 号	250	214.83	2 192.19	59
中山东路 225 号	214.29	179.12	1 827.78	59
中山东路 201 号	241.31	201.80	2 059.21	57
陵园路 32 号	185.22	142.35	1 452.57	53
陵园路 72 号	200	154.49	1 576.39	55
陵园路	200	154.49	1 576.39	56
轮渡路	140	94.49	964.14	39
轮渡路 161 号	106.67	61.16	624.04	38

续表 11-2

坐落	出租店面 租金 [元/(m²·年)]	地租 [元/(m²·年)]	地价 (元)	单元综合分值
轮渡路	120	74.49	760.04	38
轮渡路	128.57	83.06	847.51	35
轮渡路 239 号	100	54.49	555.98	36
江滨路 70 号	88.89	43.38	442.61	39
江滨路 66 号	134.21	94.70	966.36	41
西通巨路 175 号	120	80.49	821.36	45
西通巨路	100	75.07	765.98	45
中山东路支路 284 号	200	160.49	1 637.68	57

根据该模型,可算出各单元的地价(略),并可由此计算各土地级别的基准地价,如表 11-3 所示。

表 11-3 某市商业用地各土地级别基准地价

土地级别	基准地价(元/m²)	变动范围(元/m²)
一级	2 723.11	5 464.20～1 843.17
二级	1 099.31	1 843.17～757.56
三级	571.14	757.56～462.27
四级	336.17	462.27～231.51

(2) 土地定级分析应用系统

土地定级信息系统是南京大学大地海洋科学系为配合镇江市土地定级估价工作而研制开发的,它由数据采集系统、数据库、因素分析子系统、因素复合子系统、级别划分子系统、量算统计子系统、管理查询子系统、成果输出子系统构成。其中,因素分析子系统、因素复合子系统、级别划分子系统、量算统计子系统构成了土地定级信息系统的应用分析软件系统,是土地定级信息系统的关键部分。

① 因素分析子系统

其作用是通过空间分析生成定级因素各因子的作用分值。空间分析的方式多且较有针对性,不同类型的因子采用不同的方式,如点状因子采用点源扩散分布,面状因子采用空间内插分析,进行区域赋值等等。

② 因素复合子系统

对各因素的各因子以及各因素,采用叠置分析方法得到各单元的作用总分值。

③ 级别划分子系统

采用总分频率曲线法和剖面法相结合。选择突变处作为分级界限,然后进行级差收益测算,根据测算结果,同时考虑到实地情况,在人工干预下调整分级界限,从而划分土地级别。

④ 量算统计子系统

根据已划定的土地级别,计算机自动按土地级别进行面积量算并汇总,同时进行土地利用与土地级别复合统计、行政区划与土地级别分宗归户复合统计、土地利用效益增减系数统计等。

该土地定级信息系统在镇江市土地定级估价中取得了较好的结果。

复习思考题

1. 简述信息的概念及其具备哪些特性。
2. 简述信息系统的内涵。
3. 房地产估价信息系统的开发有哪些要求？
4. 房地产估价信息系统有哪些要求？

12 房地产估价制度

12.1 中国房地产估价制度

中国台湾地区、香港特别行政区和澳门特别行政区的估价制度与大陆房地产估价制度相比各有特点,本节着重介绍大陆和香港特别行政区的估价制度。

12.1.1 中国大陆房地产估价制度

20 世纪 80 年代末,由于中国对外开放的不断深入,商品经济浪潮的推动,房地产投资在中国的东部经济发达地区开始出现,房地产出租、出售等产权交易现象也公开或半公开地在一些商品经济发达地区产生。为了适应这一经济变革,房地产估价业也在中国复苏和萌芽,随即表现出强大的活力,在诸如土地出让、国企改革、企业重组、房地产税收、抵押贷款等社会经济活动中发挥了重要作用。国土资源部、建设部、财政部等政府部门对房地产估价行为发布了一些行政法规和行业规范标准。

1987 年,中国政府明确规定,社会主义的市场体系,不仅包括消费品和生产资料等商品市场,而且应当包括资金、劳务、技术、信息和房地产等生产要素市场。这一规定促进了中国房地产产权的流转。1987 年 9 月,深圳市出让了中国第一块使用权期限为 50 年的国有土地,这一举动在中国乃至国际上都引起极大的震动。此举不仅拉开建立中国房地产市场的序幕,同时也拉开了探讨中国房地产估价制度的序幕。

由于 20 世纪 80 年代末中国的房地产市场刚刚建立,房地产市场交易资料较少。因此,80 年代末到 90 年代初,主要探讨的是土地基准地价评估,而基准地价评估又主要是建立在土地定级基础之上的。90 年代中期,由于房地产市场的发展和健全,房地产交易案例不断增多,基准地价评估逐渐过渡到以房地产市场交易资料为主,基准地价的表现形式主要有路段价和区片价。同时,土地宗地地价评估和房地产价格评估也日渐增多。1991 年国务院发布 91 号令《国有资产评估管理办法》,随后,原国家土地管理局制定和发布了《城镇土地估价规程》,原国家国有资产管理局制定和发布了《资产评估操作规范意见》,建设部在 1999 年 3 月发布了《房地产估价规范》,这些规定和规程对房地产估价的方法和内容进行了一定程度上的规范。

1994 年颁布的《中华人民共和国城市房地产管理法》第 32 条明确规定,"基准地价、标定地价和各类房屋的重置价格应当定期确定并公布";第 33 条规定,"国家实行房地产价格评估制度";第 58 条规定,"国家实行房地产价格评估人员资格认证制度"。1993 年 2 月 23 日,原国家土地管理局发布《土地估价师资格考试暂行办法》。1995 年 3 月 22 日,建设部和人事部联合发布 147 号文件,公布《房地产估价师执业资格制度暂行规定》和《房地产估价师执业资格考试实施办法》。1995 年 5 月 10 日,原国家国有资产管理局和人事部联合发布了《注册资评估师执业资格制度暂行规定》和《注册资产评估师执业资格考试实施办法》。在以上规定和办法中，对评估师考试资格、注册办法，评估师的权利与义务等都作了明确规定。目前的房地产估价管理部门有三家：国土资源部、住房和城乡建设部与财政部。估价机构资格也相应地有三种，即土地估价机构、房地产估价机构和资产估价机构。估价人员资格也有三种，即土地估价师、房地产估价师和资产评估师。现在，有关部门在制定配套政策，实施注册评估师签字制度，即估价报告必须由注册评估师签字才能生效。

目前，经有关部门发布的与房地产估价有关的法规、规章和标准见表12-1所示。

表12-1 与房地产估价有关的法规、规章和标准

名 称	发布部门	实施日期	备 注
国有资产评估管理办法	国务院	1991年11月16日	国务院91号令
国有资产评估管理办法施行细则	原国家国有资产管理局	1992年7月18日	国资办发〔1992〕36号
城市房地产交易价格暂行办法	原国家计委	1994年11月11日	计价格〔1994〕1714号
房地产估价师执业资格制度暂行规定	原建设部、人事部	1995年3月22日	建房〔1995〕147号
注册资产评估师执业资格制度暂行规定	原人事部、原国家国有资产管理局	1995年5月10日	人职发〔1995〕54号
土地估价报告规范格式	原国家土地管理局	1996年3月1日	
资产评估操作规范意见	中国资产评估协会	1996年5月7日	中评协〔1996〕83号
房地产估价规范	原建设部、国家质量技术监督局	1999年6月1日	GB/T50291—1999
关于印发《资产评估报告基本内容与格式的暂行规定》的通知	财政部	1999年3月2日	财评字〔1999〕91号
关于调整注册资产评估师执业资格考试有关规定的通知	原人事部、财政部	1999年3月11日	人发〔1999〕23号
城镇土地估价规程	国土资源部	2002年7月1日	GB/T18508—2001
城镇土地分等定级规程	国土资源部	2002年7月1日	GB/T18507—2001
土地估价师注册办法	中国土地估价师协会	2003年3月1日	中土协发〔2003〕第02号
注册土地估价师自律守则	中国土地估价师协会	2003年3月1日	中土协发〔2003〕第02号
土地评估中介机构注册办法	中国土地估价师协会	2003年3月1日	中土协发〔2003〕第02号
城市房屋拆迁估价指导意见	原建设部	2004年1月1日	建住房〔2003〕234号
房地产估价机构管理办法	原建设部	2005年12月1日	建设部令第142号
注册房地产估价师管理办法	原建设部	2006年12月25日	建设部令第151号
房地产抵押估价指导意见	原建设部等	2006年1月13日	建住房(2006)8号
土地估价师资格考试管理办法	国土资源部	2007年1月1日	国土资源部令第35号
不动产评估准则	中国资产评估协会	2008年7月1日	中评协发〔2007〕189号

12.1.2 中国香港特别行政区房地产估价制度

香港测量师学会成立于1984年，1990年香港立法局通过了《香港测量师学会条例》，1991

年立法局又通过了《测量师注册条例》，奠定了测量师学会及测量师的法律地位。目前，香港测量师学会是唯一代表香港测量师专业的社会团体。香港测量师分为六个组别：建筑测量师、产业测量师、工料测量师、土地测量师、规划及发展组、物业设施管理组。房地产估价是产业测量师的主要业务。《香港测量师注册条例》以及香港测量师学会的章程和细则是各个组别的测量师都要遵守的，这几个文件规定了测量师的管理部门、管理内容和执业的行为准则。关于房地产估价技术方面的标准，香港测量师学会于1988年6月发布了《香港房地产指南》（第1版）。1999年出版了第2版《香港测量师学会物业资产评估指导性说明》，该版本的指南，包括13个指南和10个背景材料，适用于对公司账户和财务报表中所记录的所有固定资产的评估，也适用于股权转让和企业合并时所需进行的评估。目前，香港测量师学会的章程已修订至第6版（2006年12月），内容涉及较为详尽的会员资质要求、学会理事会、执业行为准则和专业发展等内容。

香港测量师学会的会员分为四级，分别是名誉会员级（包括名誉会员）、专业会员级（包括资深专业会员和专业会员）、技术会员级（包括技术协佐会员）、培训会员级（包括见习测量师、技术会员和学生）。其中，专业会员和资深专业会员是正式会员。要想成为学会的专业会员，必须完成学会认可大学的测量专业学位课程，然后必须在专业测量师的指导下，进行不少于两年的在职专业工作实习。实习期满，考生可以向学会报考"专业评估师"（Assessment of Professional Competence），评核通过后才能成为专业会员。会员必须严格遵守由学会制定的专业操守规则。学会的技术协佐会员必须修读完成由香港测量师学会认可的副学士测量专业学位课程，同时必须已取得不少于两年的在职专业工作实习。

香港测量师学会已和英国、澳大利亚、新西兰、新加坡等国家的专业测量及估价学会签署协议，互相认可对方的会员资格。香港测量师学会是多个国际知名测量组织的成员，如国际测量师联合会（FIG）、国际评估准则委员会（IVSC）、世界估价组织协会（WAVO）等。

12.2 国外房地产估价制度

国外房地产估价行业以英国和美国为两种各有特色并具有代表性的管理模式，本节对这两个国家的房地产估价制度着重进行介绍。

12.2.1 英国房地产估价制度

1）英国估价行业概况

英国房地产估价行业基本上可以分为政府管理下的估价体系和民间自律性估价体系两大体系。

政府管理下的房地产估价体系，主要服务于征税目的，在组织上分为三个层次，即中央、大区和区估价办公室。中央级估价办公室设在财政部税务局之下，主要职能是制定有关政策，管理大区和区的估价工作。大区级估价办公室，全国共设有五个，主要职能是协调其所辖区内的估价工作。最初，大区和区级估价办公室都归当地税务部门直接管辖，由于估价工作的技术性、独立性越来越强，加之政府为减少行政开支而精简人员，因此，在随后的发展中，大区级和区级估价办公室逐渐从税务部门中独立出来,每个地区一般都设有总估价师、主任估价师、副主任估价师、督察估价师、初级估价师和估价助理员等,其主要职能是为政府对房地产征税及为公共部门提供估价服务,除此之外,也承揽一些其他的估价项目。

民间的估价机构则是完全不依赖任何部门的独立、客观、公正的社会中介服务组织,其组织形式主要是合伙制和有限责任公司,也有少量独资形式的。这些机构大都以咨询、顾问公司的形式存在,除估价业务外,还承揽许多相关的服务业务,如接受委托从事房地产买卖、销售、出租、承租、投资等业务。

民间估价机构在发展过程中,逐渐建立了自律性的行业协会组织。目前有关估价的协会有三家,其中影响最大的是英国皇家特许测量师学会(RICS),另外两家分别是估价师与拍卖师联合会(ISVA)和税收估价协会(IRRV)。

2)英国皇家特许测量师学会(RICS)

1868年,英国测量师学会成立,这是由当时分布在全国各地的规模不一的测量师协会和俱乐部经过充分协商联合组成的。1881年获颁"皇家"荣誉,1946年正式启用皇家特许测量师学会名称(The Royal Institution of Chartered Surveyor, RICS),然而其创会时间一般都追溯到1868年。英国皇家特许测量师学会是英国规模最大、最具权威性的估价行业组织,对于整个英联邦地区的评估业都具有非常重要的影响。因此,深入分析RICS自律管理体制变化,不仅可以把握英国评估行业管理理念的变化,也可以从一个侧面了解全球评估行业管理体制的发展脉络。英国皇家特许测量师学会目前在全世界拥有会员约13万人,批准全球约300个相关专业学位课程,每年出版500多篇研究和政策论文,同大约50个国家或地区的协会或团队建立联系。

英国皇家特许测量师学会依据专业分工不同,分为七个小组,分别是土地及海洋测量组、矿业测量组、农业测量组、规划和发展测量组、产业测量组、建筑测量组、工料测量组。专业测量组主要对各个专业的操作规范进行修订,对本专业的测量师进行监管,其中地产和房产评估属于产业测量小组。

英国皇家特许测量师学会设有理事会,理事会是整个学会的最高决策机构,制定学会的发展方向和战略。理事会由来自全世界的六十多位理事组成。理事由会员选举产生,理事会是协会的权力机构,协会的重要规章出台,都要经理事会通过。主席(President)经理事会产生,由资深测量师轮流担任,每届任期一年。学会设主席一名,副主席三名。

英国皇家特许测量师学会是一个行业自律性组织,它不是直接对政府负责,而是对测量师负责。尽管如此,它与政府许多部门还是保持着密切的关系,以便及时了解政府部门有关房地产法规的变化,分析其对整个社会经济的影响及对评估行业的影响,并相应调整行业内部的规章制度,对政府有关部门的决策提供相关的咨询和建议。

作为行业自律性组织,RICS的一个主要职能就是制定并且不断修订和完善行业操作规范,这些规范意见包括评估的理论、方法和经验,测量师(Surveyor)在作业过程中,必须以这些基本的程序和规范为基础。RICS会员必须不断地接受培训和教育,以便及时掌握理论与实践的发展状况,并接受学会的监督和管理。

与专业小组相对应,测量师也分为七类,分别是土地及海洋测量师(LS)、矿业测量师(MS)、农业测量师(RPS)、规划和发展测量师(PDS)、产业测量师(CRS)、建筑测量师(BS)和工料测量师(QS)。土地测量师(LS)的主要职责并不是对土地进行估价,而是主要进行地形测量和坐标定位,并收集和管理这方面的资料信息。对房地产进行估价的是产业测量师

(CRS)，这是七类测量师中最大的一个分支，主要工作包括物业评估、投资咨询和物业管理。①物业评估：评估各类物业出租、转让及抵押时的价值；在公司上市、收购、合并时评估公司的房地产价值；政府对房地产征税时为客户评估房地产价值；在有关物业价值的纠纷诉讼中提供专业意见等。②投资咨询：为诸如养老金基金会、保险公司、慈善机构以及其他投资机构提供房地产买卖的咨询，帮助他们从中获得最大的收益。③物业管理：代理客户洽商房地产的购买、销售、出租、承租等业务，并代理客户洽商有关租金调整、续约及楼宇转租等事宜。其中进行房地产评估是产业测量师的主要任务。农业测量师（RPS）也涉及房地产评估业务，他们主要是对农村的房地产及牲畜栏进行评估。

RICS对测量师实行分级制，共分为五级，分别是：名誉会员（AHM）、学生会员（PM）、实习会员（DM）、执业会员（PAM）、资深会员（FM）。其中名誉会员是对测量师行业有特殊帮助和贡献的人士，并非真正从事测量师职业。学生会员和见习会员没有正式执业资格。执业会员和资深会员具有正式执业资格。从执业会员到资深会员，一般需要15年左右的时间。

3）英国皇家特许测量师学会会员资格取得

要想取得RICS的会员资格，必须由RICS对申请人在知识水平、评估实践经验和执业能力三个方面进行考试、考核和答辩。

（1）知识水平的测试

该测试通过三个途径：

① 逐次通过RICS组织的三次考试，考试科目包括估价、法律、经济学、规划、建筑、城市土地开发等。

② 取得各英国大学与评估有关的专业的学士学位及有两年以上的评估实践经验，以此资格报考只要参加第三次考试。在英国经RICS认可的有资格参加产业测量资格考试的有英国亚伯汀（Aberdeen）、剑桥（Cambridge）、里丁（Reading）、优斯特（Ulster）四所大学及14所理工学院的有关学系毕业生，这些学系有土地经济系、房地产管理系、城市经济系、环境经济系等。

③ 年满35岁及从事有关评估专业工作超过15年者，以此资格报考只要参加第三次考试。

（2）实践经验考核

以上三类申请者，除了具备第三种资格者可直接参加评估师考试外，其他两种资格者都必须从事评估工作两年以上。在整个实践过程中，由RICS委派测量师对其所从事工作进行记录，向RICS提交训练日记，由RICS对其从事的评估业务工作的数量和质量进行考核，经审查通过后方可参加测量师考试。

（3）执业能力测试

具备了上述两项条件，还要通过由RICS组织的执业能力的评定。RICS组织专门委员会对申请人进行答辩，申请人要能够回答委员会提出的各种问题，并对委员会设计的模拟实物工作提出解决方案。

只有通过上述三个方面的测试，才能成为一名皇家特许产业测量师，取得测量师资格。

4）评估准则和行为准则的制定和修订

RICS作为行业自律组织，其主要职能之一是制定、修订和完善行业执业技术标准。英国的房地产评估发展历史较早，评估准则最早也是在英国面世，并于20世纪70年代出版，主要规范以财务报告估价为目的的估价行为以及测量师出具的其他公众使用的评估报告。英国的评估准则由RICS的评估与估价准则委员会（ACSB）制定，该委员会由20人组成，每年在伦敦总部召开四次正式会议。评估准则在规范 RICS 会员执业行为等方面发挥了重要作用。

1995 年,英国皇家特许测量师学会与另外两家规模较小的协会共同出版的《评估与估价指南》(被称为红皮书)主要包括三个部分的内容——引论、执业规范和执业规范附录、指南,其内容主要是针对房地产评估的。RICS 最新出版的第 5 版红皮书,将名称改为《评估与估价标准》。该标准于 2003 年 5 月 1 日起执行。新红皮书根据国际评估行业的发展趋势,参考并借鉴了《国际评估准则》的重要理念和思路,形成了英国的评估实务准则,适用于 RICS 世界各地的所有会员从事各种目的的评估业务,供全球 100 多个国家的 RICS 会员及其客户遵循和参考。2007 年 4 月,RICS 在中国发布《评估与估价标准》(红皮书第 5 版)中文版。

RICS 的《行为守则》用于指导和规范测量师的执业行为。除特殊说明外,对所有的测量师都具有效力。为了与 RICS 章程和细则进行的变更相适应,理事会对行为守则也进行了重新修订,对原来的行为守则进行了简化和更新,使之更贴近会员的日常工作。《行为守则》规定了测量师与委托人、雇主的关系,包含了更广泛的工作责任。该守则于 2003 年 1 月 1 日起开始实施。

《行为守则》对测量师的行为规范提出的具体要求包括九个部分:总则,个人和专业标准,执业活动和经营行为,操作细节与合作,利益冲突,公正与独立性,执业保险,测量师的账户,终身学习,测量师陈述事实的失误。《行为守则》提出了测量师的核心职业道德标准,测量师的所有行为和判断必须基于下列核心道德标准:行为正直,诚实,工作公开、透明,对自己的行为负责,了解自己的能力并在此范围内行事,客观,尊重他人,树立榜样;有奋斗的勇气。这些职业道德要求测量师对其负有专业责任的客户或其他人负责,要时刻尊重他们的个人隐私并且在判断过程中始终考虑社会利益。

5)英国评估行业的收费、仲裁与纪律惩戒

在英国,评估收费完全是由市场来调节的,政府部门和行业协会都不规定收费标准,收费额通过市场竞争来实现,收费高低取决于测量师的服务水平和信誉,而不是与待估房地产的评估值相联系。

评估值的大小及其是否客观公正关系到多方利益。在英国,因税收而发生的房地产评估是大量的、经常性的,房地产价值的评估结果直接关系到国家的税收和纳税人的经济利益,因此,税务部门和纳税人都对评估结果非常关心。其他因产权变更或土地征用等发生的评估也具有类似的情况,只要有一方提出异议,便会产生争议。解决争议的途径可以通过有关各方进行友好协商,重新评定评估结果。如果协商不能取得一致意见,则上诉到土地法庭。土地法庭一般由 7 人组成,其中主席 1 人,估价师 3 人,律师 3 人。主席必须曾任高等法院法官 7 年以上,估价师和律师必须是资深的。

RICS 要求会员必须遵守执业规范的要求,违反规范会给予不同程度的惩戒,主要包括三个层次的惩戒:警告、罚款和取消会员资格。惩戒还需遵循一定的程序,是否构成违规由学会组织陪审团进行审理。陪审团一般由 10 名资深评估师组成,负责研究具体案例,并作出决定。对最严重的违规行为,会取消其资格,使之永远离开评估行业,并在报纸上公告。法庭也会根据执业标准的规定判断测量师是否有过失。对于参考性的评估指南,虽然不具有强制性,不要求会员必须遵守,但由于其长期形成的权威地位,法庭判断测量师是否有专业疏忽时,在没有法律明确规定的情况下,也会参照评估指南的有关规定。对于一般的违法行为,法院会作出罚款的处罚,RICS 同时给予其内部惩戒。

综上所述,具有悠久历史的 RICS 根据全球经济一体化以及房地产市场变化对测量师行业的要求,在学会的发展方向、会员管理、教育标准、行为守则以及各个专业的发展战略等方面都进行了一系列变革。近几年,作为英国评估行业自律管理组织,在评估行业的管理方面也进行了较大的改革,如对评估专业的设置与分类、评估准则的重大修改等,体现了国际评估行业的发展方向,值得我国评估行业完善管理体制时借鉴与参考。

12.2.2 美国房地产估价制度

美国房地产估价业约有 100 多年的历史,最初的估价目的主要是财产保险、维护产权交易双方利益、资产抵押贷款、家庭财产侵害等,到 19 世纪 80 年代末,开始参与涉及联邦权益的估价,对房地产估价人员进行注册管理。房地产评估行业发展过程中,评估者自发地成立了许多综合或专业性的民间自律性评估组织,这些组织均有自己的规章制度。从规范资产评估业务与职业道德出发,美国一些协会又自发成立了资产评估促进委员会(Appraisal Foundation,简称 AF),并制定了统一的行业标准 USPAP。

1) 美国房地产估价的行政管理

20 世纪 80 年代以前,美国政府对房地产评估行业不予直接管理。但 80 年代中期,美国出现银行贷款呆账、坏账严重的现象,一大批金融机构倒闭,损失了数千亿美元的联邦储备基金。一些金融分析家认为,这种状况是由于政府放任房地产评估行业管理造成的。为了依照统一标准考核房地产评估人员的能力,规范其职业道德,以此来整顿房地产交易活动中的评估行为,维护联邦金融秩序,1989 年美国制定了《金融机构改革、复原和强制执行法令》(FIRREA),其中包括《房地产评估改革》(第 11 号文件)。《房地产评估改革》是美国联邦政府有关房地产评估的最具代表性的法律文件。根据该文件设立了联邦金融制度监察委员会评估分会(Appraisal Subcommittee of the Federal Financial Institutions Examination Council),简称评监委。该文件的主要内容有:制定该法令的目的,评监委的主要职责与权力,制定评估标准的程序和对注册评估人员的要求;联邦金融管理机构对评估标准的管理权限、对评估人员资格的管理办法;州注册评估人员的职能、州注册评估部门的建立;评监委对州评估人员注册部门的监督,以及对违反规定的处罚和对意外灾祸的处理等等。

根据《房地产评估改革》文件,评监委的职责除了监督评估促进委员会的日常工作与人事组织外,主要有:①监督各州评估人员注册制度的实施,要求凡涉及联邦权益的评估必须具备一定的资格,并获得相应的证书;②监督联邦金融管理机构与联邦信托公司所制定法规的施行,包括与联邦利益有关的交易中的评估标准、确定参与涉及联邦权益评估的注册人员的执业要求等;③推行涉及联邦权益评估人员的全国性注册工作;④每年向国会报送上一年的年报,汇报评监委对国会每一项指派任务的执行情况。

2) 美国房地产估价的行业管理

(1) 组织体系

美国房地产评估行业自律性组织较多,主要有美国评估学会(Appraisal Institute)、美国注册评估师协会(American Association of Certified Appraisers)、美国评估师协会(American Society of Appraisers),以及一些专业性协会,如机器设备、房地产、公路、铁路评估师协会等。这些组织成立时间早,都有自己的章程和执业标准,并制发会员证书。随着资产评估行业的发展,各协会认识到需要统一的资产评估执业标准来规范整个行业。由全美八家主要评估社团发起,于 1987 年成立了资产评估促进委员会(Appraisal Foundation,AF)。这八家社团是:美国评估师协会、美国注册评估师协会、美国农场管理者及乡村评估者协会、评估学会、评估官员国际协会、国际通行权协会、国家独立继承房地产评估者协会、国家名作评估者协会。目前 AF 的会员机构已有 100 多家。

AF 下设评估资格审查部（Appraisal Qualifications，AQB）和评估标准部（Appraisal Standards Board，ASB）。评估资格审查部负责对申请加入该协会的会员进行资历审查，按规定的课程进行考试及再培训；评估标准部负责制定、修改全行业的评估标准 USPAP。

AF 以建立统一的专业评估标准为目的，并于 1989 年被国会认定为制定和颁布评估标准和职业资格的专业机构。它的任务是颁布统一的执业评估操作标准（USPAP）以促进评估的职业化。于 1986~1987 年编写了 USPAP，1987 年获得特许。USPAP 包括总则、原则、具体内容和咨询意见。USPAP 已经发展到不仅为从事评估的单位所采用，而且为制定与房地产有关的土地法所采用。它不是一成不变的文件，而是依据评估师及政府行政管理人员在实践中的建议和意见而不断变化、发展。USPAP 修订的程序是：考虑评估标准委员会关注的问题；公开讨论和公布草案；对公众进行书面或口头调查；将收集的资料进行筛选、采纳以补充、修改草案。

美国评估学会（AI）于 1991 年由美国房地产评估学会和房地产评估协会联合成立，是美国最大的自律性组织之一，也是 AF 的主要成员。该组织在全球拥有 22 000 名会员、92 个会员组织。AI 旨在支持和推动会员进步，在房地产评估领域不断提高评估技术和商品，维护行业信誉、执业标准和执业道德。协会会员通过专业教育和各种推广支持项目中获益。

美国评估师协会（ASA）成立于 20 世纪 30 年代，是一个国际性、非盈利性和独立的评估组织，也是美国最早成立的一个有重要的全国性和多学科的评估协会，总部在华盛顿，也是 AF 的主要成员。它教授有关课程，进行相关考试并授予职业证书。早在 20 世纪 60 年代，ASA 就认识到综合化发展对评估行业和评估理论的重要性，适时地进行改革，增设了机器设备评估分会、动产评估分会、企业价值分会等与房地产评估分会平行的专业分会，开展相应的理论研究。

（2）会员管理

任何一个协会的会员，均需在学历、评估工作经历、专业培训等方面经过必要的考核，但不同的协会所掌握的标准不同，管理方式也各有差异。

美国评估学会（AI）规定申请加入该组织的条件是：①具有五年以上资产评估工作经历；②具有四年制以上的大学学历（专业不限）；③参加资产评估专业培训约 400 小时，培训内容主要有职业道德、资产评估基本原理、资产评估程序、收益资本化、基本评估原理应用、市场分析、成本分析、评估报告的撰写等 10~11 门课程。考试合格后，发给"MAI"会员证书，取得证书后每年还需接受继续教育 30~40 小时。

美国评估师协会（ASA）会员分为两种：一是凡从事资产评估工作两年的可成为会员；二是取得"ASA"证书的会员，此类会员须具有四年制大学学历，具有五年的资产评估工作经验，参加过 ASA 规定的课程培训且考试合格，并按照 USPAP 标准进行资产评估。凡是不遵守职业道德及违反该协会规定的，取消其会员资格。

3）职业道德

评估师执业时必须遵守 USPAP 中的职业道德条款，这些条款规范了评估师个人的义务和责任，对于从事评估业务的团体和组织同样具有约束力，其职业道德条款由四部分组成：行为、管理、保密和档案保管。

(1) 行为

评估师必须遵循这些道德标准并且称职地执业,不能从事非法、不道德或不适当的行为。如果一个评估师能被人合理地称为在提供无偏见的评估、复核或咨询的服务中充当无利害关系的第三者,他就必须客观、公正、独立,并不受个人利益的影响……在执业过程中,评估师使用或传播会引起误导或欺诈的报告,或默许雇员或其他人员传播会引起误导或欺诈的报告是不道德的。

(2) 管理

评估师的报酬如果是依赖于下列条件,则是违反职业道德的:评估值事先确定;评估的价值量事先约定;取得与评估、复核或咨询服务有关的未经披露的付款、佣金或有价值物品。为招揽业务而进行虚假、误导或夸大的广告或以上述不正当手段拉拢评估项目的行为都是违反职业道德的。如果评估师并不是以无利害关系的方式从业,应在评估报告中披露报酬是与评估结果有关的,并在报告中及提供结果的文件中声明这种关系的基础。

(3) 保密

评估师必须保守其与客户之间的保密关系。除以下个人或机构外,评估师不得向任何人泄露从客户获取的保密数据或为客户提供的评估结果:①客户或由客户特别授权的人;②法律程序允许的第三方;③经授权的专业检查委员会。当然,经授权的专业检查委员会成员泄露提供给委员会的信息或数据也是违反职业道德的。

(4) 档案保管

评估业务书面材料包括书面报告原件,口头论证和报告的总结、准则所要求的所有数据和说明,其他用以支持评估师论点、结论的资料,工作档案,存在电子、磁媒介或其他载体中的资料以及说明评估中所使用的其他资料存放地点的索引。

评估师必须有包括口头证据和报告在内的关于评估、评估复核或咨询服务的书面记录,并至少将其保存五年,在司法诉讼过程中提供的文件在结束后至少保存两年。工作档案应在法律程序需要时可由评估师调用。

4) 执业能力

在接受一项评估业务前,或达成评估业务协议前,评估师必须明确将要解决的问题并且必须具有相应的专业知识和富有成效的经验完成评估业务。否则应该:

(1) 接受业务前向客户披露缺乏专业知识或经验;

(2) 采取所有适当的措施,富有成效地完成评估任务;

(3) 在报告中说明专业知识或经验的缺乏,并说明为有效完成评估业务所采取的措施。

如果评估师获得一项评估业务,但缺乏足以完成该业务的专业知识或经验,该评估师必须在接受业务委托前,向客户披露本人缺乏足以有效完成该业务的专业知识或经验,并采取有效措施有效地完成该项评估业务。这些措施主要包括以下几种:评估师个人研习,与其他可以合理认为具有相关专业知识和经验的评估师共同进行评估;聘用其他具有所需知识或经验的人士。

虽然能力条款要求评估师在承接业务前明确问题,披露任何在能力上的缺乏,但在进行评估过程中,一些事实、条件也可能会使评估师认识到他缺乏有效完成该评估业务所必需的专业知识或经验。如发生这种情况,评估师有义务向客户通报,并遵守上述条款。

一个评估师在他人提供的房地产评估报告上签字,就要对该项评估和评估报告的内容负全部责任。

每个书面房地产评估报告应包括一个与以下内容类似的署名证明书：

我以我的知识和信仰保证：

报告中陈述的事实是真实的和正确的。

报告的分析、观点和结论仅限于在报告的假设和限制性条件下成立，是我个人公正的专业化分析、观点和结论。

我与本报告中的被估资产没有现实的和未来的利益关系，也同有关当事人没有个人利益关系或对他们持有偏见。

我的报酬与评估的价值、有关的评估结果或以后发生的事无关。

我的分析、观点、结论和这份报告符合专业评估统一执业标准。

我已经（或尚未）对报告中的被估资产进行过个人检查（如果一人以上人签署该报告，该证明书应清楚地说明哪个人对被估资产做过或未做过检查）。

没有人对报告署名者提供过重要的专业帮助（如果有特例，提供重要的专业帮助者的姓名应说明）。

12.3 国际评估准则

国际评估标准(International Valuation Standards)是由国际评估标准委员会(The International Valuation Standards Committee)制定并颁布的。该委员会1985年成为联合国经济与社会理事会成员。

12.3.1 国际评估标准委员会产生的背景及其宗旨

国际评估标准委员会起源于欧洲，其产生背景是20世纪70年代初期英国发生的房地产危机。由于房地产价格下跌，金融界的资金信贷，尤其是房地产抵押贷款受到极大影响，银行家们普遍面临着客户的违约风险。因此，房地产贬值、房地产估价以及评估规范引起了银行家、会计师、企业家以及政府官员的重视。作为一个老牌的评估专业团体，英国皇家特许测量师学会设想通过制定统一的评估标准来规范评估行业，之后，关于房地产评估的标准形成，并提交到欧共体讨论。1977年，欧洲房地产评估小组成立，当时有6个会员国。后来增加到12个国家，还有欧共体以外的国家作为联系会员国。该小组公开出版了一部房地产评估标准，力图适用于全欧洲。其后，随着评估业的发展，为了促进并加强各国评估理论与实践的沟通，1981年，国际资产评估标准委员会成立，会员包括英联邦中大部分主要成员国和美国有关组织以及欧洲房地产评估小组的部分成员，第一任主席由英国人担任，总部设在英国伦敦，首届年会在澳大利亚的墨尔本市召开。1995年3月在南非开普敦召开的第14届年会上，决定更换名称为"国际评估标准委员会"（简称IVSC）。1999年和2006年年会在北京举行。

IVSC正力图建设成为一个全球性的动产和不动产评估行业自律性机构。其宗旨是创建全球统一的评估标准，满足国际市场的需要；研究各国、各地区评估标准的差异，促进各国、各地区的评估标准与国际评估标准更趋于一致，积极为发展中国家推广和实施国际评估标准提供服务，完善国际评估标准。该委员会与国际会计标准委员会、国际会计联盟、国际审计事务委员会和国际证券组织有密切联系,正积极参与国际会计标准委员会对会计标准的修订活动。会计标准是国际统一的。20世纪90年代初,国际评估标准委员会与国际会计标准委员会建立了联系,国际会计标准委员会的目的是统一全球范围内的会计标准,国际评估标准委员会是国际会计标准委员会咨询集团的成员之一。国际评估标准委员会对国际会计标准的修订非常积极,所讨论的问题包括操作性租赁、金融性租赁、偶然性租赁,并要对这些租赁评估进一步分类。目前,国际评估标准委员会与国际会计标准委员会在一定程度上还存在分歧,例如国际会计标准委员会所使用的公平价值概念已越来越多地被市场净值所替代。

目前,国际评估标准委员会已有50多个国家和地区的评估协会或行业组织成为该委员会的会员,是目前最具有影响力的国际性评估专业团队。

12.3.2 国际评估准则的内容体系

国际评估准则(International Valuation Standards)是由国际评估准则委员会(International Valuation Standards Committee)制定的,截止到2006年底,该委员会的常务理事国为澳大利亚、加拿大、中国、法国、马来西亚、荷兰、新西兰、英国、美国等。国际评估准则委员会1985年第1次公布《国际评估准则》,目前唯一以"国际准则"命名的评估行业准则性文件第1版出版于1985年,之后不断更新。2007年8月推出第8版,共有三个准则、三个应用指南。国际评估准则共分五个部分:

(1) 介绍。这部分是《国际评估准则》的前言,回顾、总结了评估业在国际上的发展历程,介绍国际评估准则委员会的宗旨、工作情况以及会员的责任和义务,并介绍了《国际评估准则》的组织体系及准则格式。

(2) 评估基本概念和原则。这部分可以称为总则,是国际评估准则委员会为避免误解和误导而对构成评估及评估准则基础的法律、经济等基础性概念、理论进行的总结和归纳。虽然国际评估准则委员会强调在《国际评估准则》中对构成评估方法和实践的知识体系进行讨论是不适宜的,但为了有利于各专业领域的理解,减少语言障碍造成的困难,仍在该部分中提供了作为评估专业和准则基础的基本法律、经济概念体系的说明,理解这些基本概念和原则对于理解评估以及运用评估准则是十分重要的。

(3) 行为守则。行为守则即执业道德准则,从约束评估师职业道德角度出发,对评估师职业道德、专业胜任能力、评估披露和评估报告等方面作出规定。

(4) 资产类型。这部分内容对作为主要评估对象的不动产、动产、企业价值和金融权益等四类资产及区别进行说明。

(5) 国际评估准则。这部分是评估准则的核心内容,包括三个准则,分别是市场价值为基础的评估、非市场价值为基础的评估、评估报告。

复习思考题

1. 我国与房地产估价有关的主要法规和规章有哪些?
2. 简述英国皇家特许测量师学会会员资格取得的条件。
3. 简述美国评估师职业道德的主要条款。
4. 简述国际评估准则的内容体系。

附　录

附录1　房地产估价规范

中华人民共和国国家标准

房地产估价规范(GB/T50291—1999)

（一九九九年六月一日起执行）

1　总则

1.0.1　为了规范房地产估价行为，统一估价程序和方法，做到估价结果客观、公正、合理，根据《中华人民共和国城市房地产管理法》、《中华人民共和国土地管理法》等法律、法规的有关规定，制定本规范。

1.0.2　本规范适用于房地产估价活动。

1.0.3　房地产估价应独立、客观、公正。

1.0.4　房地产估价除应符合本规范外，尚应符合国家现行有关标准、规范的规定。

2　术语

2.0.1　房地产(real estate, real property)　土地、建筑物及其他地上定着物，包括物质实体和依托于物质实体上的权益。

2.0.2　房地产估价(real estate appraisal, property valuation)　专业估价人员根据估价目的，遵循估价原则，按照估价程序，选用适宜的估价方法，并在综合分析影响房地产价格因素的基础上，对房地产在估价时点的客观合理价格或价值进行估算和判定的活动。

2.0.3　估价对象(subject property)　一个具体估价项目中需要估价的房地产。

2.0.4　估价目的(appraisal purpose)　估价结果的期望用途。

2.0.5　估价时点(appraisal dete, date of value)　估价结果对应的日期。

2.0.6　客观合理价格或价值(value)　某种估价目的的特定条件下形成的正常价格。

2.0.7　公开市场(open market)　在该市场上交易双方进行交易的目的在于最大限度地追求经济利益，并掌握必要的市场信息，有较充裕的时间进行交易，对交易对象具有必要的专业知识，交易条件公开并不具有排他性。

2.0.8 公开市场价值(open market value) 在公开市场上最可能形成的价格。采用公开市场价值标准时,要求评估的客观合理价格或价值应是公开市场价值。

2.0.9 类似房地产(similar property) 与估价对象处在同一供求圈内,并在用途、规模、档次、建筑结构等方面与估价对象相同或相近的房地产。

2.0.10 同一供求圈(comparable search area) 与估价对象具有替代关系、价格会相互影响的适当范围。

2.0.11 最高最佳使用(highest and best use) 法律上允许、技术上可能、经济上可行,经过充分合理的论证,能使估价对象产生最高价值的使用。

2.0.12 市场比较法(market comparison approach, sales comparison approach) 将估价对象与在估价时点近期有过交易的类似房地产进行比较,对这些类似房地产的已知价格作适当的修正,以此估算估价对象的客观合理价格或价值的方法。

2.0.13 收益法(income approach, income capitalization approach) 预计估价对象未来的正常收益,选用适当的资本化率将其折现到估价时点后累加,以此估算估价对象的客观合理价格或价值的方法。

2.0.14 成本法(cost approach) 求取估价对象在估价时点的重置价格或重建价格,扣除折旧,以此估算估价对象的客观合理价格或价值的方法。

2.0.15 假设开发法(hypothetical development method, residual method) 预计估价对象开发完成后的价值,扣除预计的正常开发成本、税费和利润等,以此估算估价对象的客观合理价格或价值的方法。

2.0.16 基准地价修正法(land datum value method) 在政府确定公布了基准地价的地区,由估价对象所处地段的基准地价调整得出估价对象宗地价格的方法。

2.0.17 潜在毛收入(potential gross income) 假定房地产在充分利用、无空置状态下可获得的收入。

2.0.18 有效毛收入(effective gross income) 由潜在毛收入扣除正常的空置、拖欠租金以及其他原因造成的收入损失后所得到的收入。

2.0.19 运营费用(operating expenses) 维持房地产正常生产、经营或使用必须支出的费用及归属于其他资本或经营的收益。

2.0.20 净收益(net income, net operating income) 由有效毛收入扣除合理运营费用后得到的归属于房地产的收益。

2.0.21 建筑物重置价格(replacement cost of building) 采用估价时点的建筑材料和建筑技术,按估价时点的价格水平,重新建造与估价对象具有同等功能效用的全新状态的建筑物的正常价格。

2.0.22 建筑物重建价格(reproduction cost of building) 采用估价对象原有的建筑材料和建筑技术,按估价时点的价格水平,重新建造与估价对象相同的全新状态的建筑物的正常价格。

2.0.23 物质上的折旧(physical depreciation physical deterioration) 建筑物在物质实体方面的磨损所造成的建筑物价值的损失。

2.0.24 功能上的折旧(functional depreciation, functional obsolescence) 建筑物在功能方面的落后所造成的建筑物价值的损失。

2.0.25 经济上的折旧(economic depreciation, economic obsolescence) 建筑物以外的各种不利因素所造成的建筑物价值的损失。

2.0.26 估价结果(conclusion of value) 关于估价对象的客观合理价格或价值的最终结论。

2.0.27 估价报告(appraisal report) 全面、公正、客观、准确地记述估价过程和估价成果的文件,给委托方的书面答复,关于估价对象的客观合理价格或价值的研究报告。

3 估价原则

3.0.1 房地产估价应遵循下列原则:(1)合法原则;(2)最高最佳使用原则;(3)替代原则;(4)估价时点原则。

3.0.2 遵循合法原则,应以估价对象的合法使用、合法处分为前提估价。

3.0.3 遵循最高最佳使用原则,应以估价对象的最高最佳使用为前提估价。当估价对象已做了某种使用,估价时应根据最高最佳使用原则对估价前提作出下列之一的判断和选择,并应在估价报告中予以说明:(1)保持现状前提:认为保持现状继续使用最为有利时,应以保持现状继续使用为前提估价;(2)转换用途前提:认为转换用途再予以使用最为有利时,应以转换用途后再予以使用为前提估价;(3)装修改造前提:认为装修改造但不转换用途再予以使用最为有利时,应以装修改造但不转换用途再予以使用为前提估价;(4)重新利用前提:认为拆除现有建筑物再予以利用最为有利时,应以拆除建筑物后再予以利用为前提估价;(5)上述情形的某种组合。

3.0.4 遵循替代原则,要求估价结果不得明显偏离类似房地产在同等条件下的正常价格。

3.0.5 遵循估价时点原则,要求估价结果应是估价对象在估价时点的客观合理价格或价值。

4 估价程序

4.0.1 自接受估价委托至完成估价报告期间,房地产估价应按下列程序进行:(1)明确估价基本项;(2)拟定估价作业方案;(3)收集估价所需资料;(4)实地查勘估价对象;(5)选定估价方法计算;(6)确定估价结果;(7)撰写估价报告;(8)估价资料归档。

4.0.2 明确估价基本事项主要应包括下列内容:(1)明确估价目的;(2)明确估价对象;(3)明确估价时点。

注:(1)估价目的应由委托方提出;(2)明确估价对象应包括明确估价对象的物质实体状况和权益状况;(3)估价时点应根据估价目的确定,采用公历表示,精确到日;(4)在明确估价基本事项时应与委托方共同商议,最后应征得委托方认可。

4.0.3 在明确估价基本事项的基础上,应对估价项目进行初步分析,拟定估价作业方案。估价作业方案主要应包括下列内容:(1)拟采用的估价技术路线和估价方法;(2)拟调查收集的资料及其来源渠道;(3)预计所需的时间、人力、经费;(4)拟定作业步骤和作业进度。

4.0.4 估价机构和估价人员应经常收集估价所需资料,并进行核实、分析、整理。估价所需资料主要应包括下列方面:(1)对房地产价格有普遍影响的资料;(2)对估价对象所在地区的房地产价格有影响的资料;(3)相关房地产交易、成本、收益实例资料;(4)反映估价对象状况的资料。

4.0.5 估价人员必须到估价对象现场,亲身感受估价对象的位置、周围环境、景观的优劣,查勘估价对象的外观、建筑结构、装修、设备等状况,并对事先收集的有关估价对象的坐落、四至、面积、产权等资料进行核实,同时收集补充估价所需的其他资料,以及对估价对象及其周围环境或临路状况进行拍照等。

4.0.6 完成并出具估价报告后,应对有关该估价项目的一切必要资料进行整理、归档和妥善保管。

5 估价方法

5.1 估价方法选用

5.1.1 估价人员应熟知、理解并正确运用市场比较法、收益法、成本法、假设开发法、基准地价修正法以及这些估价方法的综合运用。

5.1.2 对同一估价对象宜选用两种以上的估价方法进行估价。

5.1.3 根据已明确的估价目的,若估价对象适宜采用多种估价方法进行估价,应同时采用多种估价方法进行估价,不得随意取舍;若必须取舍,应在估价报告中予以说明并陈述理由。

5.1.4 有条件选用市场比较法进行估价的,应以市场比较法为主要的估价方法。

5.1.5 收益性房地产的估价,应选用收益法作为其中的一种估价方法。

5.1.6 具有投资开发或再开发潜力的房地产的估价,应选用假设开发法作为其中的一种估价方法。

5.1.7 在无市场依据或市场依据不充分而不宜采用市场比较法、收益法、假设开发法进行估价的情况下,可采用成本法作为主要的估价方法。

5.2 市场比较法

5.2.1 运用市场比较法估价应按下列步骤进行:(1)收集交易实例;(2)选取可比实例;(3)建立价格可比基础;(4)进行交易情况修正;(5)进行交易日期修正;(6)进行区域因素修正;(7)进行个别因素修正;(8)求出比准价格。

5.2.2 运用市场比较法估价,应准确收集大量交易实例,掌握正常市场价格行情。收集交易实例应包括下列内容:(1)交易双方情况及交易目的;(2)交易实例房地产状况;(3)成交价格;(4)成交日期;(5)付款方式。

5.2.3 根据估价对象状况和估价目的,应从收集的交易实例中选取三个以上的可比实例。选取的可比实例应符合下列要求:(1)是估价对象的类似房地产;(2)成交日期与估价时点相近,不宜超过一年;(3)成交价格为正常价格或可修正为正常价格。

5.2.4 选取可比实例后,应对可比实例的成交价格进行换算处理,建立价格可比基础,统一其表达方式和内涵。换算处理应包括下列内容:(1)统一付款方式;(2)统一采用单价;(3)统一币种和货币单位;(4)统一面积内涵和面积单位。

注:(1)统一付款方式应统一为在成交日期时一次总付清;(2)不同币种之间的换算,应按中国人民银行公布的成交日期时的市场汇率中间价计算。

5.2.5 进行交易情况修正,应排除交易行为中的特殊因素所造成的可比实例成交价格偏差,将可比实例的成交价格调整为正常价格。有下列情形之一的交易实例不宜选为可比实例:(1)有利害关系人之间的交易;(2)急于出售或购买情况下的交易;(3)受债权债务关系影响的交易;(4)交易双方或一方对市场行情缺乏了解的交易;(5)交易双方或一方有特别动机或特别偏好的交易;(6)相邻房地产的合并交易;(7)特殊方式的交易;(8)交易税费非正常负担的交易;(9)其他非正常的交易。

注:(1)当可供选择的交易实例较少,确需选用上述情形的交易实例时,应对其进行交易情况修正;(2)对交易税费非正常负担的修正,应将成交价格调整为依照政府有关规定,交易双方负担各自应负担的税费下的价格。

5.2.6 进行交易日期修正,应将可比实例在其成交日期时的价格调整为估价时点的价格。交易日期修正宜采用类似房地产的价格变动率或指数进行调整。在无类似房地产的价格变动率或指数的情况下,可根据当地房地产价格的变动情况和趋势作出判断,给予调整。

5.2.7 进行区域因素修正,应将可比实例在其外部环境状况下的价格调整为估价对象外部环境状况下的价格。区域因素修正的内容主要应包括繁华程度、交通便捷程度、环境、景观、公共配套设施完备程度、城市规划限制等影响房地产价格的因素。区域因素修正的具体内容应根据估价对象的用途确定。进行区域因素修正时,应将可比实例与估价对象的区域因素逐项进行比较,找出由于区域因素优劣所造成的价格差异进行调整。

5.2.8 进行个别因素修正,应将可比实例在其个体状况下的价格调整为估价对象个体状况下的价格。有关土地方面的个别因素修正的内容主要应包括面积大小、形状、临路状况、基础设施完备程度、土地平整程度、地势、地质水文状况、规划管制条件、土地使用权年限等;有关建筑物方面的个别因素修正的内容主要应包括折旧程度、装修、设施设备、平面布置、工程质量、建筑结构、楼层、朝向等。个别因素修正的具体内容应根据估价对象的用途确定。进行个别因素修正时,应将可比实例与估价对象的个别因素逐项进行比较,找出由于个别因素优劣所造成的价格差异进行调整。

5.2.9 交易情况、交易日期、区域因素和个别因素的修正,视具体情况可采用百分率法、差额法或回归分析法。每项修正对可比实例成交价格的调整不得超过20%,综合调整不得超过30%。

5.2.10 选取的多个可比实例的价格经过上述各种修正之后,应根据具体情况计算求出一个综合结果,作为比准价格。

5.2.11 市场比较法的原理和技术,也可用于其他估价方法中有关参数的求取。

5.3 收益法

5.3.1 运用收益法估价应按下列步骤进行:(1)收集有关收入和费用的资料;(2)估算潜在毛收入;(3)估算有效毛收入;(4)估算运营费用;(5)估算净收益;(6)选用适当的资本比率;(7)选用适宜的计算公式求出收益价格。

注:潜在毛收入、有效毛收入、运营费用、净收益均以年度计。

5.3.2 净收益应根据估价对象的具体情况,按下列规定求取:(1)出租型房地产,应根据租赁资料计算净收益,净收益为租赁收入扣除维修费、管理费、保险费和税金。租赁收入包括有效毛租金收入和租赁保证金、押金等的利息收入。维修费、管理费、保险费和税金应根据租赁契约规定的租金含义决定取舍。若保证合法、安全、正常使用所需的费用都由出租方承担,应将四项费用全部扣除;若维修、管理等费用全部或部分由承租方负担,应对四项费用中的部分项目作相应调整。(2)商业经营型房地产,应根据经营资料计算净收益,净收益为商品销售收入扣除商品销售成本、经营费用、商品销售税金及附加、管理费用、财务费用和商业利润。(3)生产型房地产,应根据产品市场价格以及原材料、人工费用等资料计算净收益,净收益为产品销售收入扣除生产成本、产品销售费用、产品销售税金及附加、管理费用、财务费用和厂商利润。(4)尚未使用或自用的房地产,可以照有收益的类似房地产的有关资料按上述相应的方式计算净收益,或直接比较得出净收益。

5.3.3 估价中采用的潜在毛收入、有效毛收入、运营费用或净收益,除有租约限制的之外,都应采用正常客观的数据。有租约限制的,租约期内的租金宜采用租约所确定的租金,租约期外的租金应采用正常客观的租金。利用估价对象本身的资料直接推算出的潜在毛收入、有效毛收入、运营费用或净收益,应与类似房地产的正常情况下的潜在毛收入、有效毛收入、运营费用或净收益进行比较。若与正常客观的情况不符,应进行适当的调整修正,使其成为正常客观的。

5.3.4 在求取净收益时,应根据净收益过去、现在、未来的变动情况及可获收益的年限,确定未来净收益流量,并判断该未来净收益流量属于下列哪种类型:(1)每年基本上固定不变;(2)每年基本上按某个固定的数额递增或递减;(3)每年基本上按某个固定的比率递增或递减;(4)其他有规则的变动情形。

5.3.5 资本化率应按下列方法分析确定:(1)市场提取法:应收集市场上三宗以上类似房地产的价格、净收益等资料,选用相应的收益法计算公式,求出资本化率。(2)安全利率加风险调整值法:以安全利率加上风险调整值作为资本化率。安全利率可选用同一时期的一年期国债年利率或中国人民银行公布的一年定期存款年利率;风险调整值应根据估价对象所在地区的经济现状及未来预测、估价对象的用途及新旧程度等确定。(3)复合投资收益率法:将购买房地产的抵押贷款收益率与自有资本收益率的加权平均数作为资本化率,按下式计算:

$$R = M \cdot R_M + (1-M)R_E$$

式中:R——资本化率(%);

M——贷款价值比率(%),抵押贷款额占房地产价值的比率;

R_M——抵押贷款资本化率(%),第一年还本息额与抵押贷款额的比率;

R_E——自有资本要求的正常收益率(%)。

(4)投资收益率排序插入法:找出相关投资类型及其收益率、风险程度,按风险大小排序,将估价对象与这些投资的风险程度进行比较,判断、确定资本化率。

5.3.6 资本化率分为综合资本化率、土地资本化率、建筑物资本化率,它们之间的关系应按下式确定:

$$R_O = L \cdot R_L + B \cdot R_B$$

式中:R_O——综合资本化率(%),适用于土地与建筑物合一的估价;

R_L——土地资本化率(%),适用于土地资本估价;

R_B——建筑物资本化率(%),适用于建筑物估价;

L——土地价值占房地产价值的比率(%);

B——建筑物价值占房地价值的比率(%),$L+B=100\%$。

5.3.7 计算收益价格时应根据未来净收益流量的类型,选用对应的收益法计算公式。收益法的基本公式如下:

$$V = \sum_{i=1}^{n} \frac{A_i}{(1+R)^i}$$

式中:V——收益价格(元,元/m²);

A_i——未来第i年的净收益(元,元/m²);

R——资本化率(%);

n——未来可获收益的年限(年)。

5.3.8 对于单独土地和单独建筑物的估价,应分别根据土地使用权年限和建筑物耐用年限确定未来可获收益的年限,选用对应的有效年限收益法计算公式,净收益中不应扣除建筑物折旧和土地取得费用的摊销。对于土地与建筑物合一的估价对象,当建筑物耐用年限长于或等于土地使用权年限时,应根据土地使用权年限确定未来可获收益的年限,选用对应的有效年的收益法计算公式,净收益中不应扣除建筑物折旧的土地取得费用的摊销。对于土地与建筑物合一的估价对象,当建筑物耐用年限短于使用权年限时,可采用下列方式之一处理:(1)先根据建筑物耐用年限确定未来可获收益的年限,选用对应的有效年的收益法计算公式,净收益中不应扣除建筑物折旧和土地取得费用的摊销;然后再加上土地使用权年限超出建筑物耐用年限的土地剩余使用年限价值的折现值。(2)将未来可获收益的年限设想为无限年,选用无限年的收益法计算公式,净收益中应扣除建筑物折旧和土地取得费用的摊销。

5.3.9 当利用土地与地上建筑物共同产生的收益单独求取土地价值时,在净收益每年不变、可获收益无限期的情况下,应采用下式:

$$V_L = \frac{A_O - V_B \cdot R_B}{R_L}$$

当利用土地和地上建筑物共同产生的收益单独求取建筑物价值时,在净收益每年不变、可获收益无限期的情况下,应采用下式:

$$V_B = \frac{A_O - V_L \cdot R_L}{R_B}$$

式中:A_O——土地与地上建筑物共同产生的净收益(元,元/m²);

V_L——土地价值(元,元/m²);

V_B——建筑物价值(元,元/m²)。

5.4 成本法

5.4.1 运用成本法估价应按下列步骤进行:(1)收集有关成本、税费、开发利润等资料;(2)估算重置价格或重建价格;(3)估算折旧;(4)求出积算价格。

5.4.2 重置价格或重建价格,应是重新取得或重新开发、重新建造全新状态的估价对象所需的各项必要成本费用和应纳税金、正常开发利润之和,其构成包括下列内容:(1)土地取得费用;(2)开发成本;(3)管理费用;(4)投资利息;(5)销售税费;(6)开发利润。

注:开发利润应以土地取得费用与开发成本之和为基础,根据开发、建造类似房地产相应的平均利润率水平来求取。

5.4.3 具体估价中估价对象的重置价格或重建价格构成内容,应根据估价对象的实际情况,在第5.4.2条列举的价格构成内容的基础上酌予增减,并应在估价报告中予以说明。

5.4.4 同一宗房地产,重置价格或重建价格在采取土地与建筑物分别估算、然后加总时,必须注意成本构成划分和相互衔接,防止漏项或重复计算。

5.4.5 求取土地的重置价格,应直接求取其在估价时点状况的重置价格。

5.4.6 建筑物的重置价格或重建价格,可采用成本法、市场比较法求取,或通过政府确定公布的房屋重置价格扣除土地价格后的比较修正来求取,也可按工程造价估算的方法具体计算。建筑物的重置价格,宜用于一般建筑物和因年代久远、已缺少与旧有建筑物相同的建筑材料,或因建筑技术变迁,使得旧有建筑物复原建造有困难的建筑物的估价。建筑物的重建价格,宜用于有特殊保护价值的建筑物的估价。

5.4.7 成本法估价中的建筑物折旧,应是各种原因造成的建筑物价值的损失,包括物质上的、功能上的和经济上的折旧。

5.4.8 建筑物损耗分为可修复和不可修复两部分,修复所需的费用小于或等于修复后房地产价值的增加额的,为可修复部分;反之为不可修复部分。对于可修复部分,可直接估算其修复所需的费用作为折旧额。

5.4.9 扣除折旧后的建筑物现值可采用下列公式求取:

(1) 直线法下的建筑物现值计算公式:

$$V = C - (C - S)t/N$$

(2) 双倍余额递减法下的建筑物现值计算公式:

$$V = C - (1 - Z/N)$$

(3) 成新折扣法下的建筑物现值计算公式:

$$V = CQ$$

式中:V——建筑物现值(元,元/m²);
C——建筑物重置价格或重建价格(元,元/m²);
S——建筑物预计净残值(元,元/m²);
T——建筑物已使用年限(年);
N——建筑物耐用年限(年);
Q——建筑物成新率(%)。

注:无论采用上述哪种折旧方法求取建筑物现值,估价人员都应亲临估价对象现场,观察、鉴定建筑物的实际新旧程度,根据建筑物的建成时间、维护、保养、使用情况,以及地基的稳定性等,最后确定应扣除的折旧额或成新率。

5.4.10 建筑物耐用年限分为自然耐用年限和经济耐用年限。估价采用的耐用年限应为经济耐用年限。经济耐用年限应根据建筑物的建筑结构、用途和维修保养情况,结合市场状况、周围环境、经营收益状况等综合判断。

5.4.11 估价中确定建筑物耐用年限与折旧,遇有下列情况时的处理应为:(1)建筑物的建设期不计入耐用年限,即建筑物的耐用年限应从建筑物竣工验收合格之日起计;(2)建筑物耐用年限短于土地使用权年限时,应按建筑物耐用年限计算折旧;(3)建筑物耐用年限长于土地使用权年限时,应按土地使用权年限计算折旧;(4)建筑物出现于补办土地使用权出让手续之前,其耐用年限早于土地使用权年限而结束时,应按建筑物耐用年限计算折旧;(5)建筑物出现于补办土地使用权出让手续之前,其耐用年限晚于土地使用权年限而结束时,应按建筑物已使用年限加土地使用权剩余年限计算折旧。

5.4.12 积算价格应为重置价格或重建价格扣除建筑物折旧,或为土地的重置价格加上建筑的现值,必要时还应扣除由于旧有建筑物的存在而导致的土地价值损失。

5.4.13 新开发土地和新建房地产可采用成本法估价,一般不应扣除折旧,但应考虑其工程质量和周围环境等因素给予适当修正。

5.5 假设开发法

5.5.1 运用假设开发法估价应按下列步骤进行:(1)调查待开发房地产的基本情况;(2)选择最佳的开发利用方式;(3)估计开发建设期;(4)预测开发完成后的房地产价值;(5)估算开发成本、管理费用、投资利息、销售税费、开发利润、投资者购买待开发房地产应负担的税费;(6)进行具体计算。

5.5.2 假设开发法适用于具有投资开发或再开发潜力的房地产的估价。运用此方法应把握待开发房地产在投资开发前后的状态,以及投资开发后的房地产的经营方式。待开发房地产投资开发前的状态,包括生地、毛地、熟地、旧房和在建工程等;投资开发后的状态,包括熟地和房屋(含土地)等;投资开发后的房地产的经营方式,包括出售(含预售)、出租(含预租)和自营等。

5.5.3 运用假设开发法估算的待开发房地产价值应为开发完成后的房地产价值扣除开发成本、管理费用、投资利息、销售税费、开发利润和投资者购买待开发房地产应负担的税费。

5.5.4 预测开发完成后的房地产价值,宜采用市场比较法,并应考虑类似房地产价格的未来变动趋势。

5.5.5 开发利润的计算基数可取待开发房地产价值与开发成本之和,或取开发完成后的房地产价值。利润率可取同一市场上类似房地产开发项目相应的平均利润率。

5.5.6 运用假设开发法估价必须考虑资金的时间价值。在实际操作中宜采用折现的方法;难以采用折现的方法时,可采用计算利息的方法。

5.6 基准地价修正法

5.6.1 运用基准地价修正法估价应按下列步骤进行:(1)收集有关基准地价的资料;(2)确定估价对象所处地段的基准地价;(3)进行交易日期修正;(4)进行区域因素修正;(5)进行个别因素修正;(6)求出估价对象宗地价格。

5.6.2 进行交易日期修正,应将基准地价在其基准日期时的值调整为估价时点的值。交易日期修正的方法,同市场比较法中的交易日期修正的方法。

5.6.3 区域因素和个别因素修正的内容和修正的方法,同市场比较法中的区域因素和个别因素修正的内容和修正的方法。

5.6.4 运用基准地价修正法评估宗地价格时,宜按当地对基准地价的有关规定执行。

6 不同估价目的下的估价

6.0.1 房地产估价按估价目的进行分类,主要有下列类别:(1)土地使用权出让价格评估;(2)房地产转让价格评估;(3)房地产租赁价格评估;(4)房地产抵押价值评估;(5)房地产保险估价;(6)房地产课税估价;(7)征地和房屋拆迁补偿估价;(8)房地产分割、合并估价;(9)房地产纠纷估价;(10)房地产拍卖底价评估;(11)企业各种经济活动中涉及的房地产估价;(12)其他目的的房地产估价。

6.1 土地使用权出让价格评估

6.1.1 土地使用权出让价格评估,应依据《中华人民共和国城市房地产管理法》、《中华人民共和国土地管理法》、《中华人民共和国城镇国有土地使用权出让和转让暂行条例》以及当地制定的实施办法和其他有关规定进行。

6.1.2 土地使用权出让价格评估,应分清土地使用权协议、招标、拍卖的出让方式。协议出让的价格评估,应采用公开市场价值标准;招标和拍卖出让的价格评估,应为招标和拍卖底价评估,参照 6.10 房地产拍卖底价评估进行。

6.1.3 土地使用权出让价格评估,可采用市场比较法、假设开发法、成本法、基准地价修正法。

6.2 房地产转让价格评估

6.2.1 房地产转让价格评估,应依据《中华人民共和国城市房地产管理法》、《中华人民共和国土地管理法》、《城市房地产转让管理规定》以及当地制定的实施细则和其他有关规定进行。

6.2.2 房地产转让价格评估,应采用公开市场价值标准。

6.2.3 房地产转让价格评估,宜采用市场比较法和收益法,可采用成本法,其中待开发房地产的转让价格评估应采用假设开发法。

6.2.4 以划拨方式取得土地使用权的,转让房地产时应符合国家法律、法规的规定,其转让价格评估应另外给出转让价格中所含的土地收益价值,并应注意国家对土地收益的处理规定,同时在估价报告中予以说明。

6.3 房地产租赁价格评估

6.3.1 房地产租赁价格评估,应依据《中华人民共和国城市房地产管理法》、《中华人民共和国土地管理法》、《城市房屋租赁管理办法》以及当地制定的实施细则和其他有关规定进行。

6.3.2 从事生产、经营活动的房地产租赁价格评估,应采用公开市场价值标准。住宅的租赁价格评估,应执行国家和该类住宅所在地城市人民政府规定的租赁政策。

6.3.3 房地产租赁价格评估,可采用市场比较法、收益法和成本法。

6.3.4 以营利为目的出租划拨土地使用权上的房屋,其租赁价格评估应另外给出租金中所含的土地收益值,并应注意国家对土地收益的处理规定,同时在估价报告中予以说明。

6.4 房地产抵押价值评估

6.4.1 房地产抵押价值评估,应依据《中华人民共和国担保法》、《中华人民共和国城市房地产管理法》、《城市房地产抵押管理办法》以及当地和其他有关规定进行。

6.4.2 房地产抵押价值评估,应采用公开市场价值标准,可参照设定抵押权时的类似房地产的正常市场价格进行,但应在估价报告中说明未来市场变化风险和短期强制处分等因素对抵押价值的影响。

6.4.3 房地产抵押价值应是以抵押方式将房地产作为债权担保时的价值。依法不得抵押的房地产,没有抵押价值。首次抵押的房地产,该房地产的价值为抵押价值。再次抵押的房地产,该房地产的价值扣除已担保债权后的余额部分为抵押价值。

6.4.4 以划拨方式取得的土地使用权连同地上建筑物抵押的,评估其抵押价值时应扣除预计处分所得价款中相当于应缴纳的土地使用权出让金的款额,可采用下列方式之一处理:(1)首先求取设想为出让土地使用权下的房地产的价值,然后预计由划拨土地使用权转变为出让土地使用权应缴纳的土地使用权出让金等款额,两者相减为抵押价值。此时土地使用权年限设定为相应用途的法定最高年限,从估价时点起计。(2)用成本法估价,价格构成中不应包括土地使用权出让金等由划拨土地使用权转变为出让土地使用权应缴纳的款额。

6.4.5 以具有土地使用年限的房地产抵押的,评估其抵押价值时应考虑设定抵押权以及抵押期限届满时土地使用权的剩余年限对抵押价的影响。

6.4.6 以享受国家优惠政策购买的房地产抵押的,其抵押价值为房地产权利人可处分和收益的份额部分的价值。

6.4.7 以按份额共有的房地产抵押的,其抵押值为抵押人所享有的份额部分的价值。

6.4.8 以共同共有的房地产抵押的,其抵押价值为该房地产的价值。

6.5 房地产保险估价

6.5.1 房地产保险估价,应依据《中华人民共和国保险法》、《中华人民共和国城市房地产管理法》和其他有关规定进行。

6.5.2 房地产保险估价,分为房地产投保时的保险价值评估和保险事故发生后的损失价值或损失程度评估。

6.5.3 保险价应是投保人与保险人订立保险合同时作为确定保险金额基础的保险标的价值。保险金额应是保险人承担赔偿或给付保险金责任的最高限额,也应是投保人对保险标的实际投保金额。

6.5.4 房地产投保时的保险价值评估,应评估有可能因自然灾害或意外事故而遭受损失的建筑物的价值,估价方法宜采用成本法、市场比较法。

6.5.5 房地产投保时的保险价值,根据采用的保险形式,可按该房地产投保时的实际价值确定,也可按保险事故发生时该房地产的实际价值确定。

6.5.6 保险事故发生后的损失价值或损失程度评估,应把握保险标的房地产在保险事故发生前后的状态。对于其中可修复部分,宜估算其修复所需的费用作为损失价值或损失程度。

6.6 房地产课税估价

6.6.1 房地产课税估价应按相应税种为核定其计税依据提供服务。

6.6.2 有关房地产税的估价,应按相关税法具体执行。

6.6.3 房地产课税估价宜采用公开市场价值标准,并应符合相关税法的有关规定。

6.7 征地和房屋拆迁补偿估价

6.7.1 征地和房屋拆迁补偿估价,分为征用农村集体所有的土地的补偿估价(简称征地估价)和拆迁城市国有土地上的房屋及其附属物的补偿估价(简称拆迁估价)。

6.7.2 征地估价,应依据《中华人民共和国土地管理法》以及当地制定的实施办法和其他有关规定进行。

6.7.3 拆迁估价,应依据《城市房屋拆迁管理条例》以及当地制定的实施细则和其他有关规定进行。

6.7.4 依照规定,拆除违章建筑、超过批准期限的临时建筑不予补偿;拆除未超过批准期限的临时建筑给予适当补偿。

6.7.5 实行作价补偿的,可根据当地政府确定公布的房屋重置价格扣除土地价格后结合建筑物成新估价。

6.7.6 依法以有偿出让、转让方式取得的土地使用权,根据社会公共利益需要拆迁其地上房屋时,对该土地使用权如果视为提前收回处理,则应在拆迁补偿估价中包括土地使用权的补偿估价。此种土地使用权补偿估价,应根据该土地使用权的剩余年限所对应的正常市场价格进行。

6.8 房地产分割、合并估价

6.8.1 房地产分割、合并估价应注意分割、合并对房地产价值的影响。分割、合并前后的房地产整体价值不能简单等于各部分房地产价值之和。

6.8.2 分割估价应对分割后的各部分分别估价。

6.8.3 合并估价应对合并后的整体进行估价。

6.9 房地产纠纷估价

6.9.1 房地产纠纷应对纠纷案件中涉及的争议房地产的价值、交易价格、造价、成本、租金、补偿金额、赔偿金额、估价结果等进行科学的鉴定,提出客观、公正、合理的意见,为协议、调解、仲裁、诉讼等方式解决纠纷提供参考依据。

6.9.2 房地产纠纷估价,应按相应类型的房地产估价进行。

6.9.3 房地产纠纷估价,应注意纠纷的性质和协议、调解、仲裁、诉讼等解决纠纷的不同方式,并将其作为估价依据,协调当事人各方的利益。

6.10 房地产拍卖底价评估

6.10.1 房地产拍卖底价评估为确定拍卖保留价提供服务,应依据《中华人民共和国拍卖法》、《中华人民共和国城市房地产管理法》和其他有关规定进行。

6.10.2 房地产拍卖底价评估,首先应以公开市场价值标准为原则确定其客观合理价格,之后再考虑短期强制处分(快速变现)等因素的影响确定拍卖底价。

6.11 企业各种经济活动中涉及的房地产估价

6.11.1 企业各种经济活动中涉及的房地产估价,包括企业合资、合作、联营、股份制改组、上市、合并、兼并、分立、出售、破产清算、抵债中的房地产估价。这种估价首先应了解房地产权属是否发生转移,若发生转移,则应按相应的房地产转让行为进行估价;其次应了解是否改变原用途以及这种改变是否合法,并应根据原用途是否合法改变,按"保持现状前提"或"转换用途前提"进行估价。

6.11.2 企业合资、合作、股份制改组、合并、兼并、分立、出售、破产清算等发生房地产权属转移的,应按房地产转让行为进行估价。但应注意资产清算与抵押物处置类似,属于强制处分、要求在短时间内变现的特殊情况;在购买者方面在一定程度上与企业兼并类似,若不允许改变用途,则购买者的范围受到一定限制,其估价宜低于市场价值。

6.11.3 企业联营一般不涉及房地产权属的转移,企业联营中的房地产估价,主要为确定以房地产作为出资的出资方的分配比例服务,宜根据具体情况采用收益法、市场比较法、假设开发法,也可采用成本法。

6.12 其他目的的房地产估价

6.12.1 其他目的的房地产估价,包括房地产损害赔偿估价等。

6.12.2 房地产损害赔偿估价,应把握被损害房地产在损害发生前后的状态,对于其中可修复部分,宜估算其修复所需的费用作为损害赔偿价值。

7 估价结果

7.0.1 对不同估价方法估算出的结果,应进行比较分析。当这些结果差异较大时,应寻找并排除出现差异的原因。

7.0.2 对不同估价方法估算出的结果应做下列检查:(1)计算过程是否有误;(2)基础数据是否准确;(3)参数选择是否合理;(4)是否符合估价原则;(5)公式选用是否恰当;(6)选用的估价方法是否适宜估价对象和估价目的。

7.0.3 在确认所选用的估价方法估算出的结果无误之后,应根据具体情况计算求出一个综合结果。

7.0.4 在计算求出一个综合结果的基础上,应考虑不可量化的价格影响因素,对该结果进行适当的调整,或取整,或认定该结果,作为最终的估价结果。当有调整时,应在估价报告中明确阐述理由。

8 估价报告

8.0.1 估价报告应做到下列几点:(1)全面性:应完整地反映估价所涉及的事实、推理过程和结论,正文内容和附件资料应齐全、配套;(2)公正性和客观性:应站在中立的立场上对影响估价对象价格或价值的因素进行客观的介绍、分析和评论,作出的结论应有充分的依据;(3)准确性:用语应力求准确,避免使用模棱两可或易生误解的文字,对未经查实的事项不得轻率写入,对难以确定的事项应予以说明,并描述其对估价结果可能产生的影响;(4)概括性:应用简洁的文字对估价中所涉及的内容进行高度概括,对获得的大量资料应在科学鉴别与分析的基础上进行筛选,选择典型、有代表性、能反映事情本质特征的资料来说明情况和表达观点。

8.0.2 估价报告应包括下列部分:封面、目录、致委托方函、估价师声明、估价的假设和限制条件、估价结果报告、估价技术报告、附件。

8.0.3 对于成片多宗房地产的同时估价,且单宗房地产的价值较低时,估价结果报告可采用表格的形式。除此之外的估价结果报告,应采用文字说明的形式。

8.0.4 估价报告应记载下列事项:估价项目名称;委托方名称或姓名和住所;估价方(房地产估价机构)名称和住所;估价对象;估价目的;估价时点;价值定义;估价依据;估价原则;估价技术路线、方法和测算过程;估价结果及其确定的理由;估价作业日期;估价报告应用的有效期;估价人员;注册房地产估价师的声明和签名、盖章;估价的假设和限制条件;附件,应包括反映估价对象位置、周围环境、形状、外观和内部状况的图片,估价对象的产权证明,估价中引用的其他专用文件资料,估价人员和估价机构的资格证明。

8.0.5 估价报告中应充分描述说明估价对象状况,包括估价对象的物质实体状况和权益状况,其中:(1)对土地的描述说明应包括:名称,坐落,面积,形状,四至,周围环境,景观,基础设施完备程度,土地平整程度,地势,地质,水文状况,规划限制条件,利用现状,权属状况;(2)对建筑物的描述说明应包括:名称,坐落,面积,层数,建筑结构,装修,设施设备,平面布置,工程质量,建成年月,维护、保养、使用情况,地基的稳定性,公共配套设施完备程度,利用现状,权属状况。

8.0.6 估价报告中注册房地产估价师的声明应包括下列内容,并应经注册房地产估价师签名、盖章:(1)估价报告中估价人员陈述的事实,是真实的和准确的;(2)估价报告中的分析、意见和结论,是估价人员自己公正的专业分析、意见和结论,但受到估价报告中已说明的假设和限制条件的限制;(3)估价人员与估价对象没有(或有已载明)利害关系,也与有关当事人没有(或有已载明)个人利害关系或偏见;(4)估价人员是依照中华人民共和国国家标准《房地产估价规范》进行分析,形成意见和结论,撰写估价报告;(5)估价人员已(或没有)对估价对象进行了实地查勘,并应列出对估价对象进行了实地查勘的估价人员的姓名;(6)没有人对估价报告提供了重要专业帮助(若有例外,应说明提供重要专业帮助者的姓名);(7)其他需要声明的事项。

8.0.7 估价报告应由注册房地产估价师签名、盖章并加盖估价机构公章才具有法律效力。在估价报告上签名、盖章的注册房地产估价师和加盖公章的估价机构,对估价报告的内容和结论负责任。

9 职业道德

9.0.1 估价人员和估价机构不得作任何虚伪的估价,应做到公正、客观、诚实。

9.0.2 估价人员和估价机构应保持估价的独立性,必须回避与自己、亲属及其他有利害关系人有关的估价业务。

9.0.3 估价人员和估价机构若感到自己的专业能力所限而难以对某房地产进行估价时,不应接受该项估价委托。

9.0.4 估价人员和估价机构应妥善保管委托方的文件资料,未经委托方的书面许可,不得将委托方的文件资料擅自公开或泄漏给他人。

9.0.5 估价机构应执行政府规定的估价收费标准,不得以不正当理由或名目收取额外的费用,或降低收费标准,进行不正当的竞争。

9.0.6 估价人员和估价机构不得将资格证书借给他人使用或允许他人使用自己的名义,不得以估价者身份在非自己估价的估价报告上签名、盖章。

附录2 房地产估价报告规范格式

附录A 估价报告的规范格式

A.0.1 封面:标题:(房地产估价报告)估价项目名称:(说明本估价项目的全称)委托方:(说明本估价项目的委托单位的全称,个人委托的为个人的姓名)估价方:(说明本估价项目的估价机构的全称)估价人员:(说明参加本估价项目的估价人员的姓名)估价作业日期:(说明本次估价的起止年月日,即正式接受估价委托的年月日至完成估价报告的年月日)估价报告编号:(说明本估价报告在本估价机构内的编号)

A.0.2 目录:

标题:目录

一、致委托方函

二、估价师声明

三、估价的假设和限制条件

四、估价结果报告(一)(二)……

五、估价技术报告(可不提供给委托方,供估价机构存档和有关部门查阅等)(一)(二)……

六、附件(一)(二)……

A.0.3 致委托方函(标题:)致委托方函致函对象(为委托方的全称)致函正文(说明估价对象、估价目的、估价时点、估价结果)致函落款(为估价机构的全称,并加盖估价机构公章,法定代表人签名、盖章)致函日期(为致函的年月日)

A.0.4 估价师声明:(标题:)估价师声明我们郑重声明:

(1) 我们在本估价报告中陈述的事实是真实的和准确的。

(2) 本估价报告中的分析、意见和结论是我们自己公正的专业分析、意见和结论,但受到本估价报告中已说明的假设和限制条件的限制。

(3) 我们与本估价报告中的估价对象没有(或有已载明的)利害关系,也与有关当事人没有(或有已载明的)个人利害关系或偏见。

(4) 我们依照中华人民共和国国家标准《房地产估价规范》进行分析,形成意见和结论,撰写本评估报告。

(5) 我们已(或没有)对本估价报告中的估价对象进行实地查勘(在本声明中清楚地说明哪些估价人员对估价对象进行实地查勘,哪些估价人员没有对估价对象进行实地查勘)。

(6) 没有人对本估价报告提供重要专业帮助(若有例外,应说明提供重要专业帮助者的姓名)。

(7) 其他需要声明的事项。

参加本次估价的注册房地产估价师签名、盖章(至少有一名)。

A.0.5 估价的假设和限制条件(标题:)估价的假设和限制条件(说明本次估价的假设前提,未经调查确认或无法调查确认的资料数据,估价中未考虑的因素和一些特殊处理及其可能的影响,本估价报告使用的限制条件)

A.0.6 估价结果报告：

(标题:)房地产估价报告

（一）委托方（说明本估价项目的委托单位的全称、法定代表人和住所，个人委托的为个人的姓名和住所）

（二）估价方（说明本估价项目的估价机构的全称、法定代表人和住所、估价资格等）

（三）估价对象（概要说明估价对象的状况，包括物质实质状况和权益状况。其中，对土地的说明应包括：名称、坐落、面积、形状、四至、周围环境、景观，基础设施完备程度，土地平整程度，地势、地质、水文状况、规划限制条件、利用现状、权属状况；对建筑物的说明应包括：名称、坐落、面积、层数、建筑结构、装修、设施设备、平面布置、工程质量、建成年月、维护、保养、使用情况、公共配套设施完备状况、利用现状、权属状况）

（四）估价目的（说明本次估价的目的和应用方向）

（五）估价时点（说明所评估的客观合理价格或价值对应的年月日）

（六）价值定义（说明本次估价采用的价值标准或价值内涵）

（七）估价依据（说明本次估价依据的本房地产估价规范，国家和地方的法律、法规，委托方提供的有关资料，估价机构和估价人员掌握和收集的有关资料）

（八）估价原则（说明本次估价遵循的房地产估价原则）

（九）估价方法（说明本次估价的思路和采用的方法以及这些估价方法的定义）

（十）估价结果（说明本次估价的最终结果，应分别说明总价和单价，并附大写金额。若用外币表示，应说明估价时点中国人民银行公布的人民币市场汇率中间价，并注明所折合的人民币价格）

（十一）估价人员（列出所有参加本次估价的人员的姓名、估价资格或职称，并由本人签名、盖章）

（十二）估价作业日期（说明本次估价的起止年月日）

（十三）估价报告应用的有效期（说明本估价报告应用的有效期，可表达为到某个年月日止，也可表达为多长年限，如一年）

A.0.7 估价技术报告：

(标题:)房地产估价技术报告

（一）个别因素分析（详细说明、分析估价对象的个别因素）

（二）区域因素分析（详细说明、分析估价对象的区域因素）

（三）市场背景分析（详细说明、分析类似房地产的市场状况，包括过去、现在和可预见的未来）

（四）最高最佳使用分析（详细分析、说明估价对象最高最佳使用）

（五）估价方法选用（详细说明估价的思路和采用的方法及其理由）

（六）估价测算过程（详细说明测算过程，参数确定等）

（七）估价结果确定（详细说明估价结果及其确定的理由）

A.0.8 附件：(标题:)附件估价对象的位置图，四至和周围环境图，土地形状图，建筑平面图，外观和内部照片，项目有关批准文件，产权证明，估价中引用的其他专用文件资料，估价人员和估价机构的资格证明等。

A.0.9 制作要求：估价报告应做到图文并茂，所用纸张、封面、装订应有较好的质量。纸张大小应采用A4纸规格。

附录3 城市房屋拆迁估价指导意见

2003年12月1日 建住房〔2003〕234号

第一条 为规范城市房屋拆迁估价行为,维护拆迁当事人的合法权益,根据《中华人民共和国城市房地产管理法》、《城市房屋拆迁管理条例》的有关规定和国家标准《房地产估价规范》,制定本意见。

第二条 城市规划区内国有土地上房屋拆迁涉及的房地产估价活动,适用本意见。

第三条 本意见所称城市房屋拆迁估价(以下简称拆迁估价),是指为确定被拆迁房屋货币补偿金额,根据被拆迁房屋的区位、用途、建筑面积等因素,对其房地产市场价格进行的评估。

房屋拆迁评估价格为被拆迁房屋的房地产市场价格,不包含搬迁补助费、临时安置补助费和拆迁非住宅房屋造成停产、停业的补偿费,以及被拆迁房屋室内自行装修装饰的补偿金额。搬迁补助费、临时安置补助费和拆迁非住宅房屋造成停产、停业的补偿费,按照省、自治区、直辖市人民政府规定的标准执行。被拆迁房屋室内自行装修装饰的补偿金额,由拆迁人和被拆迁人协商确定;协商不成的,可以通过委托评估确定。

第四条 拆迁估价由具有房地产价格评估资格的估价机构(以下简称估价机构)承担,估价报告必须由专职注册房地产估价师签字。

第五条 拆迁估价应当坚持独立、客观、公正、合法的原则。任何组织或者个人不得非法干预拆迁估价活动和估价结果。

第六条 市、县房地产管理部门应当向社会公示一批资质等级高、综合实力强、社会信誉好的估价机构,供拆迁当事人选择。

拆迁估价机构的确定应当公开、透明,采取被拆迁人投票或拆迁当事人抽签等方式。

房屋拆迁许可证确定的同一拆迁范围内的被拆迁房屋,原则上由一家估价机构评估。需要由两家或者两家以上估价机构评估的,估价机构之间应当就拆迁估价的依据、原则、程序、方法、参数选取等进行协调并执行共同的标准。

第七条 拆迁估价机构确定后,一般由拆迁人委托。委托人应当与估价机构签订书面拆迁估价委托合同。

第八条 受托估价机构不得转让、变相转让受托的估价业务。

估价机构和估价人员与拆迁当事人有利害关系或者是拆迁当事人的,应当回避。

第九条 拆迁当事人有义务向估价机构如实提供拆迁估价所必需的资料,协助估价机构进行实地查勘。

第十条 受托估价机构和估价人员需要查阅被拆迁房屋的房地产权属档案和相关房地产交易信息的,房地产管理部门应当允许查阅。

第十一条 拆迁估价目的统一表述为"为确定被拆迁房屋货币补偿金额而评估其房地产市场价格"。

拆迁估价时点一般为房屋拆迁许可证颁发之日。拆迁规模大、分期分段实施的,以当期(段)房屋拆迁实施之日为估价时点。

拆迁估价的价值标准为公开市场价值，不考虑房屋租赁、抵押、查封等因素的影响。

第十二条 委托拆迁估价的，拆迁当事人应当明确被拆迁房屋的性质（包括用途，下同）和面积。

被拆迁房屋的性质和面积一般以房屋权属证书及权属档案的记载为准；各地对被拆迁房屋的性质和面积认定有特别规定的，从其规定；拆迁人与被拆迁人对被拆迁房屋的性质或者面积协商一致的，可以按照协商结果进行评估。

对被拆迁房屋的性质不能协商一致的，应当向城市规划行政主管部门申请确认。对被拆迁房屋的面积不能协商一致的，可以向依照《房产测绘管理办法》设立的房屋面积鉴定机构申请鉴定；没有设立房屋面积鉴定机构的，可以委托具有房产测绘资格的房产测绘单位测算。

对拆迁中涉及的被拆迁房屋的性质和面积认定的具体问题，由市、县规划行政主管部门和房地产管理部门制定办法予以解决。

第十三条 市、县人民政府或者其授权的部门应当根据当地房地产市场交易价格，至少每年定期公布一次不同区域、不同用途、不同建筑结构的各类房屋的房地产市场价格。

第十四条 拆迁估价应当参照类似房地产的市场交易价格和市、县人民政府或者其授权部门定期公布的房地产市场价格，结合被拆迁房屋的房地产状况进行。

第十五条 拆迁估价人员应当对被拆迁房屋进行实地查勘，做好实地查勘记录，拍摄反映被拆迁房屋外观和内部状况的影像资料。

实地查勘记录由实地查勘的估价人员、拆迁人、被拆迁人签字认可。

因被拆迁人的原因不能对被拆迁房屋进行实地查勘、拍摄影像资料或者被拆迁人不同意在实地查勘记录上签字的，应当由除拆迁人和估价机构以外的无利害关系的第三人见证，并在估价报告中作出相应说明。

第十六条 拆迁估价一般应当采用市场比较法。不具备采用市场比较法条件的，可以采用其他估价方法，并在估价报告中充分说明原因。

第十七条 拆迁评估价格应当以人民币为计价的货币单位，精确到元。

第十八条 估价机构应当将分户的初步估价结果向被拆迁人公示7日，并进行现场说明，听取有关意见。

公示期满后，估价机构应当向委托人提供委托范围内被拆迁房屋的整体估价报告和分户估价报告。委托人应当向被拆迁人转交分户估价报告。

第十九条 拆迁人或被拆迁人对估价报告有疑问的，可以向估价机构咨询。估价机构应当向其解释拆迁估价的依据、原则、程序、方法、参数选取和估价结果产生的过程。

第二十条 拆迁当事人对估价结果有异议的，自收到估价报告之日起5日内，可以向原估价机构书面申请复核估价，也可以另行委托估价机构评估。

第二十一条 拆迁当事人向原估价机构申请复核估价的，该估价机构应当自收到书面复核估价申请之日起5日内给予答复。估价结果改变的，应当重新出具估价报告；估价结果没有改变的，出具书面通知。

拆迁当事人另行委托估价机构评估的，受托估价机构应当在10日内出具估价报告。

第二十二条 拆迁当事人对原估价机构的复核结果有异议或者另行委托估价的结果与原估价结果有差异且协商达不成一致意见的，自收到复核结果或者另行委托估价机构出具的估价报告之日起5日内，可以向被拆迁房屋所在地的房地产价格评估专家委员会（以下简称估价专家委员会）申请技术鉴定。

第二十三条 估价专家委员会应当自收到申请之日起10日内,对申请鉴定的估价报告的估价依据、估价技术路线、估价方法选用、参数选取、估价结果确定方式等估价技术问题出具书面鉴定意见。

估价报告不存在技术问题的,应维持估价报告;估价报告存在技术问题的,估价机构应当改正错误,重新出具估价报告。

第二十四条 省、自治区建设行政主管部门和设区城市的市房地产管理部门或者其授权的房地产估价行业自律性组织,应当成立由资深专职注册房地产估价师及房地产、城市规划、法律等方面专家组成的估价专家委员会,对拆迁估价进行技术指导,受理拆迁估价技术鉴定。

第二十五条 受理拆迁估价技术鉴定后,估价专家委员会应当指派3人以上(含3人)单数成员组成鉴定组,处理拆迁估价技术鉴定事宜。

鉴定组成员与原估价机构、拆迁当事人有利害关系或者是拆迁当事人的,应当回避。

原估价机构应当配合估价专家委员会做好鉴定工作。

第二十六条 估价专家委员会成员、估价机构、估价人员应当回避而未回避的,其鉴定意见或者估价结果无效。

拆迁当事人不如实提供有关资料或者不协助估价机构实地查勘而造成估价失实或者其他后果的,应当承担相应责任。

第二十七条 对有下列行为之一的估价机构和估价人员,依据《城市房地产中介服务管理规定》、《房地产估价师注册管理办法》等规定进行处罚,或记入其信用档案:

(一)出具不实估价报告的;

(二)与拆迁当事人一方串通,损害对方合法权益的;

(三)以回扣等不正当竞争手段获取拆迁估价业务的;

(四)允许他人借用自己名义从事拆迁估价活动或者转让、变相转让受托的拆迁估价业务的;

(五)多次被申请鉴定,经查证,确实存在问题的;

(六)违反国家标准《房地产估价规范》和本意见其他规定的;

(七)法律、法规规定的其他情形。

第二十八条 以产权调换作为房屋拆迁补偿、安置方式的,对所调换房屋的房地产市场价格进行的评估,参照本意见执行。

城市规划区外国有土地上房屋拆迁涉及的房地产估价活动,参照本意见执行。

第二十九条 本意见自2004年1月1日起施行。此前已颁发房屋拆迁许可证的拆迁项目,其拆迁估价不适用本意见。

附录4 房地产抵押估价指导意见

2006年1月13日　建住房〔2006〕8号

第一条　为了规范房地产抵押估价行为,保证房地产抵押估价质量,维护房地产抵押当事人的合法权益,防范房地产信贷风险,根据《中华人民共和国城市房地产管理法》、《中华人民共和国担保法》以及《房地产估价规范》、《商业银行房地产贷款风险管理指引》,制定本意见。

第二条　本意见适用于各类房地产抵押估价活动。

第三条　本意见所称房地产抵押估价,是指为确定房地产抵押贷款额度提供价值参考依据,对房地产抵押价值进行分析、估算和判定的活动。

第四条　房地产抵押价值为抵押房地产在估价时点的市场价值,等于假定未设立法定优先受偿权利下的市场价值减去房地产估价师知悉的法定优先受偿款。

本意见所称抵押房地产,包括拟抵押房地产和已抵押房地产。

法定优先受偿款是指假定在估价时点实现抵押权时,法律规定优先于本次抵押贷款受偿的款额,包括发包人拖欠承包人的建筑工程价款、已抵押担保的债权数额,以及其他法定优先受偿款。

第五条　房地产抵押估价应当遵守独立、客观、公正、合法、谨慎的原则。

第六条　房地产估价机构、房地产估价人员与房地产抵押当事人有利害关系或者是房地产抵押当事人的,应当回避。

第七条　从事房地产抵押估价的房地产估价师,应当具备相关金融专业知识和相应的房地产市场分析能力。

第八条　委托人应当向房地产估价机构如实提供房地产抵押估价所必需的情况和资料,并对所提供情况和资料的真实性、合法性和完整性负责。

房地产估价师应当勤勉尽责,了解抵押房地产的法定优先受偿权利等情况;必要时,应当对委托人提供的有关情况和资料进行核查。

第九条　房地产抵押估价目的,应当表述为"为确定房地产抵押贷款额度提供参考依据而评估房地产抵押价值"。

第十条　房地产抵押估价时点,原则上为完成估价对象实地查勘之日,但估价委托合同另有约定的除外。

估价时点不是完成实地查勘之日的,应当在"估价的假设和限制条件"中假定估价对象在估价时点的状况与在完成实地查勘之日的状况一致,并在估价报告中提醒估价报告使用者注意。

第十一条　法律、法规规定不得抵押的房地产,不应作为抵押估价对象。

第十二条　房地产抵押估价报告应当全面、详细地界定估价对象的范围和在估价时点的法定用途、实际用途以及区位、实物、权益状况。

第十三条　房地产估价师不了解估价对象在估价时点是否存在法定优先受偿权利等情况的,房地产抵押相关当事人应当协助。

法定优先受偿权利等情况的书面查询资料和调查记录,应当作为估价报告的附件。

第十四条 房地产估价师应当对估价对象进行实地查勘,将估价对象现状与相关权属证明材料上记载的内容逐一进行对照,全面、细致地了解估价对象,做好实地查勘记录,拍摄能够反映估价对象外观、内部状况和周围环境、景观的照片。

内外部状况照片应当作为估价报告的附件。由于各种原因不能拍摄内外部状况照片的,应当在估价报告中予以披露。

实地查勘记录应当作为估价档案资料妥善保管。

第十五条 在存在不确定因素的情况下,房地产估价师作出估价相关判断时,应当保持必要的谨慎,充分估计抵押房地产在处置时可能受到的限制、未来可能发生的风险和损失,不高估市场价值,不低估知悉的法定优先受偿款,并在估价报告中作出必要的风险提示。

在运用市场比较法估价时,不应选取成交价格明显高于市场价格的交易实例作为可比实例,并应当对可比实例进行必要的实地查勘。

在运用成本法估价时,不应高估土地取得成本、开发成本、有关费税和利润,不应低估折旧。

在运用收益法估价时,不应高估收入或者低估运营费用,选取的报酬率或者资本化率不应偏低。

在运用假设开发法估价时,不应高估未来开发完成后的价值,不应低估开发成本、有关费税和利润。

房地产估价行业组织已公布报酬率、资本化率、利润率等估价参数值的,应当优先选用;不选用的,应当在估价报告中说明理由。

第十六条 估价对象的土地使用权是以划拨方式取得的,应当选择下列方式之一评估其抵押价值:

(一)直接评估在划拨土地使用权下的市场价值;

(二)评估假设在出让土地使用权下的市场价值,然后扣除划拨土地使用权应缴纳的土地使用权出让金或者相当于土地使用权出让金的价款。

选择上述方式评估抵押价值,均应当在估价报告中注明划拨土地使用权应缴纳的土地使用权出让金或者相当于土地使用权出让金价款的数额。该数额按照当地政府规定的标准测算;当地政府没有规定的,参照类似房地产已缴纳的标准估算。

第十七条 评估在建工程的抵押价值时,在建工程发包人与承包人应当出具在估价时点是否存在拖欠建筑工程价款的书面说明;存在拖欠建筑工程价款的,应当以书面形式提供拖欠的数额。

第十八条 房地产估价师知悉估价对象已设定抵押权的,应当在估价报告中披露已抵押及其担保的债权情况。

第十九条 房地产估价师不得滥用假设和限制条件,应当针对房地产抵押估价业务的具体情况,在估价报告中合理且有依据地明确相关假设和限制条件。

已作为假设和限制条件,对估价结果有重大影响的因素,应当在估价报告中予以披露,并说明其对估价结果可能产生的影响。

第二十条 房地产抵押估价报告应当包含估价的依据、原则、方法、相关数据来源与确定、相关参数选取与运用、主要计算过程等必要信息,使委托人和估价报告使用者了解估价对象的范围,合理理解估价结果。

第二十一条 房地产抵押估价报告应当确定估价对象的抵押价值,并分别说明假定未设立法定优先受偿权利下的市场价值,以及房地产估价师知悉的各项法定优先受偿款。

第二十二条 房地产抵押估价报告应当向估价报告使用者作如下提示:
(一)估价对象状况和房地产市场状况因时间变化对房地产抵押价值可能产生的影响;
(二)在抵押期间可能产生的房地产信贷风险关注点;
(三)合理使用评估价值;
(四)定期或者在房地产市场价格变化较快时对房地产抵押价值进行再评估。

第二十三条 房地产抵押估价应当关注房地产抵押价值未来下跌的风险,对预期可能导致房地产抵押价值下跌的因素予以分析和说明。

在评估续贷房地产的抵押价值时,应当对房地产市场已经发生的变化予以充分考虑和说明。

第二十四条 房地产抵押估价报告应当包括估价对象的变现能力分析。

变现能力是指假定在估价时点实现抵押权时,在没有过多损失的条件下,将抵押房地产转换为现金的可能性。

变现能力分析应当包括抵押房地产的通用性、独立使用性或者可分割转让性,假定在估价时点拍卖或者变卖时最可能实现的价格与评估的市场价值的差异程度,变现的时间长短以及费用、税金的种类、数额和清偿顺序。

第二十五条 在处置房地产时,应当评估房地产的公开市场价值,同时给出快速变现价值意见及其理由。

第二十六条 估价报告应用有效期从估价报告出具之日起计,不得超过一年;房地产估价师预计估价对象的市场价格将有较大变化的,应当缩短估价报告应用有效期。

超过估价报告应用有效期使用估价报告的,相关责任由使用者承担。在估价报告应用有效期内使用估价报告的,相关责任由出具估价报告的估价机构承担,但使用者不当使用的除外。

第二十七条 房地产抵押估价报告的名称,应当为"房地产抵押估价报告",由房地产估价机构出具,加盖房地产估价机构公章,并有至少两名专职注册房地产估价师签字。

第二十八条 在房地产抵押估价活动中,本意见未作规定的事宜,应当按照《房地产估价规范》执行。

第二十九条 本意见由中国房地产估价师与房地产经纪人学会负责解释。

第三十条 本意见自 2006 年 3 月 1 日起施行。

附录5　国有资产评估管理办法

国务院　1991年11月16日

第一章　总　则

第一条　为了正确体现国有资产的价值量,保护国有资产所有者和经营者、使用者的合法权益,制定本办法。

第二条　国有资产评估,除法律、法规另有规定外,适用本办法。

第三条　国有资产占有单位(以下简称占有单位)有下列情形之一的,应当进行资产评估:

(一)资产拍卖、转让;

(二)企业兼并、出售、联营、股份经营;

(三)与外国公司、企业和其他经济组织或者个人开办中外合资经营企业或者中外合作经营企业;

(四)企业清算;

(五)依照国家有关规定需要进行资产评估的其他情形。

第四条　占有单位有下列情形之一,当事人认为需要的,可以进行资产评估:

(一)资产抵押及其他担保;

(二)企业租赁;

(三)需要进行资产评估的其他情形。

第五条　全国或者特定行业的国有资产评估,由国务院决定。

第六条　国有资产评估范围包括固定资产、流动资产、无形资产和其他资产。

第七条　国有资产评估应当遵循真实性、科学性、可行性原则,依照国家规定的标准、程序和方法进行评定和估算。

第二章　组织管理

第八条　国有资产评估工作,按照国有资产管理权限,由国有资产管理行政主管部门负责管理和监督。

国有资产评估组织工作,按照占有单位的隶属关系,由行业主管部门负责。

国有资产管理行政主管部门和行业主管部门不直接从事国有资产评估业务。

第九条　持有国务院或者省、自治区、直辖市人民政府国有资产管理行政主管部门颁发的国有资产评估资格证书的资产评估公司、会计师事务所、审计事务所、财务咨询公司,经国务院或者省、自治区、直辖市人民政府国有资产管理行政主管部门认可的临时评估机构(以下统称资产评估机构),可以接受占有单位的委托,从事国有资产评估业务。

前款所列资产评估机构的管理办法,由国务院国有资产管理行政主管部门制定。

第十条　占有单位委托资产评估机构进行资产评估时,应当如实提供有关情况和资料。

资产评估机构应当对占有单位提供的有关情况和资料保守秘密。

第十一条 资产评估机构进行资产评估,实行有偿服务。资产评估收费办法,由国务院国有资产管理行政主管部门会同财政部门、物价主管部门制定。

第三章 评估程序

第十二条 国有资产评估按照下列程序进行:
(一)申请立项;
(二)资产清查;
(三)评定估算;
(四)验证确认。

第十三条 依照本办法第三条、第四条规定进行资产评估的占有单位,经其主管部门审查同意后,应当向同级国有资产管理行政主管部门提交资产评估立项申请书,并附财产目录和有关会计报表等资料。

经国有资产管理行政主管部门授权或者委托,占有单位的主管部门可以审批资产评估立项申请。

第十四条 国有资产管理行政主管部门应当自收到资产评估立项申请书之日起十日内进行审核,并作出是否准予资产评估立项的决定,通知申请单位及其主管部门。

第十五条 国务院决定对全国或者特定行业进行国有资产评估的,视为已经准予资产评估立项。

第十六条 申请单位收到准予资产评估立项通知书后,可以委托资产评估机构评估资产。

第十七条 受占有单位委托的资产评估机构应当在对委托单位的资产、债权、债务进行全面清查的基础上,核实资产账面与实际是否相符,经营成果是否真实,据以作出鉴定。

第十八条 受占有单位委托的资产评估机构应当根据本办法的规定,对委托单位被评估资产的价值进行评定和估算,并向委托单位提出资产评估结果报告书。

委托单位收到资产评估机构的资产评估结果报告书后,应当报其主管部门审查;主管部门审查同意后,报同级国有资产管理行政主管部门确认资产评估结果。

经国有资产管理行政主管部门授权或者委托,占有单位的主管部门可以确认资产评估结果。

第十九条 国有资产管理行政主管部门应当自收到占有单位报送的资产评估结果报告书之日起四十五日内组织审核、验证、协商,确认资产评估结果,并下达确认通知书。

第二十条 占有单位对确认通知书有异议的,可以自收到通知书之日起十五日内向上一级国有资产管理行政主管部门申请复核。上一级国有资产管理行政主管部门应当自收到复核申请之日起三十日内作出裁定,并下达裁定通知书。

第二十一条 占有单位收到确认通知书或者裁定通知书后,应当根据国家有关财务、会计制度进行账务处理。

第四章 评估方法

第二十二条 国有资产重估价值,根据资产原值、净值、新旧程度、重置成本、获利能力等因素和本办法规定的资产评估方法评定。

第二十三条 国有资产评估方法包括：

(一)收益现值法；

(二)重置成本法；

(三)现行市价法；

(四)清算价格法；

(五)国务院国有资产管理行政主管部门规定的其他评估方法。

第二十四条 用收益现值法进行资产评估的,应当根据被评估资产合理的预期获利能力和适当的折现率,计算出资产的现值,并以此评定重估价值。

第二十五条 用重置成本法进行资产评估的,应当根据该项资产在全新情况下的重置成本,减去按重置成本计算的已使用年限的累积折旧额,考虑资产功能变化、成新率等因素,评定重估价值；或者根据资产的使用期限,考虑资产功能变化等因素重新确定成新率,评定重估价值。

第二十六条 用现行市价法进行资产评估的,应当参照相同或者类似资产的市场价格,评定重估价值。

第二十七条 用清算价格法进行资产评估的,应当根据企业清算时其资产可变现的价值,评定重估价值。

第二十八条 对流动资产中的原材料、在制品、协作件、库存商品、低值易耗品等进行评估时,应当根据该项资产的现行市场价格、计划价格,考虑购置费用、产品完工程度、损耗等因素,评定重估价值。

第二十九条 对有价证券的评估,参照市场价格评定重估价值；没有市场价格的,考虑票面价值、预期收益等因素,评定重估价值。

第三十条 对占有单位的无形资产,区别下列情况评定重估价值：

(一)外购的无形资产,根据购入成本及该项资产具有的获利能力；

(二)自创或者自身拥有的无形资产,根据其形成时所需实际成本及该项资产具有的获利能力；

(三)自创或者自身拥有的未单独计算成本的无形资产,根据该项资产具有的获利能力。

第五章 法律责任

第三十一条 占有单位违反本办法的规定,提供虚假情况和资料,或者与资产评估机构串通作弊,致使资产评估结果失实的,国有资产管理行政主管部门可以宣布资产评估结果无效,并可以根据情节轻重,单处或者并处下列处罚：

(一)通报批评；

(二)限期改正,并可以处以相当于评估费用以下的罚款；

(三)提请有关部门对单位主管人员和直接责任人员给予行政处分,并可以处以相当于本人三个月基本工资以下的罚款。

第三十二条 资产评估机构作弊或者玩忽职守,致使资产评估结果失实的,国有资产管理行政主管部门可以宣布资产评估结果无效,并可以根据情节轻重,对该资产评估机构给予下列处罚：

（一）警告；

（二）停业整顿；

（三）吊销国有资产评估资格证书。

第三十三条 被处罚的单位和个人对依照本办法第三十一条、第三十二条规定作出的处罚决定不服的，可以在收到处罚通知之日起十五日内，向上一级国有资产管理行政主管部门申请复议。上一级国有资产管理行政主管部门应当自收到复议申请之日起六十日内作出复议决定。申请人对复议决定不服的，可以自收到复议通知之日起十五日内，向人民法院提起诉讼。

第三十四条 国有资产管理行政主管部门或者行业主管部门工作人员违反本办法，利用职权牟取私利，或者玩忽职守，造成国有资产损失的，国有资产管理行政主管部门或者行业主管部门可以按照干部管理权限，给予行政处分，并可以处以相当于本人三个月基本工资以下的罚款。

违反本办法，利用职权牟取私利的，由有查处权的部门依法追缴其非法所得。

第三十五条 违反本办法，情节严重，构成犯罪的，由司法机关依法追究刑事责任。

第六章 附 则

第三十六条 境外国有资产的评估，不适用本办法。

第三十七条 有关国有自然资源有偿使用、开采的评估办法，由国务院另行规定。

第三十八条 本办法由国务院国有资产管理行政主管部门负责解释。本办法的施行细则由国务院国有资产管理行政主管部门制定。

第三十九条 本办法自发布之日起施行。

附录6 房屋完损等级评定标准

1984年11月8日 城住字〔1984〕第678号

为了统一评定各类房屋的完损等级标准,科学地制定房屋维修计划,尽快地提高房屋完好率,我部委托无锡市房地产管理局编写了《房屋完损等级评定标准》,现批准自1985年1月1日起在房地产管理所试行。

1 引言

1.1 为使房地产管理部门掌握各类房屋的完损情况,并为房屋技术管理和修缮计划的安排以及城市规划、改革提供基础资料和依据,特制订本标准。

1.2 本标准适用于房地产管理部门经营的房屋。对单位自管房(不包括工业建筑)或私房进行鉴定、管理时,其完损等级的评定,也可适用本标准。在评定古典建筑的完损等级时,本标准可作参考。

1.3 对现有房屋原设计质量和原使用功能的鉴定,不属本标准的评定范围。

2 一般规定

2.1 房屋按常用结构分成下列各类:

a. 钢筋混凝土结构——承重的主要结构是用钢筋混凝土建造的(钢或钢筋混凝土结构参照列入);

b. 混合结构——承重的主要结构是用钢筋混凝土和砖木建造的;

c. 砖木结构——承重的主要结构是用砖木建造的;

d. 其他结构——承重的主要结构是用竹木、砖石、土建造的简易房屋。

2.2 房屋完损状况,根据各类房屋的结构、装修、设备等组成部分的完好、损坏程度,分成下列各类:

a. 完好房;

b. 基本完好房;

c. 一般损坏房;

d. 严重损坏房;

e. 危险房。

注:危险房是指承重的主要结构严重损坏,影响正常使用,不能确保住用安全的房屋。其评定标准另定。

2.3 各类房屋结构组成分为:基础、承重构件、非承重墙、屋面、楼地面;装修组成分为:门窗、外抹灰、内抹灰顶棚、细木装修;设备组成分为:水卫、电照、暖气及特种设备(如消防栓、避雷装置等)。

2.4 有抗震设防要求的地区,在划分房屋完损等级时应结合抗震能力进行评定。

2.5 房地产管理部门在统计房屋完好率时,应按本标准所确定的完好房和基本完好房一并计算。

2.6 凡新接管和经过修缮后的房屋应按本标准重新评定完损等级。
结合房屋的定期普查鉴定,亦应调整房屋的完损等级。

2.7 房屋完损等级的评定,一般以幢为评定单位,一律以建筑面积(平方米)为计量单位。

3 房屋完损标准

3.1 完好标准

3.1.1 结构部分

3.1.1.1 地基基础:有足够承载能力,无超过允许范围的不均匀沉降。

3.1.1.2 承重构件:梁、柱、墙、板、屋架平直牢固,无倾斜变形、裂缝、松动、腐朽、蛀蚀。

3.1.1.3 非承重墙:

a. 预制墙板节点安装牢固,拼缝处不渗漏;

b. 砖墙平直完好,无风化破损;

c. 石墙无风化弓凸;

d. 木、竹、芦帘、苇箔等墙体完整无破损。

3.1.1.4 屋面:不渗漏(其他结构房屋以不漏雨为标准),基层平整完好,积尘甚少,排水畅通。

a. 平屋面防水层、隔热层、保温层完好;

b. 平瓦屋面瓦片搭接紧密,无缺角、裂缝瓦(合理安排利用除外),瓦出线完好;

c. 青瓦屋面瓦垄顺直,搭接均匀,瓦头整齐,无碎瓦,节筒俯瓦灰梗牢固;

d. 铁皮屋面安装牢固,铁皮完好,无锈蚀;

e. 石灰炉渣、青灰屋面光滑平整,油毡屋面牢固无破洞。

3.1.1.5 楼地面

a. 整体面层平整完好,无空鼓、裂缝、起砂;

b. 木楼地面平整坚固,无腐朽、下沉,无较多磨损和稀缝;

c. 砖、混凝土块料面层平整,无碎裂;

d. 灰土地面平整完好。

3.1.2 装修部分

3.1.2.1 门窗:完整无损,开关灵活,玻璃、五金齐全,纱窗完整,油漆完好(允许有个别钢门、窗轻度锈蚀,其他结构房屋无油漆要求)。

3.1.2.2 外抹灰:完整牢固,无空鼓、剥落、破损和裂缝(风裂除外),勾缝砂浆密实。
其他结构房屋以完整无破损为标准。

3.1.2.3 内抹灰:完整、牢固,无破损、空鼓和裂缝(风裂除外)。
其他结构房屋以完整无破损为标准。

3.1.2.4 顶棚:完整牢固,无破损、变形、腐朽和下垂脱落,油漆完好。

3.1.2.5 细木装修:完整牢固,油漆完好。

3.1.3 设备部分

3.1.3.1 水卫:上、下水管道畅通,各种卫生器具完好,零件齐全无损。

3.1.3.2 电照:电器设备、线路、各种照明装置完好牢固,绝缘良好。

3.1.3.3 暖气:设备、管道、烟道畅通、完好,无堵、冒、漏,使用正常。

3.1.3.4 特种设备:现状良好,使用正常。

3.2 基本完好标准

3.2.1 结构部分

3.2.1.1 地基基础:有承载能力,稍有超过允许范围的不均匀沉降,但已稳定。

3.2.1.2 承重构件:有少量损坏,基本牢固。

a. 钢筋混凝土个别构件有轻微变形、细小裂缝,混凝土有轻度剥落、露筋;

b. 钢屋架平直不变形,各节点焊接完好,表面稍有锈蚀,钢筋混凝土屋架无混凝土剥落,节点牢固完好,钢杆件表面稍有锈蚀;木屋架的各部件节点连接基本完好,稍有隙缝,铁件齐全,有少量生锈;

c. 承重砖墙(柱)、砌块有少量细裂缝;

d. 木构件稍有变形、裂缝、倾斜,个别节点和支撑稍有松动,铁件稍有锈蚀;

e. 竹结构节点基本牢固,轻度蛀蚀,铁件稍锈蚀。

3.2.1.3 非承重墙:有少量损坏,但基本牢固。

a. 预制墙板稍有裂缝、渗水,嵌缝不密实,间隔墙面层稍有破损;

b. 外砖墙面稍有风化,砖墙体轻度裂缝,勒脚有侵蚀;

c. 石墙稍有裂缝、弓凸;

d. 木、竹、芦帘、苇箔等墙体基本完整,稍有破损。

3.2.1.4 屋面:局部渗漏,积尘较多,排水基本畅通。

a. 平屋面隔热层、保温层稍有损坏,卷材防水层稍有空鼓、翘边和封口不严,刚性防水层稍有龟裂,块体防水层稍有脱壳;

b. 平瓦屋面少量瓦片裂碎、缺角、风化,瓦出线稍有裂缝;

c. 青瓦屋面瓦垄少量不直,少量瓦片破碎,节筒俯瓦有松动,灰梗有裂缝,屋脊抹灰有裂缝;

d. 铁皮屋面少量咬口或嵌缝不严实,部分铁皮生锈,油漆脱皮;

e. 石灰炉渣、青灰屋面稍有裂缝,油毡屋面少量破洞。

3.2.1.5 楼地面

a. 整体面层稍有裂缝、空鼓、起砂;

b. 木楼地面稍有磨损和稀缝,轻度颤动;

c. 砖、混凝土块料面层磨损起砂,稍有裂缝、空鼓;

d. 灰土地面有磨损、裂缝。

3.2.2 装修部分

3.2.2.1 门窗:少量变形、开关不灵,玻璃、五金、纱窗少量残缺,油漆失光。

3.2.2.2 外抹灰:稍有空鼓、裂缝、风化、剥落,勾缝砂浆少量酥松脱落。

3.2.2.3 内抹灰:稍有空鼓、裂缝、剥落。

3.2.2.4 顶棚:无明显变形、下垂,抹灰层稍有裂缝,面层稍有脱钉、翘角、松动,压条有脱落。

3.2.2.5 细木装修:稍有松动、残缺,油漆基本完好。

3.2.3 设备部分

3.2.3.1 水卫:上、下水管道基本畅通,卫生器具基本完好,个别零件残缺损坏。

3.2.3.2 电照:电气设备、线路、照明装置基本完好,个别零件损坏。

3.2.3.3 暖气:设备、管道、烟道基本畅通,稍有锈蚀,个别零件损坏,基本能正常使用。

3.2.3.4 特种设备:现状基本良好,能正常使用。
3.3 一般损坏标准
3.3.1 结构部分
3.3.1.1 地基基础,局部承载能力不足,有超过允许范围的不均匀沉降,对上部结构稍有影响。
3.3.1.2 承重构件:有较多损坏,强度已有所减弱。
 a.钢筋混凝土构件有局部变形、裂缝,混凝土剥落露筋锈蚀、变形、裂缝值稍超过设计规范的规定,混凝土剥落面积占全部面积的10%以内,露筋锈蚀;
 b.钢屋架有轻微倾斜或变形,少数支撑部件损坏,锈蚀严重,钢筋混凝土屋架有剥落,露筋、钢杆有锈蚀;木屋架有局部腐朽、蛀蚀,个别节点连接松动,木质有裂缝、变形、倾斜等损坏,铁件锈蚀;
 c.承重墙体(柱)、砌块有部分裂缝、倾斜、弓凸、风化、腐蚀和灰缝酥松等损坏;
 d.木构件局部有倾斜、下垂、侧向变形、腐朽、裂缝,少数节点松动,脱榫,铁件锈蚀;
 e.竹构件个别节点松动,竹材有部分开裂、蛀蚀、腐朽、局部构件变形。
3.3.1.3 非承重墙:有较多损坏,强度减弱。
 a.预制墙板的边、角有裂缝,拼缝处嵌缝料部分脱落,有渗水,间隔墙层局部损坏;
 b.砖墙有裂缝、弓凸、倾斜、风化、腐蚀,灰缝有酥松,勒脚有部分侵蚀剥落;
 c.石墙部分开裂、弓凸、风化、砂浆酥松,个别石块脱落;
 d.木、竹、芦帘墙体部分严重破损,土墙稍有倾斜,硝碱。
3.3.1.4 屋面:局部漏雨,木基层局部腐朽、变形、损坏,钢筋混凝土屋板局部下滑,屋面高低不平,排水设施锈蚀、断裂。
 a.平屋面保温层、隔热层较多损坏,卷材防水层部分有空鼓、翘边和封口脱开,刚性防水层部分有裂缝、起壳,块体防水层部分有松动、风化、腐蚀;
 b.平瓦屋面部分瓦片有破碎、风化,瓦出线严重裂缝、起壳,脊瓦局部松动、破损;
 c.青瓦屋面部分瓦片风化、破碎、翘角、瓦垄不顺直,节筒俯瓦破碎残缺,灰梗部分脱落,屋脊抹灰有脱落,瓦片松动;
 d.铁皮屋面部分咬口或嵌缝不严实,铁皮严重锈烂;
 e.石灰炉渣、青灰屋面,局部风化脱壳、剥落,油毡屋面有破洞。
3.3.1.5 楼地面
 a.整体面层部分裂缝、空鼓、剥落,严重起砂;
 b.木楼地面部分有磨损、蛀蚀、翘裂、松动、稀缝,局部变形下沉,有颤动;
 c.砖、混凝土块料面层磨损,部分破损、裂缝、脱落,高低不平;
 d.灰土地面坑洼不平。
3.3.2 装修部分
3.3.2.1 门窗:木门窗部分翘裂,榫头松动,木质腐朽,开关不灵;钢门、窗部分热胀变形、锈蚀,玻璃、五金、纱窗部分残缺;油漆老化翘皮、剥落。
3.3.2.2 外抹灰:部分有空鼓、裂缝、风化、剥落,勾缝砂浆部分松酥脱落。
3.3.2.3 内抹灰:部分空鼓、裂缝、剥落。
3.3.2.4 顶棚:有明显变形、下垂,抹灰层局部有裂缝,面层局部有脱钉、翘角、松动,部分压条脱落。

3.3.2.5 细木装修：木质部分腐朽、蛀蚀、破裂，油漆老化。

3.3.3 设备部分

3.3.3.1 水卫：上、下水道不够畅通，管道有积垢、锈蚀，个别滴、漏、冒；卫生器具零件部分损坏、残缺。

3.3.3.2 电照：设备陈旧、电线部分老化，绝缘性能差，少量照明装置有损坏残缺。

3.3.3.3 暖气：部分设备、管道锈蚀严重，零件损坏，有滴、冒、跑现象，供气不正常。

3.3.3.4 特种设备：不能正常使用。

3.4 严重损坏标准

3.4.1 结构部分

3.4.1.1 地基基础：承载能力不足，有明显不均匀沉降或明显滑动、压碎、折断、冻酥、腐蚀等损坏，并且仍在继续发展，对上部结构有明显影响。

3.4.1.2 承重构件：明显损坏，强度不足。

a. 钢筋混凝土构件有明显下垂变形、裂缝，混凝土剥落和露筋锈蚀严重，下垂变形，裂缝值超过设计规范的规定，混凝土剥落面积占全面积的10%以上；

b. 钢屋架明显侧斜或变形，部分支撑弯曲松脱，锈蚀严重，钢筋混凝土屋架有倾斜，混凝土严重腐蚀剥落，露筋锈蚀，部分支撑损坏，连接件不齐全，钢杆锈蚀严重；木屋架端节点腐朽、蛀蚀，节点连接松动，夹板有裂缝，屋架有明显下垂或倾斜，铁件严重锈蚀，支撑松动；

c. 承重墙体（柱）、砌块强度和稳定性严重不足，有严重裂缝、倾斜、弓凸、风化、腐蚀和灰缝严重酥松损坏；

d. 木构件严重倾斜、下垂，侧向变形，腐朽，蛀蚀，裂缝，木质脆枯，节点松动，榫头折断拔出、榫眼压裂，铁件严重锈蚀和部分残缺；

e. 竹构件节点松动、变形，竹材弯曲断裂、腐朽，整个房屋倾斜变形。

3.4.1.3 非承重墙：有严重损坏，强度不足。

a. 预制墙板严重裂缝、变形，节点锈蚀，拼缝嵌料脱落，严重漏水，间隔墙立筋松动、断裂，面层严重破损；

b. 砖墙有严重裂缝、弓凸、倾斜、风化、腐蚀，灰缝酥松；

c. 石墙严重开裂、下沉、弓凸、断裂，砂浆酥松，石块脱落；

d. 木、竹、芦帘、苇箔等墙体严重破损，土墙倾斜、硝碱。

3.4.1.4 屋面：严重漏雨，木基层腐烂、蛀蚀、变形损坏，屋面高低不平，排水设施严重锈蚀、断裂、残缺不全。

a. 平屋面保温层、隔热层严重损坏，卷材防水层普遍老化、断裂、翘边和封口脱开，沥青流淌，刚性防水层严重开裂、起壳、脱落，块体防水层严重松动、腐蚀、破损；

b. 平瓦屋面瓦片零乱不落槽，严重破碎、风化，瓦出线破损、脱落，脊瓦严重松动破损；

c. 青瓦屋面瓦片零乱、风化、碎瓦多，瓦垄不直、脱脚，节筒俯瓦严重脱落、残缺，灰梗脱落，屋脊严重损坏；

d. 铁皮屋面严重锈烂、变形下垂；

e. 石灰炉渣、青灰屋面大部冻鼓、裂缝、脱壳、剥落，油毡屋面严重老化，大部损坏。

3.4.1.5 楼地面

a. 整体面层严重起砂、剥落、裂缝、沉陷、空鼓；

b. 木楼地面有严重磨损、蛀蚀、翘裂、松动、稀缝、变形下沉、颤动；

c.砖、混凝土块料面层严重脱落、下沉、高低不平、破碎、残缺不全;

d.灰土地面严重坑洼不平。

3.4.2 装修部分

3.4.2.1 门窗:木质腐朽,开关普遍不灵,榫头松动、翘裂,钢门、窗严重变形锈蚀,玻璃、五金、纱窗残缺,油漆剥落见底。

3.4.2.2 外抹灰:严重空鼓、裂缝、剥落,墙面渗水,勾缝砂浆严重松酥脱落。

3.4.2.3 内抹灰:严重空鼓、裂缝、剥落。

3.4.2.4 顶棚:严重变形下垂,木筋弯曲翘裂、腐朽、蛀蚀,面层严重破损,压条脱落,油漆见底。

3.4.2.5 细木装修:木质腐朽、蛀蚀、破裂,油漆老化见底。

3.4.3 设备部分

3.4.3.1 水卫:下水道严重堵塞、锈蚀、漏水;卫生器具零件严重损坏、残落。

3.4.3.2 电照:设备陈旧残缺,电线普遍老化、零乱,照明装置残缺不齐,绝缘不符合安全用电要求。

3.4.3.3 暖气:设备、管道锈蚀严重,零件损坏、残缺不齐,跑、冒、滴现象严重,基本上已无法使用。

3.4.3.4 特种设备:严重损坏,已无法使用。

4 房屋完损等级评定方法

4.1 钢筋混凝土结构、混合结构、砖木结构房屋完损等级评定方法。

4.1.1 凡符合下列条件之一者可评为完好房:

4.1.1.1 结构、装修、设备部分各项完损程度符合完好标准。

4.1.1.2 在装修、设备部分中有一二项完损程度符合基本完好的标准,其余符合完好标准。

4.1.2 凡符合下列条件之一者可评为基本完好房:

4.1.2.1 结构、装修、设备部分各项完损程度符合基本完好标准。

4.1.2.2 在装修、设备部分中有一二项完损程度符合一般损坏的标准,其余符合基本完好以上的标准。

4.1.2.3 结构部分除基础、承重构件、屋面外,可有一项和装修或设备部分中的一项符合一般损坏标准,其余符合基本完好以上标准。

4.1.3 凡符合下列条件之一者可评为一般损坏房:

4.1.3.1 结构、装修、设备部分各项完损程度符合一般损坏的标准。

4.1.3.2 在装修、设备部分中有一二项完损程度符合严重损坏标准,其余符合一般损坏以上标准。

4.1.3.3 结构部分除基础、承重构件、屋面外,可有一项和装修或设备部分中的一项完损程度符合严重损坏的标准,其余符合一般损坏以上的标准。

4.1.4 凡符合下列条件之一者可评为严重损坏房:

4.1.4.1 结构、装修、设备部分各项完损程度符合严重损坏标准。

4.1.4.2 在结构、装修、设备部分中有少数项目完损程度符合一般损坏标准,其余符合严重损坏标准。

4.2 其他结构房屋完损等级评定方法

4.2.1 结构、装修、设备部分各项完损程度符合完好标准的,可评为完好房。

4.2.2 结构、装修、设备部分各项完好程度符合基本完好标准,或者有少量项目完好程度符合完好标准的,可评为基本完好房。

4.2.3 结构、装修、设备部分各项完损程度符合一般损坏标准,或者有少量项目完损程度符合基本完好标准的,可评为一般损坏房。

4.2.4 结构、装修、设备部分各项完损程度符合严重损坏标准,或者有少量项目完损程度符合一般损坏标准的,可评为严重损坏房。

附录7 建筑面积计算规则

中华人民共和国建设部　2005年4月15日

1 总则

1.0.1 为规范工业与民用建筑工程的面积计算,统一计算方法,制定本规范。

1.0.2 本规范适用于新建、扩建、改建的工业与民用建筑工程的面积计算。

1.0.3 建筑面积计算应遵循科学、合理的原则。

1.0.4 建筑面积计算除应遵循本规范,尚应符合国家现行的有关标准规范的规定。

2 术语

2.0.1　层高(story height)
上下两层楼面或楼面与地面之间的垂直距离。

2.0.2　自然层(floor)
按楼板、地板结构分层的楼层。

2.0.3　架空层(empty space)
建筑物深基础或坡地建筑吊脚架空部位不回填土石方形成的建筑空间。

2.0.4　走廊(corridor gollory)
建筑物的水平交通空间。

2.0.5　挑廊(overhanging corridor)
挑出建筑物外墙的水平交通空间。

2.0.6　檐廊(eaves gollory)
设置在建筑物底层出檐下的水平交通空何。

2.0.7　回廊(cloister)
在建筑物门厅、大厅内设置在二层或二层以上的回形走廊。

2.0.8　门斗(foyer)
在建筑物出入口设置的起分隔、挡风、御寒等作用的建筑过渡空间。

2.0.9　建筑物通道(passage)
为道路穿过建筑物而设置的建筑空间。

2.0.10　架空走廊(bridge way)
建筑物与建筑物之间,在二层或二层以上专门为水平交通设置的走廊。

2.0.11　勒脚(plinth)
建筑物的外墙与室外地面或散水接触部位墙体的加厚部分。

2.0.12　围护结构(envelop enclosure)
围合建筑空间四周的墙体、门、窗等。

2.0.13　围护性幕墙(enclosing curtain wall)
直接作为外墙起围护作用的幕墙。

2.0.14 装饰性幕墙(decorative faced curtain wall)
设置在建筑物墙体外起装饰作用的幕墙。

2.0.15 落地橱窗(french window)
突出外墙面根基落地的橱窗。

2.0.16 阳台(balcony)
供使用者进行活动和晾晒衣物的建筑空间。

2.0.17 眺望间(view room)
设置在建筑物顶层或挑出房间的供人们远眺或观察周围情况的建筑空间。

2.0.18 雨篷(canopy)
设置在建筑物进出口上部的遮雨、遮阳篷。

2.0.19 地下室(basement)
房间地平面低于室外地平面的高度超过该房间净高的1/2者为地下室。

2.0.20 半地下室(semi basement)
房间地平面低于室外地平面的高度超过该房间净高的1/3,且不超过1/2者为半地下室。

2.0.21 变形缝(deforrnation joint)
伸缩缝(温度缝)、沉降缝和抗震缝的总称。

2.0.22 永久性顶盖(permanent cap)
经规划批准设计的永久使用的顶盖。

2.0.23 飘窗(bay window)
为房间采光和美化造型而设置的突出外墙的窗。

2.0.24 骑楼(overhang)
楼层部分跨在人行道上的临街楼房。

2.0.25 过街楼(arcade)
有道路穿过建筑空间的楼房。

3 计算建筑面积的规定

3.0.1 单层建筑物的建筑面积,应按其外墙勒脚以上结构外围水平面积计算,并应符合下列规定：

a. 单层建筑物高度在2.20m及以上者应计算全面积;高度不足2.20m者应计算1/2面积。

b. 利用坡屋顶内空间时净高超过2.10m的部位应计算全面积;净高在1.20m至2.10m的部位应计算1/2面积;净高不足1.20m的部位不应计算面积。

3.0.2 单层建筑物内设有局部楼层者,局部楼层的二层及以上楼层,有围护结构的应按其围护结构外围水平面积计算,无围护结构的应按其结构底板水平面积计算。层高在2.20m及以上者应计算全面积;层高不足2.20m者应计算1/2面积。

3.0.3 多层建筑物首层应按其外墙勒脚以上结构外围水平面积计算;二层及以上楼层应按其外墙结构外围水平面积计算。层高在2.20m及以上者应计算全面积;层高不足2.20m者应计算1.2面积。

3.0.4 多层建筑坡屋顶内和场馆看台下,当设计加以利用时净高超过2.10m的部位应计算全面积;净高在1.20m至2.10m的部位应计算1/2面积;当设计不利用或室内净高不足

1.20m时不应计算面积。

3.0.5 地下室、半地下室(车间、商店、车站、车库、仓库等),包括相应的有永久性顶盖的出入口,应按其外墙上口(不包括采光井、外墙防潮层及其保护墙)外边线所围水平面积计算。层高在2.20m及以上者应计算全面积;层高不足2.20m者应计算1/2面积。

3.0.6 坡地的建筑物吊脚架空层、深基础架空层,设计加以利用并有围护结构的,层高在2.20m及以上的部位应计算全面积;层高不足2.20m的部位应计算1/2面积。设计加以利用、无围护结构的建筑吊脚架空层,应按其利用部位水平面积的1/2计算;设计不利用的深基础架空层、坡地吊脚架空层、多层建筑坡屋顶内、场馆看台下的空间不应计算面积。

3.0.7 建筑物的门厅、大厅按一层计算建筑面积。门厅、大厅内设有回廊时,应按其结构底板水平面积计算。层高在2.20m及以上者应计算全面积;层高不足2.20m者应计算1/2面积。

3.0.8 建筑物间有围护结构的架空走廊,应按其围护结构外围水平面积计算。层高在2.20m及以上者应计算全面积;层高不足2.20m者应计算1/2面积。有永久性顶盖无围护结构的应按其结构底板水平面积的1/2计算。

3.0.9 立体书库、立体仓库、立体车库,无结构层的应按一层计算,有结构层的应按其结构层面积分别计算。层高在2.20m及以上者应计算全面积;层高不足2.20m者应计算1/2面积。

3.0.10 有围护结构的舞台灯光控制室,应按其围护结构外围水平面积计算。层高在2.20m及以上者应计算全面积;层高不足2.20m者应计算1/2面积。

3.0.11 建筑物外有围护结构的落地橱窗、门斗、挑廊、走廊、檐廊,应按其围护结构外围水平面积计算。层高在2.20m及以上者应计算全面积;层高不足2.20m者应计算1/2面积。有永久性顶盖无围护结构的应按其结构底板水平面积的1/2计算。

3.0.12 有永久性顶盖无围护结构的场馆看台应按其顶盖水平投影面积的1/2计算。

3.0.13 建筑物顶部有围护结构的楼梯间、水箱间、电梯机房等,层高在2.20m及以上者应计算全面积;层高不足2.20m者应计算1/2面积。

3.0.14 设有围护结构不垂直于水平面而超出底板外沿的建筑物,应按其底板面的外围水平面积计算。层高在2.20m及以上者应计算全面积;层高不足2.20m者应计算1/2面积。

3.0.15 建筑物内的室内楼梯间、电梯井、观光电梯井、提物井、管道井、通风排气竖井、垃圾道、附墙烟囱应按建筑物的自然层计算。

3.0.16 雨篷结构的外边线至外墙结构外边线的宽度超过2.10m者,应按雨篷结构板的水平投影面积的1/2计算。

3.0.17 有永久性顶盖的室外楼梯,应按建筑物自然层的水平投影面积的1/2计算。

3.0.18 建筑物的阳台均应按其水平投影面积的1/2计算。

3.0.19 有永久性顶盖无围护结构的车棚、货棚、站台、加油站、收费站等,应按其顶盖水平投影面积的1/2计算。

3.0.20 高低联跨的建筑物,应以高跨结构外边线为界分别计算建筑面积;其高低跨内部连通时,其变形缝应计算在低跨面积内。

3.0.21 以幕墙作为围护结构的建筑物,应按幕墙外边线计算建筑面积。

3.0.22 建筑物外墙外侧有保温隔热层的,应按保温隔热层外边线计算建筑面积。

3.0.23 建筑物内的变形缝,应按其自然层合并在建筑物面积内计算。

3.0.24 下列项目不应计算面积：

a. 建筑物通道（骑楼、过街楼的底层）；

b. 建筑物内的设备管道夹层；

c. 建筑物内分隔的单层房间、舞台及后台悬挂幕布、布景的天桥、挑台等；

d. 屋顶水箱、花架、凉棚、露台、露天游泳池；

e. 建筑物内的工作平台、上料平台、安装箱和罐体的平台；

f. 勒脚、附墙柱、垛、台阶、墙面抹灰、装饰面、镶贴块料面层、装饰性幕墙、空调机外机搁板（箱）、飘窗、构件、配件、宽度在 2.10m 及以内的雨篷以及与建筑物内不相连通的装饰性阳台、挑廊；

g. 无永久性顶盖的架空走廊、室外楼梯和用于检修、消防等的室外钢楼梯、爬梯；

h. 自动扶梯、自动人行道；

i. 独立烟囱、烟道、地沟、油（水）罐、气柜、水塔、贮油（水）池、贮仓、栈桥、地下人防通道、地铁隧道。

本规范用词说明：

(1) 为便于在执行本规范条文时区别对待，对要求严格程度不同的用词说明如下：

① 表示很严格，非这样做不可的用词：

正面词采用"必须"，反面词采用"严禁"。

② 表示严格，在正常情况下均应这样做的用词：

正面词采用"应"，反面词采用"不应"或"不得"。

③ 表示允许稍有选择，在条件许可时首先应这样做的用词：

正面词采用"宜"，反面词采用"不宜"。

表示有选择，在一定条件下可以这样做的用词，采用"可"。

(2) 本规范中指明应按其他有关标准、规范执行的写法为"应符合……的规定"或"应按……执行"。

附录 8 房地产估价理论与方法试卷

(2007 年全国房地产估价师执业资格考试)

一、单项选择题(共 35 题,每题 1 分。每题的备选答案中只有一个最符合题意,请在答题卡上涂黑其相应的编号。)

1. 房地产估价从某种意义上讲是( )房地产的价值。
   A. 发明　　　　B. 发现　　　　C. 创造　　　　D. 稳定

2. 不同的房地产估价师对同一估价对象在同一估价目的、同一估价时点下的评估价值通常不完全相同,这主要是因为( )。
   A. 掌握的有关信息不同　　　　B. 做出的估价师声明不同
   C. 估价对象状况不同　　　　　D. 委托人不同

3. 下列关于内地房地产估价师与香港测量师资格互认的表述中,错误的是( )。
   A. 内地房地产估价师与香港测量师资格互认协议书于 2003 年 11 月签署
   B. 内地房地产估价师与香港测量师资格互认颁证大会于 2004 年 8 月举办
   C. 内地房地产估价师与香港测量师资格互认协议书签署后,内地房地产估价师自动成为香港测量师
   D. 内地房地产估价师与香港测量师资格互认是内地与香港最早实现资格互认的专业技术人员资格之一

4. 某夫妻共有一套成本价购买的房改房,现因离婚进行财产分割的需要而委托房地产估价机构评估该套房改房的价格,则较合理的估价结果是( )。
   A. 现时该房改房上市交易的正常价格扣除受让方应缴纳的土地使用权出让金
   B. 现时该房改房上市交易的正常价格
   C. 现时该房屋的房改成本价
   D. 当时该房屋的房改成本价

5. 在使用假设开发法评估在建工程价值时,利用直接成本利润率估算开发利润的公式为开发利润=( )×直接成本利润率。
   A. 后续开发成本+管理费用
   B. 后续开发成本+管理费用+销售费用
   C. 待开发房地产价值+后续开发成本
   D. 待开发房地产价值+后续开发成本+取得待开发房地产的税费

6. 判定一宗房地产是否为收益性房地产,关键是看该房地产( )。
   A. 目前是否有经济收入　　　　B. 过去是否带来了经济收益
   C. 是否具有产生经济收益的能力　D. 目前的收入是否大于运营费用

7. 某套住宅总价 30 万元,套内建筑面积 125m^2,套内墙体面积 20m^2,分摊的共有建筑面积 25m^2,则该住宅每平方米建筑面积的价格为( )元。
   A. 1 765　　　　B. 2 000　　　　C. 2 069　　　　D. 2 400

8. 房地产估价师从某个特定投资者的角度出发评估出的价值属于( )。

A. 市场价值　　　　B. 清算价值　　　　C. 快速变现价值　　D. 投资价值

9. 关于不同类型价值的高低关系的表述中,错误的是(　　)。
   A. 原始价值高于账面价值　　　　B. 投资价值高于市场价值
   C. 谨慎价值低于市场价值　　　　D. 快速变现价值低于市场价值

10. 某期房预计两年后竣工交付使用,目前与其类似的现房价格为 4 500 元/m²,出租的年末净收益为 500 元/m²。假设年折现率为 8%,风险补偿估计为现房价格的 3%,则该期房目前的价格为(　　)元/m²。
    A. 3 473　　　　B. 4 365　　　　C. 4 500　　　　D. 4 635

11. 根据房地产市场租金与租约租金差额的现值之和求出的价值是(　　)。
    A. 有租约限制下的价值　　　　B. 共有房地产的价值
    C. 无租约限制下的价值　　　　D. 承租人权益的价值

12. 引起真正的房地产自然增值的原因是(　　)。
    A. 装修改造　　　B. 需求增加　　　C. 通货膨胀　　　D. 改进物业管理

13. 下列情况中会导致房地产价格上升的是(　　)。
    A. 上调贷款利率　　　　　　　B. 收紧房地产开发贷款
    C. 开征房地产持有环节的税收　D. 增加土地供应

14. 某宗房地产规划用途为商业,现状为超市,年净收益为 18 万元,预计改为服装店后的年净收益为 20 万元,除此无其他更好的用途,则根据(　　)应按服装店用途进行估价。
    A. 合法原则　　　　　　　　　B. 最高最佳使用原则
    C. 估价时点原则　　　　　　　D. 替代原则

15. 下列关于房地产估价本质的表述中,错误的是(　　)。
    A. 房地产估价是模拟市场定价而不是替代市场定价
    B. 房地产估价是提供价值意见而不是作价格保证
    C. 房地产估价会有误差而且不能有误差范围限制
    D. 房地产估价是评估房地产的价值而不是价格

16. 下列关于房地产估价原则的表述中,错误的是(　　)。
    A. 独立、客观、公正原则属于普适性原则
    B. 合法原则属于一般性原则
    C. 最高最佳使用原则属于技术性原则
    D. 谨慎原则属于一般性原则

17. 以房地产抵押贷款为目的的估价,其估价时点原则上为(　　)。
    A. 签订估价委托合同之日　　　B. 发放抵押贷款之日
    C. 完成估价对象实地查看之日　D. 未来处置抵押房地产之日

18. 甲、乙两宗相邻土地,价格均为 50 万元,若将该两宗土地合并为一宗土地,合并后的市场价格为 150 万元。在这种情况下,如果乙宗地的拥有者购买甲宗地,则甲宗地的拥有者合理的索价范围是(　　)万元。
    A. 0~50　　　　B. 50~75　　　　C. 50~100　　　　D. 100~150

19. 为评估某房地产 2007 年 9 月 1 日的市场价格,选取的可比实例资料是交易日期为 2007 年 3 月 1 日,合同交易价格为 4 000 元/m²,约定建筑面积为 95 m²,合同约定面积误差在 6% 以内不增加付款,实际产权登记面积为 100/m²。自 2007 年 1 月 1 日起至 2007 年 9 月 1

日,当地该类房地产价格平均每月比上月上涨0.3%,则就上述情况对该可比实例成交价格进行处理后的单价为( )元/m²。

  A. 3 868.92   B. 4 000.00   C. 4 072.54   D. 4 286.89

20. 某地区房地产交易中买方和卖方应交纳的税费分别为正常交易价格的3%和6%,某宗房地产建筑面积为120m²,买卖双方商定,买方付给卖方30万元,并由买方交纳所有的税费。则该宗房地产的正常成交单价为( )元/m²。

  A. 2 427.18   B. 2 500.00   C. 2 575.00   D. 2 659.57

21. 为估算某建筑物的重新购建价格,经测算其土建工程直接费为780元/m²,安装工程直接费为450元/m²(其中人工费为50元/m²),装饰装修工程直接费为900元/m²(其中人工费为45元/m²),又知该地区土建工程综合费率为土建工程直接费的15%,安装工程综合费率为安装工程人工费的75%,装饰装修工程综合费率为装饰装修工程人工费的72%,税金为3.5%,则该建筑物的建筑安装装饰工程费为( )元/m²。

  A. 2 204.55   B. 2 397.99   C. 3 237.60   D. 3 345.64

22. 某房地产的重建价格为2000万元,已知在建造期间中央空调系统因功率大,所以较正常情况多投入150万元,投入使用后每年多耗电费0.8万元。假定该空调系统使用寿命为15年,估价对象房地产的报酬率为12%,则该房地产扣除该项功能折旧后的价值为( )万元。

  A. 1 838.00   B. 1 844.55   C. 1 845.87   D. 1 850.00

23. 某估价对象为一旧厂房改造的超级市场,建设期为2年,该厂房建成5年后补办了土地使用权出让手续,土地使用期限为40年,土地使用权出让合同约定土地使用期间届满不可续期。建筑物经济寿命为50年。假设残值率为零,采用直线法计算建筑物折旧时年折旧率为( )。

  A. 2.00%   B. 2.13%   C. 2.22%   D. 2.50%

24. 某宗房地产是于3年前通过出让方式取得,当时获得的土地使用期限为50年并约定不可续期,判定其未来每年的净收益基本稳定。预计该宗房地产在正常情况下未来4年的净收益分别为31万元、29万元、30.5万元、29.5万元,报酬率为8%。用未来数据资本化公式法计算该宗房地产的收益价格为( )万元。

  A. 358.85   B. 360.49   C. 362.93   D. 365.29

25. 某商品住宅总价为98万元,首付款为30%,其余为抵押贷款,贷款期限为15年,按月等额还本付息,贷款年利率为7.5%,自有资金资本化率为8%。则其综合资本化率为( )。

  A. 7.65%   B. 75%   C. 9.42%   D. 10.19%

26. 某公司购买一宗房地产,土地使用期限为40年,不可续期,至今已使用了8年。该宗房地产当时在正常情况下第一年获得净收益6万元,以后每年净收益增长2%,从第8年开始,净收益保持稳定,该宗房地产的报酬率为7%。则该宗房地产的现时收益价格为( )万元。

  A. 85.45   B. 87.16   C. 88.50   D. 88.90

27. 某在建工程规划建筑面积为12 400m²,土地使用期限为40年,从开工之日起计算。项目建设期为2年,建成后半年可全部出租,按可出租面积计算的月租金为60元/m²,可出租面积为建筑面积的65%,正常出租率为90%,运营费用为有效毛收入的25%。目前项目已建设1年,约完成了总投资的60%。假设报酬率为8%,折现率为14%,则该在建工程续建完成后的房地产价值现值为( )万元。

A. 2 281.83　　　B. 2 474.60　　　C. 3 79B.30　　　D. 4 119.18

28. 运用假设开发法中的现金流量折现法估价时,无须做的是( )。

A. 估算后续开发经营期建设工程教育网整理

B. 估算后续开发的各项支出、收入

C. 估算后续开发各项支出、收入在何时发生

D. 估算开发期中的利息和利润

29. 通过市场调研,获得某类房地产 2002 年至 2006 年的价格分别为 3 405 元/m²、3 565 元/m²、3 730 元/m²、3 905 元/m²、4 075 元/m²,则采用平均增减量法预测该类房地产 2008 年的价格为( )元/m²。

A. 4 075.0　　　B. 4 242.5　　　C. 4 410.0　　　D. 4 577.5

30. 某幢大厦的总建筑面积为 10 000m²,房地产总价值为 7 000 万元。其中土地总价值为 3 000 万元。王某拥有该大厦中的一部分,该部分的建筑面积为 250m²,房地产价值为 150 万元。若按照土地价值进行分摊,则王某占有的土地份额为( )。

A. 1.67%　　　B. 2.33%　　　C. 2.75%　　　D. 3.33%

31. 设临街深度价格修正率见下表。

临街深度(m)	≤14	4~8	8~12	12~16	16~18	>18
平均深度价格修正率(%)	130	125	120	110	100	40

另设,旁街对街角地的影响深度以 4.5m 为一级距,旁街影响加价率依次为旁街路线价的 40%、20%,则下图宗地 B 的单价为( )元/m²。

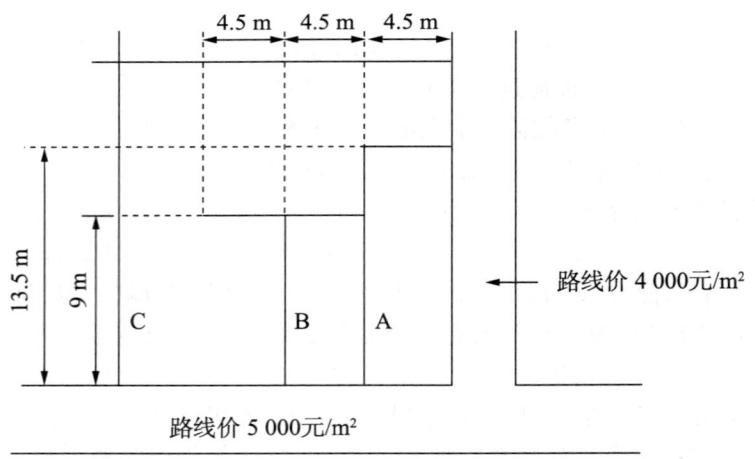

A. 6 400　　　B. 6 800　　　C. 6 960　　　D. 7 600

32. 某房地产开发用地,其土地面积为 10 000m²,土地使用条件与规划限制所规定的容积率为 1.2,楼面地价为 1 500 元/m²。后经规划调整,容积率提高到 1.6,楼面地价不变,则该房地产开发用地因容积率提高需补地价( )万元。

A. 375　　　B. 450　　　C. 500　　　D. 600

33. 暂定期内的三级资质房地产估价机构,能承接的估价业务有( )。

A. 在建工程抵押估价业务

B. 城市房屋拆迁补偿估价业务
C. 该机构执行合伙人所拥有的房地产抵押估价业务
D. 正在使用中的星级宾馆抵押贷款评估业务

34. 下列关于实地查看估价对象的表述中,错误的是( )。
   A. 房地产估价师应亲自到估价对象现场,对估价对象的坐落、用途等情况进行核对
   B. 房地产估价师应亲自到估价对象现场,拍摄反映估价对象外观状况的影像资料,内部状况可不拍摄
   C. 房地产估价师应亲自到估价对象现场,感受估价对象的位置、交通、环境景观等的优劣
   D. 估价对象为已经消失的房地产,房地产估价师也应去估价对象原址进行必要的调查了解

35. 估价结果报告通常包括委托人、估价机构、估价对象、估价目的、估价时点、估价依据、估价原则、估价方法、估价结果、其他需要说明的事项、注册房地产估价师及其他参与估价的人员和( )。
   A. 价值类型和定义、估价作业日期、估价的假设与限制条件
   B. 价值类型和定义、估价对象分析、致委托人函
   C. 价值类型和定义、估价的假设与限制条件、估价报告应用的限制
   D. 价值类型和定义、估价作业日期、估价报告应用的限制

二、多项选择题(共15题,每题2分。每题的备选答案中有两个或两个以上符合题意,请在答题卡上涂黑其相应的编号。全部选对的,得2分;错选或多选的,不得分;少选且选择正确的,每个选项得0.5分)

1. 与非专业估价相比,专业估价的特点有( )。
   A. 是一种专业意见   B. 估计价格或价值   C. 实行有偿服务
   D. 承担法律责任   E. 估价作业日期长

2. 房地产的独一无二特性导致了( )。
   A. 难以出现相同房地产的大量供给
   B. 房地产市场不能实现完全竞争
   C. 房地产交易难以采取样品交易的方式
   D. 房地产价格千差万别并容易受交易者个别因素的影响
   E. 房地产价值量大

3. 根据求取建筑物重新购建价格中的建筑安装工程费的方法来区分,求取建筑物重新购建价格的方法有( )。
   A. 单位比较法   B. 市场提取法   C. 分解法   D. 工料测量法   E. 分部分项法

4. 在房地产抵押价值评估时,须扣除在估价时点估价师所熟知的法定优先受偿款。法定优先受偿款包括( )。
   A. 划拨土地应补交的出让金   B. 已抵押担保的债权数额
   C. 发包人拖欠承包人的建设工程价款 D. 强制执行费用
   E. 估价费用

5. 工业房地产的区位影响因素主要考虑( )。
   A. 临街状况   B. 动力是否易于取得
   C. 废料处理是否方便   D. 接近大自然

E. 产品原料的获取方便程度

6. 利用均衡原理判定建筑物是否为最佳,可以帮助房地产估价师确定估价对象的( )。
   A. 最佳规模　　　　　　　　　B. 最佳经营手段
   C. 最佳集约度　　　　　　　　D. 最佳管理方式
   E. 最佳投资渠道

7. 城市房屋拆迁估价中,房地产估价师对被拆迁房屋面积的界定可来自于( )。
   A. 被拆迁房屋的权属证书记载的面积
   B. 拆迁人提供的被拆迁房屋的面积
   C. 拆迁人与被拆迁人对被拆迁房屋面积的协商结果
   D. 具有房产测绘资格的机构对被拆迁房屋面积的测量结果
   E. 房地产管理部门权属档案记载的被拆迁房屋的面积

8. 某估价对象为一宗熟地,当进行可比实例权益状况调整时,应包括的内容有( )。
   A. 后退道路红线距离　　　　　B. 土地使用期限
   C. 基础设施完备程度　　　　　D. 容积率
   E. 合并的可能性

9. 征收集体土地下的土地取得成本中,征地补偿安置费用包括( )。
   A. 土地补偿费　　　　　　　　B. 安置补助费
   C. 地上附着物和青苗的补偿费　D. 土地使用权出让金等土地有偿使用费用
   E. 安排被征地农民的社会保障费用

10. 可用于报酬资本化法中转换为价值的收入或收益有( )。
    A. 潜在毛租金收入　　　　　　B. 有效毛收入
    C. 净运营收益　　　　　　　　D. 税前现金流量
    E. 税后现金流量

11. 假设开发法中开发完成后房地产出租或营业、自用的情况下,开发经营期为( )。
    A. 开发期+经营期　　　　　　　B. 开发期+运营期
    C. 开发期+经营期-前期-建造期　D. 开发期+运营期-前期-建造期
    E. 前期+建造期+经营期

12. 长期趋势法除了用于推测、判断房地产的未来价格,还可用于( )。
    A. 假设开发法中开发完成后的房地产价值的预测
    B. 收益法中未来租金、运营费用的预测
    C. 成本法中对先前发生费用的正确性的校核
    D. 市场比较法中对房地产状况进行调整
    E. 某些缺乏的房地产历史价格资料的填补

13. 下列估价事项中,仅根据估价目的来确定的有( )。
    A. 估价对象　　B. 估价时点　　C. 价值类型　　D. 估价方法　　E. 估价所需材料

14. 评估基准地价或利用基准地价评估宗地价格,必须明确基准地价的内涵。基准地价的内涵包括( )。
    A. 基准日期　　　　　　　　　B. 土地开发程度
    C. 基准地价修正体系　　　　　D. 土地用途

E. 基准地价公布日期

15. 房地产估价报告中专门列出估价的假设和限制条件的目的是（　　）。
A. 说明估价报告的合法性、真实性　　B. 说明估价的独立、客观、公正性
C. 规避估价风险　　　　　　　　　　D. 保护估价报告使用者
E. 防止委托人提出高估或低估要求

三、判断题（共 15 题，每题 1 分。请根据判断结果，在答题卡上涂黑其相应的符号，用"√"表示正确，用"×"表示错误。不答不得分，判断错误扣 1 分，本题总分最多扣至零分）

1. 某注册房地产估价师拟购买 A 市 C 区的一套多层住房，该估价师根据自己对该套住房实物、权益、区位等的勘察、分析，运用适当方法对该套住房进行了估价，并最终以接近于该估价值的价格成交。该估价师对该住房的估价是专业房地产估价。（　　）

2. 一般来说，不宜直接使用实际成交价格来判断估价结果的准确性。（　　）

3. 房地产权利包括物权和债权两大类，其中物权又包括自物权和他物权两类。自物权即所有权；他物权包括用益物权和担保物权，而用益物权又包括土地使用权和地役权等。（　　）

4. 某房地产的当前市场价值为 1 000 万元，抵押贷款余额为 540 万元，贷款成数为 0.6，则该房地产现在再次抵押的价值应为 276 万元。（　　）

5. 城市房屋拆迁是强制性的，其行为不符合市场价值形成中的交易双方自愿进行交易的条件，所以城市房屋拆迁估价应采用非市场价值标准。（　　）

6. 在有较多土地供应者的情况下，地价水平主要取决于房地产价格水平。（　　）

7. 一般来说，国内生产总值的增长会形成较多供给，引起房地产价格下降。（　　）

8. 不论是何种估价目的，估价对象价值所依据的市场状况一定是估价时点时的状况，但估价对象状况不一定是估价时点时的状况。（　　）

9. 在估价中选择 4 个可比实例，甲成交价格 4 800 元/m²，建筑面积 100m²，首次付清 24 万元，其余半年后支付 16 万元，一年后支付 8 万元。乙成交价格 5 000 元/m²，建筑面积 120m²，首付 24 万元，半年后付清余款 36 万元，丙成交价格 4 700 元/m²，建筑面积 90m²，成交时一次性付清。丁成交价格 4760 元/m²，建筑面积 110m²，成交时支付 20 万元，一年后付清余款 32.36 万元。已知折现率 10%，这 4 个可比实例单价由高到低的排列顺序是丙乙甲丁。（　　）

10. 建筑物重置价格是指采用与估价对象建筑物相同的建筑材料、建筑构配件、建筑设备和建筑技术及工艺等，在估价时点的财税制度和市场价格体系下，重新建造与估价对象建筑物相同的全新建筑物的必要支出和应得利润。（　　）

11. 建筑物的经济寿命早于或与土地使用期限一起结束的，应根据土地剩余使用期限确定收益期限。（　　）

12. 对于有城市规划条件要求，但其城市规划设计条件尚未正式明确的地块，通常不适合采用假设开发法估价。（　　）

13. 房地产价格上涨或下降趋势的强弱与房地产目前价格的高低无关，价格较低的房地产其价格上涨趋势可能更强劲。（　　）

14. 由于路线价是若干标准临街宗地的平均价格，因此在采用路线价法估价时，一般不做因素修正。（　　）

15. 某已抵押房地产因债权实现需要强制处分而由法院委托估价，则估价结果通常是该房地产完整权利下的价值。（　　）

四、计算题(共2题,每题10分,共20分。要求列出算式、计算过程,需按公式计算的,要写出公式。仅有计算结果而无计算过程的,不得分。计算结果保留小数点后两位。请在答题纸上作答)

1. 某在建工程的土地使用权是2004年12月31日通过出让方式获得的,用途为商业,土地使用期限为40年,土地面积为700㎡,容积率为15,土地取得费用为80万元,已付清。从获得土地使用权至正式动工,时间为1年。该工程正常施工期(不含装修)为2年,建安成本为每平方米建筑面积2 300元,管理费用为建安成本的3%。至2007年6月30日已完成主体结构,且已投入总开发成本的55%,剩余费用在施工期内均匀投入,折现率为13%。

该在建工程建成后的最佳用途为餐馆,建成时即投入40万元花一年时间装修(假定装修费用支出发生在该年末),然后出租营业。预计第一年正常净收益为60万元,此后每年净收益以15%的比率增长。为保持这种正常收益增长,需要每隔4年在该年末进行一次大装修。正常大装修费用为40万元,当年净收益未扣除大装修费用。该类餐馆的报酬率为15%。

按当地有关规定,房地产开发项目(包括在建工程)在转让交易过程中,买方按售价的3%缴纳有关税费,同类房地产开发项目的销售费用和销售税费分别为售价的2%和6%。

请利用上述资料用现金流量折现法测算该在建工程2007年6月30日的正常购买总价。

2. 某公司于2005年3月1日在某城市水源地附近取得一宗土地使用权,建设休闲度假村。该项目总用地面积10 000㎡,土地使用期限40年,建筑总面积为20 000㎡,并于2007年9月1日完成,该公司申请竣工验收。根据环保政策要求,环保管理部门在竣工验收时要求该公司必须对项目的排污系统进行改造。请根据下列资料采用成本法评估该项目于2007年9月1日的正常市场价格。

(1)假设在估价时点重新取得该项目建设用地,土地取得费用为1 000元/㎡。新建一个与上述项目相同功能且符合环保要求的项目开发成本为2 500元/㎡,销售费用为200万元,管理费用为开发成本的3%,开发建设期为2.5年,开发成本、管理费用、销售费用在第一年投入30%,第二年投入50%,最后半年投入20%,各年内均匀投入,贷款年利率为7.02%,销售税金及附加为售价的5.53%,投资利润率为12%。

(2)经分析,新建符合环保要求的排污系统设备购置费和安装工程费分别为400万元和60万元,而已建成项目中排污系统设备购置费和安装工程费分别为200万元和40万元。对原项目排污系统进行改造,发生抵除费用30万元,拆除后的排污系统设备可回收90万元。

(3)原项目预计于2008年1月1日正常营业,当年可获得净收益500万元。由于排污系统改造,项目营业开始时间将推迟到2009年1月1日,为获得与2008年1月1日开始营业时可获得的相同的年净收益,该公司当年需额外支付运营费用100万元,之后将保持预计的盈利水平。

(4)该类度假村项目的报酬率为8%。

参考文献

[1] Raleigh, Barlowe. Land resource economics. Prentice-Hall, 1986
[2] 艾建国,吴群. 不动产估价. 北京:中国农业出版社,2008
[3] 柴强. 房地产估价理论与方法. 北京:中国建筑工业出版社,2009
[4] 高炳华. 房地产估价. 武汉:华中科技大学出版社,2006
[5] 国土资源部土地估价师资格考试委员会编. 土地估价理论与方法. 北京:地质出版社,2000
[6] 刘桂良等. 资产评估理论与方法. 成都:西南财经大学出版社,2002
[7] 刘书楷,曲福田. 土地经济学. 北京:中国农业出版社,2004
[8] 卢新海. 房地产估价——理论与实务. 上海:复旦大学出版社,2006
[9] 美国估价学会著;中国房地产估价师与房地产经纪人学会译. 不动产估价(第12版). 北京:中国建筑工业出版社,2005
[10] 王家庭. 房地产估价. 大连:东北财经大学出版社,2001
[11] 王人己,姚玲珍. 房地产估价. 上海:上海财经大学出版社,2002
[12] 叶剑平. 房地产估价. 北京:中国人民大学出版社,2002
[13] 俞建民. 房地产估价概论. 上海:同济大学出版社,2000
[14] 张宜松. 房地产估价. 武汉:武汉理工大学出版社,2007
[15] 周寅康. 房地产估价——理论·方法·实务. 南京:东南大学出版社,2006